Das 3D-Scanner-Praxisbuch

Mario Lukas hat Informatik an der RWTH Aachen studiert und arbeitet als Software-Entwickler. Er publizierte Artikel zu seiner Maker-Tätigkeit in diversen Fachmagazinen und ist Co-Autor der beim dpunkt.verlag erschienenen Bücher »Licht und Spaß« und »Das Calliope-Buch«.

Hauptsächlich beschäftigt er sich mit den Themen »3D-Scannen« und »3D-Druck«. Mehrfach konnte er bei nationalen und internationalen Wettbewerben mit seinen Kreationen gute Platzierungen belegen. Mario betreut seit Jahren federführend das FabScanPi-3D-Scanner-Projekt. Er ist einer der Gründungsväter des Vereins Freie Maker e.V.

Mario Lukas

Das 3D-Scanner-Praxisbuch

Grundlagen, Nachbau, Nachbearbeitung

dpunkt.verlag

Mario Lukas
info@mariolukas.de

Lektorat: Volker Bombien, Boris Karnikowski
Copy-Editing: Petra Kienle, Fürstenfeldbruck
Satz: Ulrich Borstelmann, *www.borstelmann.de*
Herstellung: Stefanie Weidner
Umschlaggestaltung: Helmut Kraus, *www.exclam.de*
Druck und Bindung: mediaprint solutions GmbH, 33100 Paderborn

Bibliografische Information der Deutschen Nationalbibliothek
Die Deutsche Nationalbibliothek verzeichnet diese Publikation in der Deutschen Nationalbibliografie; detaillierte bibliografische Daten sind im Internet über *http://dnb.d-nb.de* abrufbar.

ISBN:
Print 978-3-86490-640-4
PDF 978-3-96088-697-6
ePub 978-3-96088-698-3
mobi 978-3-96088-699-0

1. Auflage 2020

Wieblinger Weg 17
69123 Heidelberg

Hinweis:
Der Umwelt zuliebe verzichten wir auf die Einschweißfolie.

Schreiben Sie uns:
Falls Sie Anregungen, Wünsche und Kommentare haben, lassen Sie es uns wissen: hallo@dpunkt.de.

5 4 3 2 1 0

Inhaltsübersicht

1	»3D-Scanner für alle!«	1
2	Viele Wege führen zum Ziel	5
3	3D-Scanner selber bauen und in Betrieb nehmen	29
4	Tipps & Tricks für das 3D-Scannen	141
5	Die Software für die Nachbearbeitungskette	159
6	3D-Scanner in der Maker-Werkstatt	247
7	Kreative Ideen zum Selbermachen	259
8	Projekte und Communities	325
	Index	333

Inhaltsübersicht

1 »3D-Scanner für alle!« 1

2 Viele Wege führen zum Ziel 5

2.1 Kontaktbasierte 3D-Scan-Verfahren 6

2.2 Nichtkontaktbasierte aktive 3D-Scan-Verfahren 9

2.2.1 Laserscanner 10

2.2.2 Tiefensensoren als 3D-Scanner 12

2.2.3 Codiertes Licht zum 3D-Scannen 16

2.3 Nichtkontaktbasierte passive 3D-Scan-Verfahren 18

2.3.1 Stereoskopie 18

2.3.2 Die Fotogrammetrie 20

2.3.3 Einige Exoten 27

3 3D-Scanner selber bauen und in Betrieb nehmen 29

3.1 Laserscanner 30

3.1.1 Der Gehäuseaufbau 31

3.1.2 Einbau der Elektronik in das Gehäuse 37

3.1.3 Installation der Software 47

3.1.4 Scannen mit dem FabScanPi 51

3.2 Fotogrammetrie-Scanner 61

3.2.1 Erste Experimente 62

3.2.2 OpenScan – der fast automatische Fotogrammetrie-Scanner 64

3.2.3 Vom Bild zum 3D-Objekt 95

3.3 Tiefensensor-basierte Scanner 105

3.3.1 Allgemeiner Scanneraufbau 105

3.3.2 Kinect 360 und Asus Xtion mit Skanect 108

3.3.3 Kinect One mit Microsoft Builder 113

3.3.4 Praktische Tipps zum Umgang mit Tiefensensoren 123

3.4 Streifenlicht-Scanner 125
3.4.1 Die Software 126
3.4.2 Vorbereitungen und Aufbau des Scanners 128
3.4.3 Die Kalibrierung von Kamera und Projektor 131
3.4.4 Der 3D-Scan-Vorgang 136
3.4.5 Scan exportieren und in MeshLab laden 139

4 Tipps & Tricks für das 3D-Scannen 141

4.1 Sprühkreide gegen Reflexion und Transparenzen 142
4.2 Laserscannen mit Reflexion und Transparenzen 144
4.3 Fotogrammetrie mit wenig Merkmalen 145
4.4 Fotogrammetrie mit Spiegelungen und Transparenzen 146
4.5 Polfilter gegen Glanz, Spiegelungen und Reflexionen 148
4.5.1 Wie funktioniert ein Polfilter? 148
4.5.2 Welcher Polfilter eignet sich? 151
4.5.3 Besonderheiten bei der Benutzung von Polfiltern 152
4.6 Die kleinen Helfer: Knetmasse, Klebeband und Co. 154
4.6.1 Klebeband gegen Verrutschen des Objekts 155
4.6.2 Knete zum Positionieren und Fixieren des Objekts 156

5 Die Software für die Nachbearbeitungskette 159

5.1 Wichtige Dateiformate 160
5.1.1 PLY 160
5.1.2 STL 161
5.1.3 OBJ 162
5.1.4 Weitere 3D-Scan-Formate 163
5.2 MeshLab 164
5.2.1 Aufbau von MeshLab 164
5.2.2 Punktwolke im PLY-Format in MeshLab importieren 166
5.2.3 Bereinigung und Aufbereitung der Punktwolke mit MeshLab 169
5.2.4 Punktwolken mehrerer 3D-Scans kombinieren 174
5.2.5 Von der Punktwolke zum Objekt 179
5.2.6 Mesh zur weiteren Verarbeitung exportieren 187

5.3 CloudCompare 189
5.3.1 Aufbau von CloudCompare 189
5.3.2 Wichtige Kurzbefehle 191
5.3.3 Punktwolke mit CloudCompare öffnen 191
5.3.4 Bereinigung der Punktwolke mit CloudCompare 194
5.3.5 Speichern des Objekts mit CloudCompare 204
5.3.6 Punktwolken mehrerer 3D-Scans kombinieren 205
5.3.7 Von der Punktwolke zum Objekt 213
5.3.8 Objekt zur Weiterverarbeitung exportieren 220
5.4 MeshMixer 220
5.4.1 Aufbau von MeshMixer 221
5.4.2 Dateien importieren mit MeshMixer 222
5.4.3 Mesh beschneiden 223
5.4.4 Mesh für die Nachbearbeitung vorbereiten 225
5.4.6 Mesh-Löcher füllen, der mühsame Weg 228
5.4.7 Mesh reparieren, automatisch 232
5.4.8 Mesh nachbearbeiten 235
5.4.9 Mesh glätten 240
5.4.10 Mesh mixen 241
5.4.11 Ergebnis exportieren 245

6 3D-Scanner in der Maker-Werkstatt 247
6.1 Kopieren mit dem 3D-Drucker 248
6.2 CNC-Fräsen 251
6.3 Schneiden statt drucken 253
6.4 3D-gescannte Objekte als Positiv zum Vakuumformen 256

7 Kreative Ideen zum Selbermachen 259
7.1 Charly, der Modellbaupilot 260
7.2 Die eigene Kickerfigur 268
7.3 Nussschale für die Nuss in der Schale 287
7.4 Fahrradlenkergriff nach Maß 305
7.4.1 Benötigte Materialien 305
7.4.2 Vorbereitungen für den Abdruck 306

7.4.3 Abdruck anfertigen . . . 309
7.4.4 Abdruck digitalisieren . . . 313

8 Projekte und Communities 325

8.1 Dateien und Material zu diesem Buch . . . 326
8.2 3D-Scanner . . . 326
8.2.1 FabScanPi – Open-Source-3D-Scanner . . . 326
8.2.2 Ciclop-3D-Scanner . . . 326
8.2.3 OpenScan – Fotogrammetrie-Scanner-Projekt . . . 327
8.2.4 Streifenlicht-Scanner (Brown University) . . . 327
8.2.5 Kinect und Co. . . . 327
8.3 Software . . . 328
8.3.1 Fotogrammetrie . . . 328
8.3.2 Nachbearbeitung . . . 329
8.3.3 Sonstige Software . . . 329
8.4 Communities und Foren . . . 330
8.5 Sonstiges . . . 330
8.5.1 Arduino . . . 330
8.5.2 Octoprint . . . 330
8.5.3 Mr. Beam Laser Cutter . . . 331

Index 333

Vorwort

Lieber Leser*innen,
beinahe wäre dieses Buch durch einen riesigen Fehler nicht mehr zu Stande gekommen. Um mir einen besseren Überblick über den Stand des Buchprojekts zu verschaffen, versuchte ich im letzten Quartal 2019, aus dem Rohtext ein erstes PDF zu erzeugen. Zu diesem Zweck hatte ich mir ein kleines Skript geschrieben, welches diese Aufgabe automatisch und mit Leichtigkeit übernehmen sollte. Seine Aufgabe – ein PDF zu erzeugen – hat dieses Skript auch mit Bravour gelöst. Es hat aber auch alle Daten aus den Projekthaupt- und Unterverzeichnissen gelöscht. Schuld an der ganzen Misere war ein unachtsam schnell heruntergetippter regulärer Ausdruck. Am Ende stand ich da und hatte nur noch das PDF, in dem zwar Texte und Bilder zum großen Teil noch vorhanden waren, doch hatten die Bilder eine derart schlechte Qualität, dass sie in diesem Format unbrauchbar waren.

Zunächst war die Panik groß, denn ich verfügte über kein direktes Backup. Leute, die mich besser kennen, konnten es nicht glauben, gerade mir als Informatiker hätte so etwas niemals passieren dürfen. Wie der Zufall es so wollte, hatte ich mir aber ein paar Wochen vor diesem unschönen Vorfall einen neuen Laptop angeschafft. Viele Bilder konnte ich von der Festplatte dieses Geräts wiedergewinnen. Nichtsdestotrotz blieb es mir nicht erspart, das Fotozelt im Keller aufzustellen und die fehlenden Bilder noch einmal zu machen. An dieser Stelle möchte ich jeden daran erinnern, wie wichtig Backups sind!

Wie bereits erwähnt, verdiene ich meine Brötchen als Informatiker. Im Alltag entwickle ich als Angestellter für ein Unternehmen Software. Am Abend widme ich mich dann persönlichen Software- und Bastelprojekten. Noch während meines Studiums fand ich über den ersten Selbstbau eines 3D-Druckers den Weg zu 3D-Scannern. Sehr früh wurde ich im Jahr 2013 auf das FabScan-Projekt im FabLab Aachen aufmerksam. Der Gedanke, Gegenstände digitalisieren zu können, ließ mich nicht mehr los.

So kam es, dass ich bereits zwei Jahre später sehr federführend im FabScan-Projekt tätig wurde. Das Ganze ist bis zum heutigen Tag ein sehr zeitintensives, aber auch spannendes Hobby geblieben und ich versuche, beinahe jede freie Minute in das Projekt zu investieren. Dabei sollte nicht unerwähnt bleiben, dass das FabScan-Projekt ohne Prof. Jan Borchers, Rene Bohne und vor allem aber auch die Firma Watterott Elektronik nie in der heutigen Form möglich gewesen wäre. Danke!

Da die 3D-Scan-Thematik sehr viele Facetten hat und somit der Einstieg in das Thema recht schwierig sein kann, war ich überzeugt, dass ein Buch wie dieses für viele Neulinge hilfreich sein würde. An dieser Stelle möchte ich mich auch bei meinem Lektor Volker Bombien bedanken. Volker stand mir während des gesamten Projekts mit Rat und Tat zur Seite. Vor allem aber hatte er immer ein offenes Ohr für mich, was mir selbstverständlich auch zum Zeitpunkt meiner Datenpanne sehr geholfen hat.

Ein weiterer großer Dank gilt an dieser Stelle Thomas Mengel. Thomas war es, der mir die Augen für die Welt der Fotogrammetrie geöffnet hat. Ein Großteil des Kapitels zu diesem Thema war nur durch seine große Erfahrung und Mithilfe möglich. Vor allem danke ich ihm auch für die Bereitstellung von Bild- und Anschauungsmaterial.

Ebenfalls möchte ich mich bei Robert Kränzlein für die Bereitstellung von weiterem Bildmaterial und für einen Erfahrungsbericht mit dem FabScan bedanken. Von ihm stammt das Projekt mit der Pilotenpuppe »Charly«. Durch seine Leidenschaft für den Modellbau und sein Interesse am FabScan hat es dieses schöne Projekt ins Buch geschafft.

Zu guter Letzt gilt mein allergrößter Dank meiner Familie, dabei in erster Linie meiner Frau. Ohne ihr Verständnis und ihre Mithilfe an vielen Tagen wären das FabScan-Projekt und am Ende wohl auch dieses Buch nicht möglich gewesen.

Mario Lukas

Grußwort

Wenn sich in einem 3D-Drucker Schicht für Schicht ein plastisches Objekt materialisiert, dann wirkt dies auf mich persönlich immer noch wie Magie – selbst wenn mir bewusst ist, dass hinter der Bewegung des Druckkopfes nur eine Liste von Maschinenbefehlen steckt, die Stück für Stück abgearbeitet wird.

Es gibt aber etwas, was auf mich noch viel magischer wirkt als ein 3D-Drucker – und das ist ein 3D-Scanner. Der schlägt genau den umgekehrten Weg ein wie der Drucker: Denn der Scanner erfasst einen realen Gegenstand Stückchen für Stückchen und baut im Computer ein dreidimensionales Datenmodell davon auf. Wenn alles klappt, ist dieser virtuelle Zwilling manchmal irritierend detailliert und seltsam vertraut – spätestens dann, wenn der Scanner einen selbst erfasst hat und man auf dem Bildschirm seinem Doppelgänger in die Augen schaut ...

Wie Magie können aber auch die Algorithmen wirken, die das Scannen in 3D überhaupt erst möglich machen. Sie sind viel komplizierter als die relativ einfache Geometrie, auf der eine 3D-Drucker-Steuerung beruht. Vielleicht gibt es deshalb neben den vielen Maker-Projekten rund um den 3D-Druck nur so wenige 3D-Scanner für den Eigenbau – einige davon stellt dieses Buch vor.

Möglich, dass ebenfalls aufgrund dieser Komplexität dies das erste deutschsprachige Buch ist, das sich dem Thema 3D-Scannen in solchem Umfang und in dieser Tiefe widmet. Ganz sicher bin ich mir aber, dass Mario Lukas der ideale Autor für ein solches Werk ist, denn er beschäftigt sich seit Jahren mit großer Ausdauer mit den verschiedenen Methoden des 3D-Scannens. Auf diesem Feld werden wohl nur wenige Maker so viel Expertenwissen gesammelt haben wie Mario. Dabei schlägt sein Herz für Open Source, für die Idee, dass der Code und die Baupläne und auch die Software für die Aufbereitung der Daten offen sein sollten, offen für Modifikationen und Weiterentwicklungen aus der Community. Deshalb hat er für dieses Buch lauter Projekte und Werkzeuge zusammengetragen und verknüpft, die diesen Grundgedanken teilen.

Ich wünsche allen viel Spaß und neue Erkenntnisse beim Lesen dieses Buches, vor allem aber auch Erfolg bei den eigenen 3D-Scan-Experimenten. Denn dieses Buch bietet ausführliche Anleitungen für alle, die gerne selber aus realen Objekte 3D-Datenmodelle erzeugen und etwa zu 3D-Druckvorlagen aufbereiten wollen. Und selbst wenn sich dabei im Lauf der Zeit viel Verständnis für die Technik und einige Routine einstellen, bin ich mir sicher, dass stets ein wenig von der Magie spürbar bleibt, wenn sich die virtuellen Zwillinge nach und nach auf dem Bildschirm abzeichnen.

Peter König, stellvertretender Chefredakteur des deutschen Make-Magazins

1 »3D-Scanner für alle!«

Spätestens mit dem Aufkommen von 3D-Fernsehen, Virtual- und Augmented Reality-Geräten tauchte vermehrt die Bezeichnung »3D« auf. Auch Betriebssysteme wie Microsoft Windows bringen in der Standardinstallation mittlerweile Softwarepakete zur 3D-Modellierung mit. 3D-Drucker werden immer günstiger und leistungsfähiger. Nachdem die Patente für die gängigsten 3D-Druck-Verfahren ausgelaufen waren, gehörten Geräte wie der 2008 ins Leben gerufene 3D-Drucker »RepRap-Mendel« (»Replicating Rapid-prototyper«) bereits zu den Dinosauriern ihrer Gattung.

RepRap Mendel v2. (Quelle: https://commons.wikimedia.org/wiki/File:RepRap_v2_Mendel.jpg)

Mit dem Einzug der 3D-Drucker in den Hobbykeller steigt der Bedarf an 3D-druckbaren Modellen. Diese können über eine der unzähligen Online-Datenbanken bezogen oder mit einer CAD-Anwendung selbst erstellt werden. Allerdings erfordert das Erlernen einer CAD-Anwendung entsprechend viel Zeit. Vor allem, wenn es um das Modellieren von organischen Objekten geht, stoßen viele schnell an die Grenzen des Machbaren.

Eine schnellere Lösung bieten 3D-Scanner. Mit diesen lassen sich dreidimensionale Objekte digitalisieren. Auf diese Weise entsteht der digitale Zwilling dieser Objekte im Computer. 3D-gescannte Objekte können dann mithilfe entsprechender Software relativ einfach weiterverarbeitet werden. Eine digitale Kopie des Objekts mittels 3D-Druck zu erstellen, ist jedoch nur eine Möglichkeit, die man mithilfe von 3D-Scans umsetzen kann.

Was früher beim Film noch aufwendig erstellte Modelle und Puppen waren, wurde in den letzten zwanzig Jahren vermehrt durch sogenannte »Computer Generated Imagery« (»CGI») ersetzt. Oft werden Schauspieler und Requisiten mithilfe von 3D-Scannern digitalisiert. Die so entstandenen Modelle können dann bequem von einem CGI-Künstler weiterverarbeitet werden.

Auch in medizinischen Anwendungsbereichen sind 3D-Scanner in der heutigen Zeit nicht mehr wegzudenken. So fertigen beispielsweise Zahnärzte mittels eines 3D-Scans passgenauen Zahnersatz an.

Gehirn-3D-Scan mit dem FabScanPi

Auch im Bereich der Archäologie stellen 3D-Scanner ein inzwischen unentbehrliches Werkzeug dar. Durch den Einsatz von 3D-Scans können archäologische Funde digital konserviert und rekonstruiert werden.

Dabei arbeiten 3D-Scanner meist nach dem gleichen Prinzip. Es werden Koordinaten von einzelnen Punkten am Objekt gemessen und gespeichert. Daraus entsteht eine Anhäufung von Punkten, welche das Objekt in Form vieler einzelner Punkte im Raum repräsentiert. Je dichter diese Punkte am Objekt gemessen werden, desto detailreicher ist der spätere »Rohscan«. Die so entstandene Anhäufung von Punkten wird »Punktwolke« genannt. Eine Punktwolke kann mehrere Millionen einzelne Punkte umfassen. Punktwolken lassen sich in unterschiedlichen Formaten abspeichern. Werden die einzelnen Punkte miteinander verbunden, entsteht eine geschlossene Oberfläche, das sogenannte »Mesh«.

INFO

3D-Scannen ist ein Prozess zum Erfassen von Messdaten eines Objekts oder einer Umgebung. Dabei steht das Erfassen von Form und Aussehen im Vordergrund. Die so erfasste Menge an Messpunkten kann anschließend mit geeigneter Software wieder in eine geometrische Form überführt und mit 3D-Anwendungen weiterbearbeitet werden.

Längst sind 3D-Scanner nicht mehr nur im Bereich Forschung, Entwicklung und Produktion zu finden, sie erfahren ähnlich wie 3D-Drucker einen immer höheren Verbreitungsgrad in den Hobbykellern. Bereits als die ersten 3D-Drucker mit dem RepRap-Projekt Einzug in die Hobbykeller hielten, entstanden die ersten 3D-Scanner-Projekte. Kurze Zeit später verschwanden viele dieser Projekte wieder. Erst in den letzten Jahren wuchs das Interesse daran wieder. Diese Entwicklung kann zum einen daran liegen, dass in den letzten Jahren die Anzahl günstiger 3D-Drucker in den Hobbykellern gestiegen ist, zum anderen aber auch an der nach wie vor zunehmenden Rechenleistung von Computern. Das macht auch rein bildbasierte 3D-Scan-Verfahren immer attraktiver.

Dieses Buch richtet sich in erster Linie an Bastler, Maker und Hobbyisten. Es soll Ihnen einen Einstieg in das 3D-Scannen ermöglichen. Das Thema bietet sicher Stoff für gleich mehrere Bücher, das betrifft vor allem die Kapitel, in welchen es um die Nachbearbeitung von Rohdaten geht. Haben Sie die Grundlagen jedoch erst einmal verstanden, so finden Sie auch schneller den Zugang zu komplexeren 3D-Scan-Themen. Bei der im Buch vorgestellten Software lohnt es sich oftmals, wenn Sie selbst ein wenig mit den Einstellungen experimentieren. Darüber hinaus finden Sie im Internet eine Vielzahl von Blogs, Foren und Videos zum Thema »3D-Scanner«.

Das Buch startet mit einem möglichst verständlichen Überblick über die gängigsten 3D-Scan-Verfahren. Vielen der vorgestellten Verfahren liegen komplexe mathematische Berechnungen zu Grunde. Dieses Buch richtet sich jedoch weniger an theorieinteressierte Leser. Vielmehr möchte ich das Basiswissen für den Praxiseinstieg im Umgang mit 3D-Scannern und der dazugehörigen Software schaffen.

Nach der Vorstellung der unterschiedlichen 3D-Scan-Verfahren folgt ein Kapitel, das einen 3D-Scanner-Aufbau beschreibt, der zu den meisten der vorgestellten Verfahren passt. Damit sind Sie in der Lage, die vorgestellten Verfahren zu Hause auszuprobieren. Dabei habe ich darauf geachtet, dass die Lösungen sehr leicht und günstig nachgebaut werden können.

Wenn Sie die ersten Versuche mit den vorgestellten Aufbauten hinter sich haben, gebe ich Ihnen im darauffolgenden Kapitel einige Praxistipps, mit deren Hilfe Sie noch bessere Ergebnisse erzielen können. Da es sich bei den vorgestellten Aufbauten um reine bildbasierte Verfahren handelt, können Sie diese Praxistipps bei allen vorgestellten 3D-Scannern anwenden.

Einer der wohl wichtigsten Schritte folgt mit der Nachbearbeitung der fertigen Rohscans. Leider ist bisher praktisch kein 3D-Scanner so perfekt, dass Sie das Ergebnis eines erfolgreichen Scan-Vorgangs nicht nachbearbeiten oder aufbereiten müssten. Fast immer müssen Sie den Scan für ein perfektes Ergebnis bereinigen oder mit weiteren einzelnen Scans kombinieren. Aus diesem Grund gibt es zum Thema »Nachbearbeitung von 3D-Scans« ein umfangreiches Kapitel. Darin beschreibe ich die wichtigsten Nachbearbeitungsprozesse anhand praktischer Beispiele und unterschiedlicher Softwarepakete.

Bevor es im letzten Kapitel um die praktischen Beispiele geht, folgt noch ein kurzer Exkurs in die Maker-Werkstatt. Darin stelle ich Maschinen aus dem Hobbykeller vor, die mit einem 3D-Scanner kombiniert werden können.

Abschließend folgen vier praktische Anwendungsbeispiele zum Nachmachen. Dabei gehe ich noch einmal ganz praktisch auf die bereits vorgestellten Softwarewerkzeuge ein.

Zum Schluss folgt eine Sammlung von wichtigen Community-Links und weiterführender Literatur, die Ihnen beim tieferen Einstieg in das Thema »3D-Scannen« helfen soll.

2 Viele Wege führen zum Ziel

Es gibt unterschiedliche Verfahren zur dreidimensionalen Vermessung von Objekten, doch keines davon ist die »eierlegende Wollmilchsau«. Jedes dieser Verfahren hat sowohl Vor- als auch Nachteile. Dies beginnt beim Anschaffungspreis und geht bis hin zu physikalischen Einschränkungen.

Begeben Sie sich also in die Welt des 3D-Scannens, so sollten Sie sich darüber klar sein, dass bisher kein Gerät das gewünschte Objekt auf Knopfdruck vollautomatisch perfekt digitalisiert. Für ein gutes Ergebnis wird immer etwas Vor- und Nachbereitung nötig sein.

Da jedes Verfahren Stärken und Schwächen hat, sollten Sie sich vorher genau überlegen, welche Ziele Sie mit einem 3D-Scan verfolgen. Die Wahl des geeigneten Verfahrens hängt oft vom Anwendungsfall ab. So verfolgt man mit dem Scan einer Person etwa ein anderes Ziel als mit dem Scan eines winzigen Insekts. Bei dem einen 3D-Scan genügt etwa eine mittlere bis grobe Detailstufe, wohingegen bei anderen Anwendungsfällen Details bis im Zehntelmillimeterbereich und kleiner nötig sind.

Generell werden die Verfahren in zwei Klassen kategorisiert, in *kontaktbasierte* und *nichtkontaktbasierte* Verfahren. Die kontaktbasierten Verfahren beschreibe ich in Kapitel 2.1 genauer. Wie der Name schon verrät, wird das Objekt bei diesen Verfahren haptisch abgetastet.

Die verbreiteteren Verfahren sind jedoch die nichtkontaktbasierten Verfahren, weiter unterteilt in *aktive* und *passive* Verfahren. In Kapitel 2.2 stelle ich einige der häufigsten nichtkontaktbasierten aktiven Verfahren vor, während sich Kapitel 2.3 um die wichtigsten nichtkontaktbasierten passiven Verfahren dreht.

Da es in diesem Buch eher um die praktische Anwendung geht und die folgenden Ausführungen nur einen Überblick über die unterschiedlichen Techniken bieten sollen, verzichte ich auf die exakte mathematische Beschreibung der eingesetzten Algorithmen.

2.1 Kontaktbasierte 3D-Scan-Verfahren

Bei kontaktbasierten 3D-Scan-Verfahren werden einzelne Punkte am Objekt über eine mechanische Messvorrichtung erhoben.

Diese Art der Punktvermessung ist nicht neu und findet bis heute in einem der ältesten Handwerke der Welt noch immer Verwendung: der Bildhauerei. Erste Aufzeichnungen von Geräten zur mechanischen Punktvermessung stammen aus dem Jahr 1435. Nicolas-Marie Gatteaux (1751–1832) und John Bacon der Ältere (1740–1799) gelten als Erfinder sogenannter »Punktiergeräte«.

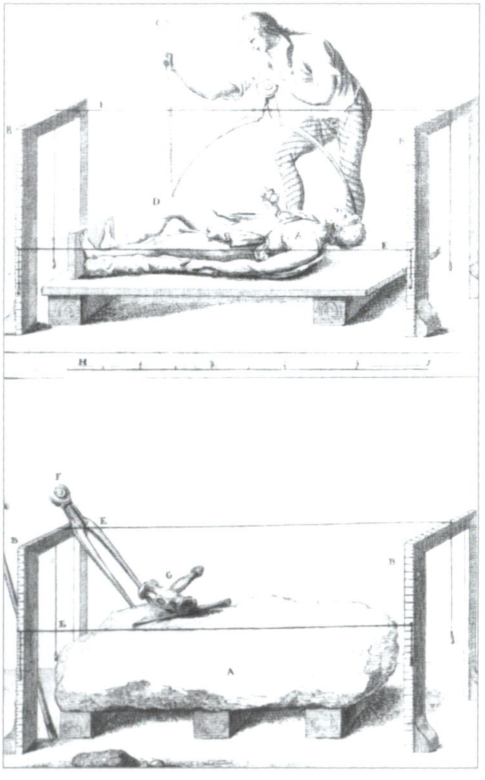

Drei-Zirkel-Methode (Quelle: https://commons.wikimedia.org/wiki/File:Carradori_IX.jpg)

Steinmetz- und Bildhauerwerkzeug zum Übertragen von Punkten von einer Vorlage auf das Werkstück (Quelle: https://commons.wikimedia.org/wiki/File:Atelier_de_sculpture-Cath%C3%A9drale-Strasbourg.jpg)

Schon im Mittelalter verwendeten Steinmetze und Bildhauer Geräte zur punktgenauen Vermessung. Die als »Punktiergerät« bezeichneten Apparate basieren auf dem Prinzip des stereometrischen Gesetzes. Dabei werden drei Fixpunkte sowohl am Modell als auch am Werkstück bestimmt. Auf diesen Punkten wird das Punktierkreuz so positioniert, dass die verschiebbare Nadel jeden Bereich des Objekts erreichen kann. Mittels des Gestänges und der beweglichen Nadel kann der Bildhauer am Objekt Maß nehmen und so bestimmen, wie viel Material am Werkstück noch entfernt werden muss. Durch Wiederholen des Prozesses nähert sich der Bildhauer langsam dem gesuchten Punkt am Werkstück. So kann die Vorlage Stück für Stück auf das Werkstück übertragen werden, bis eine exakte Kopie entstanden ist.

Haptisches CNC-Messsystem für die industrielle Anwendung (Quelle: https://it.m.wikipedia.org/wiki/Macchina_di_misura_a_coordinate)

In der heutigen Zeit werden für derartige Vermessungen moderne Koordinatenmessgeräte eingesetzt. Diese sind CNC-gesteuert und verfügen über ein zur Messung räumlicher Koordinaten geeignetes Messsystem. Meist besteht das Messsystem aus einem schaltenden oder messenden Sensor. Der Sensor tastet systematisch das Objekt ab und erzeugt so wiederum eine Punktwolke. Koordinatensysteme sind hoch präzise und werden deshalb häufig in der Industrie zur Qualitätssicherung von industriell gefertigten Bauteilen verwendet. Dabei wird das Objekt nach der Fertigung mit einem CNC-gesteuerten Messkopf vermessen. Anschließend werden die gemessenen Daten mittels geeigneter Software mit der CAD-Konstruktion verglichen.

Im Gegensatz zu optischen Verfahren hat ein Koordinatenmessgerät keine Probleme mit reflexiven oder transparenten Objektoberflächen, da die Oberfläche haptisch und nicht optisch abgetastet wird. Dieser Prozess wird häufig in der Industrie verwendet. Vor allem kann auf diese Weise ein Bauteil nach der Fertigung einer Qualitätskontrolle unterzogen werden. So lassen sich zum Beispiel die Fertigungstoleranzen durch Vermessen des gefertigten Teils ermitteln. Auch zum sogenannten »Reverse Engineering« lässt sich diese Art der Vermessung verwenden.

Abgesehen von den Kosten für eine solche Maschine bringt dieses Verfahren weitere Nachteile mit sich. Durch den Kontakt der Messeinheit mit dem Objekt kann dieses verändert oder sogar beschädigt werden, was bei historischen Artefakten natürlich ein Problem darstellt. Hinzu kommt, dass ein kontaktbasierter 3D-Scan-Vorgang verglichen mit optischen Verfahren sehr langsam arbeitet. Und eine Erfassung der Textur oder Farbgebung des Objekts ist ohne weitere Hilfsmittel nicht möglich.

Do-It-Yourself-3D-Tastsensor (Quelle: http://www.machschmidt.de/html/3d-taster.html)

Koordinatenmessgeräte werden in diesem Buch nicht weiter behandelt, da sie für die Maker-Werkstatt zu aufwendig und durch ihren hohen Anschaffungspreis eher uninteressant sind. Dennoch existieren im Netz einige ambitionierte Do-It-Yourself-Ansätze zum Nachbau solcher Messsysteme. Bildbasierte Verfahren bieten aber einen wesentlich schnelleren Einstieg in die Welt des 3D-Scannens und werden im nächsten Unterkapitel etwas ausführlicher behandelt.

2.2 Nichtkontaktbasierte aktive 3D-Scan-Verfahren

Bei den nichtkontaktbasierten *aktiven* 3D-Scans kommt sogenannte »strukturierte Beleuchtung« zum Einsatz. Deshalb werden diese Verfahren auch oft unter dem Begriff »Structured Light« zusammengefasst. Eine strukturierte Beleuchtung kann durch Hilfsmittel wie Laser und Projektoren erreicht werden. Typische Verfahren sind dabei Time-of-Flight, Laser- und Streifenlicht-Scanner. Mit dieser Beleuchtung lassen sich beliebige Merkmale auf dem Objekt erzeugen. Im einfachen Fall genügt eine projizierte Linie. Komplexere aktive Beleuchtung entsteht über Projektoren. Nicht in jedem Fall muss die Beleuch-

Einsatz der Triangulation zur Entfernungsmessung, Kupferstich von 1607 (Quelle: https://commons.wikimedia.org/wiki/File:Fotothek_df_tg_0000004_Geometrie_%5E_Vermessung_%5E_Winkelmesser.jpg)

tung dabei für das menschliche Auge sichtbar sein. So verwenden viele Tiefensensoren beispielsweise Licht im Infrarotbereich.

All diese Verfahren nutzen zur Berechnung der 3D-Koordinaten das Prinzip der Triangulation. Dabei bilden Lichtquelle, Kamera und das Objekt die Ecken eines gedachten Dreiecks. Über dieses Dreieck lassen sich die Raumkoordinaten einzelner Punkte auf dem Objekt berechnen. Dabei werden eine oder mehrere unbekannte Größen innerhalb des Dreiecks mithilfe der Trigonometrie ermittelt. Bei diesen Größen handelt es sich zum Beispiel um Winkel, Seitenlängen, Schnittpunkte und andere.

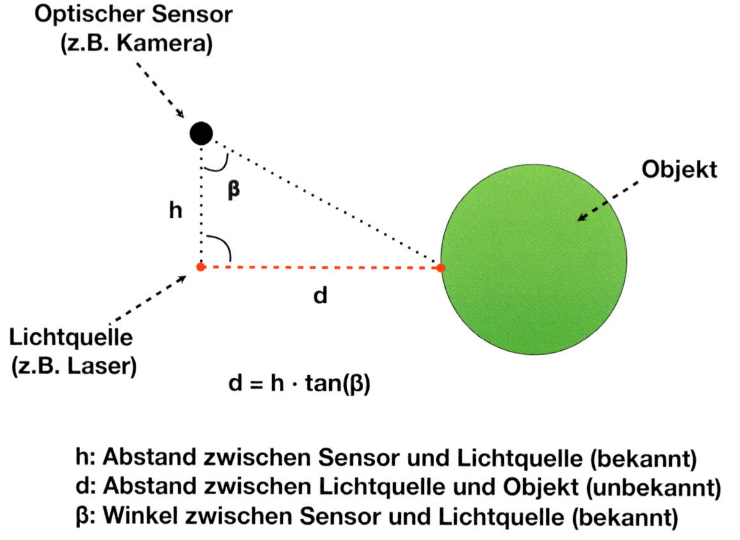

Prinzip der Triangulation

2.2.1 Laserscanner

Bei Laserscannern kommen ein oder mehrere Laser als Lichtquelle zum Einsatz. Der Laser projiziert ein Muster auf das Objekt. Bei fast allen Laserscannern für den Heimgebrauch wird durch eine entsprechende Linse eine Laserlinie erzeugt. Die Laserlinie trifft entweder horizontal oder vertikal auf das Objekt, welches sich in der Regel auf einem Drehteller vor der Kamera befindet. Laser und Kamera sind in einem bestimmten Winkel zueinander angeordnet.

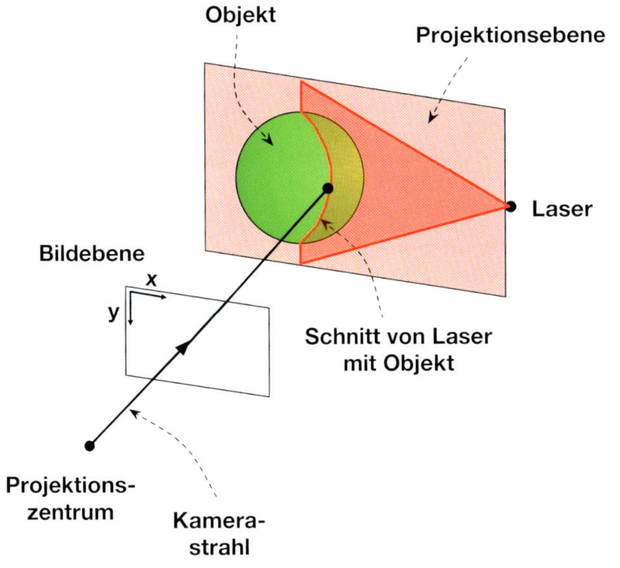

Funktionsprinzip eines Laserscanners

Durch diesen Winkel zeichnet sich an der Schnittebene zwischen Objekt und Linien-Laser für die Kamera eine Art Höhenprofil der Objektoberfläche ab. Die Software extrahiert in einem ersten Schritt die Laserlinie im Bild und ermittelt nun Zeile für Zeile den Punkt auf der Mitte der gefundenen Laserlinie in der jeweiligen Zeile. Somit werden für jede Zeile eine X- und eine Y-Koordinate im Bild gefunden. Mithilfe dieser Koordinaten und den bekannten Werten wie Winkel und Abstände zwischen Kamera, Laser und Projektionsebene kann wiederum mittels Triangulation eine Z-Koordinate für jedes dieser Koordinatenpaare berechnet werden. Somit entsteht eine Linie aus Punkten, die genau dem räumlichen Oberflächenprofil des Objekts entspricht. Anschließend wird die Position des Objekts durch eine Drehung um ein paar Grad verändert und der Vorgang wiederholt.

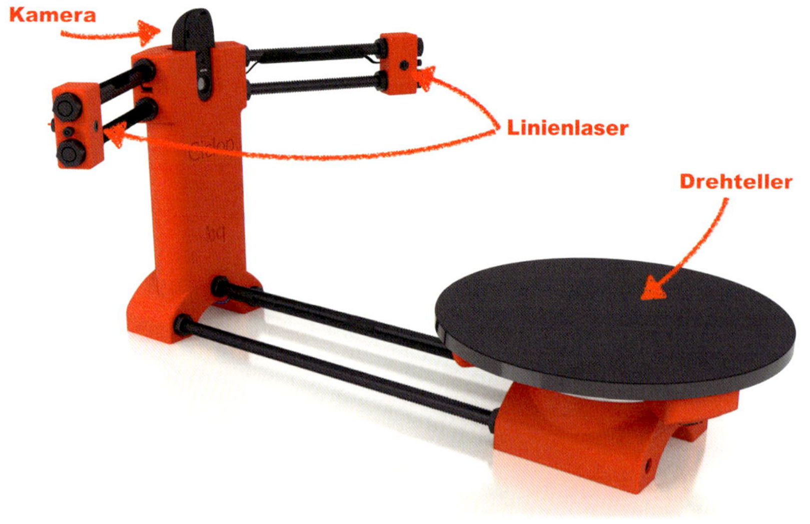

Ciclop-Desktop-Laserscanner

Nach einer vollen Umdrehung des Objekts wurde für jede Position das Profil des Objekts durch eine Anreihung von Punkten abgebildet. Somit entsteht eine Wolke aus Punkten, welche das Objekt im dreidimensionalen Raum repräsentiert. In einem weiteren Bearbeitungsschritt werden die Punkte so miteinander verbunden, dass eine geschlossene Oberfläche das Objekt umschließt. Kapitel 3.1 beschreibt den Aufbau eines solchen Laserscanners für den Einsatz in der Maker-Werkstatt.

Auch ein anderes nicht kontaktbasiertes aktives Verfahren setzt häufig auf den Einsatz von Lasern zur dreidimensionalen Vermessung: das »Time-of-Flight«-Verfahren.

2.2.2 Tiefensensoren als 3D-Scanner

Das Time-of-Flight-Verfahren setzt auf Laufzeit- bzw. Lichtimpulsmessung. Time-of-Flight-Sensoren bestehen aus einem Sender und einem Empfänger. Vom Sender wird starkes gebündeltes Licht (Laser, aber auch Infrarot) in kurzen Impulsen verschickt. Anschließend wird die Zeit gemessen, die das vom Objekt reflektierte Licht zurücklegt, bis es wieder an der Empfangseinheit des Sensors eintrifft. Mittels eines Referenzsignals des Senders und der am Empfänger gemessenen Laufzeit kann die Distanz zu einem einzelnen Objektpunkt über den Abstrahlwinkel des Lichts bestimmt werden.

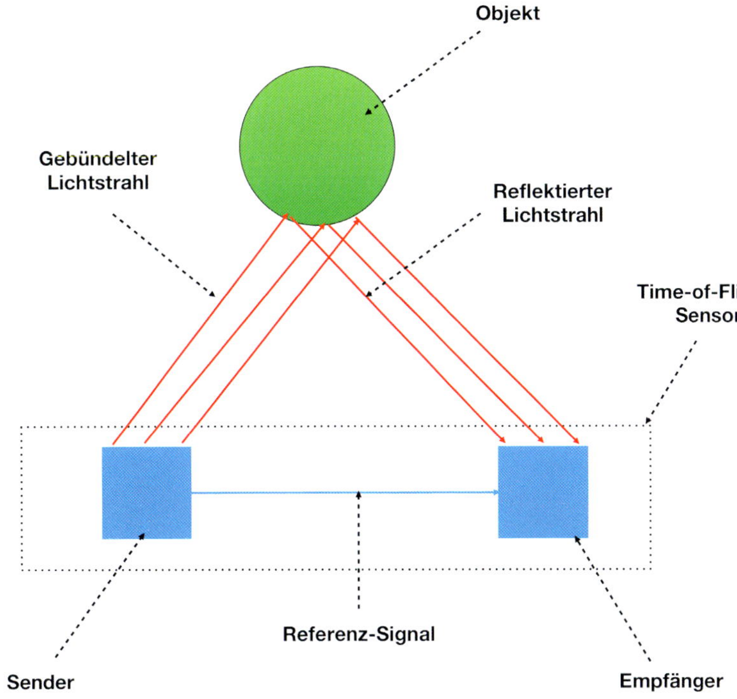

Funktionsprinzip eines Time-of-Flight-Sensors

Time-of-Flight-Sensoren werden auf unzähligen Gebieten eingesetzt. So findet man diese Art der Vermessung auch als Teil von LIDAR-Systemen, die vor allem in der Automobilbranche zur Vermessung der Fahrbahn für autonomes Fahren zum Einsatz kommen. LIDAR-Systeme werden aber auch zum Kartographieren von Räumen in Staubsaugerroboter verbaut.

Einen der günstigsten Time-of-Flight-Sensoren für die Verwendung in der Maker-Werkstatt bietet die Kinect One. Diese wurde mit dem Erscheinen der Microsoft Xbox One am 21. Mai 2013 erstmals vorgestellt. Kapitel 3.3 beschreibt, wie die Kinect One zum 3D-Scannen verwendet werden kann.

Aufbau Kinect One

Ein weiteres Beispiel für einen Tiefensensor ist die Kinect 360. Diese arbeitet jedoch im Gegensatz zur Kinect One nicht nach dem Time-of-Flight-Prinzip, sondern mit einem Infrarotprojektor, welcher ein scheinbar zufälliges Muster von Punkten in den Raum wirft.

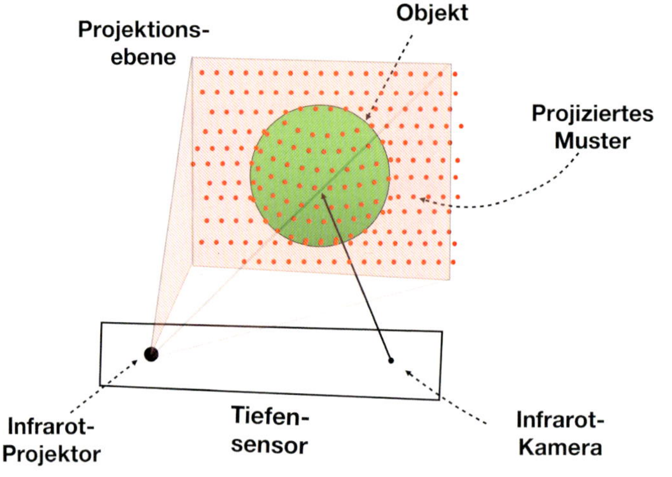

Funktionsprinzip eines Tiefensensors am Beispiel der Kinect

Aber so zufällig, wie die Punkte wirken, sind sie nicht, denn sie folgen einem genauen Muster. Anhand dieses Musters können die Kinect 360 und ihre Software ein Tiefenbild berechnen. Denn kleine Ausschnitte mit Punkten lassen sich im Gesamtmuster eindeutig wiederfinden. Trifft das projizierte Muster auf das zu scannende Objekt, so erscheinen diese Punktgruppen im Bild der Kamera mit einer Verzerrung. Durch diese Verzerrung und die eindeutige Lage der Punkte im Muster können Tiefenkoordinaten aus dem Bild berechnet werden.

Microsoft Kinect 360

Da der Projektor die Punkte im Infrarotbereich projiziert, sind diese für das menschliche Auge nicht sichtbar. Erst durch eine Kamera ohne Infrarotfilter lässt sich veranschaulichen, wie das genaue Punktmuster auf dem Objekt aussieht.

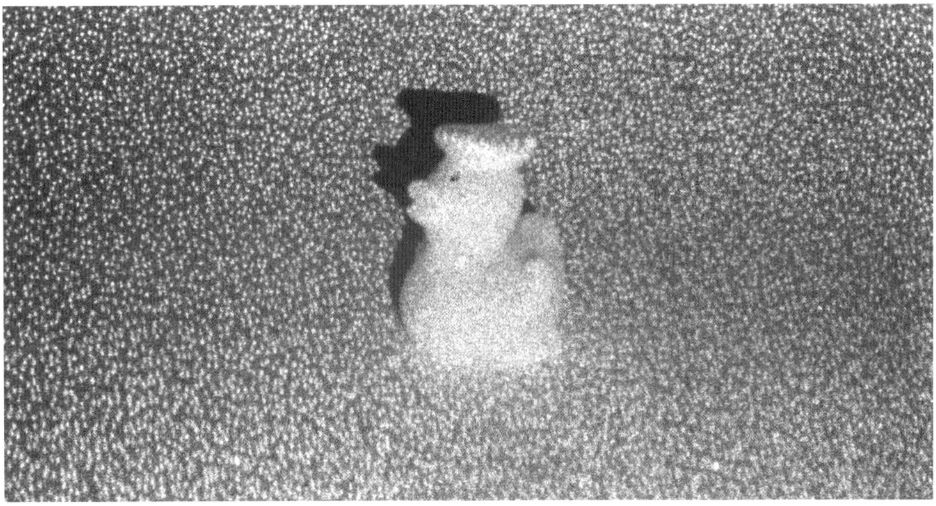
Bild einer Kinect durch eine Kamera ohne Infrarotfilter

Der Kinect-360-Sensor verfügt über zwei Kameras und einen Infrarotprojektor, wobei eine Kamera zur Erfassung des vom Projektor ausgestrahlten Musters genutzt wird und die andere ein ganz normales Farbbild liefert. Die Auflösung beträgt leider nur 640×480 Bildpunkte, weshalb sich die Kinect 360 eher begrenzt als 3D-Scanner einsetzen lässt. Für einfache Personenscans kann die Kinect 360 dennoch ausreichend sein. Sie ist dazu noch für recht kleines

HINWEIS

Die Kinect One wird oft auch als »Kinect 2« bezeichnet, die Kinect 360 hingegen als »Kinect 1«. Aus diesem Grund wird die Kinect One oft mit der Kinect 360 verwechselt.

Geld auf eBay-Kleinanzeigen gebraucht zu finden. Die Kinect 360 sowie andere Sensoren ihrer Gattung werden ebenfalls in Kapitel 3.3 behandelt. Obwohl die Kinect 360 von Microsoft eingestellt wurde, lebt die Technologie der Firma PrimeSense, deren Sensoren in der Kinect verbaut waren, weiter. PrimeSense wurde 2013 von Apple aufgekauft. Die Sensortechnologie wurde derart verbessert und verkleinert, dass sie 2017 eine Wiedergeburt in Form von Apples Face ID mit Einführung des iPhone X erlebte. Es ist also durchaus denkbar, dass auch zukünftige Apple-Produkte mit einer verbesserten Version dieser oder ähnlicher Sensortechnik ausgestattet werden.

2.2.3 Codiertes Licht zum 3D-Scannen

Ein weiteres Verfahren, welches strukturiertes Licht zum 3D-Scannen verwendet, ist das sogenannte »Streifenlicht-Scannen«, oft auch »Coded-Light-Scannen« genannt. Der Name »Coded Light« beschreibt das Verfahren schon recht gut. Jeder Bildpunkt des Kamerabilds entspricht einer Bildkoordinate. Mithilfe eines Beamers werden nun nacheinander verschiedene Streifenmuster auf das Objekt geworfen. Dabei besteht das Muster meist aus aufeinanderfolgenden hellen und dunklen Streifen, die bei jedem Schritt feiner werden.

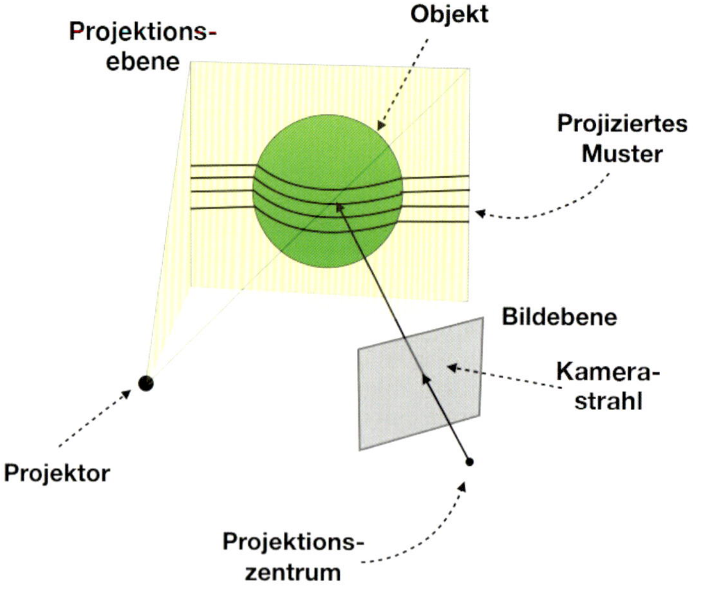

Funktionsprinzip Streifenlicht-3D-Scanner mit codiertem Licht

Die 3D-Scanner-Software prüft dann für jedes projizierte Streifenmuster, ob der jeweilige Punkt auf dem Kamerabild im dunklen oder hellen Bereich des Musters liegt. Dabei wird Hell mit 1 und Dunkel mit 0 bewertet. Das Muster wird im fehlertoleranten Grey-Code codiert. Die Nummer jedes Streifens entspricht einer virtuellen Koordinate im Beamer. Mit diesen Informationen ermittelt die Software je eine Bild- sowie Beamerkoordinate und kann so die Tiefenkoordinaten der Objektoberfläche berechnen.

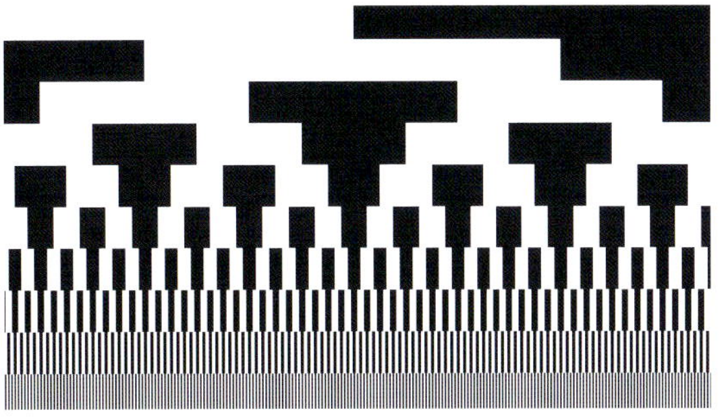

Codierung des Lichts bei Streifenlicht-Scannern

Sofern der Scanner nicht über einen Drehteller verfügt, muss das Objekt auf diese Art aus verschiedenen Positionen gescannt werden. Die einzelnen Scans müssen dann wieder zu einem Ganzen zusammengefügt werden.

Das Verfahren ist schneller als das Scannen mit einem einfachen Laserscanner. Jedoch ist der Kalibrierungsaufwand für ein solches System viel höher. Hinzu kommen der Nachteil, dass Fremdlicht die Scan-Ergebnisse signifikant verschlechtern kann, und – da somit ein Projektor benötigt wird – ein vergleichsweise hoher Anschaffungspreis.

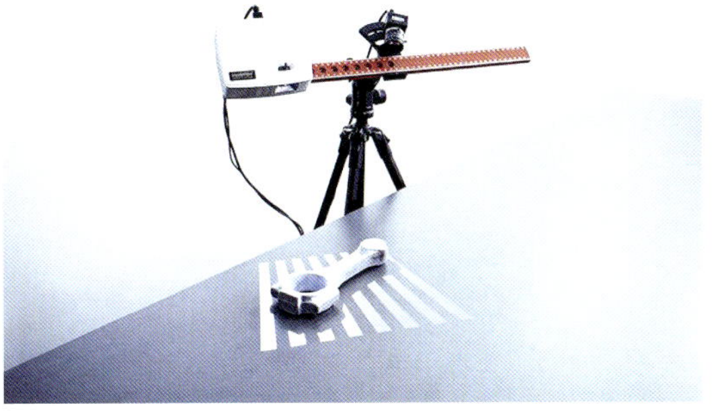

David SLS Scanner (Quelle: 3dmensionals.de)

Einer der beliebtesten 3D-Scanner in diesem Bereich ist der David SLS Scanner. Er besteht im Wesentlichen aus einem Softwarepaket und wird mit entsprechender Hardware zum vollwertigen 3D-Scanner. Entwickelt wurde der David Scanner im September 2006 von Simon Winkelbach und Sven Molkenstruck an der TU Braunschweig. 2009 entstand daraus die David Vision Systems GmbH. Im Jahr 2016 erfolgte die Übernahme der David Vision Systems GmbH durch Hewlett-Packard. Der David Scanner liefert hervorragende Ergebnisse, startet aber je nach Ausstattung mit einem Anschaffungspreis von ca. 2000 Euro. In Kapitel 3.4 wird eine kostengünstige Selbstbaulösung für einen Streifenlicht-Scanner vorgestellt.

Im nächsten Unterkapitel werden weitere 3D-Scan-Technologien vorgestellt. Im Gegensatz zu den oben beschriebenen Methoden kommen die dort gezeigten Techniken ohne die Hilfe von zusätzlichen Lichtquellen aus. Aus diesem Grund nennt man sie auch »Nichtkontaktbasierte passive Verfahren«.

2.3 Nichtkontaktbasierte passive 3D-Scan-Verfahren

In diesem Unterkapitel geht es um nichtkontaktbasierte *passive* Scanverfahren. Dazu zählen Verfahren, die keine zusätzlichen optischen Hilfsmittel, wie Laser oder Projektoren, zur Markierung der Objekte verwenden. Meist basieren diese Verfahren nur auf der Verarbeitung von reinen Bilddaten. Im Folgenden betrachte ich die beiden beliebtesten Verfahren genauer, die *Stereoskopie* und die *Fotogrammetrie*. Darüber hinaus gibt es noch weitere nichtkontaktbasierte passive Scanverfahren, wie beispielsweise silhouettenbasierte Verfahren. Diese erwähne ich hier aber nur am Rande, da sie weniger verbreitet sind.

2.3.1 Stereoskopie

Die Stereoskopie setzt, wie der Name bereits verrät, auf zwei Perspektiven. Hierzu werden Fotos mit zwei unterschiedlich zum Objekt versetzten Kameras gemacht. Durch den leichten Versatz der Kameras lässt sich ein Tiefenbild berechnen.

Auch hier stammen die grundlegenden Ideen bereits aus dem 4. Jahrhundert vor Christus. Zu dieser Zeit beschäftigte sich der griechische Mathematiker Euklid mit dem mathematischen Verfahren der Stereometrie (räumliche Geometrie). Jedoch erst im 19. Jahrhundert erfolgte die Erforschung des räumlichen Sehens. Den ersten Apparat zur Stereoskopie stellte Sir Charles Wheatstone im Jahr 1838 vor. Mit diesem Apparat war es möglich, zwei aus unterschiedlichen Perspektiven gezeichnete Bilder so zu betrachten, dass ein räumlicher Eindruck entsteht. Spannender sollte die Stereoskopie jedoch erst Jahre später werden, mit der Erfindung des Verfahrens, fotografische Bilder auf Silberschichten herzustellen.

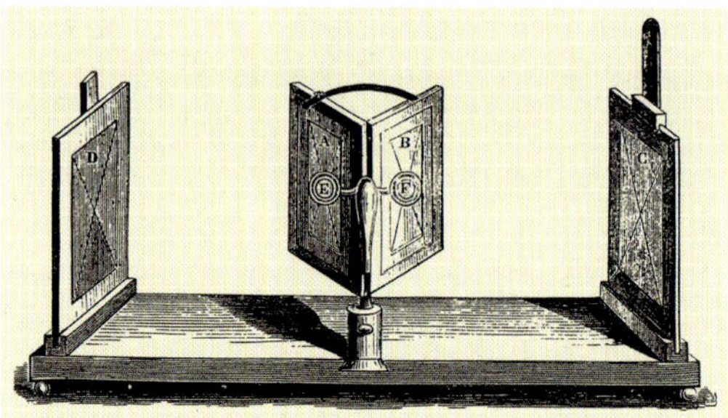

Stereoskop von Sir Charles Wheatstone. (Quelle: https://en.wikipedia.org/wiki/File:Charles_Wheatstone-mirror_stereoscope_XIXc.jpg)

Einen richtigen Boom erlebte die Stereoskopie anschließend im 20. Jahrhundert. In den 1950er-Jahren wurden kleine Stereoskope für zu Hause populär. Damals boten unter anderem Verlage stereoskopische Aufnahmen auf Wechselkarten für die Heimgeräte an. Alles in allem war das Verfahren zur damaligen Zeit jedoch verhältnismäßig teuer. Experimentieren war aufgrund der hohen Preise für Fotopapier eine sehr kostspielige Angelegenheit. Erst Ende des 20. Jahrhunderts erlebte die Stereoskopie mit der Einführung der Digitalkameras wieder eine kleine Renaissance. Ein beliebtes stereoskopisches Verfahren ist das Anaglyphenverfahren, das unter anderem in den ersten 3D-Kinos zum Einsatz kam. Beim Anaglyphenverfahren werden die stereoskopischen Bilder paarweise übereinandergelegt, wobei jedes Bild in einer anderen Farbe repräsentiert wird. Zur Trennung der Einzelbilder kommen Brillen mit Farbfiltern zum Einsatz. In der Anfangszeit waren die typischen Farben der Anaglyphenbilder Rot vor dem rechten Auge und Grün vor dem linken. Da die Augen jeweils verschiedene Bilder sehen, entsteht ein räumlicher Effekt. Ähnlich funktionieren auch die heutigen Shutter-Brillen oder 3D-Filme im Kino. Jedoch kommen bei der heutigen Kinobrille Polfilter statt Farbfilter zum Einsatz.

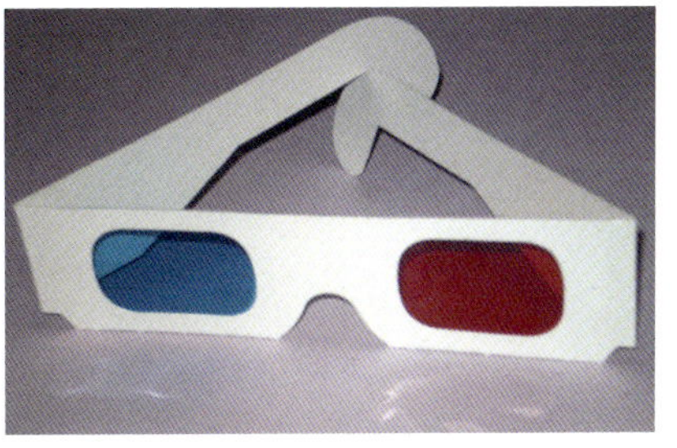

Anaglyphenbrille zum Betrachten anaglyphischer Bilder. (Quelle: Wikipedia)

Anaglyphenbild, vom Mars aufgenommen 2004 vom Mars Rover Spirit. (Quelle: https://nssdc.gsfc.nasa.gov/planetary/image/mera_anag_02.jpg)

Mithilfe des Computers und geeigneter Algorithmen gelingt dann auch die Berechnung der Tiefe aus stereoskopischen Bildern. Mittels der Erzeugung sogenannter »Disparity Maps« lassen sich Tiefeninformationen aus den Bildern gewinnen. Auch bei diesem Verfahren geht es wie bei der Fotogrammetrie darum, gewisse Feature-Punkte in beiden Bildern zu finden. Von diesen Punkten aus wird dann die Distanz des Kameraversatzes in Pixeln (»disparity«) berechnet. Es entsteht ein Graustufenbild, wobei jeder Grauwert einen Abstandswert repräsentiert. Im Beispiel der nachfolgenden Abbildung steht jeder weiße Wert für eine nahe Distanz und jeder dunkle bis schwarze Wert für eine weite Distanz. Aus einem solchen Graustufenbild kann wiederum eine Punktwolke erzeugt werden.

Stereoskopie-sukuba-Beispiel (Quelle: http://vision.middlebury.edu/stereo/data/)

2.3.2 Die Fotogrammetrie

Die Fotogrammetrie ist das zurzeit wohl meist verbreitetste Verfahren dieser Gattung. Darunter versteht man ein Verfahren, welches nur durch die Analyse von Fotos in der Lage ist, ein 3D-Objekt zu rekonstruieren. Auch die Stereoskopie aus Kapiel 2.3.1 gehört streng genommen zur Fotogrammetrie, wobei bei der Stereoskopie bereits zwei Fotos ausreichen. Fotos können Bilder von archäologischen Funden, Objekte in Videomitschnitten oder gar mit dem eigenen Smartphone erzeugte Bilder eines Objekts sein. So wird zum Beispiel versucht, zerstörte Kulturdenkmäler in Syrien durch gesammelte Bilder aus dem Internet mithilfe der Fotogrammetrie in 3D zu rekonstruieren. Unter anderem können Luftaufnahmen von Flugzeugen oder sogar Satellitenaufnahmen für fotogrammetrische Verfahren eingesetzt werden. Den einzigen limitierenden Faktor stellt die zur Verfügung stehende Hard- und Software dar. Das Verfahren der Fotogrammetrie ist sehr rechenintensiv und somit benötigt man eine sehr leistungsstarke Hardware. Moderne Grafikkarten, meist solche, wie sie im Gaming-Bereich eingesetzt werden, verfügen über leistungsstarke Grafikprozessoren. Diese Prozessoren können von der Software geschickt in den Berechnungsprozess eingebunden werden. Der Einsatz einer leistungsstarken Grafikkarte, vor allem solche mit CUDA-Unterstützung, kann die Berechnungszeit enorm reduzieren.

Jedoch gelingt die perfekte Rekonstruktion eines Objekts nur, wenn auch die Qualität der Bilder gewissen Vorgaben entspricht. Dabei ist der Begriff der

Bildqualität bei der Fotogrammetrie anders zu bewerten als bei der gewöhnlichen Motivfotografie. Mehr zum Thema »Fotografie für die Fotogrammetrie« finden Sie im Praxisteil zur Fotogrammetrie in Kapitel 3.2.

Sind die Bilder erst einmal im Kasten, so kann die Software ihre Arbeit beginnen. Diese versucht, möglichst viele gleiche Merkmale in immer jeweils zwei Bildpaaren zu finden. Anhand dieser Merkmale ermittelt die Software später die Aufnahmepositionen der Kamera. Je mehr korrespondierende Punkte in den Fotos ermittelt werden können, desto genauer lässt sich die Kameraposition bestimmen. Anschließend erfolgt aus den so gewonnenen Kameraperspektiven die Berechnung der Tiefeninformationen. Da auch hier wieder das mathematische Verfahren der Triangulation zum Einsatz kommt, muss jeder Punkt in mindestens drei verschiedenen Fotoperspektiven auftauchen.

Für das Gelingen eines 3D-Scans mittels Fotogrammetrie gibt es einige Dinge zu beachten. Die wichtigste Voraussetzung stellt ein Objekt dar, das bildliche Merkmale aufweist. Das zu scannende Objekt sollte so viele »Feature-Punkte« (verschiedenartige Bildpunkte) wie möglich aufweisen. Dies können zum Beispiel Farbe, Textur, Sättigung, Helligkeit etc. sein. Feature-Punkte sollten möglichst groß und aus mehreren Perspektiven auf unterschiedlichen Fotos deutlich sichtbar sein. Das ausgewählte Objekt sollte wenig bis gar nicht reflektieren oder gar transparent sein. Denn auch hier bereiten diese Eigenschaften wie bei allen anderen bildgebenden 3D-Scan-Verfahren Schwierigkeiten. Kapitel 4 stellt einige Techniken und Tricks vor, um derartig schwierige Oberflächen erfassen zu können. Aus den genannten Gründen bietet es sich an, mit einfachen Objekten die ersten Erfahrungen mit der Fotogrammetrie zu sammeln und sich dann Stück für Stück an komplexere Objekte heranzutasten.

Im Folgenden wurde eine Bilderserie von einer Walnuss erstellt, um das Verfahren der Fotogrammetrie besser zu veranschaulichen. Eine Walnuss hat eine gut strukturierte Oberfläche mit vielen natürlichen Merkmalen, außerdem ist die Oberfläche weder transparent noch reflektierend. Daher eignet sich eine Walnuss hervorragend für die ersten Versuche in der Fotogrammetrie.

Walnuss, aus verschiedenen Perspektiven fotografiert.

Die Nuss wurde mittels des in Kapitel 3.2 beschriebenen Aufbaus aus verschiedenen Positionen fotografiert. An dieser Stelle werden zur Vereinfachung nur zwei bis drei Detailausschnitte dieser Fotos betrachtet. In den Fotos wurden jeweils drei unterschiedliche, gut erkennbare Punkte markiert und zu jeweils einem Dreieck verbunden. Auf den drei ausgewählten Fotos wurden dabei die gleichen Punkte des Objekts aus eben verschiedenen Perspektiven verwendet. Sie erkennen, dass die so entstandenen Dreiecke unterschiedlich groß sind. Die Schwierigkeit besteht darin, aus diesen Dreiecken die Drehung und den Winkel des Objekts zur aktuellen Foto- und Nussposition zu bestimmen.

Beispiel eines Ausschnitts zur Ermittlung von markanten Punkten

Im Folgenden wird ein durch gefundene Merkmale bestimmtes Dreieck in drei aufeinanderfolgenden Bildern bestimmt. Die Detailausschnitte beziehen sich dabei immer auf den rot eingekreisten Bereich. Die gewählten Bildbereiche und ihre Merkmale sind grob gewählt und noch mit bloßem Auge erkennbar. Die von der Software gefundenen Merkmale würden sich in der Regel ohne zusätzliche Hilfsmittel nicht mehr ohne Weiteres erkennen lassen.

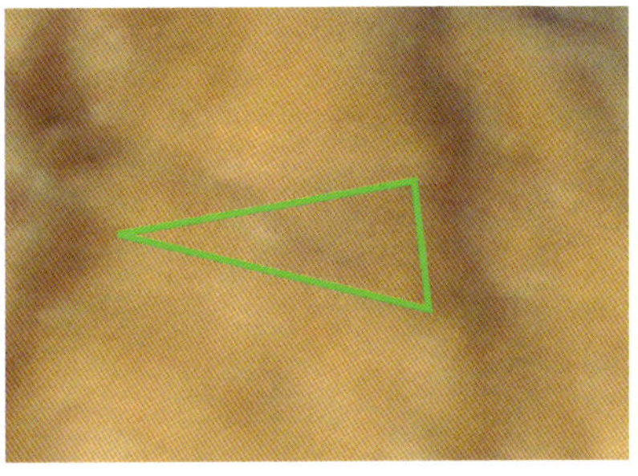

Markierung der gleichen drei Merkmale im ersten Bild

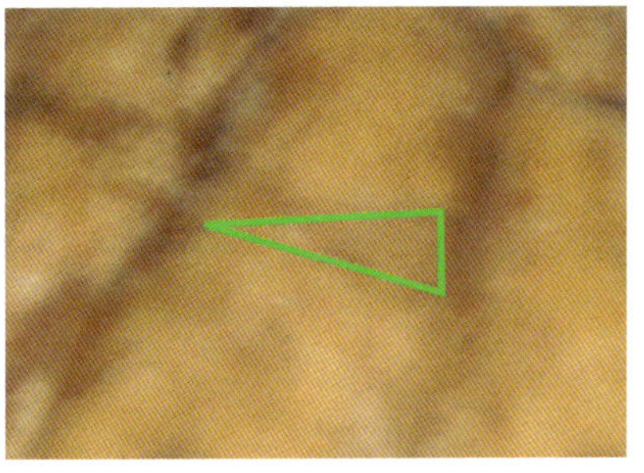

Markierung der gleichen drei Merkmale im zweiten Bild

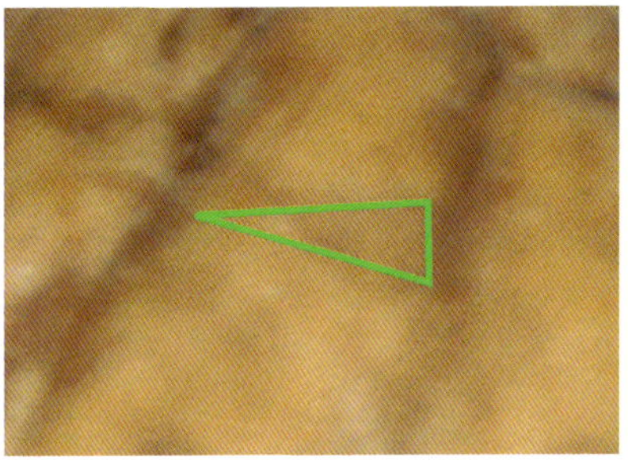

Markierung der gleichen drei Merkmale im dritten Bild

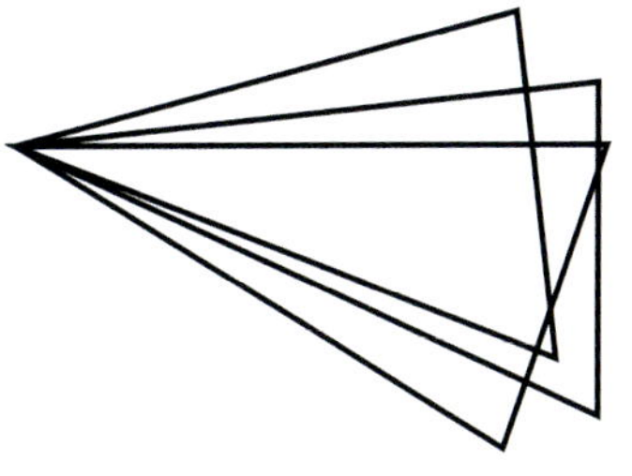

Die Dreiecke aller Bilder kombiniert.

In der letzten Abbildung wurden die in den drei Detailbildern ermittelten Dreiecke übereinandergelegt. Durch unterschiedliche geometrische Eigenschaften, wie zum Beispiel die Seitenlänge dieser Dreiecke, kann die Software dann Winkel und Position der Kamera mithilfe entsprechender mathematischen Methoden bestimmen. In einem zweiten Berechnungsschritt lassen sich durch weitere Berechnungen die genauen Koordinaten ermitteln. Wie bereits erwähnt, kommt es hier darauf an, dass möglichst viele solcher Dreiecke gefunden werden. Viele solcher Dreiecke führen zu ebenso vielen berechneten Koordinaten. Deshalb gilt: Je mehr Dreiecke, desto besser ist das Resultat.

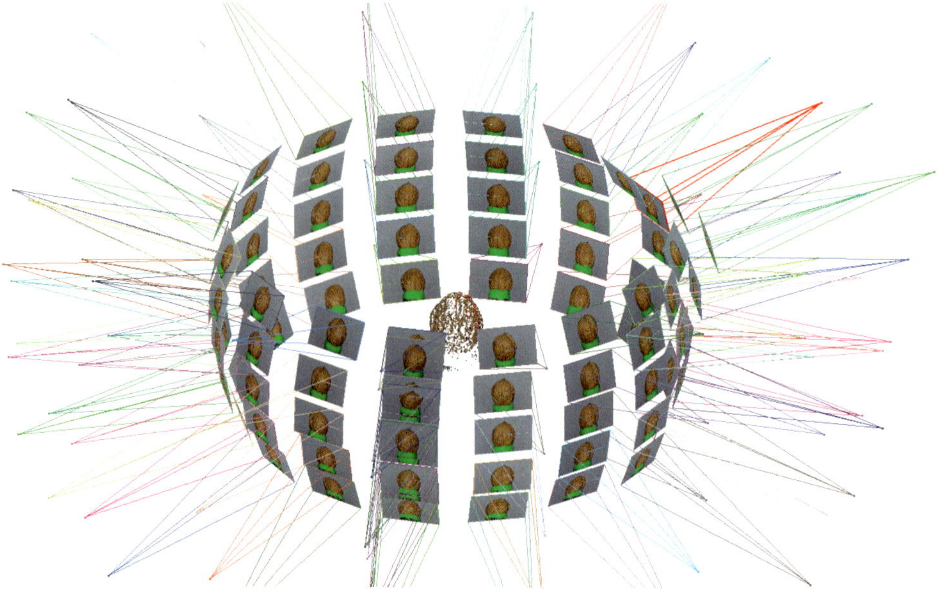

Von der Software berechnete Kamerapositionen

Bei der Fotogrammetrie gibt es natürlich auch Fälle, in denen die Algorithmen der Software fehlschlagen. Im Folgenden werden nur die am häufigsten vorkommenden Problemfälle beschrieben.

Ungenaue Details

Unterscheiden sich die Feature-Punkte beispielsweise nur durch wenige Graustufen, entstehen unregelmäßige Schattierungen durch schlechte oder falsche Beleuchtung oder sind die Aufnahmen gar zu unscharf, führt dies zu schlechten Ergebnissen. Oft kann die Software zwar ein Modell aus den Fotos erstellen, jedoch nur in mittlerer bis schlechter Qualität.

Glänzende Oberflächen und Reflexionen

Stark glänzende oder reflektierende Oberflächen beeinträchtigen die Ergebnisse ähnlich wie schon die zuvor erwähnten Schattierungen in den Fotos. So kann die Ausleuchtung der Fotos aufgrund von glänzenden Oberflächen sehr unterschiedlich ausfallen. Reflexionen sollten durch geeignete Ausleuchtung oder andere technische Hilfsmittel möglichst vermieden werden. Auch hierzu finden Sie nützliche Tipps in Kapitel 4.

Transparenz

Ähnlich wie bei glänzenden und reflektierenden Oberflächen bereiten transparente Oberflächen wie zum Beispiel Glas Probleme. Durch die Transparenz kann die Software kaum bis keine Punkte auf der Oberfläche erfassen. Abhilfe können hier ebenfalls die Tipps aus Kapitel 4 schaffen.

Irreführende Bildinformationen

Je nach Hintergrund kommt es beim Fotografieren mitunter vor, dass für die eingesetzte Software widersprüchliche Bildinformationen entstehen. Dies kann zum Beispiel der Fall sein, wenn nicht die Kamera, sondern das Objekt bewegt wird. Ein gutes Beispiel für einen solchen Fall stellt ein Objekt mit einer Holzstruktur vor einem Hintergrund mit Holzstruktur dar. Hier kann der Algorithmus der Software scheitern, weil keine perspektivische Änderung gefunden wird. Die Software ermittelt die immer gleichen Merkmale auf dem Hintergrund.

Software

Im Folgenden sollen zwei unterschiedliche Open-Source-Lösungen vorgestellt werden. Sicher gibt es weitere gute Software im Bereich der Fotogrammetrie, die beiden vorgestellten Lösungen haben jedoch den Vorteil, dass sie frei verfügbar sind und auf allen gängigen Betriebssystemen laufen.

Visual SFM (A Visual Structure from Motion System) ist ein All-in-one-Werkzeug für die Fotogrammetrie. Es bietet außer den Grundfunktionalitäten zum Erzeugen von 3D-Objekten aus Fotos auch noch eine grafische Oberfläche, um den Prozess besser nachvollziehen zu können. *VisualSFM* wird für Windows, Linux und macOS bereitgestellt.

Visual SFM wurde von Changchang Wu entwickelt. Teile der Software werden als vorkompilierte Bibliotheken geliefert. Wer an den unter der Haube verwendeten SiFT-Algorithmen interessiert ist, muss sich die Veröffentlichung »Towards Linear-time Incremental Structure from Motion« des Entwicklers zu Gemüte führen. *Visual SFM* setzt bei der Berechnung auf die Unterstützung der Grafikkarte. Aus diesem Grund sollte der zur Berechnung eingesetzte Rechner über eine NVIDIA-Grafikkarte mit CUDA-Unterstützung verfügen. Leider handelt es sich bei *Visual SFM* nicht um eine reine Open-Source-Lösung. Teile der Software, die zum Download zur Verfügung stehen, sind nicht OpenSource. Somit ergibt sich der Nachteil, dass die bereitgestellten Teile nicht auf jeder Plattform und auch nicht mit jeder beliebigen Konstellation von Softwarebibliotheken lauffähig sind. Da *Visual SFM* aber sehr gute Ergebnisse liefert, ist es dennoch im Praxisteil zur Fotogrammetrie die erste Wahl. Die *Visual SFM*-Installation ist unter Windows recht einfach, da es bereits alle benötigten Dateien fertig zum

Download gibt. Die Installation auf macOS und Linux verläuft hingegen etwas schwieriger, da die Closed-Source-Teile der Software nicht immer in kompatiblen Versionen zum aktuellen Betriebssystem vorliegen. Aus diesem Grund muss *Visual SFM* für macOS und Linux meist erst aus den Quellen gebaut werden. Alternativ kann man Docker verwenden, um dieses Problem zu umgehen. Mit dem Einsatz von Docker verliert man jedoch die Möglichkeit, die Benutzeroberfläche von *Visual SFM* zu nutzen.

MVE (**A Multi-View-Environment**) ist ebenfalls eine All-in-one-Lösung für die Fotogrammetrie. Es lässt bezüglich der Bearbeitungskette keine Wünsche offen. *MVE* wird aktiv am Informatiklehrstuhl für Graphics, Capture and Massively Parallel Computing der technischen Universität in Darmstadt entwickelt. Im Gegensatz zu *Regard3D* liegt der Schwerpunkt von *MVE* auf einer rein prozessorgestützten Berechnung mit der Fähigkeit, dies auch verteilt durchzuführen. *MVE* kommt im Gegensatz zu *Regard3D* erst einmal ohne eine grafische Oberfläche aus. Es kann recht komfortabel über eine Konsole gestartet werden. *MVE* muss für das jeweilige Betriebssystem aus dem Quellcode gebaut werden. Es ist jedoch im Gegensatz zu *Regard3D* vollständig OpenSource.

MicMac ist eine ganze Ansammlung von Werkzeugen zur Fotogrammetrie und ebenfalls OpenSource. *MicMac* wird vom *IGN (French National Geographic Institute) und ENSG (French National School for Geographic Sciences)* entwickelt. Die Softwarekomponenten sind für eine Vielzahl von Fotogrammetrie-Anwendungsgebieten optimiert. Die Dokumentation befindet sich auf den Wiki-Seiten des Projekts. *MicMac* ist sehr mächtig und bietet eine hohe Flexibilität. Jedoch ist das Angebot an Werkzeugen gerade für Anfänger recht undurchschaubar. Selbst erfahrenen Nutzern der Fotogrammetrie dürfte *MicMac* anfangs schwierig erscheinen. Die Installation wird für jedes Betriebssystem erklärt. Anhand der im Wiki gezeigten Beispiele erhält man nach der erfolgreichen Installation am einfachsten Zugang zu den wichtigsten Funktionen.

Neben den mehr oder weniger OpenSource-konformen Lösungen gibt es weitere weniger verbreitete OpenSource-Lösungen, aber auch kommerzielle Angebote. So ist zum Beispiel *Agisoft Metashape* (ehemals *Photoscan*) ein erwähnenswertes kommerzielles Produkt. *Metashape* ist sehr mächtig und liefert sehr gute Ergebnisse. Eine kostenlose 30-Tage-Testversion steht auf der Seite des Herstellers zum Download zur Verfügung. Eine Nutzung über die 30 Tage hinaus erfordert dann eine kostenpflichtige Lizenz.

Regard3D ist eine grafische Oberfläche für eine Ansammlung von OpenSource-Fotogrammetrie-Tools. Theoretisch wäre es auch möglich, alle einzelnen Tools hintereinander auszuführen und die Zwischenergebnisse dann mit entsprechenden Mitteln zu prüfen. Allerdings ist die Nutzung von *Regard3D* eine wesentlich angenehmere Lösung. Da *Regard3D* für alle Betriebssysteme in einer installierbaren Version verfügbar ist, wird der in Kapitel 3.2 gezeigte Fotogrammetrieaufbau unter Verwendung von *Regard3D* vorgestellt.

2.3.3 Einige Exoten

Außer den bereits vorgestellten Verfahren gibt es noch weitere interessante nichtkontaktbasierte passive 3D-Scan-Verfahren.

Vor allem ein Exot soll kurz vorgestellt werden. Das Verfahren arbeitet mit Flüssigkeiten. Ein gutes Beispiel stellt der *GotMesh*-Scanner dar. Dieser verwendet eine Kamera sowie ein Gefäß mit Milch, um das darin liegende Objekt zu digitalisieren.

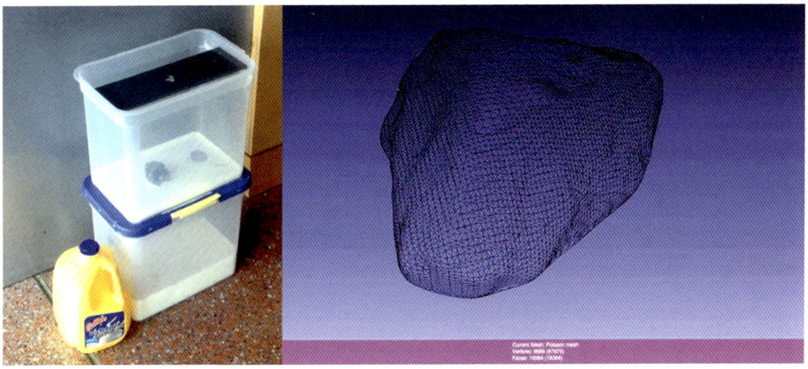

GotMesh-Milch-Scanner (Quelle: Hackaday)

Der Aufbau des Scanners ist recht einfach gehalten. Eine Kunststoffbox wird auf eine weitere Kunststoffbox gestapelt. Die obere Box verfügt über ein Loch im Gefäßboden. In die obere Box wird dann das zu scannende Objekt gelegt. Das Gefäß wird mit einer Flüssigkeit – im konkreten Fall mit Milch – gefüllt, so dass das zu scannende Objekt vollständig von der Flüssigkeit bedeckt ist. Über der oberen Box ist eine Kamera befestigt. Diese erzeugt Bilder von der Oberfläche des Milchfüllstands. Da die Flüssigkeit nun langsam vom oberen Gefäß ins untere läuft, kommt das Objekt allmählich zum Vorschein. Eine Software ermittelt später auf den Bildern die Kontur des Objekts für jeden abgelichteten Füllstand. Genau entlang dieser Kontur werden Punkte gelegt. Somit entsteht scheibchenweise das 3D-Objekt, ähnlich wie bei einem 3D-Puzzle. Das Verfahren ist natürlich nur für Objekte geeignet, die nicht durch Flüssigkeit beschädigt werden oder sich mit der verwendeten Flüssigkeit vollsaugen. Somit sollte klar sein, dass es eine dumme Idee wäre, elektronische Geräte mit diesem Verfahren zu digitalisieren.

Zusammenfassung

In diesem Kapitel habe ich Ihnen erläutert, welche 3D-Scan-Verfahren sich für den Einsatz in Hobby-Keller, Makerspace und FabLab eignen. Alle hier beschriebenen Verfahren haben sowohl Stärken als auch Schwächen. Nicht jedes Verfahren ist für jeden Anwendungsfall geeignet. Am Anfang Ihres 3D-Scan-Projekts sollten Sie sich darüber klar werden, welche Anforderungen zu erfüllen sind: Ist das Objekt eher klein oder groß, wie detailgetreu soll das spätere Ergebnis sein usw. In den allermeisten Fällen werden Sie nicht ohne eine Nachbearbeitung oder gar ein mehrfaches Scannen des Objekts auskommen, vor allem bei Verwendung optischer Verfahren.

Im nachfolgenden Kapitel beschriebe ich detailliert einige günstige und sehr beliebte 3D-Scanner-Aufbauten. Bei all diesen Verfahren handelt es sich um optische Verfahren aus den beiden Kapiteln 2.2 und 2.3.

3 3D-Scanner selber bauen und in Betrieb nehmen

In diesem Kapitel zeige ich Ihnen, wie Sie 3D-Scanner für die drei gängigsten Verfahren selber umsetzen können.

Der erste Abschnitt beschreibt den Aufbau eines *FabScanPi*-3D-Laserscanners. Dabei handelt es sich um einen Bausatz, den Sie auch ohne weitere Vorkenntnisse recht schnell und einfach aufbauen können.

Im zweiten Abschnitt erkläre ich verschiedene Aufbauten zur Fotogrammetrie. Anschließend gebe ich Ihnen noch weitere Tipps zum optimalen Fotografieren in der Fotogrammetrie.

Im letzten Abschnitt beschreibe ich den Aufbau eines Tiefensensor-Scanners am Beispiel diverser Kinect-Modelle. Den Beginn macht der Kinect 360-Sensor, der auch noch mit älterer Hardware betrieben werden kann. Im weiteren Verlauf erläutere ich dann einen Aufbau mit dem neueren Kinect One-Sensor.

3.1 Laserscanner

In diesem Kapitel wird der *FabScanPi* vorgestellt, ein günstiger Do-It-Yourself-3D-Laserscanner. Der *FabScanPi* basiert, wie der Name des Projekts schon sagt, auf dem Raspberry Pi.

FabScanPi Workshop, Photonics World of Lasers and Optics 2018 in München

Das FabScan-Projekt startete im Jahr 2010 in Deutschlands erstem FabLab am Informatik-Lehrstuhl 10 für Mensch-Computer-Interaktion (HCI). Im Rahmen der Bachelor-Arbeit von Francis Engelmann wurde ein Open-Source-3D-Scanner umgesetzt, welcher mit einem Budget von nur 100 Euro aufgebaut werden konnte. Das Projekt erfreute sich recht schnell großer Beliebtheit und wurde unter anderem auf Plattformen wie *Thingiverse* gefeatured.

Nachdem das Projekt über die Jahre mehrere Iterationen durchlaufen hatte, wurde es einige Jahre später von mir zum *FabScanPi* umgearbeitet. Mit dem *FabScanPi* wurde das Gerät erstmals mehr oder weniger plattformunabhängig. Durch den Einsatz des Raspberry Pi muss das Gerät zum Betrieb nicht mehr zwingend notwendig mit einem Computer verbunden sein. Die Benutzeroberfläche ist seither browserbasiert und lauffähig auf allen gängigen Betriebssystemen.

Diese Änderung hat vor allem den Software-Entwicklungsprozess und die Benutzerfreundlichkeit des FabScan verbessert.

Da das gesamte Projekt OpenSource, also offen verfügbar ist, kann es von jedem sehr einfach selbst nachgebaut oder weiterentwickelt werden. Seit einigen Jahren können Sie einen vollständigen Bausatz mit allen zum Aufbau benötigten Teilen in diversen Onlineshops kaufen.

Teile des FabScanPi-Bausatzes

3.1.1 Der Gehäuseaufbau

Das Gehäuse des *FabScanPi* besteht aus Pappelsperrholz. Sie können es sehr leicht selbst herstellen. Die Pläne finden Sie auf der Projektseite *https://fabscan.org/* im Menü *Downloads*. Um mit dem Bau des Gehäuses zu starten, haben Sie mehrere Möglichkeiten.

Die einfachste Variante besteht darin, alle fertigen Teile im Internet zu kaufen. Die Teile sind mit einem Laser-Cutter gefertigt und somit zu 100 Prozent passgenau. Dies führt zur zweiten Möglichkeit. Oft lohnt sich eine Online-Recherche nach dem nächstgelegenen Makerspace oder dem nächstgelegenen Fablab. Dort stehen in der Regel Laser-Cutter zur Verfügung, mit denen Sie das Gehäuse selbst schneiden können.

FabScanPi fertig aufgebaut

Natürlich können Sie mit dem nötigen handwerklichen Geschick auch zur Laubsäge greifen und die Teile alle selbst aussägen. Generell sind der Kreativität hier keine Grenzen gesetzt. Auch eine komplette Eigenentwicklung ist ohne Weiteres möglich, wie ein User aus der *FabScanPi*-Community eindrucksvoll bewiesen hat. Das von ihm gebaute Gehäuse besteht aus Aluminiumprofilen, 3D-gedruckten Teilen und ein paar Acrylplatten.

Angepasster FabScanPi – Sandwich Box von Jens Hackel

Informationen zum Nachbau des »Sandwich Box«-Gehäuses, welches auf den Bildern zu sehen ist, finden Sie auf *Thingiverse*.

Im Folgenden beschreibe ich jedoch den Aufbau des Standardgehäuses aus dem *FabScanPi*-Bausatz. Der Aufbau startet mit der Bodenplatte und den beiden Frontteilen. Beim Zusammenbau dieser Teile müssen Sie unbedingt auf deren Orientierung achten – aus diesem Grund sind die entsprechenden Teile mit den Buchstabenpaaren »LF« für »Left Front« und »RF« für »Right Front« gekennzeichnet.

FabScanPi-Gehäuseaufbau Schritt 1

Zunächst wird das größere der beiden Frontteile mit den Aussparungen für den Raspberry Pi an die Bodenplatte geklebt. Direkt dahinter wird das schmalere Frontteil mit Bodenplatte und dem größeren Frontteil verklebt.

FabScanPi-Gehäuseaufbau Schritt 2

Dabei sollten Sie darauf achten, dass die Teile richtig ineinandergesteckt sind. Auch die Richtung spielt gerade bei den Frontteilen eine wichtige Rolle. Die quadratischen Aussparungen für den Raspberry Pi müssen sich an der linken Seite befinden. Auch die Ausrichtung der Bodenplatte spielt eine große Rolle. So muss der große halbrunde Ausschnitt ebenfalls nach rechts zeigen. Diese Öffnung erleichtert später das Einstecken der SD-Karte in den Raspberry Pi. Im Zweifelsfall sollten Sie noch einmal die bereits erwähnten Bezeichner (»LF«, »RF«) an den Teilen kontrollieren. Wenn die Frontteile richtig befestigt sind, können Sie das hintere Wandteil an die Bodenplatte kleben. Die Rückwand ist symmetrisch, somit kann die Richtung der Montage bei diesem Schritt frei gewählt werden.

Klebeband hält die Teile während des Verleimens zusammen.

TIPP

Beim Verkleben sollten Sie reichlich Leim auf die entsprechenden Stellen auftragen. Überschüssigen Leim können Sie mit einem feuchten Stück Küchenpapier wieder abputzen. Zum Verteilen des Leims kann ein kleines Holzstück oder ein Zahnstocher hilfreich sein.

Die Montage des Gehäuses gelingt besser, wenn Sie Malerkrepp zum Fixieren der Gehäuseteile verwenden. Das Klebeband hält die Teile während der Kleberaushärtung stabil zusammen. Nachdem der Kleber vollständig ausgehärtet ist, können Sie das Klebeband leicht entfernen. Zu lange sollten die Klebestreifen jedoch nicht auf dem Holz kleben, da ansonsten unschöne Ränder entstehen. Bei einer Raumtemperatur von ca. 20 °C können die Klebestreifen oft bereits nach einer Stunde wieder entfernt werden.

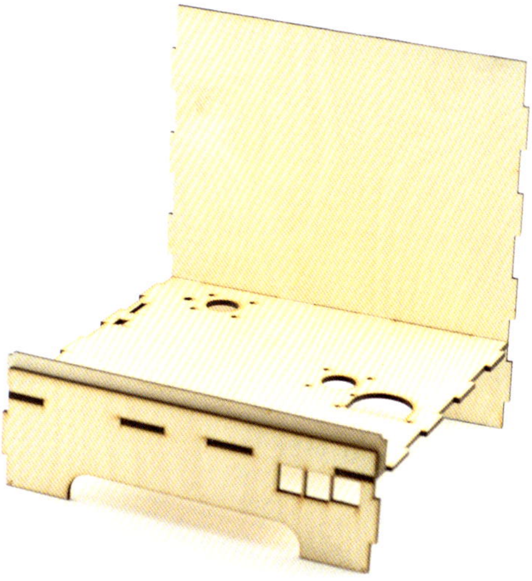

FabScanPi-Gehäuseaufbau Schritt 3

Im nächsten Schritt wird die rechte Seitenwand montiert. Auch hier sollten Sie genügend Leim an den Verbindungsteilen aufbringen. Die rechte Seitenwand besitzt ebenfalls Aussparungen für den Raspberry Pi. Aus diesem Grund müssen Sie genau darauf achten, rechte und linke Seitenwand nicht zu vertauschen (»RF«/»LF«). Mit der ersten montierten Seitenwand gewinnt das Gehäuse an Stabilität.

FabScanPi-Gehäuseaufbau Schritt 4

Wenn die rechte Seitenwand erfolgreich befestigt ist, können Sie die linke Seitenwand anbringen. Die linke Seitenwand verfügt über acht Bohrungen zur Befestigung der Kamera.

FabScanPi-Gehäuseaufbau Schritt 5

Das Gehäuse des Scanners ist somit fast fertig. Es fehlt nur noch die Klappe im Frontbereich. Die Klappe besteht aus zwei größeren Teilen, zwei Stützteilen und einem kleinen Teil, das als Griff dient.

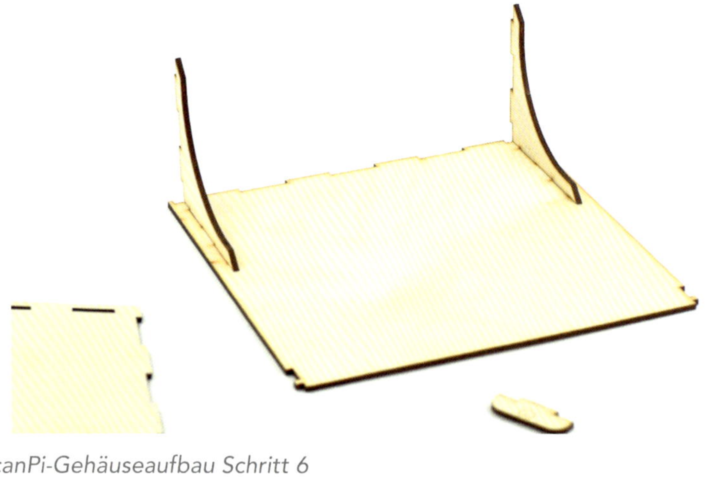

FabScanPi-Gehäuseaufbau Schritt 6

Sie beginnen am besten mit dem Einkleben der beiden Stützteile in eines der beiden großen Deckelteile. Danach können Sie das zweite Deckelteil im 90°-Winkel anfügen. Am Ende kleben Sie im vorderen Klappenteil noch den kleinen Griff an.

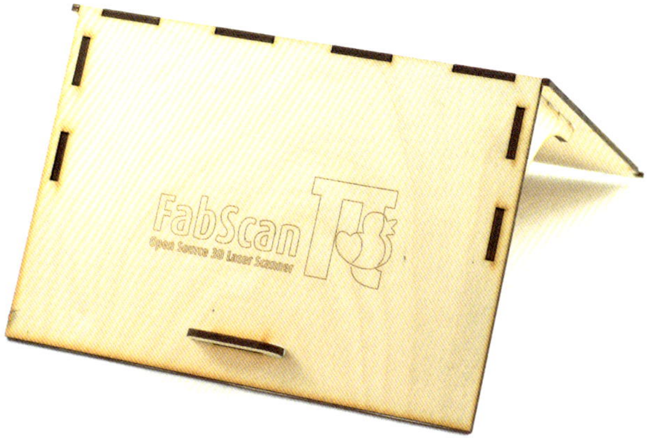

FabScanPi-Gehäuseaufbau Schritt 7

Das Gehäuse ist damit fertig. Es fehlen lediglich einige kleine Anbauteile, welche Sie im nächsten Schritt verbauen.

3.1.2 Einbau der Elektronik in das Gehäuse

Den Einbau der Elektronik beginnen Sie mit der Raspberry-Pi-Kamera. Der Kamerasatz besteht aus der Raspberry-Pi-Kamera, einem Flachband-Verlängerungskabel, einigen Schrauben, der Kamera-Trägerplatine mit RGB-LEDs und einem Kabel zur Ansteuerung der LEDs. Über die LEDs können später im Inneren des Gehäuses die Lichtverhältnisse genau eingestellt werden. Dies ist vor allem dann notwendig, wenn beim 3D-Scannen die Farbe des Objekts mit erfasst werden soll.

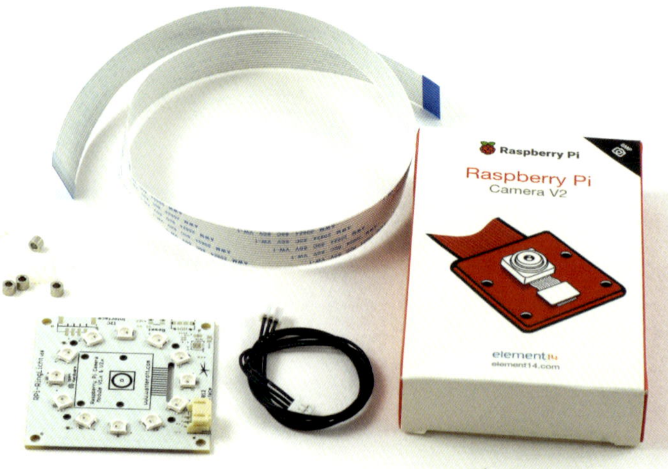

Teile für Raspberry-Pi-Kamera und Ringlicht

Die Raspberry-Pi-Kamera wird bereits mit einem vormontierten Flachbandkabel ausgeliefert. Dieses Kabel ist jedoch mit 15 cm zu kurz, da sich der Raspberry Pi auf der anderen Gehäuseseite befindet. Aus diesem Grund muss das mitgelieferte Kabel durch ein längeres Kabel ersetzt werden.

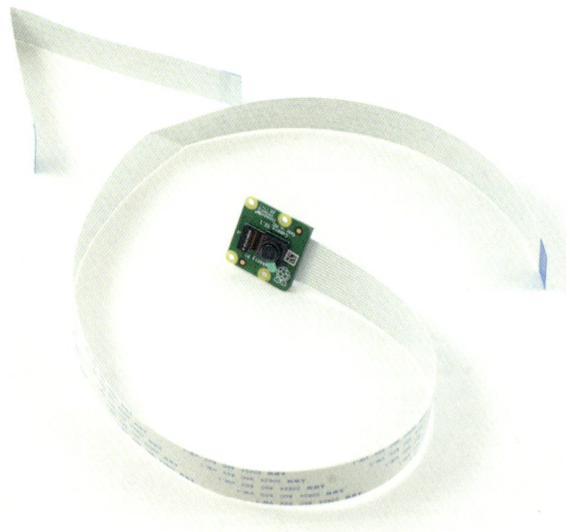

Raspberry-Pi-Kamera mit Kabelverlängerung

Zum Ersetzen des Flachbandkabels öffnen Sie den Verschluss des Verbinders. Der dunkelste Teil des Verbinders muss dazu vorsichtig nach oben geklappt werden. Das vormontierte Kabel lässt sich dann leicht nach unten herausziehen.

Achten Sie beim Anbringen des Flachband Kabels an der Kamera auf die Richtung.

Das neue Kabel wird einfach gerade von unten in den Steckverbinder eingeschoben. Danach wird der dunkle Verschluss wieder nach unten geklappt. Sie müssen unbedingt auf die Einbaurichtung des Flachbandkabels achten – die blaue Fläche auf der Rückseite des Flachbandkabels muss von der Platine wegzeigen.

Fertig aufgebautes Kameramodul mit Ringlicht und Kabeln

Nachdem Sie das Kabel erfolgreich getauscht haben, können Sie mit der Montage der Kamera an der Trägerplatine beginnen. Vorher stecken Sie das Kabel für die LED-Steuerung in die dafür vorgesehene Buchse. Kabel und Buchse verfügen über eine Führung, so dass hier eine versehentliche Verpolung nicht möglich ist.

Bevor Sie die Kamera mit der Trägerplatine verschrauben, müssen Sie das Flachbandkabel der Kamera durch den Schlitz auf der Trägerplatine nach hinten führen. Erst dann können Sie die Kamera mittels der vier Kunststoffschrauben unter Verwendung der Distanzhülsen aus Metall auf der LED-Platine montieren.

Verschraubung der Raspberry-Pi-Kamera mit der Ringlicht-Platine über Distanzhülsen

Mit dem Gehäuse verschraubtes Kameramodul

Abschließend können Sie das Raspberry-Pi-Kameramodul samt LED-Trägerplatine direkt am Gehäuse verschrauben. Weitere Distanzhülsen sind für diesen Schritt nicht erforderlich. Die Löcher in der Gehäusewand geben die Richtung vor. Die Seite der Platine mit der Kabelführung muss in Richtung der Gehäuserückwand zeigen.

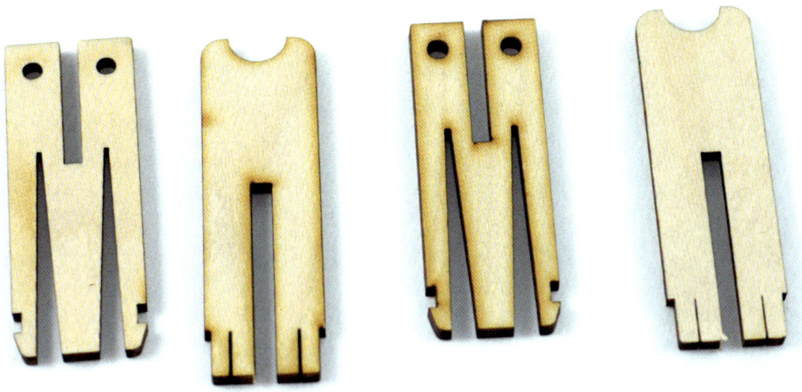

Teile für die Laserhalterungen

Als Nächstes montieren Sie die beiden Laserhalter. Dazu schieben Sie jeweils zwei Teile eines Halters zusammen, wie in der Abbildung zu sehen. Am unteren Ende der Halterungen befindet sich eine Art Feder. Sie schieben den Laserhalter durch leichtes Zusammendrücken der Federn an den entsprechenden Stellen in die Bodenplatte des Gehäuses. Den späteren Winkel des Lasers zum Drehteller können Sie durch Drehen der Laserhalter anpassen.

Zusammengesteckte Laserhalter

Im Anschluss an die Montage der Laserhalter können Sie das oder die Lasermodule mithilfe von Kabelbindern auf den Laserhaltern anbringen. Sie legen die Laser einfach längs entlang der Halterung in die Aussparung. Die Kabelbinder ziehen Sie um den Laser herum durch die Löcher in den Laserhalterungen. Die überstehenden Enden schneiden Sie ab.

Im Gehäuse eingebauter Laserhalter mit montiertem Linien-Laser

Nach der Montage von Kamera und Lasern folgt die Montage des Schrittmotors, welcher den Drehteller antreibt. Diesen schieben Sie einfach von unten durch die Öffnung im Gehäuse. Die Verschraubung mit den passenden Schrauben erfolgt dann von oben.

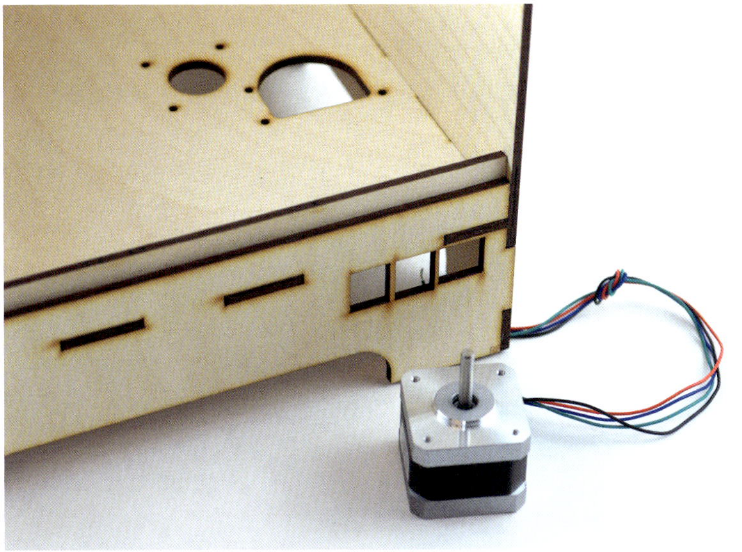

Einbau des Schrittmotors im FabScanPi-Gehäuse

Abschließend müssen die Teile des Drehtellers verleimt werden. Eine der beiden Platten, diejenige mit den zielscheibenartigen Markierungen, hat größere Aussparungen für Schrauben als die andere. Die Platte mit den größeren Aussparungen muss auf die Oberseite. Die großen Aussparungen dienen später zum Versenken der Schraubenköpfe, so dass die Oberfläche des Drehtellers eben bleibt. Die beiden Tellerseiten müssen so miteinander verleimt werden, dass eine Schraube samt Kopf in der Aussparung verschwinden kann. Zur besseren Ausrichtung können Sie bereits Schrauben durch den unteren Tellerteil schieben und im Anschluss den oberen Tellerteil aufsetzen. An den Verschraubungsstellen dürfen Sie nicht zu viel Leim verwenden, damit die Schrauben nicht mit dem Drehteller verkleben.

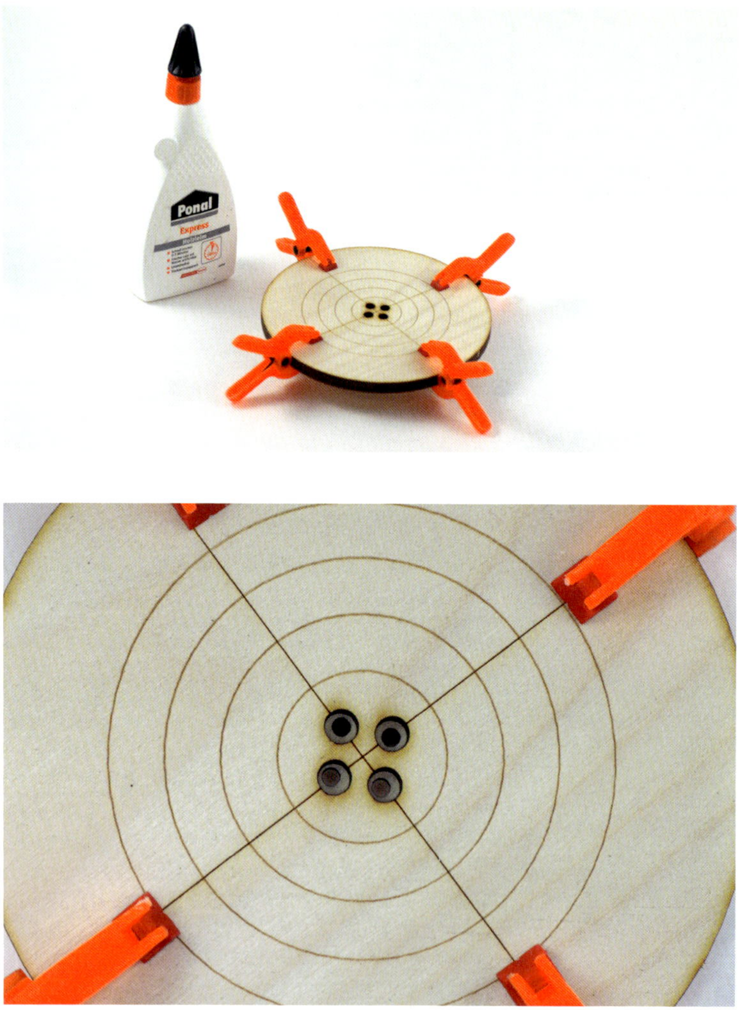

Die beiden Drehtellerteile werden miteinander verleimt – Klemmen helfen bei der Fixierung.

Um den Drehteller am Motor zu befestigen, wird ein kleiner Motorflansch verwendet. Diesen schieben Sie auf die Motorwelle und fixieren ihn über die seitlichen Maden-Schrauben. Die Welle des Motors sollte am offenen Ende 4 mm aus dem Flansch herausragen, da dort später der obere Teil des Drehtellers aufliegt.

Flansch an der Motorwelle zur Montage des Drehtellers

Zur Fertigstellung des Gehäuses und des Elektronikaufbaus fehlen nun nur noch der Raspberry Pi und das *FabScanPi HAT*.

Im Folgenden gehe ich davon aus, dass die elektronischen Komponenten bereits verlötet sind. Falls dies nicht der Fall ist, so finden Sie in der offiziellen Projektdokumentation eine Anleitung, wie das *FabScanPi HAT* bestückt werden muss. Die Bestückung sollte auch für Lötanfänger kein größeres Problem darstellen, da alle SMD-Bauteile bereits vorbestückt sind. Lediglich die Verbinder und Schraubterminals müssen noch an der Platine angelötet werden.

TIPP

Der Drehteller sollte erst am Ende mit dem Flansch verschraubt werden, da Sie ansonsten beim Einbau des Raspberry Pi die Verschraubung nicht mehr erreichen.

Den Raspberry Pi bringen Sie von unten im Gehäuse des *FabScanPi* an, so dass die Netzwerk- und USB-Anschlüsse über die Vorderseite des Gehäuses erreichbar sind. Zur Verschraubung verwenden Sie auch hier wieder Distanzhülsen zwischen Raspberry Pi und Gehäuse. Die Schrauben werden von unten nach oben durch das Gehäuse gesteckt und anschließend mit den Muttern im Inneren des Gehäuses fixiert.

INFO

»HAT« steht für »Hardware attached on top« und bezeichnet in der Raspberry-Pi-Welt die aufsteckbaren Erweiterungen für den Raspberry Pi. Ein HAT kann mit dem Shield für Arduinos verglichen werden.

Erst jetzt sollten Sie den Drehteller mit dem Flansch verschrauben. Achten Sie darauf, dass der Drehteller auf dem Flansch aufliegt und nicht wackelt.

Alle mechanischen Bauteile sind nun verbaut und Sie können mit der Verkabelung der Elektronik beginnen. Starten Sie mit dem *FabScanPi HAT*.

Am HAT sind bereits alle SMD-Bauteile vorbestückt. Lediglich der Spannungswandler (12 V zu 5 V) für die Stromversorgung des Raspberry Pi, die Buchse fürs Netzteil und die Steckleisten müssen noch angelötet werden.

Wenn das HAT komplett bestückt ist, müssen Sie das Flachbandkabel für die Kamera durch den schmalen Schlitz am HAT schieben. Das Kamerakabel verbinden Sie anschließend mit dem Raspberry Pi. Erst dann stecken Sie das HAT auf den Raspberry Pi. Der Motortreiber wird ebenfalls an der dafür vorgesehenen Stelle aufgesteckt. Die Abbildung zeigt, wie Sie die restlichen Komponenten verkabeln müssen. Eine genaue Anleitung, vor allem auch, wie der Motor angeschlossen wird, finden Sie in der offiziellen Aufbauanleitung des *FabScanPi*-Projekts unter *https://fabscanpi-server.readthedocs.io/en/latest/*.

Raspberry Pi mit FabScanPi HAT. Alle Komponenten sind angeschlossen.

3.1.3 Installation der Software

Die Installation der Software gestaltet sich recht einfach. Hierzu müssen Sie nur das aktuellste Image der Software von der Projektseite herunterladen und entpacken. Das Image kann dann über ein entsprechendes Flash-Tool für SD-Karten auf die SD-Karte geschrieben werden.

Das SD-Karten-Image beinhaltet eine vorinstallierte Version der neusten FabScan-Software und alle nötigen Systemeinstellungen sind bereits vorkonfiguriert.

Unter Windows

Um das Image unter Windows auf die SD-Karte zu schreiben, verwenden Sie am besten *WIN32Disk Imager*. Zuerst müssen Sie sicherstellen, dass die SD-Karte im SD-Karten-Lese- bzw. Schreibgerät eingesteckt ist. Nach dem Start werden Sie von einem einfachen Fenster begrüßt, welches einem üblichen Datei-Dialog-Fenster ähnelt. Die minimalistische Oberfläche von *WIN32Disk Imager* lässt kaum Fehlerquellen zu.

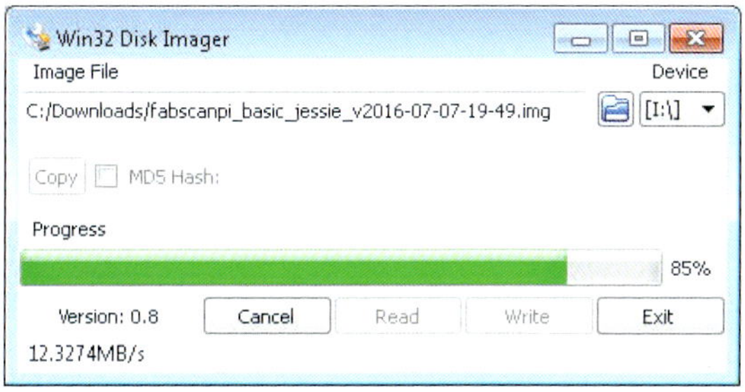

Win32 Disk Imager beim Schreiben des FabScanPi-Images auf die SD-Karte

Zum Schreiben des Images klicken Sie lediglich auf das Ordner-Symbol im oberen rechten Bereich. Im erscheinenden Dateiauswahl-Dialog wählen Sie das heruntergeladene Image der *FabScanPi*-Software aus und bestätigen den Dialog abschließend. Im Eingabefeld mit der Bezeichnung *Image File* wird jetzt der Pfad der zu schreibenden Image-Datei angezeigt.

Auf der rechten Seite neben dem Ordner-Symbol befindet sich das Ziellaufwerk. Dort wählen Sie das Laufwerk des Kartenlesers aus, in den Sie die SD-Karte gesteckt haben.

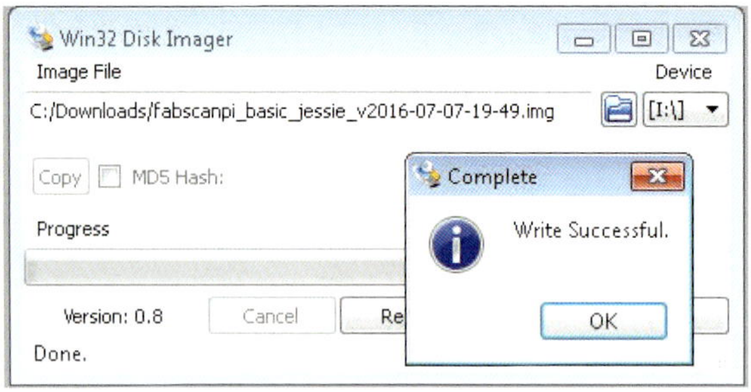

Win32 Disk Imager nach erfolgreichem Schreiben des Images

Am Ende müssen Sie lediglich der Schreibprozess über die Schaltfläche *Write* anstoßen. Der Schreibvorgang wird über den grünen Statusbalken angezeigt. Bei 100% werden Sie über einen kleinen Dialog informiert, dass der Schreibvorgang erfolgreich war. Diesen Dialog bestätigen Sie mit *Ok*. Sie können die SD-Karte nun aus dem Laufwerk nehmen und in den Raspberry Pi stecken.

Nachdem die SD-Karte nun wieder im Raspberry Pi steckt, können Sie ihn starten. Dabei startet auch der *FabScanPi*-Server, der die *FabScanPi*-Scan-Software für den Browser ausliefert. Während des Startvorgangs überprüft die Server-Software, ob das HAT mit der aktuellen Firmware geflasht wurde. Manuelles Flashen oder das Updaten der Firmware über die Arduino-Entwicklungsumgebung bleibt Ihnen also erspart.

Unter macOS

Unter macOS verwenden Sie am besten die Software *ApplePi-Backer*.

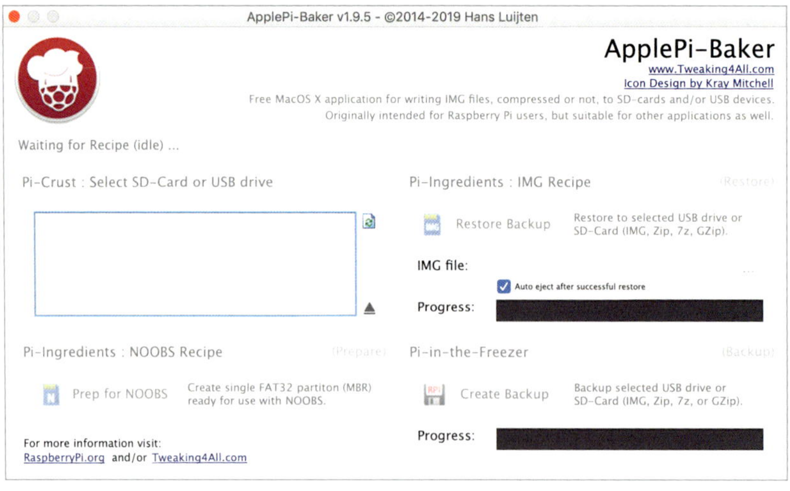

Apple Pi-Baker, ein Programm zum Schreiben von Raspberry-Pi-Images unter macOS

Die Oberfläche von *ApplePi-Backer* ist ähnlich selbsterklärend wie *WIN32Disk Imager*. Im linken Bereich finden Sie in einer großen Auswahlbox die SD-Karten, die im Kartenlesegerät eingesteckt sind. Im rechten oberen Bereich gelangen Sie zur Dateiauswahl für das zu flashende Image.

Zunächst wählen Sie also in der linken Auswahlbox das zu beschreibende Laufwerk mit der SD-Karte aus. Anschließend klicken Sie auf die Schaltfläche *Restore Backup*. In dem sich öffnenden Dateiauswahl-Dialog wählen Sie das heruntergeladene *FabScanPi*-Image aus. Anschließend beginnt der Schreibvorgang, welcher über den Fortschrittsbalken dargestellt wird.

Der Schreibvorgang endet mit einer Meldung, dass die SD-Karte erfolgreich fertig beschrieben und ausgehängt wurde. Sie können die SD-Karte also aus dem Lesegerät nehmen und in den Raspberry Pi stecken.

TIPP

Die vorgestellte Software zum Schreiben des Images auf die SD-Karte kann sowohl zum Beschreiben als auch zum Sichern von SD-Karten verwendet werden.

Hin und wieder kann es sich lohnen, die SD-Karte über die Lesen- bzw. Backup-Funktion zu sichern. Gerade bei günstigeren SD-Karten ist die Lebensdauer durch permanente Schreibzugriffe begrenzt, wie sie zum Beispiel beim Schreiben von Log-Dateien eines Betriebssystems oder gar durch das Speichern großer Scan-Daten entstehen.

Unter Linux

Um das Image unter Linux zu schreiben, können Sie die vorinstallierten Systemprogramme verwenden. So bringt beinahe jede verbreitete Linux-Distribution das Programm *dd* (Disk Dump) mit.

Das Schreiben der SD-Karte können Sie mithilfe von *dd* einfach über eine Linux-Kommandozeile starten. Zum Flashen genügt es, den folgenden Befehl in der Kommandozeile einzugeben:

```
dd bs=4M if=2019-07-10-FabScanPi-buster.img of=/dev/sdX conv=fsync
```

Wobei für `if=` hinter dem Gleichheitszeichen Name und Ort des heruntergeladenen Images eingetragen werden sollten. Ebenso müssen Sie das entsprechende Ziel, also den Ort der SD-Karte, über `of=` angeben.

Wenn es unter Verwendung der Blocksize (»bs«) mit dem Standardwert »4« zu Problemen kommt, können Sie alternativ auch den Wert »1« verwenden. Weitere Einstellungen und Parameter finden Sie im Manual von *dd* mittels `man dd`.

TIPP

Bei manchen Linux-Distributionen, wie beispielsweise Ubuntu, ist es notwendig, dass *dd* als Benutzer root ausgeführt wird – etwa indem Sie vor dem Befehl ergänzend sudo anfügen.

sudo dd bs=4M if=2019-07-10-*FabScanPi*-buster.img of=/dev/sdX conv=fsync

Vor der Ausführung werden Sie dann gebeten, Ihr Benutzerpasswort einzugeben.

Vernetzung

Bevor Sie den *FabScanPi* einschalten, müssen Sie sicherstellen, dass er über ein Kabel oder WLAN mit dem Heimnetz verbunden ist. Am einfachsten ist eine kabelgebundene Verbindung, hierzu müssen Sie den *FabScanPi* lediglich über ein Patch-Kabel (einfaches Netzwerkkabel) mit dem Router verbinden.

Um sich mit dem WLAN zu verbinden, muss die SD-Karte wieder zurück ins Lesegerät. Das Lesegerät erkennt nun ein Laufwerk mit der Bezeichnung `boot`. Dort müssen Sie eine Datei mit dem Namen `wpa_supplicant.conf` anlegen. Die Datei sollte den folgenden Inhalt haben:

```
ctrl_interface=DIR=/var/run/wpa_supplicant GROUP=netdev
update_config=1
country=DE
network={
 ssid="<wlan_ssid>"
 psk="<wlan_passwort>"
 key_mgmt=WPA-PSK
 }
```

Die Einträge `<wlan_ssid>` und `<wlan_passwort>` müssen Sie durch die des eigenen Netzwerks ersetzen. Nachdem die SD-Karte wieder eingesteckt und der *FabScanPi* mit Strom versorgt ist, sollte er eine IP-Adresse im Heimnetz beziehen.

Nun müssen Sie die IP-Adresse ausfindig machen, damit Sie über diese auf das Benutzerinterface des *FabScanPi* zugreifen können. Es gibt mehrere Möglichkeiten, dies zu tun. Der einfachste Weg besteht darin, den Discovery-Dienst unter *find.fabscan.org* zu verwenden. Dort werden alle *FabScanPi*-Geräte aus dem eigenen Heimnetz aufgelistet und Sie können diese bequem durch Anklicken aufrufen. Der Discovery-Dienst funktioniert jedoch nur, wenn eine Verbindung zum Internet besteht.

Haben Sie kein Internet, so können Sie die IP-Adresse entweder im Administrationsbereich des eigenen Routers nachschauen oder eine Software zum Auffinden des *FabScanPi* verwenden. Unter Windows bietet sich zum Beispiel das Programm *Advanced IP Scanner* und unter *macOS LanScan* an. Linux-Benutzer können sich wieder mit einfachen Bordmitteln behelfen. Mit dem Befehl `arp` lassen sich wie folgt Raspberry Pis im eigenen Netzwerk ausfindig machen.

```
arp -na | grep -i b8:27:eb
```

Mehr Informationen zur Ermittlung der IP-Adresse eines Raspberry Pi finden Sie in der offiziellen *FabScanPi*-Projektdokumentation unter: *https://www.raspberrypi.org/documentation/remote-access/ip-address.md.*

Haben Sie die IP-Adresse erfolgreich ermittelt, können Sie das Benutzerinterface des *FabScanPi* aufrufen.

3.1.4 Scannen mit dem FabScanPi

Im obigen Abschnitt habe ich Ihnen gezeigt, wie Sie die Adresse des *FabScanPi* im Heimnetz herausfinden. Über die Eingabe dieser Adresse in der URL-Leiste des Webbrowsers gelangen Sie zum Benutzerinterface des *FabScanPi*. Damit das Benutzerinterface reibungslos funktioniert, empfehle ich Ihnen die Verwendung eines modernen Browsers wie zum Beispiel *Chrome*, *Firefox* oder *Safari*.

Das Benutzerinterface des *FabScanPi* unterteilt sich in zwei Bereiche. Der obere Bereich zeigt das Vorschaufenster, dort kann der Scan-Vorgang in Echtzeit beobachtet werden. Im rechten oberen Bereich des Vorschaufensters wird die aktuelle Firmware- sowie Softwareversion angezeigt.

FabScanPi-Benutzeroberfläche im Browser nach dem Start

Im unteren Bereich findet sich die Toolbar. Über die Toolbar können Sie den Scanner ansteuern. Nach dem Start beinhaltet die Toolbar zwei Icons: links einen Ordner, über welchen bereits gemachte Scans wieder geladen werden können, und in der Mitte eine Ente, die für den Start eines Scan-Vorgangs sorgt.

Über die Scangalerie können bereits erstellte Scans wieder geöffnet werden.

Nach einem Klick auf das Symbol mit der Ente öffnet sich am unteren Bildschirmrand ein Dialog. Über diesen Dialog können Sie unterschiedliche Einstellungen für den Scan-Vorgang vornehmen. Der Dialog öffnet sich direkt mit den wichtigsten Einstellungen, nämlich einem Regler für die Scan-Auflösung und einem weiteren für die Lasertrennschärfe (*Threshold*) sowie einer Auswahlbox für die Farbe. Weitere Reiter bieten zum einen Kameraeinstellungen wie *Kontrast*, *Helligkeit* und *Sättigung* sowie Funktionen, um die Hardware zu testen.

TIPP

Bei der ersten Inbetriebnahme des Scanners sollten Sie über den Reiter mit den Hardware-Test-Funktionen (*Drehteller rotieren, Laser an* bzw. *aus*) die Funktion der Hardware testen. Falls eine der Komponenten nicht funktioniert, müssen Sie auf die Fehlersuche gehen. Das Forum auf *fabscan.org* bietet eine Menge Lösungen für bekannte Probleme und Schwierigkeiten.

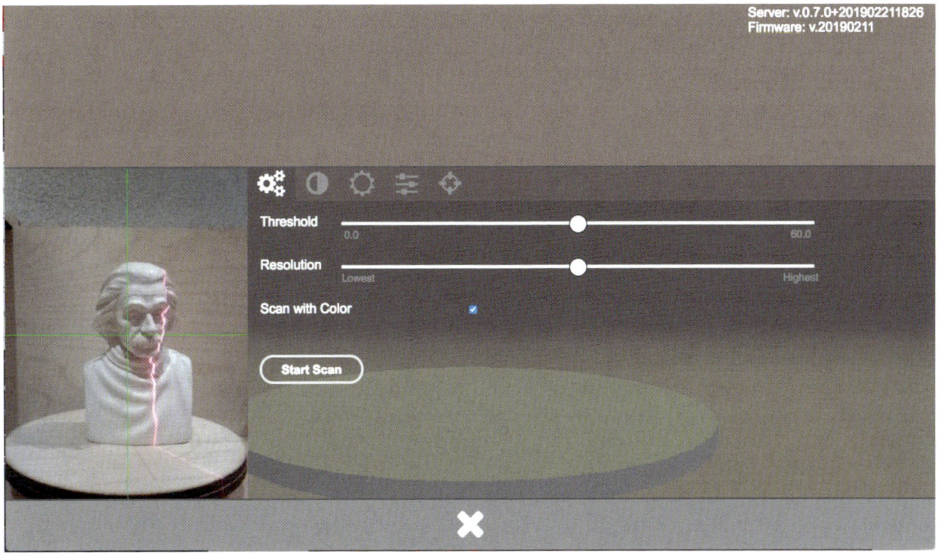

Einstellungsdialog: nach dem Klick auf das Enten-Symbol im Vorschaufenster fällt der Linien-Laser auf das Objekt.

Der wohl wichtigste Reiter verbirgt sich unter dem Fadenkreuz-Symbol. Dort finden Sie die Funktionen zur Kalibrierung des Scanners.

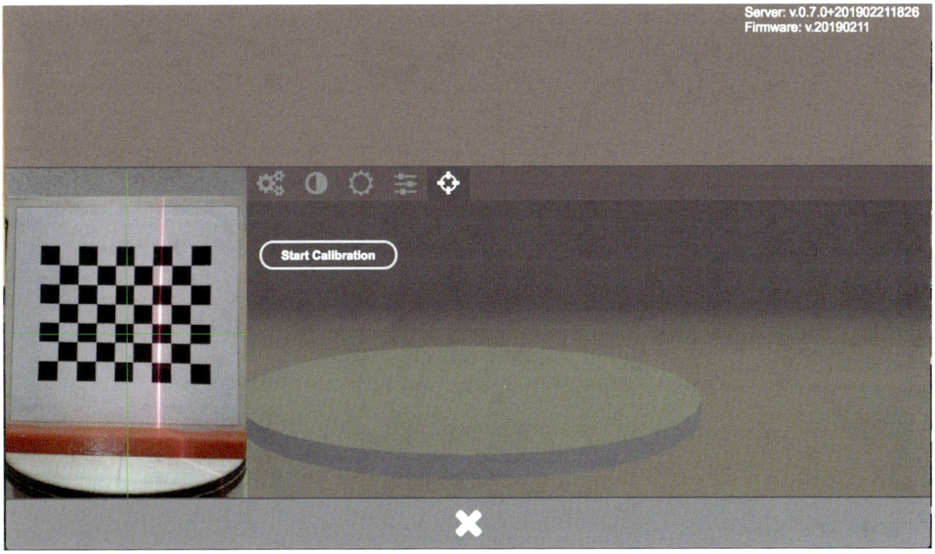

Einstellungen zur Kalibrierung im Einstellungsdialog

Zur Kalibrierung des Scanners benötigen Sie einen Kalibrierungsaufsteller mit Schachbrettmuster, den Sie leicht selbst herstellen können. Dazu drucken Sie eine PDF-Vorlage aus den Beispieldateien zu diesem Buch aus (*https://github.com/mariolukas/Das-3D-Scanner-Praxisbuch/*). Das Muster schneiden Sie aus und kleben es auf ein Stück Pappe. Zum Aufstellen können Sie entweder einen 3D-gedruckten Fuß wie in der Abbildung verwenden oder ein weiteres Stück Pappe.

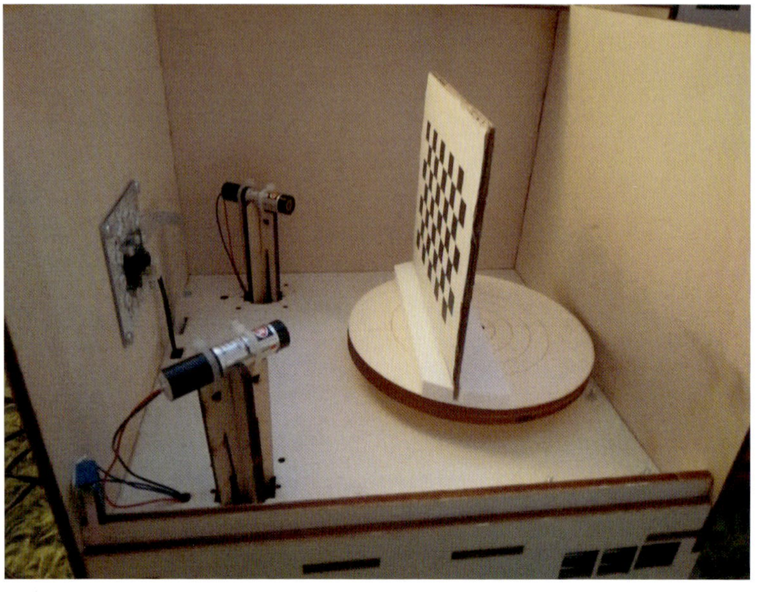

Der Aufsteller zur Kalibrierung auf dem Drehteller

Diesen Aufsteller richten Sie in einem Abstand von ca. einem Zentimeter vor dem Zentrum des Drehtellers so aus, dass die Kamera genau auf das Schachbrettmuster schaut. Die Linien der Laser sollten vertikal in einem 90°-Winkel auf das Schachbrettmuster strahlen, so dass die Laserlinie genau entlang der Kantenlinie einer Reihe Kästchen läuft. Außerdem sollten die Laser so ausgerichtet sein, dass sie in dieser Ausrichtung auch ohne den Kalibrierungsaufsteller genau durch das Zentrum des Drehtellers verlaufen. Für eine erfolgreiche Kalibrierung sollten Sie das Bild der Kamera außerdem so ausrichten, dass sich das Drehtellerzentrum horizontal in der Mitte des Bilds befindet. Zur Orientierungshilfe befindet sich im Kamerabild eine grüne Linie. Diese sollte genau auf die Drehtellermitte ausgerichtet werden.

TIPP

Die Linse der Raspberry-Pi-Kamera ist nur mit einer Art flexiblem Klebeband auf der Platine verklebt. Diese Verklebung kann von Kamera zu Kamera abweichen, was dazu führt, dass die initiale Ausrichtung der Kamera bei jedem FabScan unterschiedlich ist.

Zur Ausrichtung der Kamera genügt es oft, wenn Sie einfach mit dem Finger leichten Druck auf die Kameralinse ausüben, in die gewünschte Richtung der Ausrichtung.

Zusätzlich ist die Kamera ab Werk oft nicht scharf eingestellt. Zur Einstellung der Schärfe können Sie den der Kamera beigelegten weißen Plastikring verwenden, der exakt wie eine Art Schraubenschlüssel auf die Linse der Kamera passt. Durch leichtes Drehen können Sie die Kamera somit scharfstellen. Damit die richtige Schärfentiefe erreicht wird, kann es helfen, wenn Sie im Gehäuse des FabScans ein Lineal leicht schräg in Richtung der Rückwand aufsteigend anbringen. Sie drehen dann den Plastikring solange, bis die Linealbeschriftung auf Höhe der Drehtellermitte scharf ist.

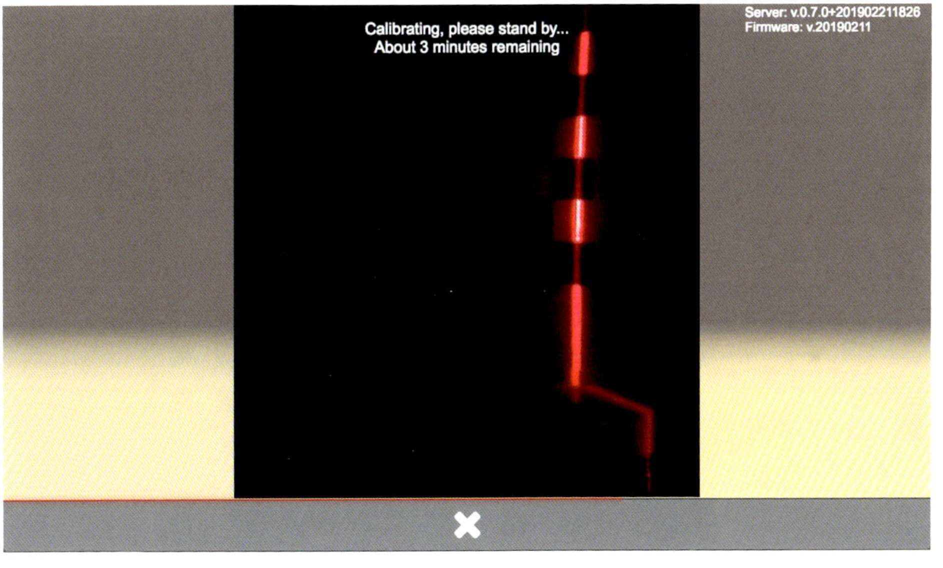

Laufende Laser-Kalibrierung

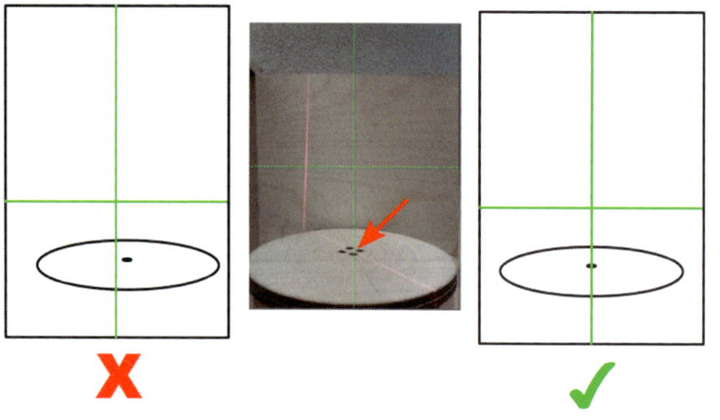

Ausrichtung der Kamera zum Drehteller

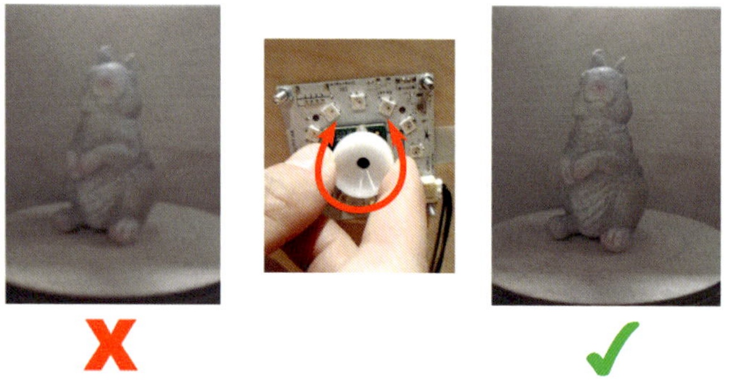

Kamera scharf stellen

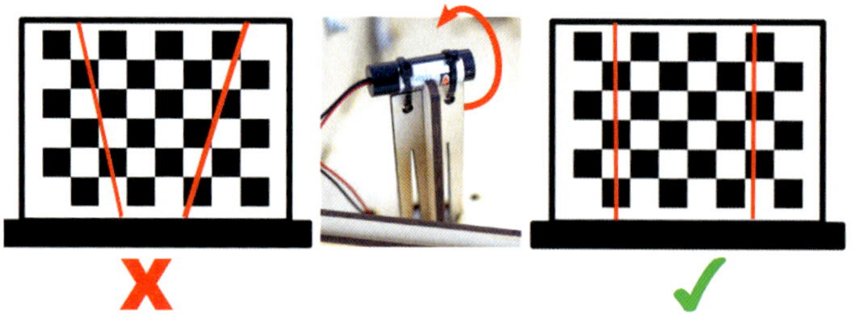

Vertikale Ausrichtung der Laser

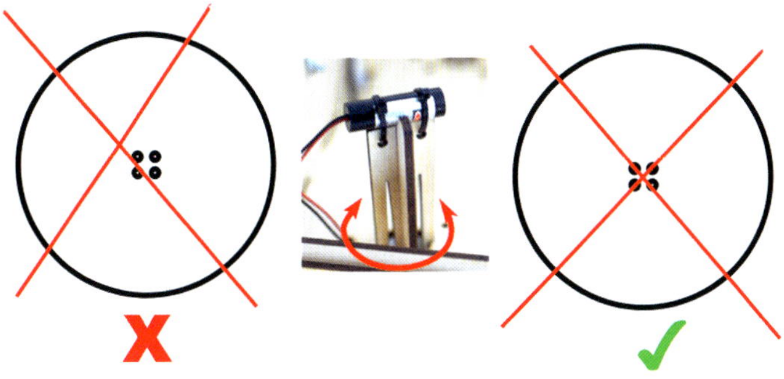

Laser im Zentrum des Drehtellers ausrichten

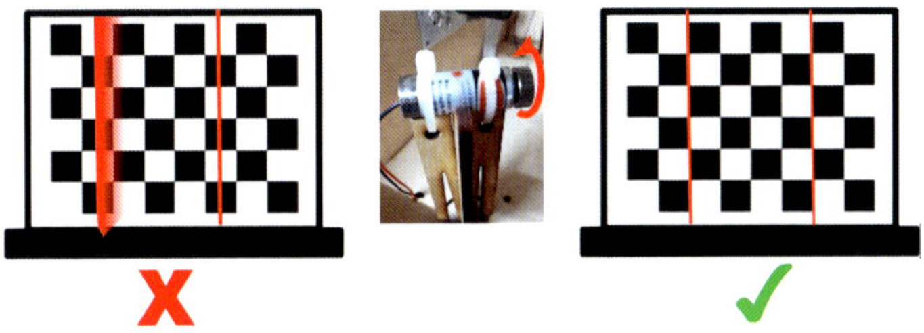

Laser-Fokus einstellen, sofern Laser über diese Möglichkeit verfügt.

Wenn Sie alle diese manuellen Vorbereitungen getroffen haben, können Sie die Kalibrierung über einen Klick auf die Schaltfläche *Start Calibration* starten.

Der Kalibrierungsvorgang kann je nach Qualität des selbstgebastelten Kalibrierungsaufstellers einige Minuten in Anspruch nehmen. War die Kalibrierung erfolgreich, werden Sie darauf über eine Meldung im Benutzerinterface hingewiesen und die Software kehrt in den Anfangszustand zurück.

Erst jetzt kann der erste Scan-Versuch starten. Sie stellen dazu das zu scannende Objekt auf den Drehteller und öffnen ein weiteres Mal den Einstellungsdialog über das Enten-Icon.

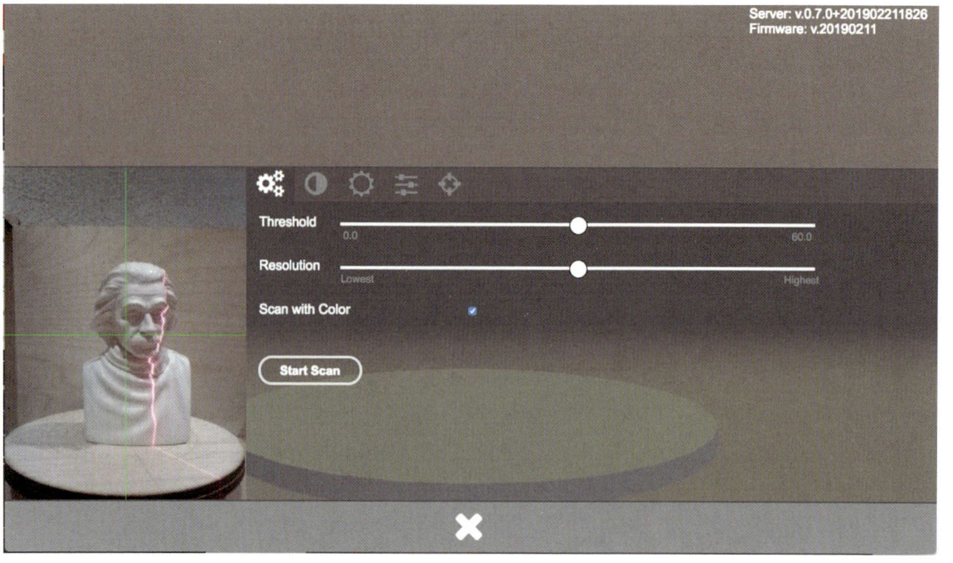

Einstellungsdialog mit Kameravorschau. Die grüne Linie hilft bei der Zentrierung der Kamera.

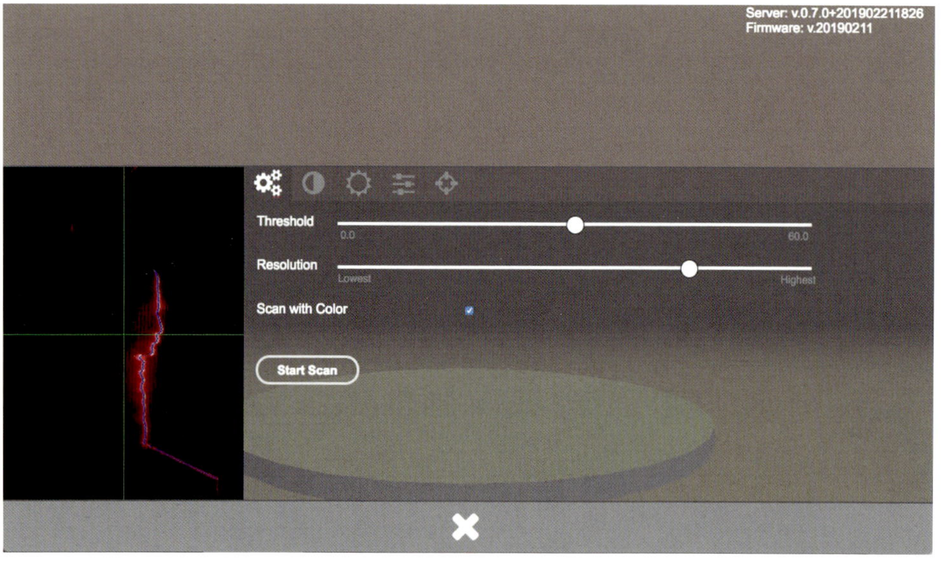

Laser-Erkennung im Vorschaufenster des Einstellungs-Dialogs. Die Trennschärfe kann über den Threshold-Regler angepasst werden.

Dort erscheint wieder die Videovorschau. Wenn Sie das Gehäuse geschlossen haben, erkennen Sie eine blaue Linie, die genau entlang der Laserkontur verläuft. Diese blaue Linie zeigt an, wo der Laser von der Software gefunden wurde. Im

Idealfall verläuft die blaue Linie genau mittig entlang der Laserlinie. Über den Regler mit der Beschriftung *Threshold* können Sie die Überdeckung etwas regulieren. Generell sind aber die voreingestellten Werte für einen ersten Versuch in Ordnung. Über den Regler mit der Beschriftung *Resolution* können Sie die Auflösung des Scans einstellen. Auch hier sollten Sie für einen ersten Versuch einen Wert im linken Drittel des Reglers wählen. Abschließend können Sie über die Auswahlbox *Scan with Color* noch festlegen, ob der Scan mit oder ohne Erfassung der Farbe bzw. Textur erfolgen soll.

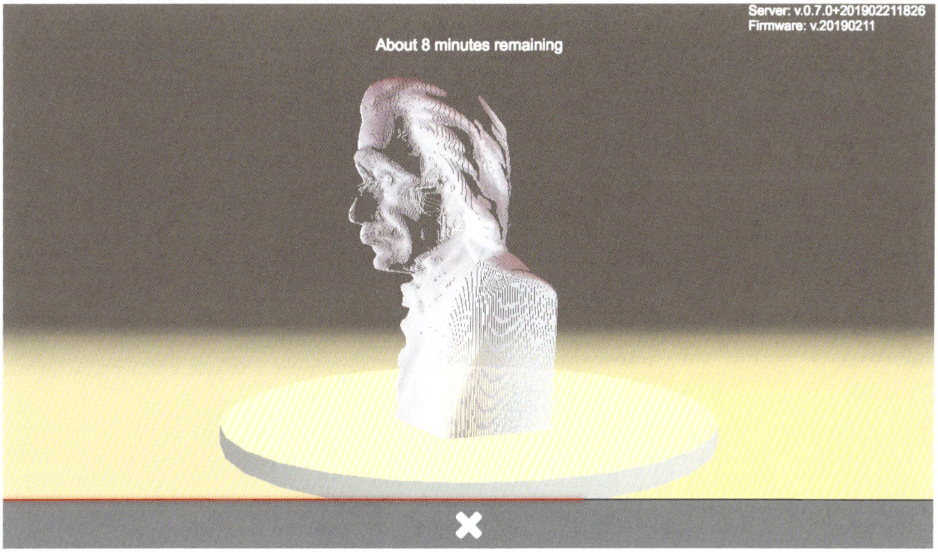

Scan-Vorgang mit einer Restzeit von acht Minuten

Den Scan-Vorgang starten Sie über die Schaltfläche *Start Scan*. Der Scanner wechselt dann vom Einstellungs- in den Scan-Modus. Dazu schließt sich der Einstellungsdialog und der Scan-Vorgang wird mit einer Meldung bestätigt. Beim Scannen mit Textur erfolgt zunächst ein Bilderfassungsdurchlauf. Das Objekt macht dabei eine komplette Umdrehung mit LED-Beleuchtung zur Erfassung der Oberflächenfarbe. Es folgt ein zweiter Scan-Durchgang, in dessen Verlauf die LED-Beleuchtung wieder abgeschaltet, die Laser aber eingeschaltet werden. Mit den vorher erfassten Farbinformationen entsteht so eine farbige Punktwolke, die das Objekt repräsentiert.

TIPP

Bei einem Scan ohne Farberfassung erfolgt nur der Durchlauf mit eingeschalteten Lasern, womit ein Scan in ca. der Hälfte der Zeit durchgeführt werden kann.

Am Ende des Scan-Vorgangs wird die Punktwolke auf dem Scanner abgespeichert und die Software kehrt zur Anfangsübersicht zurück. Im Hauptfenster befindet sich nun das gescannte Objekt. Über die Maus können Sie die Ansicht drehen.

Download-Dialog nach abgeschlossenem Scanvorgang

In der Toolbar im unteren Bildbereich ist auf der rechten Seite ein neues Icon hinzugekommen. Über dieses Icon können Sie ein scan-basiertes Kontextmenü öffnen. Dort finden Sie die zum Scan zugehörigen Dateien. Über das Download-Symbol können Sie die Punktwolken auf den lokalen Rechner übertragen – die Dateien finden Sie dann im Download-Verzeichnis des Browsers.

Die heruntergeladenen Dateien können Sie anschließend mit den in Kapitel 5 beschriebenen Verfahren weiterverarbeiten. Wenn Sie mehr über die Möglichkeiten des *FabScanPi* erfahren möchten, sollten Sie die Community-Seite des Projekts im Internet besuchen: *https://fabscan.org/*. Dort findet sich außer einer umfangreichen Dokumentation auch ein Forum, in dem Benutzer des *FabScanPi* sich zu ihren Geräten austauschen.

Das nachfolgende Unterkapitel beschäftigt sich mit einem Scanner-Aufbau zu dem bereits in Kapitel 2.3 vorgestellten Verfahren der Fotogrammetrie. Für Fotogrammetrie reichen in ihrer einfachsten Form bereits eine Smartphone-Kamera und eine geeignete Software zum Berechnen der fertigen Ergebnisse. Der Schlüssel zum Erfolg liegt jedoch in der richtigen Fotografie.

3.2 Fotogrammetrie-Scanner

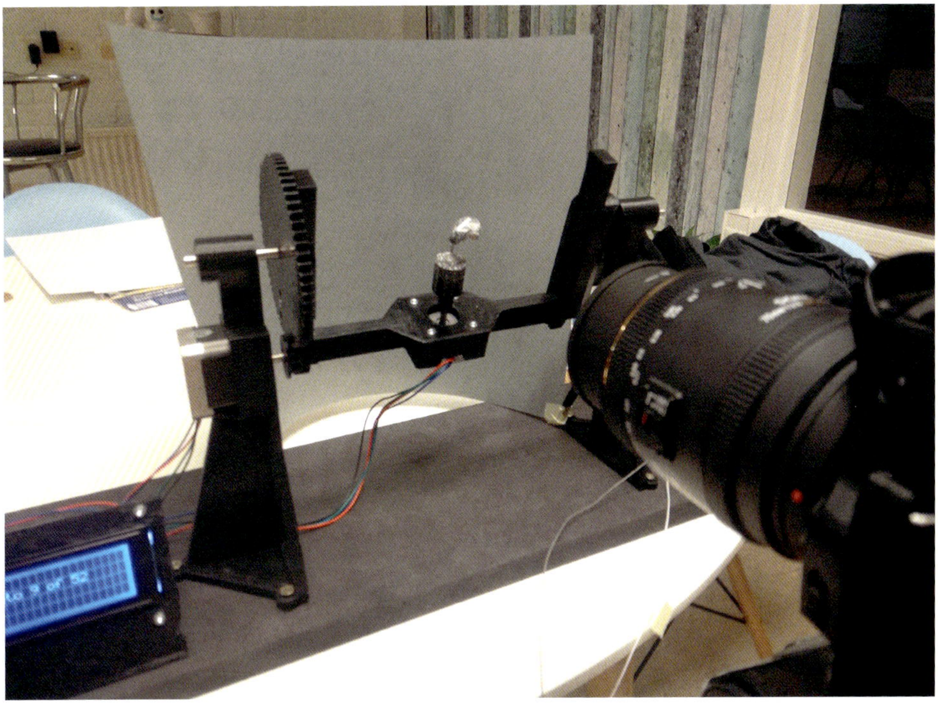

OpenScan-Fotogrammetrie-3D-Scanner beim Scannen eines Objekts

In diesem Unterkapitel steigen Sie in das 3D-Scannen mit Fotogrammetrie ein. Die ersten Ergebnisse lassen sich sehr schnell erreichen, indem Sie mit einem Smartphone aus unterschiedlichen Positionen fotografieren. Der erste Abschnitt zeigt, wie Sie die ersten Schritte in Richtung Fotogrammetrie machen. Im späteren Verlauf zeige ich Ihnen dann den Ansatz von *OpenScan.eu* zum vollautomatischen Erzeugen der Fotografien.

Das OpenScan-Projekt wurde 2017 von Thomas Mengel ins Leben gerufen. Mit seinem ersten eigenen 3D-Drucker stand Thomas vor dem Problem, 3D-Objekte über CAD-Software konstruieren zu müssen. Schnell wurde er durch dieses Problem auf 3D-Scanner aufmerksam und stellte fest, dass die Anschaffung eines solchen Geräts recht kostspielig sein kann. Motiviert begann er sich mit diversen 3D-Scan-Technologien auseinanderzusetzen. Nach kurzer Zeit entdeckte Thomas das Verfahren der Fotogrammetrie. Er begann, mit diesem Verfahren zu experimentieren und Software zu evaluieren. Dabei entstanden über 50.000 Fotos von Pflanzen, Schlüsseln und Spielfiguren. Er betreibt seither das

OpenScan-Projekt und startete eine sehr erfolgreiche Facebook-Gruppe namens *Low-Budget-3D-Scanner*. Thomas legt den Fokus auf den Einsatz von Open-Source-Software und teilt seine Erkenntnisse und Konstruktionen mit der Community. In diesem Kapitel werden der Aufbau und Betrieb eines von Thomas entworfenen Fotogrammetrie-Scanners vorgestellt.

Das Wichtigste an der Fotogrammetrie ist, wie der Name bereits verrät, die Fotografie. Wenn das Objekt nicht gut abgelichtet ist, wird es kaum gelingen, die Software zu einer guten Rekonstruktion zu bewegen. Aus diesem Grund gibt es am Ende dieses Kapitels ein paar nützliche Tipps zur Fotografie für die Fotogrammetrie.

3.2.1 Erste Experimente

Erste Experimente zur Fotogrammetrie können Sie bereits mit dem Smartphone durchführen. Hierfür wählen Sie zum Einstieg ein für die Fotogrammetrie recht »einfaches« Objekt. Einfache Objekte weisen viele Merkmale auf. Solche Merkmale können zum Beispiel farblich markante Stellen oder geometrisch auffällige Ausprägungen sein.

Zunächst stellen Sie das zu scannende Objekt auf eine Unterlage. Hierfür bietet sich besonders eine alte Zeitung an, da der Aufdruck sehr viele unterschiedliche Merkmale bietet. Auch der Hintergrund kann eine gute Quelle für möglichst viele Merkmale darstellen. So ist zum Beispiel das Fotografieren vor einer Holzplatte mit auffälliger Maserung sehr gut geeignet.

HINWEIS

Ein Hintergrund mit vielen Merkmalen eignet sich nur dann, wenn sich die Kamera bewegt und nicht das Objekt. Denn bewegt sich das Objekt vor einem Hintergrund mit gleichbleibend strukturiertem Hintergrund, so scheitert die Software beim Finden der gemeinsamen Merkmale in den unterschiedlichen Bildern. Wenn sich nicht die Kamera, sondern das Objekt bewegt, so sollte vor einem möglichst neutralen Hintergrund fotografiert werden. Für den Fall, dass Sie gerade kein Fotozelt zur Hand haben, können Sie auch weißes Malerflies aus dem Baumarkt verwenden.

Für die ersten Gehversuche in der Fotogrammetrie reicht es, wenn Sie das Objekt von einer Seite fotografieren. Hierzu machen Sie von einer Seite aus verschiedenen Perspektiven drei bis zehn Fotos. Stellen Sie sicher, dass die Fotos hinreichend große Überlappungen aufweisen. Bewegen Sie das Objekt nicht und achten Sie darauf, dass es immer scharf abgebildet wird.

Die folgenden Abbildungen zeigen eine so erzeugte Bilderserie einer Hasenfigur.

Objekt mit dem Smartphone aus vier unterschiedlichen Kamerapositionen

3D Scan-Ergebnis, erster Versuch mit nur vier Bildern

Ein Objekt so von allen Seiten vollständig zu fotografieren kann ein sehr mühsames Unterfangen sein. Vor allem benötigen Sie sehr viel Platz, wenn Sie die Kamera in einer Kreisbahn um das Objekt bewegen wollen. Einfacher geht es, wenn das Objekt gedreht und die Kamera auf einem Stativ davor positioniert wird. Am einfachsten lässt sich das Objekt gleichmäßig drehen, indem Sie eine drehbare Käse- oder Kuchenplatte zu Hilfe nehmen (solche Platten gibt es schon für wenige Euro).

Das Objekt platzieren Sie auf der drehbaren Platte, die Kamera stellen Sie auf einem Stativ davor auf. Bereits bei diesem Aufbau ist es wichtig, dass Sie vor einem neutralen Hintergrund fotografieren, so dass die Software bei der späteren Rekonstruktion einwandfrei arbeiten kann.

Wenn Sie die ersten Bilderserien abgeschlossen haben, können Sie mit Abschnitt 3.2.3 auf Seite 105 fortfahren, um aus den Bildern ein 3D-Objekt zu erzeugen. Da es selbst mit dem improvisierten Drehteller noch immer recht aufwendig ist, eine große Menge an Bildern anzufertigen, zeige ich Ihnen im nächsten Abschnitt, wie der Fotoaufbau vollständig automatisiert werden kann.

3.2.2 OpenScan – der fast automatische Fotogrammetrie-Scanner

Im Folgenden wird der Aufbau des OpenScan-Fotogrammetrie-Scanners von Thomas Mengel vorgestellt. Ich werde nicht alle Details genau erklären, aber ich gebe Ihnen im folgenden Abschnitt einen Überblick über Funktion und Aufbau des Geräts. Genaue Aufbaudetails können Sie der Aufbauanleitung auf der Internetseite des Projekts entnehmen: *https://www.openscan.eu/*. Außer einer Anleitung als PDF gibt es dort auch Links zu YouTube-Videos, in welchen Thomas den Aufbau seines Scanners sehr detailliert beschreibt. Die Videos beginnen mit dem Titel *3D Photogrammetrie Scanner – Aufbau und Betrieb*.

Die folgende Liste enthält die für den Aufbau benötigten Bauteile:

- 1 × 3D gedruckte Teile (Thingiverse-Ding-Nummer 3050437)
- I2C LCD 20 × 4 2004 LCD-Display-Modul
- Infrarot-LED (940 nm)
- Grüne oder rote LED
- 100 Ohm Widerstand
- Arduino Nano v3.0 5 V
- Netzteil 12 V 2 A – Steckergröße: 5,5 mm/2,5 mm
- 2 × Nema-17-Schrittmotor (optional: mit Dupont-Stecker)

- FabScan-Shield für Arduino (oder ähnliches Schrittmotor-Shield)
- M3 × 8 8 Stück
- M3 × 16 2 Stück
- 6 × Spax-Schraube
- Holzplatte
- 2 × 6 mm Stahlstifte (Länge Variable ca 5 – 6 cm)

Mechanischer Aufbau – Rotations- und Drehtisch

Zuerst legen Sie sich alle Teile auf einem Tisch zurecht. Begonnen wird beim Aufbau mit dem Rotor. Der im Rotor verbaute Nema-17-Schrittmotor kann auch etwas kleiner sein, da zum Drehen des Objekts keine große Kraft aufgewendet werden muss. Kleinere Motoren haben außerdem den Vorteil, dass sie günstiger sind und deutlich weniger wiegen als die größeren Varianten.

Elektronische Komponenten zum Bau des Fotogrammetrie-Scanners

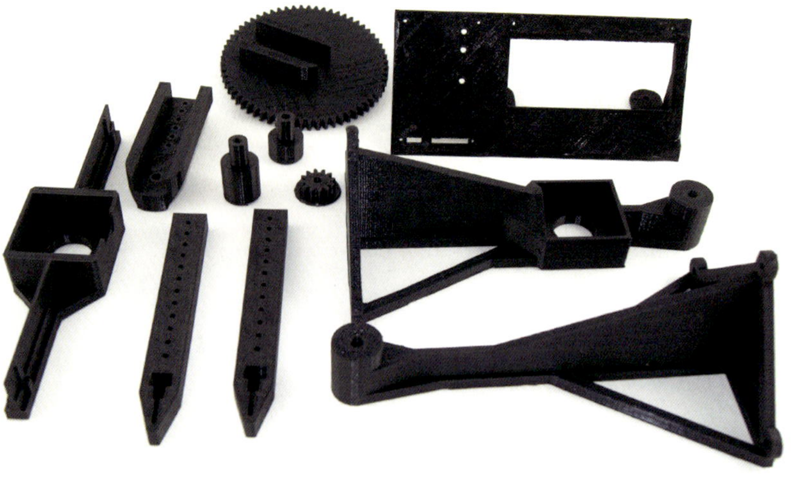

Teile aus dem 3D-Drucker zum Bau des Fotogrammetrie-Scanners

Der Motor wird mittels vier M3 × 8 mm-Schrauben in die entsprechende Aussparung des Kipptischs verschraubt. Die Motorachse soll dabei auf der flachen Seite des Kipptischs herausragen.

Nema-17-Motor wird mit M3-Schrauben im Rotor verschraubt.

Den zweite Nema-17-Schrittmotor befestigen Sie mithilfe der verbliebenen M3 × 8 mm-Schrauben in der seitlichen Stütze in der dafür vorgesehenen Motorhalterung. Achten Sie darauf, dass die Kabel nach unten weggeführt werden können. Die Motorachse soll ebenfalls zur flachen Seite der Stütze zeigen. Die Schrauben sollten komplett versenkt werden, damit der Rotor später nicht mit der Stütze kollidieren kann.

Nema-17-Motor wird in seitlicher Stütze verschraubt.

Als Nächstes verbinden Sie das Adapterteil und das große Antriebszahnrad mit den Stahlstiften. Da hier eine recht feste Verbindung entstehen soll, empfehle ich Ihnen, die Stahlstifte mit ein paar Tropfen Sekundenkleber in den Teilen zu fixieren.

Rotoraufhängung mit Stahlbolzen

Sekundenkleber in die Öffnung des Adapters geben.

Stahlbolzen bündig im großen Zahnrad einsetzen.

Die Stahlstifte können Sie beim Einsetzen etwas drehen, dadurch verteilt sich der Sekundenkleber besser in den Löchern. Überschüssigen Kleber können Sie entfernen.

Der Stahlstift sollte nicht auf der Innenseite des Adapterteils überstehen.

TIPP

Falls die Stifte nicht genau in die Löcher passen, können Sie sie mit einem Feuerzeug auf einer Seite erhitzen (halten Sie die Stifte dabei mit einer Zange). Nach dem Erhitzen lassen sich die Stifte butterweich in die Löcher schieben.

Anschließend stecken Sie das kleine Zahnrad auf den Nema-Motor, der in der seitlichen Stütze verschraubt wurde. Die Motorwelle ist auf einer Seite abgeflacht, damit das Zahnrad nicht durchdrehen kann. Sollte das Zahnrad auf der Welle hin- und herrutschen, so können Sie auch hier einen Tropfen Sekundenkleber verwenden, um das Zahnrad auf der Welle zu fixieren.

Stahlbolzen werden mit 3D-Druck-Teilen verklebt.

Nachdem der Kleber getrocknet ist, fahren Sie mit der Montage des Drehtellers fort. Nehmen Sie hierzu die beiden identischen länglichen Teile mit den Löchern zur Hand und stecken diese jeweils an beiden Seiten an den Drehteller. Bei der Montage müssen Sie darauf achten, dass Sie die Teile möglichst im rechten Winkel zum Drehteller montieren. Wenn die Verbindung zu locker ist, können Sie auch hier mit Kleber nachhelfen. Nach Möglichkeit sollten Sie aber versuchen, auf Kleber zu verzichten. So bleibt der Aufbau modular und die Breite sowie Höhe des Drehtellers können später durch Austausch entsprechender Teile variiert werden.

Seitenteil am Rotor montieren

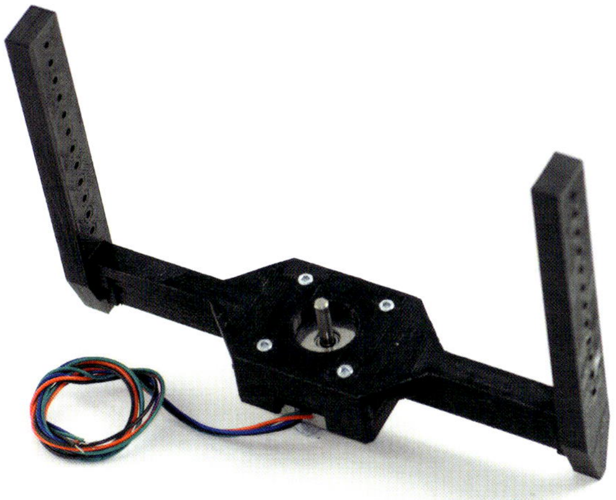

Zusammengesetzter Rotor mit beiden Seitenteilen, Motorhalterung und eingebautem Motor

Nach dem Zusammenbau des Drehtellers fahren Sie mit der Montage der bereits getrockneten Teile fort und schieben diese jeweils links und rechts auf die gerade montierten »Drehteller-Schienen«. Die Position der Teile verändern Sie anhand der Löcher in den Schienen. Das hat den Vorteil, dass sich die Rotationsachse später an die Objektgröße anpassen lässt. Wenn Sie die richtige Position gefunden haben, so dass beide Achsen auf gleicher Höhe sind, können Sie das Achsteil mit dem Drehtischteil verschrauben.

Die drei kleinen zylinderförmigen Drehtische stecken Sie jeweils auf den Drehtischmotor auf. Auch hier gilt es wieder, die Drehtischgröße so zu wählen, dass der Objektmittelpunkt möglichst in der Rotationsachse des Rotors liegt. Sie sollten also den Drehtisch je nach Objekt für den jeweiligen Scanvorgang austauschen.

Rotor mit Zahnrad und Stahlbolzen zur Befestigung an den Ständern

Ständer mit montiertem Rotor. Stahlbolzen dienen als Rotationsachsen.

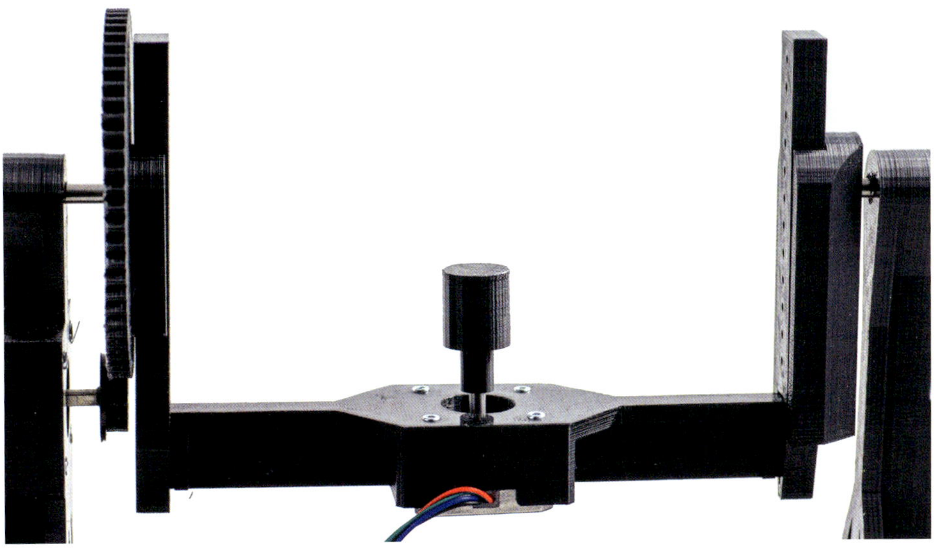

Zylinderförmiger Drehtisch aus dem 3D-Drucker, montiert auf der Motorwelle.

Zum Schluss befestigen Sie die Ständer durch Aufstecken an den Achsen des Rotationstischs. Achten Sie dabei darauf, dass sich die Achsen möglichst leichtgängig drehen. Auf der Motorseite sollten die Zahnräder von Ständer und Rotationstisch sauber ineinandergreifen. Den kompletten Aufbau können Sie nun auf einem Brett mit einer Größe von ca. 60 × 20 cm verschrauben.

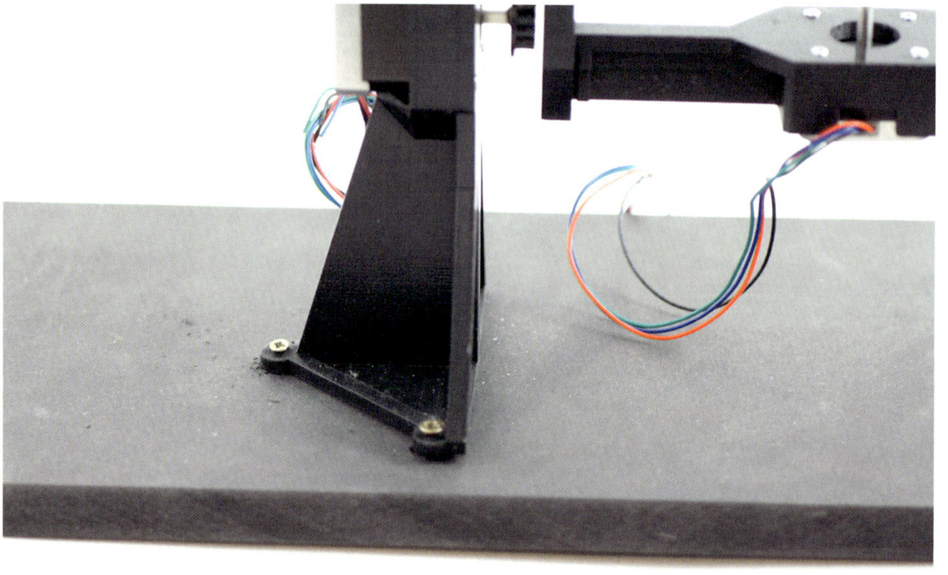

Verschraubung auf einer Platte gibt dem Aufbau Stabilität.

Aufbau Elektronik – Steuermodul

Der elektronische Aufbau gestaltet sich recht simpel. Er besteht im Wesentlichen aus zwei Schrittmotoren, Motortreiber, Arduino, Display und drei Tastern. Über einen *Optokoppler* wird eine Schnittstelle nach außen zur Verfügung gestellt. Hier können Sie beispielsweise Auslöser für Digitalkameras wie Bluetooth-Sender oder Photodioden anschließen. Einige Beispiele dafür zeige ich Ihnen am Ende des Kapitels. Das Display bietet ein einfaches User-Interface in Form eines Menüs und führt Sie durch die möglichen Einstellungen und Programme. Die Abbildung zeigt die Verdrahtung der Elektronik auf einem sogenannten »Breadboard«, oft auch »Steckbrett« genannt.

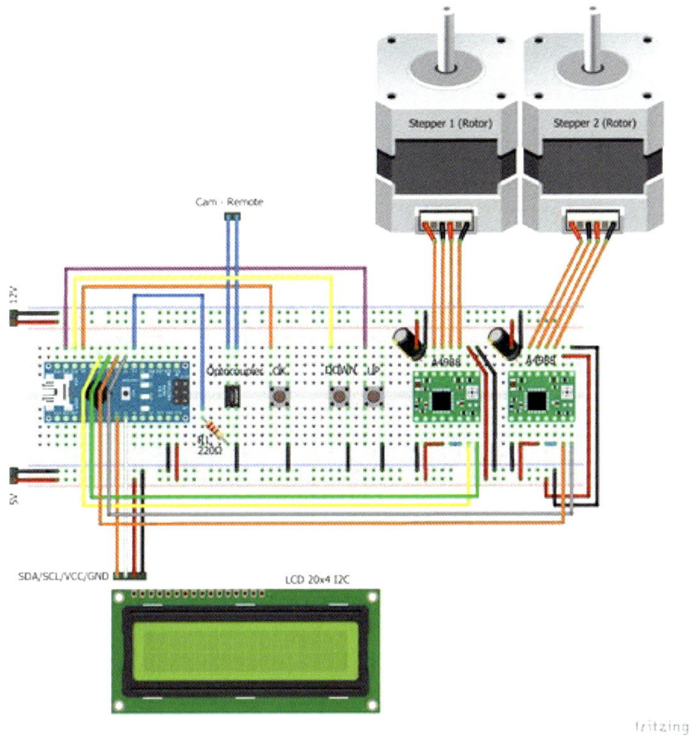

Elektronischer Aufbau. (Quelle: openscan.eu)

Am einfachsten ist es, wenn Sie auf die fertigen Elektronikkomponenten von *OpenScan.eu* zurückgreifen. Die Platine gibt es in verschiedenen Ausführungen. Ich gehe hier davon aus, dass bereits alle Komponenten verlötet sind. Außer der Platine benötigen Sie noch ein *I2C LCD 20 × 4 2004 LCD Display*-Modul, zwei Motortreiber (beispielsweise *Watterott Silent Step Stick* mit *TMC2100*), einen *Arduino Nano v3.0 5 V* und Kabel mit Steckverbindern.

Elektronische Komponenten der Steuereinheit

Die Steuereinheit verschrauben Sie mittels vier M3-Muttern und Schrauben mit dem Display-Gehäuse und die Motortreiber sowie den Arduino stecken Sie an den entsprechenden Stellen auf. Achtung: Sie müssen hier unbedingt darauf achten, dass Sie die Komponenten richtig herum aufstecken, da diese sonst beim Anschließen der Spannungsversorgung Schaden nehmen könnten.

Steuereinheit zusammengebaut und im Gehäuse montiert

Das Display verfügt über eine I2C-Schnittstelle, über die Sie es mit der Steuereinheit verbinden. Zum Verbinden können Sie Jumper-Kabel einsetzen, die Sie auf der Display-Seite auf die dafür vorgesehenen Pins stecken. Auf Seite der Steuereinheit gibt es ebenfalls eine entsprechende Buchse. Achten Sie darauf, dass Sie die Leitungen *SCL*, *SCA*, *GND* und *VCC* in der korrekten Anordnung miteinander verbinden. Am Display sowie an der Steuereinheit sind die Eingänge entsprechend beschriftet.

Display mit Jumper-Kabel verbunden

Verbindung des Displays mit der Steuerelektronik

Die Stecker der Motoren stecken Sie jeweils in die entsprechenden Buchsen für Rotor und Drehteller auf der Steuereinheit. Die Stecker verfügen über eine Führung, somit ist ein Verdrehen ausgeschlossen. Achten Sie nur noch darauf, dass Sie die Steckplätze für Rotor und Drehteller nicht vertauschen.

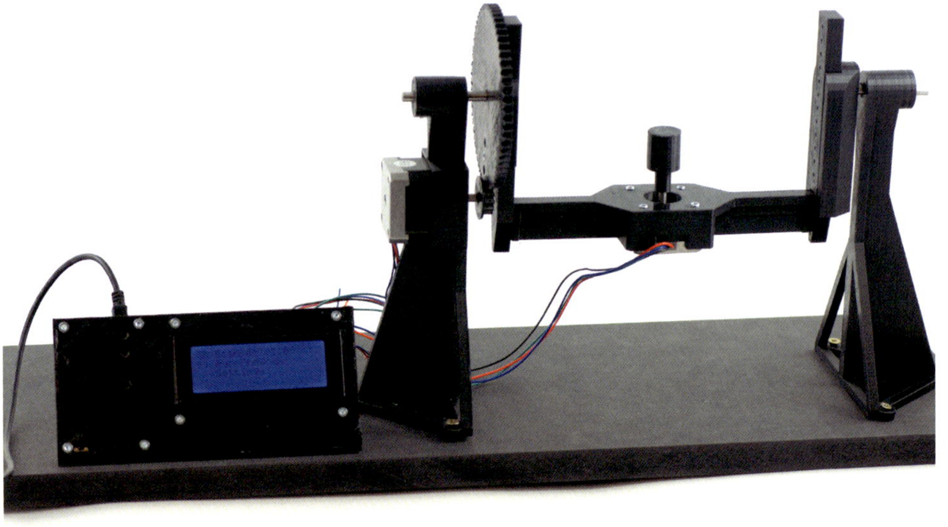

Fertig aufgebauter OpenScan-Fotogrammetrie-Scanner

Der Aufbau des Scanners ist somit abgeschlossen. Damit die Kamera automatisch ausgelöst werden kann, fehlt nur noch ein entsprechender Sender. Bei einem Smartphone kann das ein einfacher Bluetooth-Auslöser sein, eine Spiegelreflexkamera mit Infrarotschnittstelle kann auch über diese ausgelöst werden.

Der Bluetooth-Auslöser muss zum Smartphone-Betriebssystem passen (dies wird in den meisten Fällen Android oder iOS sein). Im gezeigten Beispiel wird eine Fernbedienung verwendet, welche mit beiden Betriebssystemen Kontakt aufnehmen kann. Damit Sie jedoch nicht ständig selbst den Auslöser auf der Fernbedienung drücken müssen, verbinden Sie diese kurzerhand mit der Steuereinheit des Scanners. Dafür müssen Sie das Gehäuse der Fernbedienung öffnen, um an die Platine zu gelangen.

Bluetooth-Fernauslöser für Smartphones

Bluetooth-Fernauslöser-Gehäuse öffnen

Dort löten Sie Anschlüsse für den gewünschten Auslöser sowie eine Leitung für *GND* und *VDD* an. *GND* und *VDD* dienen zur externen Spannungsversorgung – die Batterie des Auslösers können Sie entfernen.

Geöffnetes Gehäuse des Bluetooth-Fernauslösers

Im Beispiel wurden alle Verbindungen angelötet, um möglichst flexibel zu sein, was die Benutzung des Smartphone-Betriebssystems angeht. Damit sich die beiden Auslöser unterscheiden lassen, wurden beim Auslöser für iOS weiße und bei dem für Android blaue Litzen verwendet. Für *GND* und *VDD* wurden Litzen in den üblichen Farben Rot für *VDD* und Schwarz für *GND* angelötet.

Verkabelung am Bluetooth-Fernauslöser

Damit sich das Gehäuse wieder sauber verschließen lässt, müssen Sie die Litzen durch das Gehäuse nach außen führen – Sie brauchen also eine Kerbe im Gehäuserand. Sie können entweder eine Feile verwenden oder mit einem Cutter-Messer vorsichtig eine Einkerbung in den Kunststoff schneiden.

Bluetooth-Fernauslöser wieder verschlossen

Der Auslöser fürs Smartphone ist somit fertig und Sie können ihn an die Steuereinheit des Scanners anschließen. Zunächst zeige ich Ihnen aber noch, wie Sie einen Infrarotauslöser für Digitalkameras bauen – das ist wesentlich einfacher. Sie benötigen lediglich eine Infrarotdiode, einen Vorwiderstand und ein wenig Litze.

Teile zum Bau eines einfachen Infrarotfernauslösers für IR-fähige Digitalkameras

Der Vorwiderstand wird wie im Schaltbild gezeigt mit der sogenannten »Anode« (+) der LED verlötet und mit einem Stück Litze verlängert. An der »Kathode« (-) verlöten Sie ein Stück Litze.

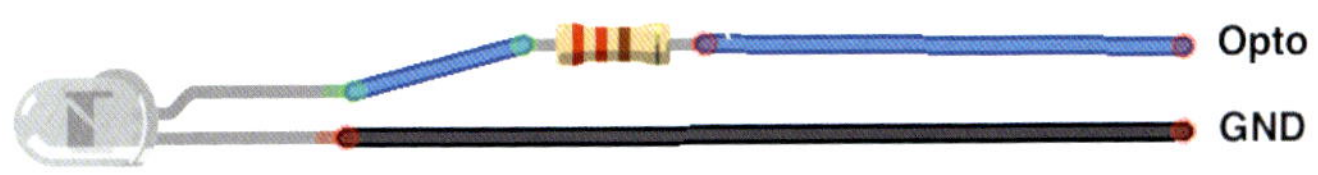

Schaltplan zur Verkabelung des Infrarotfernauslösers

Solche IR-Auslöser gibt es bereits als fertige *Breakout-Platine*. Diese können Sie direkt mit der Steuereinheit des Scanners verbinden.

Die blankliegenden Leitungen können Sie zusätzlich mit etwas Schrumpfschlauch oder Isolierband gegen einen Kurzschluss schützen.

Der Anschluss der beiden Auslöservarianten für Bluetooth und IR-LED an der Steuereinheit gestaltet sich gleich. Sie können beide Varianten mit dem dafür vorgesehenen OPTO-Eingang verbinden, jedoch nicht zugleich. Möchten

Fertig verkabelter Infrarotfernauslöser, bestehend aus einem Vorwiderstand und einer Infrarot-LED

Sie also beispielsweise zwischen Smartphone und Spiegelreflexkamera wechseln, so müssen Sie jeweils den dafür benötigten Auslöser an der Steuereinheit anbringen (bei der Bluetooth-Variante müssen Sie natürlich das entsprechende Kabelpaar für das genutzte Smartphone-Betriebssystem anschließen).

TIPP

Bei Verwendung des IR-Auslösers müssen Sie darauf achten, dass dieser auch in Richtung der Kamera zeigt, da er ein optisches Signal sendet. Beim Bluetooth-Auslöser hingegen muss keine Sichtverbindung bestehen, da dieser sein Signal über einen Funkstandard absetzt.

Anschluss des Bluetooth-Senders zum Fernauslösen an der Steuereinheit

Anschluss der IR-LED zum Fernauslösen an der Steuereinheit

Der mechanische sowie elektronische Aufbau sind nun abgeschlossen. Um dem Gerät Leben einzuhauchen, fehlt nur noch die Software auf dem Controller der Steuereinheit. Diese Software wird auch als »Firmware« bezeichnet. Die Steuereinheit verwendet ein *Arduino-Nano*-Modul.

INFO

Arduino ist eine aus Hard- und Software bestehende Plattform für Maker. Arduino wurde 2005 von Massimo Banzi und David Cuartielles entwickelt. Komplizierte Prozesse wie das Flashen des Mikrocontrollers wurden derart vereinfacht, dass ein Einsteiger ohne Vorkenntnisse einen sehr schnellen Zugang zur Mikrocontroller-Programmierung bekommt.

Die Arduino-Plattform wurde bereits in vielen Büchern umfassend behandelt. Einen guten Einstieg in die Thematik bietet das Buch *Die elektronische Welt mit Arduino entdecken* von Erik Bartmann.

Software

Zur Installation der Software auf dem Arduino Nano benötigen Sie die *Arduino IDE*. Diese kann Sie kostenlos für jedes Betriebssystem auf der Projektseite herunterladen (*https://www.arduino.cc/en/Main/Software*).

Außerdem benötigen Sie den Programmcode für die Steuereinheit des *OpenScan*-Projekts. Die aktuelle Version finden Sie auf der offiziellen Projektseite. Die für dieses Buch verwendete Version habe ich zusätzlich im GitHub-Repository zu diesem Buch abgelegt (*https://github.com/mariolukas/Das-3D-Scanner-Praxisbuch/*). Das Arduino-Programm befindet sich im Ordner *Kapitel_3.2/Arduino/*. Dieses Verzeichnis enthält eine Datei mit der Endung *ino*.

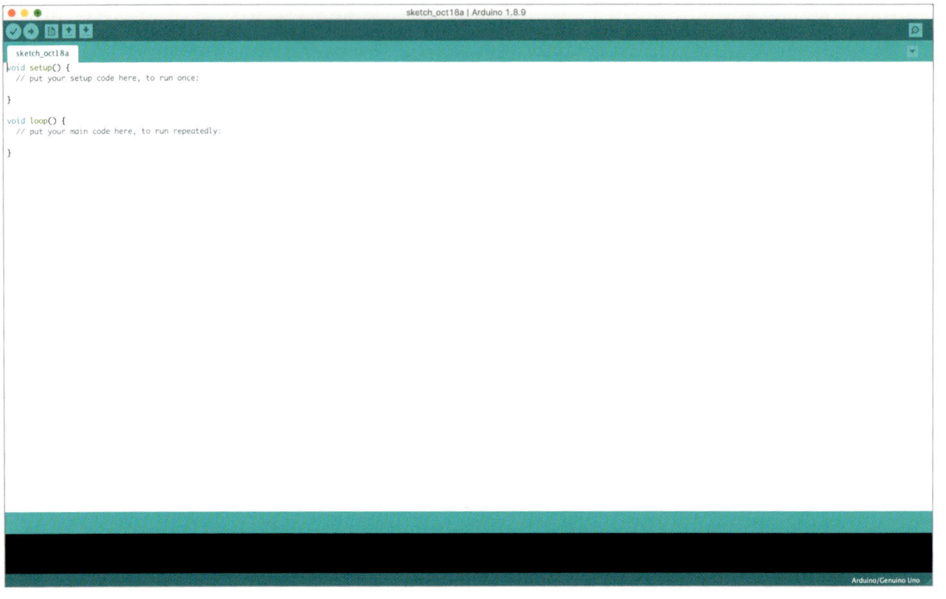

Arduino-IDE nach dem Öffnen

Nun starten Sie die Arduino-IDE. Nach kurzer Zeit erscheint ein Fenster mit einem Editor. Um das Programm für die Steuereinheit des Scanners übersetzen und flashen zu können, benötigen Sie noch drei weitere Programmbibliotheken.

- *Accell Stepper Library*
- *Liquid Crystal Display Library*
- *MultiCamera IR Library*

Diese Bibliotheken finden Sie ebenfalls im GitHub-Repository zu diesem Buch (siehe oben). Im Unterordner des Arduino-Verzeichnisses liegt ein weiterer Ordner namens *libs/*, der drei ZIP-Dateien enthält. Diese Dateien beinhalten die oben erwähnten Programmbibliotheken. Über den Menüpunkt *Sketch → Bibliothek einbinden → .ZIP-Bibliothek hinzufügen* fügen Sie diese Bibliotheken der Reihe nach hinzu.

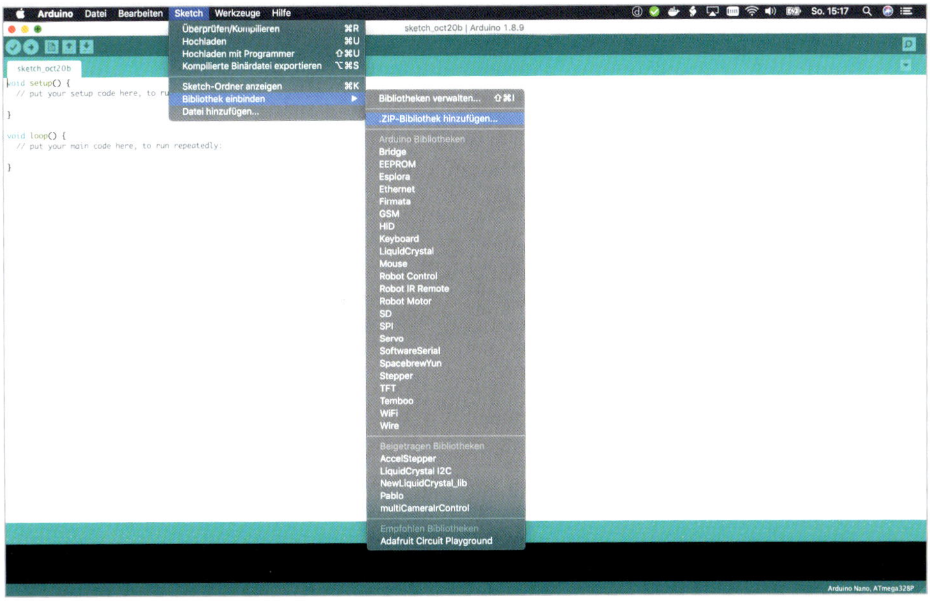

Arduino-Programmbibliotheken hinzufügen

Um das Programm für den Arduino zu übersetzen, öffnen Sie zunächst im oben angegebenen Verzeichnis die Programmdatei mit dem Namen *2019_06_01_Scanner.ino*. Im Editor der Arduino-IDE erscheint dann der Programmcode des 3D-Scanners. Da die Steuereinheit auf einem Arduino Nano basiert, müssen Sie diesen auch unter *Werkzeuge* aus der Liste der Arduino-Boards auswählen.

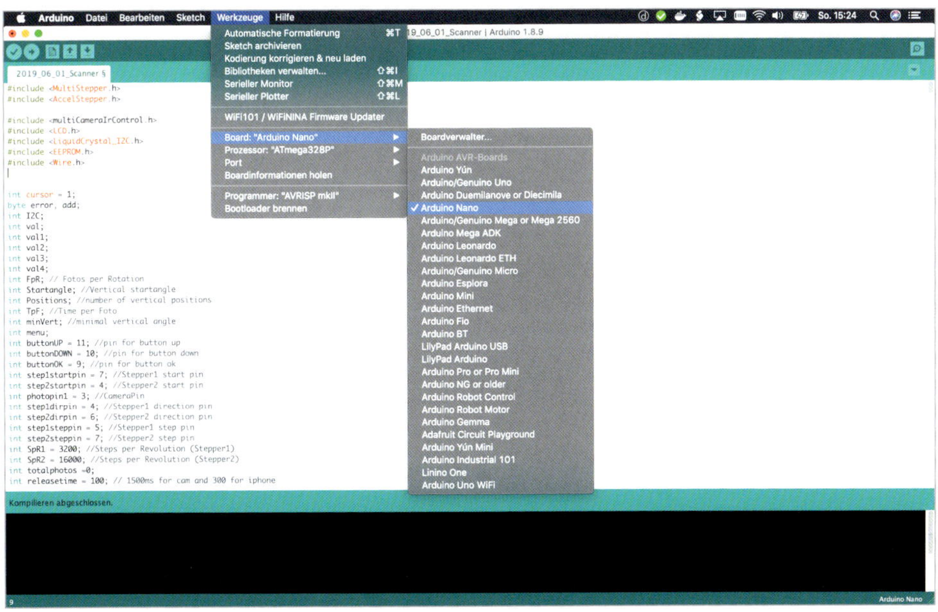

Arduino Nano als Zielplattform auswählen

Vor dem Upload auf das Arduino-Board müssen Sie sicherstellen, dass dieses auch mit dem USB-Anschluss des Computers verbunden ist. Unter den Menüpunkten *Werkzeuge* und *Port* wählen Sie dann den gefundenen USB-Anschluss aus. Abschließend können Sie das Programm auf die Steuereinheit hochladen. Klicken Sie dazu im Menü auf *Sketch hochladen*.

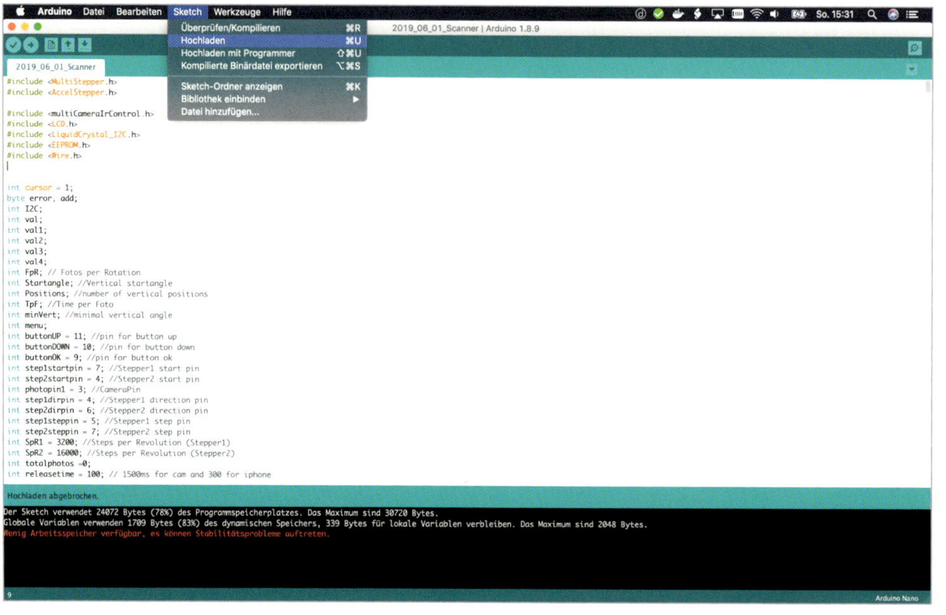

Arduino Sketch hochladen

Einen Augenblick später quittiert die Arduino-IDE den Upload mit der Meldung »Hochladen abgeschlossen«.

Vor dem Scanner positionieren Sie die Kamera, am besten auf einem Stativ. Als Kamera dient entweder die Kamera des Smartphones oder eine Spiegelreflexkamera. Mittlerweile gibt es vom OpenScan-Projekt auch eine Raspberry-Pi-Version, welche die Raspberry-Pi-Kamera verwendet. Weitere Informationen dazu finden Sie auf der offiziellen Projektseite *https://www.openscan.eu/*.

Das zu scannende Objekt muss so auf dem Drehteller befestigt werden, dass es sich möglichst im Rotationsmittelpunkt des Rotors befindet. Anschließend können Sie einen Scan starten. Die folgenden Abbildungen zeigen verschiedene axiale Ausrichtungen des Objekts auf dem Drehteller.

Objekt zu tief

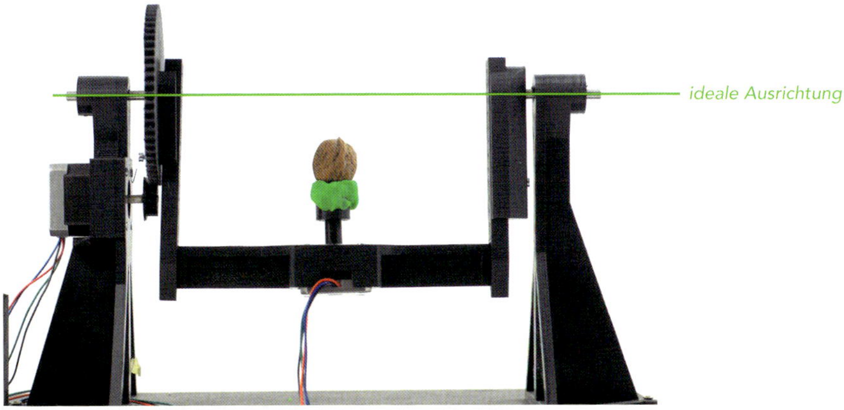

Objekt zu hoch

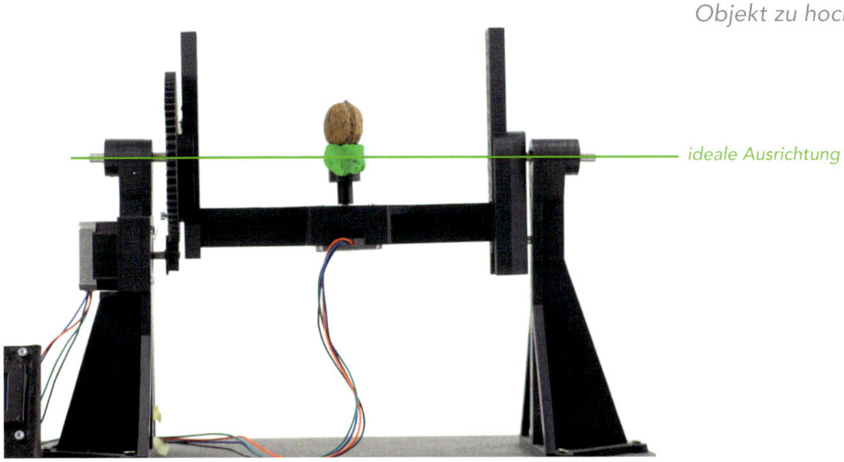

Objekt mit geeigneter Ausrichtung

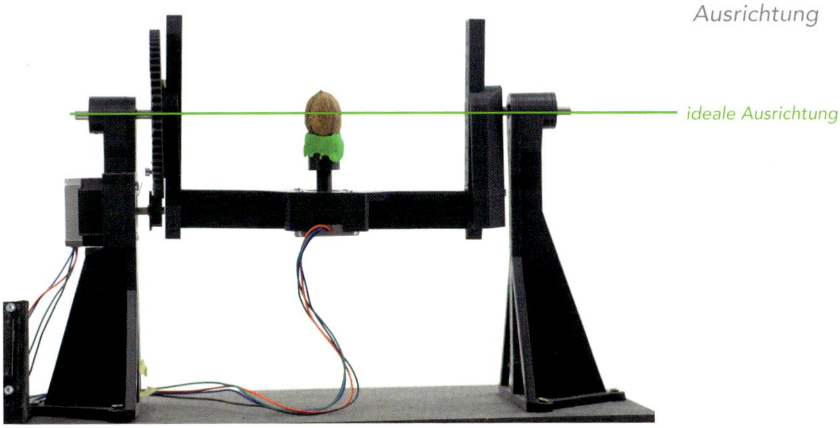

Inbetriebnahme

Der Scanner ist nun einsatzbereit und kann mit dem 12V-Stecker-Netzteil verbunden werden. Nach dem Einschalten der Steuereinheit über den Schalter unten links werden Sie auf dem LCD-Display mit dem Startmenü begrüßt.

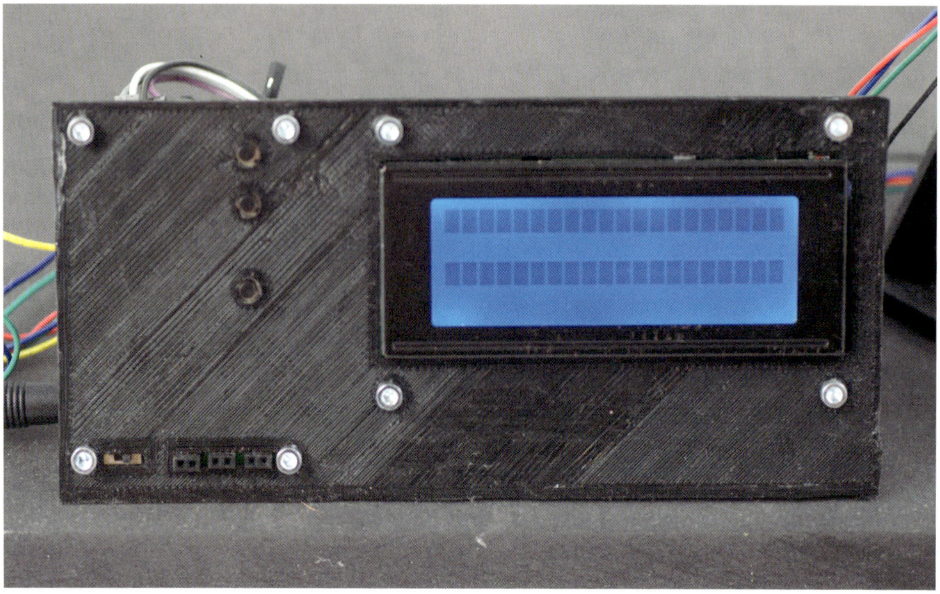

Funktionen der Steuereinheit

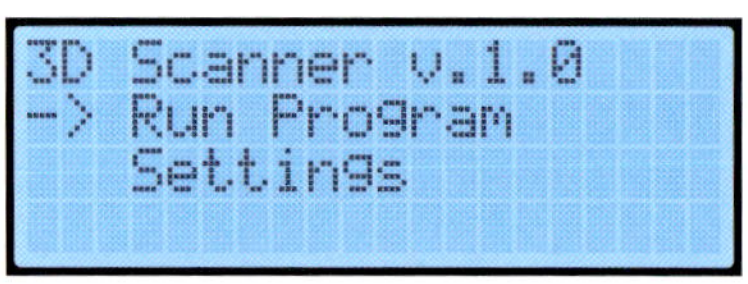

LCD-Menü nach dem Einschalten des Scanners

Die Steuereinheit verfügt über drei Taster zur Bedienung der Software. Diese befinden sich links oben neben dem Display. Die beiden oberen Taster werden zum Navigieren im Menü verwendet. Mit dem unteren Taster bestätigen Sie den ausgewählten Menüpunkt. Das Startmenü der Steuerung bietet im Startzustand die Optionen *Run Program* und *Settings*, wobei ich hier auf Letzteres nicht näher eingehen werde. Eine sehr genaue Beschreibung der *Settings* finden Sie entweder in der Dokumentation des OpenScan-Projekts oder auf YouTube, wenn Sie nach dem Video mit dem Titel »3D Fotogrammetrie Scanner – Aufbau und Betrieb – Teil 2 Betriebsablauf« suchen (oder unter *https://www.youtube.com/watch?v=p48iKayoVi4*).

Wenn Sie den ersten Menüpunkt *Run Program* durch Drücken der *OK*-Taste ausgewählt haben, landen Sie im *Program*-Menü. Dieses Menü bietet wiederum zwei Optionen: das letzte benutzte Programm zu starten oder eben ein anderes Programm zu laden. Ein Programm bezeichnet dabei immer einen Bewegungsablauf, bei dem eine Bilderserie erzeugt werden soll. Es gibt an, wie viele Positionen der Rotor anfahren und wie viele Schritte der Drehteller pro angefahrener Position rotieren soll.

LCD-Menü zum Laden oder Ausführen des letzten Programms

Der Menüpunkt *Load Program* führt den Benutzer zum Programmspeicher. Dort können Sie mittels der *Hoch*- und *Runter*-Tasten zwischen den unterschiedlichen Programmen navigieren. Ein Programm besteht aus drei Parametern. Der erste Parameter steht für die Anzahl der Fotos, die pro Position gemacht werden sollen. Damit wird also auch implizit bestimmt, um wie viele Schritte der Drehteller rotieren soll. Der zweite Parameter gibt die Start- und Endauslenkung des Rotors an. Ein Wert von 45 würde zum Beispiel bedeuten, dass der Rotor sich während des laufenden Programms in eine Position von +45 zu -45 Grad bewegen würde. Der letzte Parameter gibt an, wie viele Positionen zwischen Start- und Endauslenkung des Rotors angefahren werden sollen. Mit den Standardeinstellungen bietet die Steuerung zwölf verschiedene solcher Programme. Reicht das nicht aus, so können Sie über den Menüpunkt *Settings* im Startmenü auch eigene Programme definieren. Um ein Programm zu wählen, bewegen Sie den Pfeil auf das gewünschte Programm und bestätigen die Auswahl mit einem Tastendruck auf die *OK*-Taste.

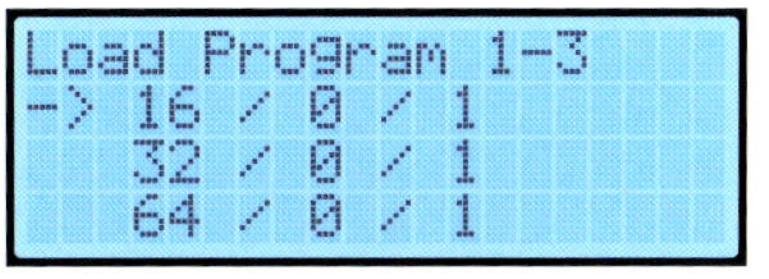

LCD-Menü zur Programmauswahl

Anschließend wird das ausgewählte Programm detailliert angezeigt. Diese Anzeige müssen Sie mit einem weiteren Tastendruck über die *OK*-Taste bestätigen, bevor Sie das Programm dann starten.

Bestätigung nach Auswahl von »Load Program«

Nachdem Sie im vorherigen Menü den Punkt *Last Program* gewählt haben, werden Sie aufgefordert, das gewählte Programm zu bestätigen und danach den Rotor in die Anfangsposition zu fahren. Das gelingt über die beiden Steuerungstasten *Auf* und *Ab*. Die Rotorposition sollte dabei senkrecht sein. Mit *OK* bestätigen Sie dann, dass die gewünschte Startposition des Rotors eingestellt ist.

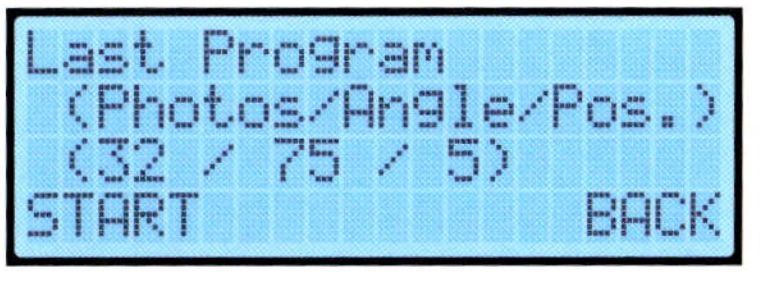

Bestätigung nach Auswahl von »Last Program«

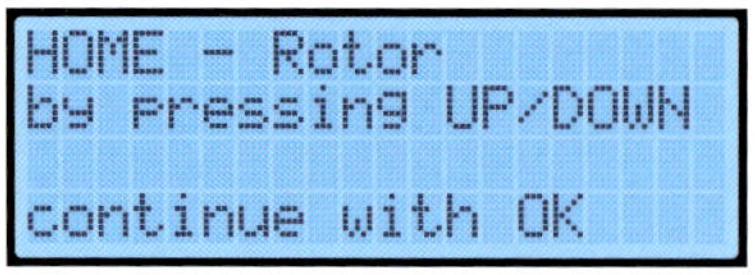

LCD-Menü zum Referenzieren der Rotor-Null-Position

LCD- Menü zum Referenzieren der Drehteller-Null-Position

LCD-Menü bestätigt, dass der Scanner bereit ist.

LCD-Menü mit Scanner-Status: 5 von 172 Bildern wurden bereits erstellt.

LCD-Menü quittiert den Scan-Vorgang mit der Anzahl der erzeugten Bilder.

Die gleiche Prozedur wiederholen Sie für den Drehteller. Dabei spielt die Rotorposition eine größere Rolle, da sich der Drehteller im Verlauf des Programms ohnehin bei jeder Position einmal um 360 Grad dreht. Nach der Bestätigung der initialen Drehtellerposition erscheint im Display die Anzeige »Ready?«. Auch diese Anzeige bestätigen Sie kurz mit einem weiteren Tastendruck auf *OK*, um den automatischen Programmablauf zu starten.

Der Rotor setzt sich in Bewegung und die Kamera beginnt für jede erreichte Drehtellerposition ein Bild zu machen. Das Display zeigt dabei die Anzahl der bereits gemachten Bilder und die Gesamtzahl der zu machenden Bilder an.

Am Ende quittiert eine Meldung auf dem Display mit der Anzahl der Bilder, dass der Scandurchgang abgeschlossen ist. Wenn Sie die *OK*-Taste drücken, kehrt die Steuerung in das Startmenü zurück.

Tipps fürs Fotografieren

Die wichtigste Voraussetzung für einen gelungenen Fotogrammetrie-3D-Scan sind gute und somit für die eingesetzte Software geeignete Bilder. Dabei spielt natürlich die Wahl der Kamera eine große Rolle, aber viel wichtiger sind die richtigen Kamera-Einstellungen. Das Thema »Fotografie und Kameras« kann ich hier natürlich nicht detailliert behandeln. Es gibt unzählige Bücher und Webseiten, die sich mit dieser Thematik beschäftigen. Jedoch können Ihnen die folgenden Tipps bei einem besseren Gelingen der 3D-Scans helfen.

In der »normalen« Fotografie liegt der Schwerpunkt eher auf der Bildästhetik. Bei der Fotogrammetrie ist es hingegen wichtiger, dass die Fotogrammetrie-Software die Bilder verarbeiten kann. Um der Software diesen Prozess zu erleichtern, gibt es einige Anforderungen, die beim Fotografieren berücksichtigt werden sollten. Leider gibt es kein Patentrezept, um mit gleichbleibenden Kameraeinstellungen immer gelungene Bilder für die Fotogrammetrie zu erstellen. Aufgrund der variierenden Objektbeschaffenheit müssen nahezu für jedes neu zu scannende Objekt auch die entsprechenden Kameraeinstellungen neu gefunden werden. Hier kommt es dann vor allem auf Erfahrungswerte an, denn ab einem gewissen Zeitpunkt entwickeln Sie ein Auge dafür, ob einer Bilderserie funktionieren kann oder nicht.

Die wichtigsten Parameter beim Fotografieren für die Fotogrammetrie sind die Belichtung und die Schärfentiefe im Bild.

Die Belichtung setzt sich dabei aus den folgenden Faktoren zusammen:

- ISO-Wert
- Belichtungszeit
- Blende
- Beleuchtung

Schärfentiefe basiert auf diesen Faktoren:

- Blende
- Brennweite
- Distanz

Der ISO-Wert wird meist mit der Lichtempfindlichkeit des Kamerasensors gleichgesetzt – tatsächlich steht er für die Verstärkung des Bildsignals, das aus dem Sensor kommt. Je höher der ISO-Wert, desto weniger Belichtungszeit ist notwendig. Bei steigendem ISO-Wert verstärkt sich jedoch auch das Bildrauschen und es können Bilddetails verloren gehen. Deshalb sollten Sie den ISO-Wert in der Fotogrammetrie möglichst niedrig halten.

Die folgenden Abbildungen zeigen Bilder mit unterschiedlichen ISO-Wert-Einstellungen – je nach Qualität Ihres Kamerasensors können Ihre eigenen Ergebnisse abweichen.

ISO-Wert 200, kein Rauschen im Bild

ISO-Wert 3200, deutlich mehr Rauschen im Bild

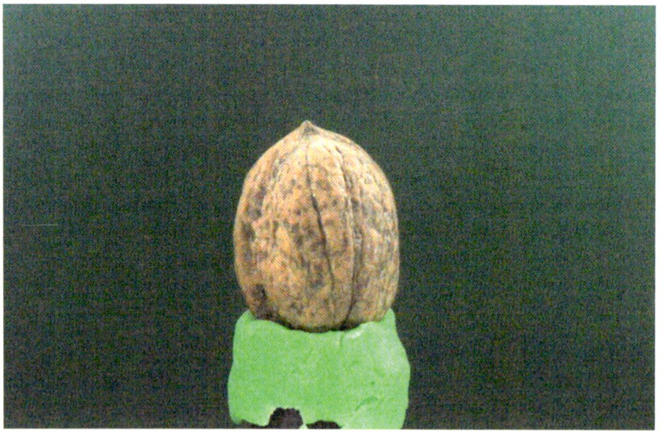

ISO-Wert 12800, sehr viel Rauschen im Bild

Die Belichtungszeit bestimmt, wie lange Licht auf den Kamerasensor fällt. Bei der Fotogrammetrie können Sie eine längere Belichtungszeit wählen, da die Objekte sich in der Regel während der Bildaufnahme nicht bewegen. Bei einer längeren Belichtungszeit (ab ca. 1/125 s) sollte die Kamera nicht bewegt werden, da die Bilder ansonsten recht schnell verwackelt wirken. Aus diesem Grund empfiehlt sich der Einsatz eines Kamerastativs. Um auch das Verwackeln beim Drücken des Auslösers zu vermeiden, sollten Sie nach Möglichkeit einen Fernauslöser einsetzen. Die Praxis hat außerdem gezeigt, dass dunklere Bilder eher besser von den meisten Fotogrammetrie-Programmen verarbeitet werden können. Eine Unterbelichtung durch eine kürzere Belichtungszeit kann also von Vorteil sein, denn bei einer Überbelichtung von Bildbereichen können Bildinformationen in der späteren 3D-Berechnung verloren gehen.

Durch die Blende stellen Sie ein, wie viel Licht in einem bestimmten Zeitraum auf den Bildsensor der Kamera trifft. Dazu wird ähnlich dem menschlichen Auge eine Irisblende im Objektiv geöffnet oder geschlossen. Zusätzlich ist der Öffnungsgrad der Blende ausschlaggebend für die »Schärfentiefe« des Bilds. Dieser Begriff meint, wieviel vom Bild vor und hinter dem Punkt, auf den scharfgestellt wurde, noch scharf ist. So erreicht eine kleine Blendenöffnung (= hohe Blendenzahl) bei Objektiven mit kurzer Brennweite eine recht große Schärfentiefe. Bei der Fotogrammetrie wählen Sie also eine kleine Blendenöffnung. Ein geeigneter Startwert liegt bei ca. f/11, wohingegen eine große Blendenöffnung, wie zum Beispiel f/2.8, aufgrund der geringen Schärfentiefe weniger zu empfehlen ist. Durch die Änderung der Blende verändert sich auch die Belichtungszeit. Eine kleinere Blendeneinstellung (hohe Blendenzahl) bedingt eine längere Belichtungszeit. Auch hier ist es besser, ein Stativ und ggf. einen Fernauslöser zur Hilfe zu nehmen, um ein verwackeltes Bild zu vermeiden.

Große Blendenöffnung mit f/3.2, scharfe Bildbereiche nur im hinteren Bereich

Kleinere Blendenöffnung mit f/5.6, durchschnittliche Bildschärfe besser

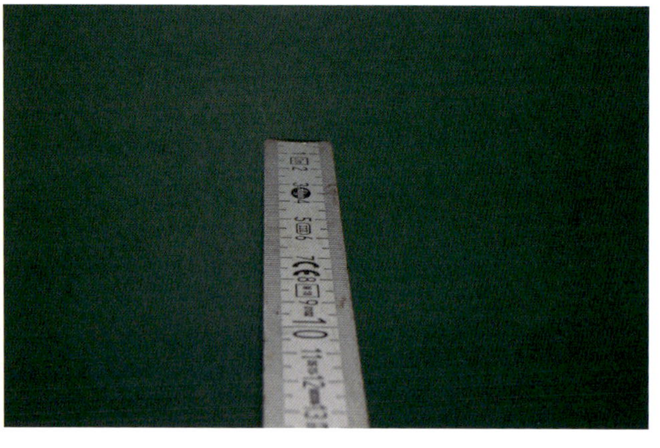

Sehr kleine Blendenöffnung mit f/18, mehr Schärfe im Gesamtbild

Der letzte wichtige Kameraparameter betrifft die bereits erwähnte Brennweite und die Distanz. Die Brennweite gibt den Vergrößerungsfaktor eines Objektivs an. Mit wachsender Brennweite nimmt aber auch die Schärfentiefe ab. Eine möglichst geringe Brennweite ist für die Fotogrammetrie also besser geeignet.

Die Distanz zwischen Kamera und Objekt wirkt sich ebenfalls auf die Schärfentiefe aus. Mit einer größeren Distanz steigt die Schärfentiefe, das Objekt wird jedoch kleiner und es können weniger Details von der Kamera erfasst werden. Verändern Sie – bei einem Zoom-Obektiv – die Brennweite, um das Objekt im Bild größer erscheinen zu lassen, so verlieren Sie die zuvor gewonnene Schärfentiefe.

Bei jedem zu fotografierenden Objekt sind diese Bedienungen unterschiedlich einzustellen. Oft müssen Sie mehrere Bilderserien anfertigen, um eine gelungene 3D-Rekonstruktion zu erhalten. Nach einiger Zeit werden Sie aber ein Gefühl für die richtige Kameraeinstellungen entwickeln.

Zusammengefasst empfehle ich Ihnen die folgenden Einstellungen:

- geringer ISO-Wert
- kleine Blende (großer f-Wert)
- lange Belichtungszeit
- bester Kompromiss zwischen Brennweite und Distanz, um maximale Schärfentiefe zu erreichen

Zusätzlich sollten Sie für eine regelmäßige und indirekte Beleuchtung des Objekts sorgen, was auch heißt, dass Sie auf den Kamerablitz verzichten müssen. Jedes Bildpaar sollte eine Überlappung von mindestens 50% aufweisen, damit die Software möglichst viele Merkmale für je ein Bildpaar ermitteln kann.

Es gibt auch bei der Fotogrammetrie oft Probleme mit der Objektbeschaffenheit – Kopfzerbrechen können etwa transparente oder hoch reflexive Objekte bereiten. In Kapitel 4.1 (ab Seite 142) und 4.2 (ab Seite 144) finden Sie weitere Tipps, um diese Probleme zu reduzieren.

3.2.3 Vom Bild zum 3D-Objekt

Zur Berechnung des 3D-Objekts aus den 2D-Bildern stelle ich nun ein Open-Source-Software-Werkzeug vor. Dabei berücksichtige ich, dass es sich um Software handelt, die auf unterschiedlichen Betriebssystemen sowohl mit GPU als auch mit reiner CPU-Unterstützung funktioniert und dazu noch frei verfügbar ist.

TIPP

Um sich mit der Software vertraut zu machen, beginnen Sie am besten mit Bilderserien, die garantiert zu einem Ergebnis führen. Solche Bilderserien finden Sie auf der Seite des OpenScan-Projekts (*https://www.openscan.eu/scanner/* – scrollen Sie auf der Seite nach unten, bis zum Abschnitt *Bildsets*). Sehr gut eignet sich etwa die Bilderserie mit dem Schlüssel (*Bildset 3*).

Regard3D ist Open Source und lässt sich leicht und intuitiv bedienen. Bei *Regard3D* handelt es sich eigentlich um eine grafische Oberfläche für eine ganze Reihe von Fotogrammetrie-Tools, die man ansonsten umständlich über eine Konsole (Eingabeaufforderung) bedienen müsste. Über *Regard3D* lassen sich nicht nur die unterschiedlichen Tools bequem über die Oberfläche auswählen, sondern auch ihre Parameter über Dialoge einstellen. Da *Regard3D* für alle Betriebssysteme in einer installierbaren Version vorliegt und nicht erst aus den Quellen gebaut werden muss, habe ich es zur Veranschaulichung eines Fotogrammetrie-Berechnungsvorgangs gewählt. Erfahrene Benutzer können auch auf eine andere Software zurückgreifen. Einige Alternativen habe ich in Abschnitt 2.3.2 ab Seite 25 erwähnt. Besonders gute Ergebnisse erzielt auch *VisualSFM*.

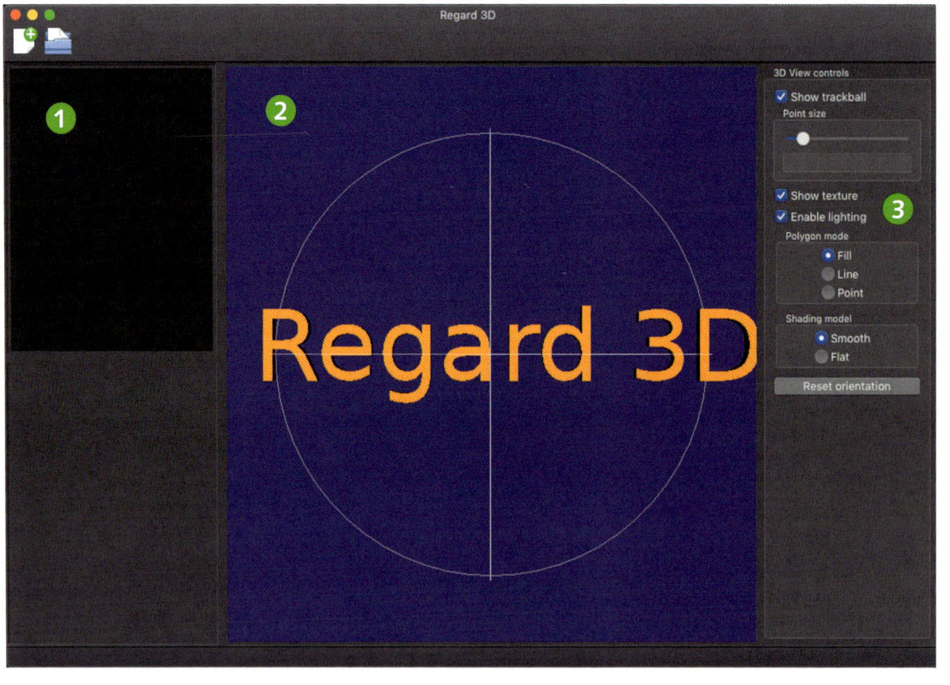

Aufbau von Regard3D

Zur Installation von *Regard3D* laden Sie den Installer für das jeweilige Betriebssystem von der Projektseite (*https://www.regard3d.org/*) herunter und führen ihn aus. Wenn Sie *Regard3D* nach der Installation starten, erscheint ein Fenster, welches in drei Bereiche unterteilt ist. Der erste Bereich ❶ befindet sich auf der linken Seite. Dort werden die einzelnen Verfahrensschritte aufgelistet. Im zweiten Bereich ❷ in der Mitte des Fensters werden die berechneten Punktwolken und 3D-Objekte dargestellt. Im dritten Bereich auf der rechten Seite ❸ können Sie die Anzeigeoptionen für den Vorschaubereich in der Mitte einstellen.

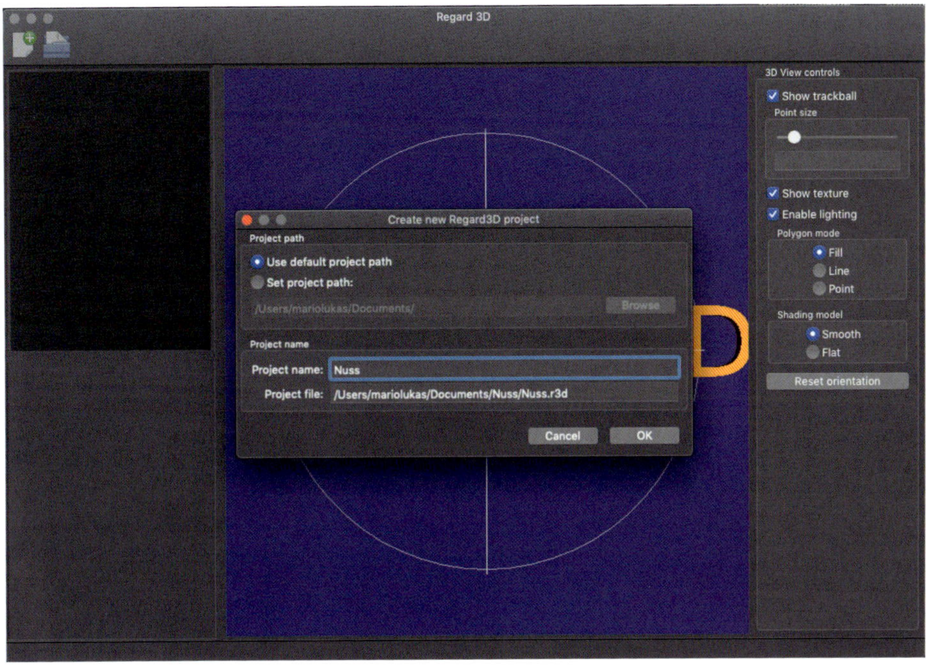

Neues Projekt anlegen in Regard3D

Bevor Sie eine Berechnung starten, müssen Sie über das Symbol mit dem grünen Pluszeichen in der oberen rechten Ecke ein neues Projekt anlegen. Im darauffolgenden Dialog geben Sie lediglich den Projektnamen an (im Bild habe ich »Nuss« eingetragen). Den Dialog bestätigen Sie über die Schaltfläche *Ok*.

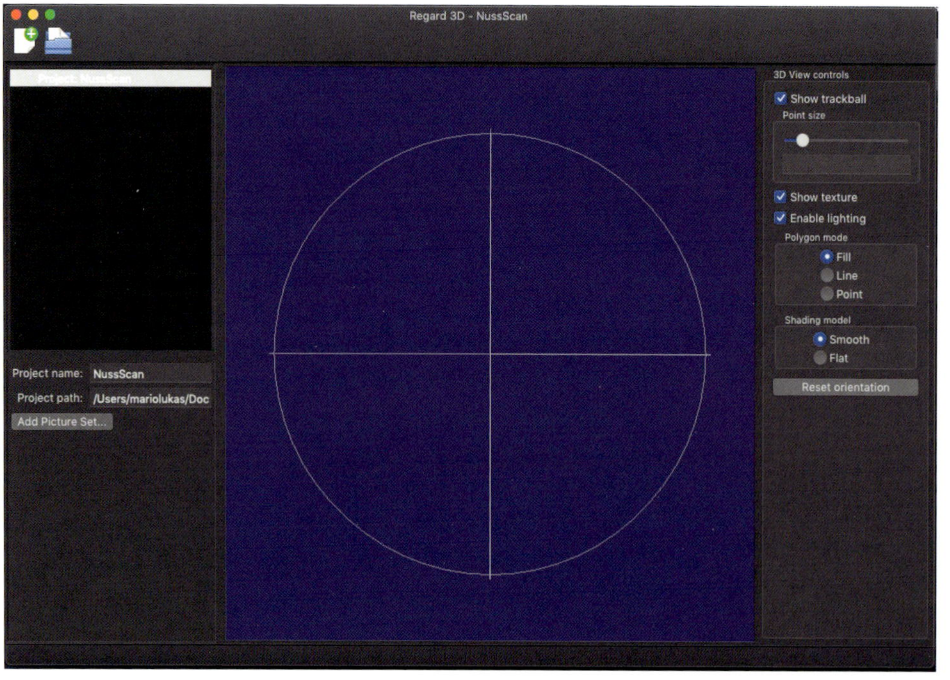

Das Projekt und die Arbeitsschritte werden links im Fenster angezeigt.

In der Liste im linken Fensterbereich erscheint nun das angelegte Projekt. Diesem Projekt müssen die aufgezeichneten Bilder zugewiesen werden. Dazu wählen Sie in der Liste den neu erschienenen Punkt an und klicken anschließend unter der Liste auf die Schaltfläche *Add Picture Set …* Dann öffnet sich ein Dialog, in welchem Sie über *Add files …* das Verzeichnis auswählen, in das Sie vorher die Bilder von der Kamera kopiert haben.

TIPP

Die Bilder sollten immer erst von der SD-Karte oder Smartphone-Kamera auf den Computer kopiert werden, da die Bearbeitung ansonsten sehr lange dauern kann (außerdem wird die SD-Karte geschont).

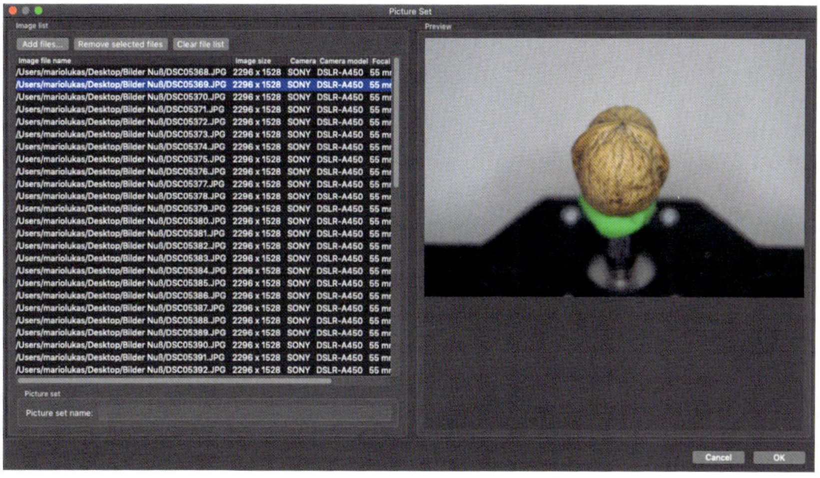

Dialog zum Hinzufügen von Bildern zum Projekt

Die ausgewählten Bilder erscheinen dann in der linken Liste des Dialogs. Dort können Sie einzelne Bilder auswählen, woraufhin auf der rechten Seite des Dialogs eine Vorschau des gewählten Bilds erscheint. Die Liste zeigt aber nicht nur die Dateinamen, sondern auch einige Metadaten der genutzten Kamera an. Nachdem Sie sichergestellt haben, dass alle gewünschten Bilder vorhanden sind, können Sie die Auswahl über die Schaltfläche *OK* bestätigen und der Dialog schließt sich wieder.

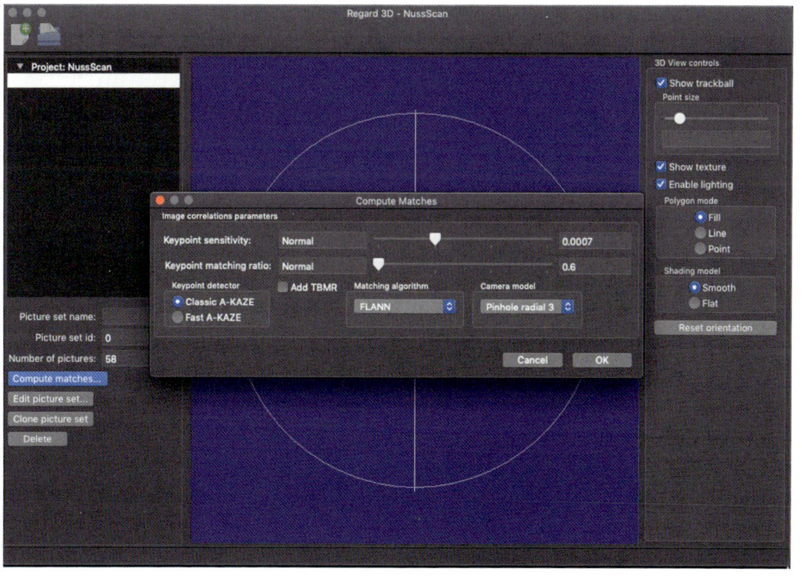

Dialog mit Einstellungen zur Berechnnung gemeinsamer Merkmale in den Bildern

Im nächsten Schritt beginnt die Berechnung der Merkmale in den Bildern. Wie ich bereits in Kapitel 2.3 beschrieben habe, ist die Anzahl der gefundenen Feature-Punkte in den Bildern sehr wichtig. Je mehr Feature-Punkte gefunden werden, desto besser ist das Ergebnis der späteren 3D-Rekonstruktion. Die Einstellungen, die im Folgenden beschrieben werden, stellen natürlich nur einen möglichen Weg vor. Sie sind auch hier so vielfältig, dass man damit ein ganzes Buch füllen könnte.

Über die Schaltfläche *Compute matches …*, welche nach der Auswahl der Bilder unten links erschienen ist, starten Sie das Werkzeug zum Vergleichen der Bilder, um die Merkmale in den Bildern zu identifizieren. Im Einstellungsdialog dieses Werkzeugs müssen erst einmal keine Parameter verändert werden. Somit können Sie den Dialog sofort wieder über die Schaltfläche *OK* bestätigen und somit beenden. Daraufhin wird der sogenannte »Matching-Prozess« gestartet. Ein kleiner Dialog zeigt den Fortschritt an. Am Ende erhalten Sie noch eine kleine Statistik über die Berechnungszeit und die Berechnungsdauer, anhand derer Sie ein erstes Urteil über die Qualität der Bilder fällen können. Die *Keypoints per Image* bezeichnen die geforderten Merkmale, wobei hier natürlich nur statistische Mittelwerte anzeigt werden. Dennoch sollten diese Werte im Schnitt bei ein paar tausend Punkten pro Bild liegen.

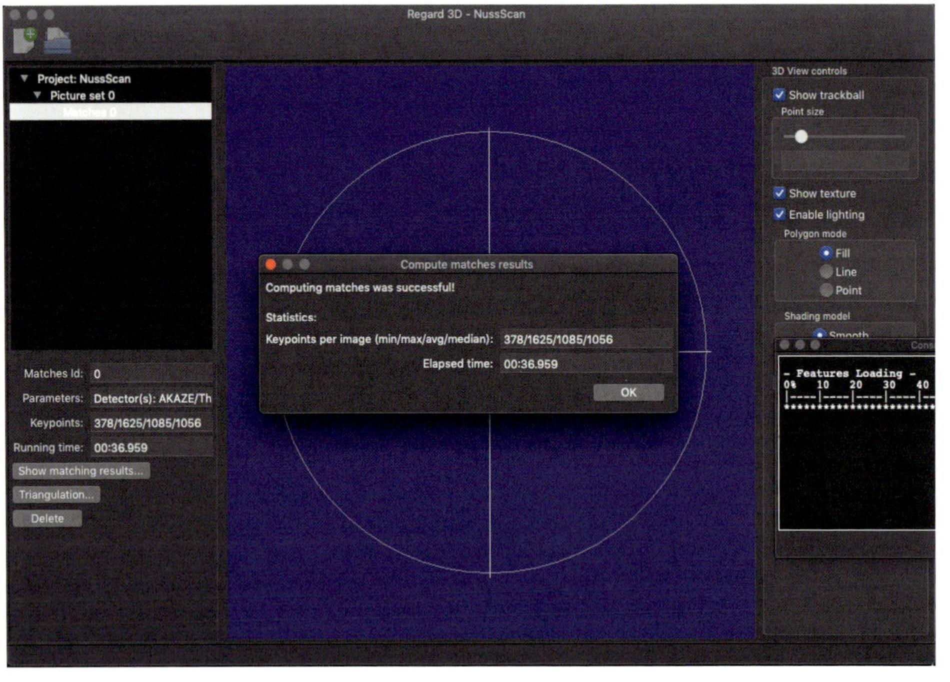

Die abgeschlossene Berechnung der Bildmerkmale wird mit einem weiteren Dialog quittiert.

Im nächsten Schritt wird bereits das Triangulationsverfahren auf die zuvor berechneten Daten angewandt. Somit werden dann auch erste 3D-Koordinaten berechnet. Vor allem aber werden auch die Kamerapositionen der einzelnen Bilder ermittelt. Das Werkzeug wird auf der linken Seite des Fensters über die Schaltfläche *Triangulation …* gestartet. Wiederum öffnet sich ein Einstellungsdialog. Dort wechseln Sie in der Auswahlbox zum Verfahren *Global Structure from Motion*, da dieses auf jeden Fall zuverlässig funktioniert. Die restlichen Einstellungen können Sie so lassen.

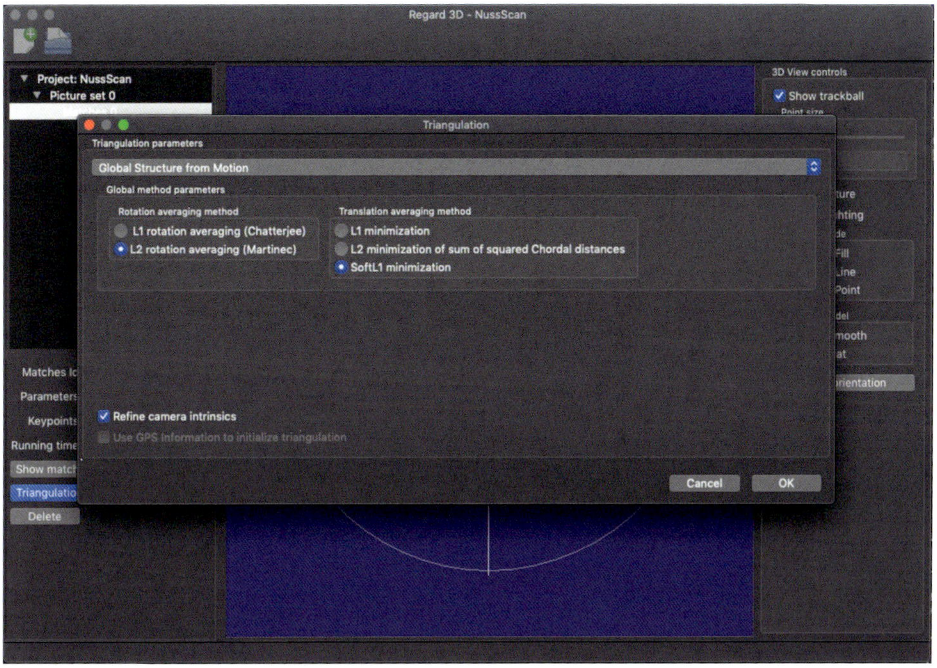

Einstellungen zur Berechnung der Triangulation via Structure From Motion

Nachdem Sie den Prozess gestartet haben, erscheint auch hier wieder ein Dialog, welcher den Fortschritt anzeigt. Zusätzlich zu den Dialogen gibt es noch ein Fenster mit dem Titel *Console output*, das die detaillierten Ausgaben der Befehle anzeigt, die unter der Haube von *Regard3D* ausgeführt werden. Ein Blick auf diese Ausgaben kann in manchen Fällen hilfreich sein, vor allem dann, wenn Prozesse ohne ersichtlichen Grund einfach beendet werden. Meist liegt dann ein Fehler in einem der aufgerufenen Programme vor. Diese Fehler können Sie über das Fenster *Console output* identifizieren.

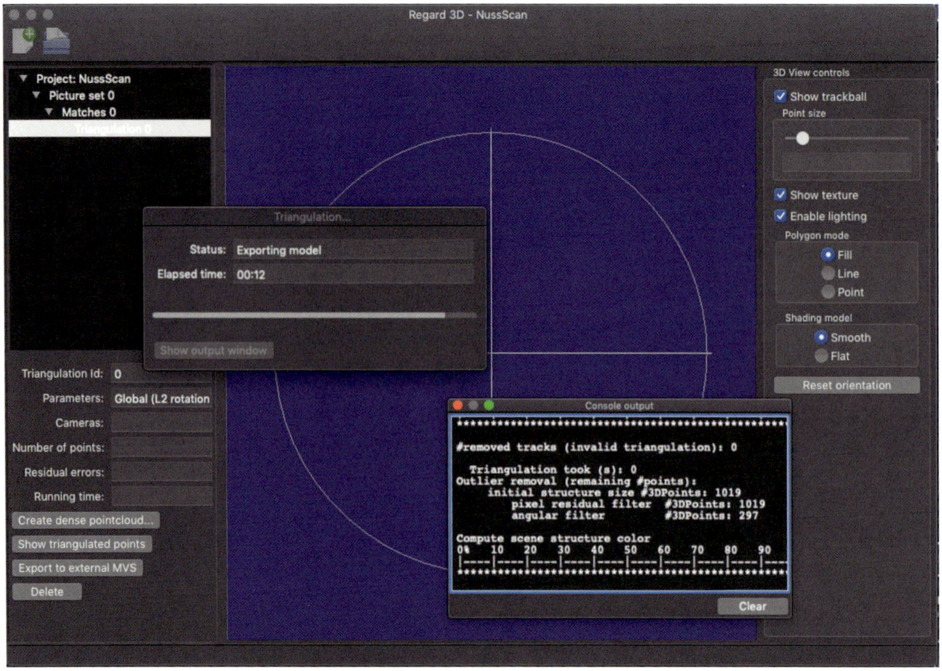

Laufende Berechnung einer ersten Punktwolke aus den Bildern

Wenn der Triangulationsprozess beendet ist, können Sie bereits eine sehr dünne Punktwolke im Hauptfenster sehen. Diese Punktwolke stellt die Grundlage für den nächsten Berechnungsschritt dar. Aus dieser dünnen Punktwolke wird dann nämlich die »Dense Pointcloud«, also »dichte Punktwolke«, berechnet. Hierzu bietet *Regard3D* verschiedene externe Werkzeugen an. Zur Auswahl dieser Werkzeuge gelangen Sie, indem Sie auf die neu erschienene Schaltfläche Create *dense Pointcloud...* klickt. In den Einstellungen wählen Sie dann aus der Auswahlbox das gewünschte Programm zur Erzeugung der dichten Punktwolke aus.

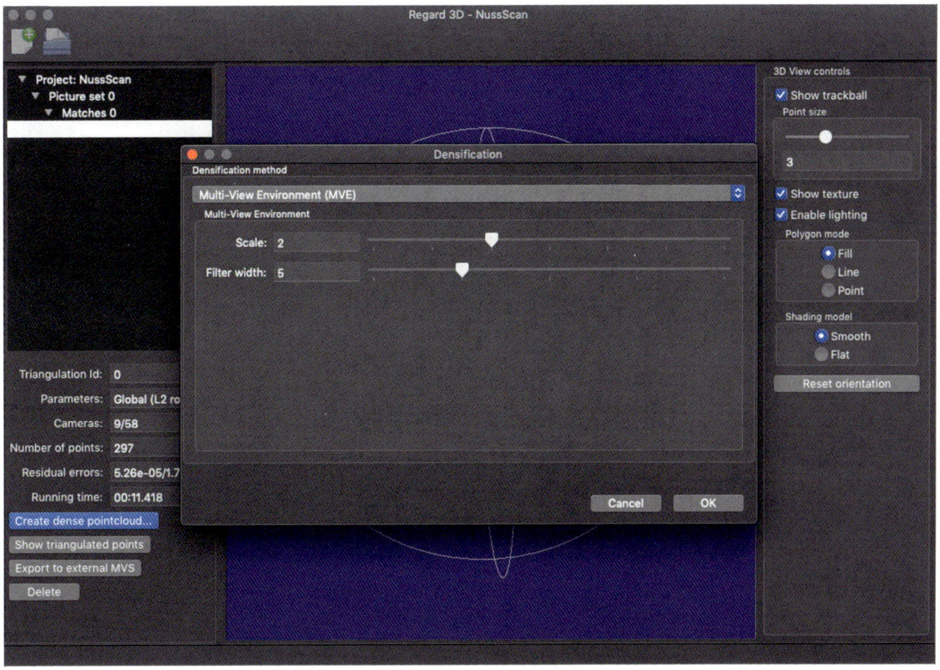

Einstellungen zur Berechung einer dichten Punktwolke

Auch hier stehen unterschiedliche Programme zur Verfügung. Jedes dieser Programme hat seine eigenen Einstellungen und Parameter. Sehr gute Ergebnisse liefert das Programm *Multi-View-Environment*. Die Einstellungen können Sie wieder so belassen und die Berechnung mit einem Klick auf *OK* starten. Je nach Anzahl der Bilder kann dieser Prozess von einigen Minuten bis zu mehreren Stunden dauern. Ein wesentlich zeitbestimmender Faktor ist die verwendete Hardware. MVE unterstützt nur die CPU. Je leistungsstärker die CPU des Rechners ist, desto schneller erfolgt die Berechnung.

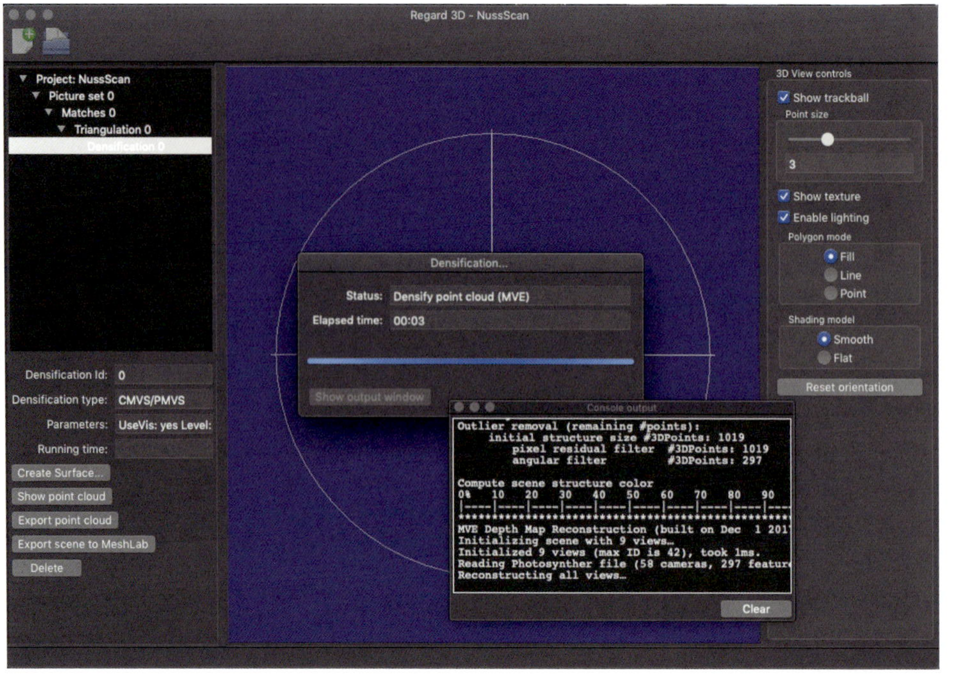

Berechnung der dichten Punktwolke über die zuvor eingestellten Algorithmen

Nach Abschluss der Berechnung liegt eine dichte Punktwolke des Objekts vor. Es kann vorkommen, dass diese Punktwolke unerwünschte Artefakte enthält. Solche Artefakte entstehen unter anderem durch Hintergrund, der mit gescannt wurde, oder Teile des Scanners selbst. In Kapitel 5 beschreibe ich, wie Sie den Scan von solchen Artefakten bereinigen.

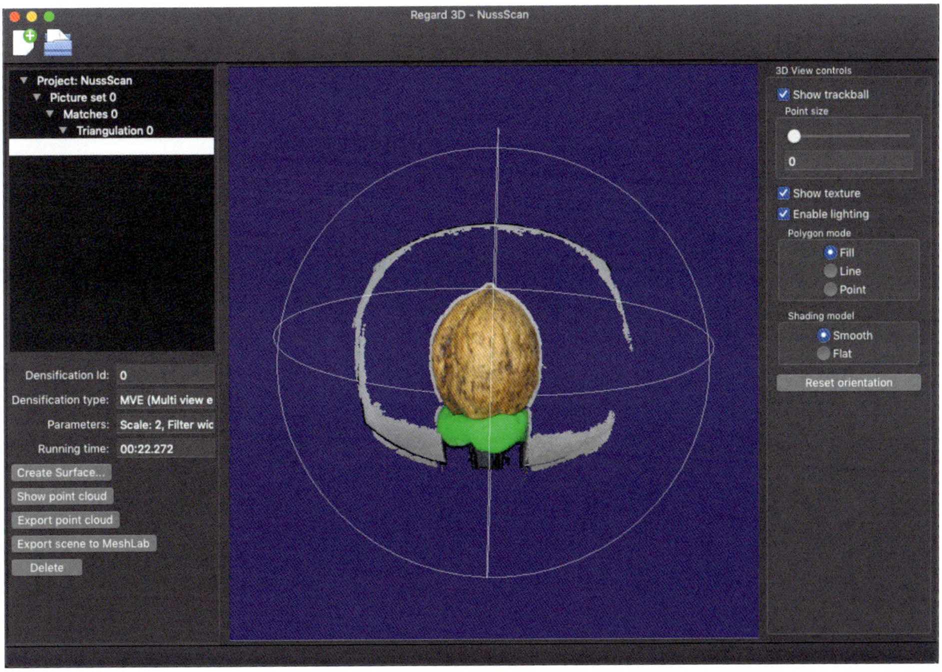

Scan-Ergebnis nach der Berechnung der dichten Punktwolke. Das Ergebnis ist noch unbereinigt.

Es kann sein, dass das Objekt mit einer Bilderserie nicht voll erfasst wurde. In diesem Fall müssen Sie das Objekt in einer anderen Position auf dem Drehteller befestigen und den ganzen Vorgang wiederholen. Wie Sie dann die beiden einzelnen Rohscans zusammenfügen, erfahren Sie ebenfalls in Kapitel 5.

3.3 Tiefensensor-basierte Scanner

3.3.1 Allgemeiner Scanneraufbau

Der Aufbau zum 3D-Scannen mit Tiefensensoren wie Kinect und Ähnlichen ist vergleichbar einfach und gestaltet sich für alle Sensoren gleich. Prinzipiell reichen bereits ein Computer mit der 3D-Scan-Software und der Sensor selbst. Dieser wird dann während des 3D-Scan-Prozesses um das Objekt oder die Person geführt. Die Software unterstützt dabei die Geschwindigkeit und das Halten der Position.

Typischer Aufbau zum Personen-Scannen mit Tiefensensor

Um jedoch eine Person etwas komfortabler zu scannen, kann ein drehbarer Bürostuhl hilfreich sein. Auf diese Weise muss der Sensor nicht um die Person herum bewegt werden, sondern der Stuhl, auf dem die Person sitzt, wird gedreht. So gelingt auch Anfängern ein recht gutes 3D-Scan-Ergebnis. Der Sensor kann dabei auf einem Stativ, aber auch auf einem Tisch oder Ähnlichem vor dem Stuhl aufgestellt werden. Wichtig ist dabei nur, dass das zu scannende Objekt komplett erfasst werden kann.

Aber auch der Einsatz des Drehstuhls erfordert noch immer ein wenig Geschick, um die richtige Drehgeschwindigkeit zu erreichen. Hier hilft nur ein bisschen Übung. Da man immer noch gleichzeitig die Software im Blick haben muss, kann das 3D-Scannen so manches Mal recht frustrierend sein, bis man zum gewünschten Ergebnis kommt. Aus diesem Grund empfiehlt sich der Bau eines automatischen motorisierten Drehtellers. Durch einen Mikrocontroller wie beispielsweise Arduino kann die Drehgeschwindigkeit genau eingestellt werden. Der Drehteller lässt sich mittels Knopfdruck ein- und ausschalten. Somit kann man sich während des 3D-Scan-Vorgangs voll und ganz auf die Software konzentrieren.

Im Folgenden gehe ich immer von Personenscans aus. Zwar lassen sich auch andere Objekte scannen, sogar ganze Räume, das Vorgehen gestaltet sich aber für alle Objekte recht ähnlich. Wenn Sie mehr möchten, sollten Sie Ihrem eigenen Drang zum Experimentieren freien Lauf lassen.

Die folgenden Abbildungen zeigen einen recht einfachen Drehtelleraufbau, bei dem der Drehteller selbst ein Teil des Getriebes ist. Ein 24V-E-Scooter-Motor treibt den Drehteller über ein Zahnrad an. Die Geschwindigkeit wird von einem Arduino mit entsprechendem Motortreiber geregelt. Ein langes Kabel mit einem Schalter stellt sicher, dass sich der Drehteller bequem vom Computer aus ein- und ausschalten lässt. Die Zahnräder wurden mit einem Laser-Cutter gefertigt, alternativ können Sie hierzu auch eine CNC-Fräse verwenden. Zahnraddrehteller und Motor wurden auf einer Platte montiert. Der Drehteller ist über ein Schwerlastlager (*Lazy Susan*) mit der Bodenplatte verbunden. Da man oft nicht in der Lage ist, alles perfekt auszurichten, kann sich der Motor unter Umständen verklemmen. Aus diesem Grund ist der Motor nur über eine Achse (M8-Gewindeschraube) an einer Seite gelagert. Den nötigen Anpressdruck an das Drehtellerzahnrad erhält der Motor über eine Feder, die gegenüber der Motorlagerung befestigt wurde. Das Lager hält dabei ein Gewicht von bis zu 130 kg aus.

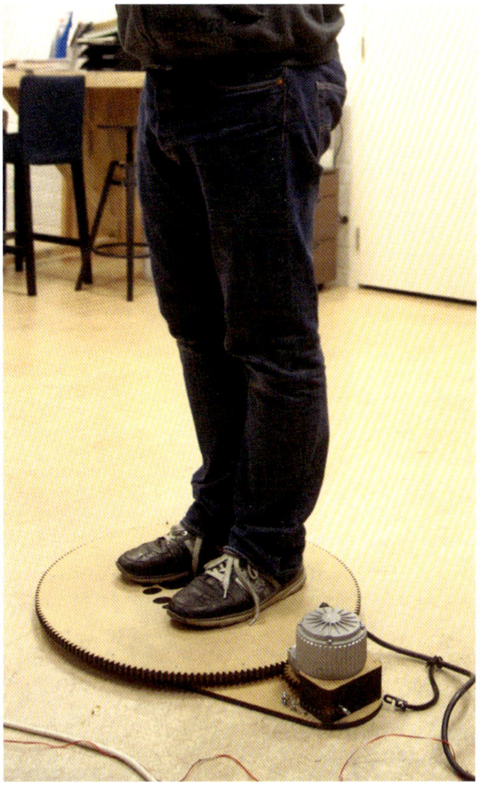

Drehteller für Personen aus dem Laser-Cutter

Der Antrieb des Drehtellers erfolgt über einen E-Scooter-Motor. Der Motor kann über Taster gestartet und gestoppt werden.

Dieser Aufbau ist einfach. Wenn Sie jedoch gerade keinen Zugriff auf ein lokales FabLab, auf einen Maker- oder Hackerspace mit entsprechend großen Maschinen haben, kann das Nachbauen recht schwierig sein. Als Alternative könnten Sie auch ein Fahrradritzel am Motor und unter dem Drehteller verbauen, um den Drehteller so über eine Fahrradkette anzutreiben. Wenn Sie über Google nach »Kinect Turntable« suchen, finden Sie eine beachtliche Zahl von Drehtelleraufbauten.

Da der Drehtelleraufbau für alle gängigen Sensoren gleich ist, liegt das Hauptaugenmerk dieses Kapitels auf der Verwendung der unterschiedlichen Sensoren.

3.3.2 Kinect 360 und Asus Xtion mit Skanect

Der Kinect-360-Sensor von Microsoft war einer der ersten 3D-Tiefensensoren, die im Heimanwenderbereich für 3D-Scans mit vergleichbar geringem Budget ausprobiert wurden. So ist es auch nicht verwunderlich, dass recht schnell geeignete Software-Produkte zum 3D-Scannen für die erste Generation der Kinect angeboten wurden.

Skanect als Softwarelösung zum 3D-Scannen mit der Kinect

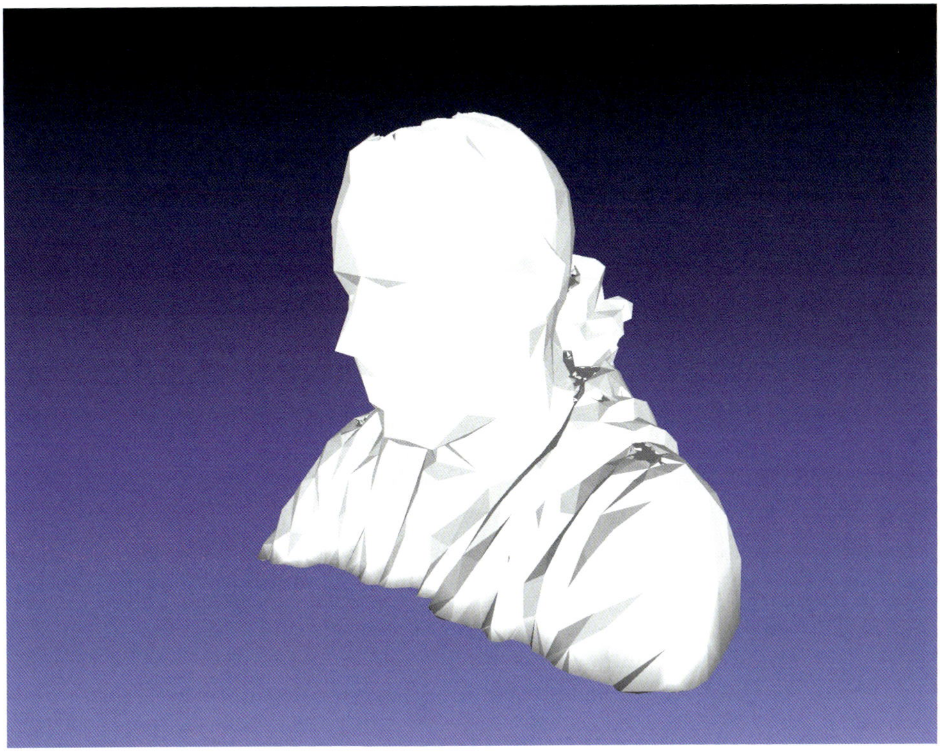

Skanect-Export mit der freien Version, nur 5000 Polygone möglich

Darüber hinaus existieren zahlreiche Frameworks und Software-Bibliotheken, die eine Verarbeitung der Daten aus der Kinect erleichtern. Leider gibt es jedoch bisher kein freies oder offenes Projekt zum 3D-Scannen mit der Kinect. Aus diesem Grund stelle ich hier die Software *Skanect* vor. Sie kann in einer kostenlosen Version ausgiebig getestet werden. Ist man zufrieden mit der Software, kann man eine Lizenz für ca. 100 Euro erwerben. Die Einschränkung der freien Version betrifft die Exportfunktionen. So lassen sich beispielsweise nur Modelle mit 5000 Polygonen exportieren. Ein solches Modell hat eine sehr geringe Auflösung und wirkt sehr kantig. Scans können natürlich gespeichert und jederzeit mit einer lizensierten Version in hoher Qualität exportiert werden.

Trotzdem lässt sich die Software sehr gut testen, denn die 3D-Scan-Funktionalität ist in keiner Weise eingeschränkt. *Skanect* ist für Windows, macOS und Linux erhältlich. Zwar existieren auf dem Markt noch andere ähnliche Produkte, *Skanect* überzeugt allerdings durch seine Plattformunabhängigkeit und den überschaubaren Anschaffungspreis.

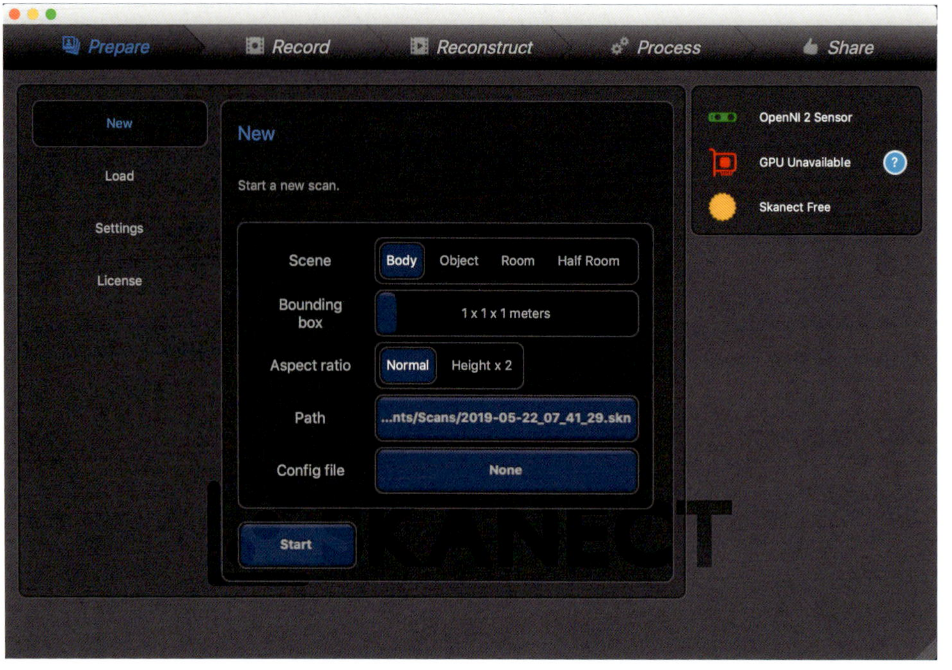

Skanects Scanner- und Projekteinstellungen

Starten von Skanect

Nach dem Start vom *Skanect* werden Sie von einem Einstellungsdialog begrüßt. Hier können Sie neben den 3D-Scan-Einstellungen auch den Speicherort bestimmen. In einem kleinen Dialog oben rechts sehen Sie die Hardware-Eigenschaften. Neben dem verwendeten 3D-Sensor gibt *Skanect* hier Auskunft darüber, ob es die Grafikkartenbeschleunigung durch die GPU Ihrer Grafikkarte unterstützt.

Im mittleren Teil des Fensters nehmen Sie die 3D-Scan-Einstellungen vor. Sie wählen zunächst, was gescannt werden soll. Zur Auswahl stehen *Body* (Person), *Object*, *Room* (Raum) oder *Half-Room* (Teil eines Raums). Über den nächsten Regler bestimmen Sie die Größe des Objekts – wichtig im Zusammenspiel mit der gewünschten Auflösung. Wird nur ein Teilbereich der Person gescannt, wie zum Beispiel der Oberkörper, so reicht sicher eine »Bounding Box« (Begrenzungsrahmen) von 1 × 1 × 1 Meter. Über den Regler *Aspect Ratio* lässt sich das Größenverhältnis der Begrenzung einstellen. Hier kann es sinnvoll sein, die doppelte Höhe zu wählen, falls Sie die komplette Person scannen möchten.

Nachdem Sie alle Einstellungen so vorgenommen haben, können Sie einen neuen Scan mit einem Klick auf die Schaltfläche *Start* beginnen. *Skanect* wechselt dann zur *Record*-Ansicht.

In dieser Ansicht sehen Sie drei Vorschaubilder der Kamera. Das obere linke Bild zeigt einen Livestream der RGB-Kamera (sofern der verwendete Tiefensensor über eine solche verfügt). Das rechte obere Bild zeigt eine farbige Darstellung der Grenzbereiche. Erscheint das gewünschte Objekt in grüner Farbe, ist der Abstand zum Tiefensensor perfekt. Wir das Objekt rot oder blau dargestellt, ist es entweder zu nah oder zu weit entfernt und kann nicht von der Kamera erfasst werden. Verwenden Sie zum Scannen einen Drehteller oder Bürostuhl, sollten Sie vor dem Scanvorgang dieses Fenster für eine komplette Umdrehung beobachten, um die beste Distanz zwischen dem zu scannendem Objekt und dem Sensor zu finden. Das etwas größere Bild darunter zeigt eine Vorschau der 3D-Daten.

Um den 3D-Scan-Vorgang zu starten, klicken Sie auf die rote Schaltfläche oben links im Fenster. Danach erscheint eine Vorschau, die fast das gesamte Fenster ausfüllt. Am unteren Bildrand sehen Sie, wie viele Bilder pro Sekunde (»frames per second«, »fps«) verarbeitet werden. Nun können Sie den 3D-Sensor entweder freihändig am Objekt entlangführen oder den Drehteller einschalten.

Das freihändige Führen des Sensors erfordert etwas Übung. Wird der Sensor zu schnell bewegt, so weist Sie die Software darauf hin, dass Sie zum vorhergehenden Punkt zurückkehren sollen. Wenn dies bei den ersten Anläufen nicht gelingt: Sie müssen etwas Geduld mitbringen, bis Sie einen guten 3D-Scan erhalten.

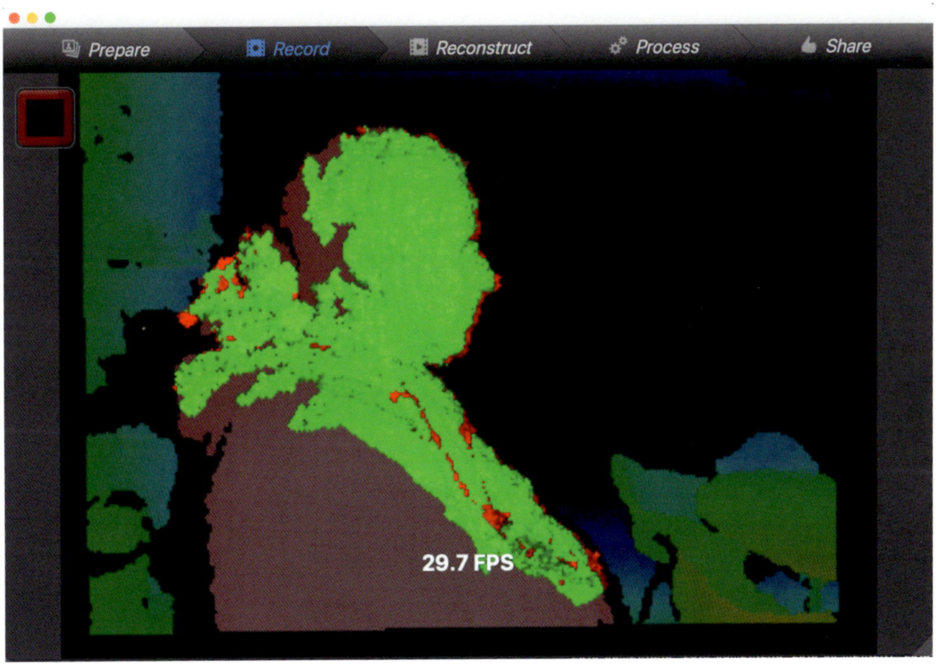

Skanect-Scanvorgang

Viel einfacher und schneller erfolgt der der 3D-Scan bei Verwendung eines Drehtellers. Hierbei wird der 3D-Sensor an einer fixen Stelle positioniert. Am besten eignet sich die Montage auf einem Stativ, welches dann auf die perfekte Höhe eingestellt wird. Bei der Verwendung eines Drehtellers müssen Sie darauf achten, dass Sie zuerst den Scanvorgang in der Software starten, bevor Sie den Teller in Rotation versetzen. Läuft der Drehteller bereits, fordert die Software oft, man solle zum vorherigen Punkt zurückkehren. Das ist jedoch bei Verwendung des Drehtellers nicht möglich. In diesem Fall hilft nur ein Neustart des Scan-Versuchs. Aus diesem Grund sollten Sie auch mit der Drehgeschwindigkeit des Drehtellers experimentieren – unter Umständen tritt dieser Effekt auch bei einer zu hohen Drehgeschwindigkeit auf, weshalb Sie dann im Arduino-Programm die Werte für die Geschwindigkeit reduzieren sollten.

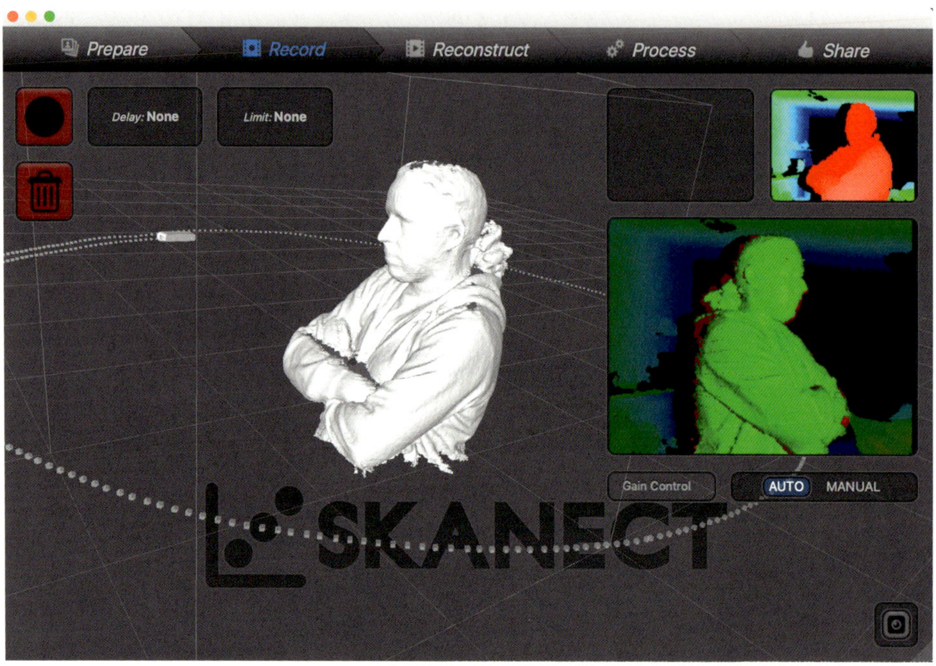

Skanect-Ergebnis: Vorschau unter Verwendung eines Asus Xtion-Sensors

Den laufenden Scan-Prozess können Sie abschließen, indem Sie im 3D-Scan-Fenster oben rechts auf die rote quadratische Schaltfläche klicken. Anschließend kehrt *Skanect* zurück zum *Record*-Fenster, in dem Sie das erzeugte 3D-Modell sehen. Die weißen Punkte, die um das Objekt herum angeordnet sind, zeigen die Bahn des 3D-Sensors. Da für den 3D-Scan in der Abbildung ein Drehteller genutzt wurde, formen die Punkte im konkreten Beispiel einen Kreis um das Objekt.

3.3.3 Kinect One mit Microsoft Builder

Der große Bruder des *Kinect-360*-Sensors ist der im Jahr 2013 mit der *Xbox One* eingeführte *Kinect-2.0*-Sensor (oder auch *Kinect One*). Seit 2014 war die *Kinect 2.0* auch separat erhältlich. Es erschien sogar eine Version zur Nutzung unter Microsoft Windows.

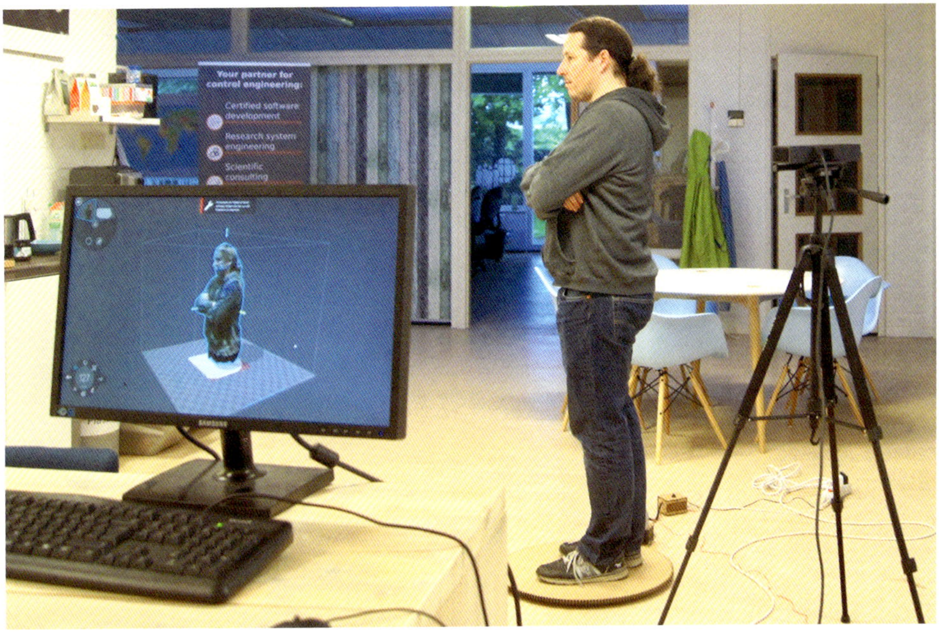

Scannen mit der Kinect One und der Software Microsoft Builder

In der 3D-Scan-Community erlangte die *Kinect 2.0* – trotz höherer Auflösung und abweichendem 3D-Scan-Verfahren – nie eine derart große Beliebtheit wie ihr Vorgängermodell. Das mag daran liegen, dass die Hardwarevoraussetzungen für die Benutzung der *Kinect 2.0* an einem Computer zum einen sehr hoch und zum anderen sehr speziell sind. Hinzu kommt, dass die verfügbare Software recht überschaubar ist. Leider konnte ich für dieses Buch keine Software finden, welche auf allen Betriebssystemen lauffähig ist. Genau genommen wird im Folgenden sogar nur eine Software beschrieben, welche ab Windows 8 erhältlich ist. Das Gute an dieser Software ist jedoch, dass sie von Microsoft kostenlos zur Verfügung gestellt wird.

Bevor ich genauer auf die Software eingehe: Stellen Sie sicher, dass der verwendete Computer über die oben erwähnte »spezielle« Hardware-Konfiguration verfügt. Voraussetzung ist der Besitz einer CUDA-fähigen Grafikkarte. Ohne diese macht das Arbeiten mit der *Kinect 2.0* leider nur mäßig Spaß. Es kann sogar recht schnell sehr frustrierend werden, da die Menge an gelieferten Bilddaten ansonsten nicht verarbeitet werden kann, was mit dem Scheitern des 3D-Scans endet.

Außerdem setzt die Kinect 2.0 USB 3.0 voraus, aber nicht jeder USB-Chipsatz wird unterstützt. Aus diesem Grund sollte der verwendete Computer über einen der folgenden USB-3.0-Chipsätze verfügen:

- NEC Renesas D720201
- Intel USB 3.0 eXtreme

Es gibt sicher noch weitere geeignete Chipsätze, eine Google-Recherche kann sich lohnen. Verfügt Ihr Computer nicht über einen solchen USB-3.0-Chipsatz, so kann er durch eine PCI-Express-Karte für USB 3.0 (mit einem der genannten Chipsätze) erweitert werden.

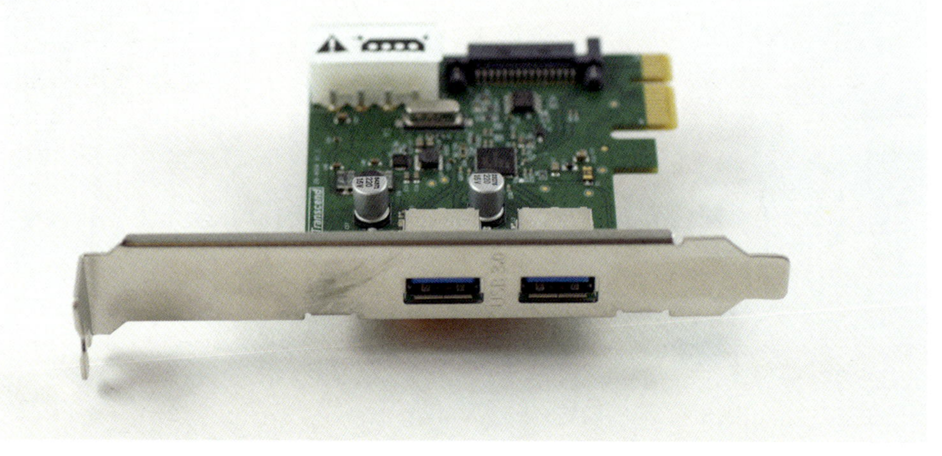

PCI-Express-USB-3.0-Erweiterung für den Computer

Die Kinect 2.0 auf USB 3.0/12 V umrüsten

Die Kinect 2.0 ist in verschiedenen Ausführungen erschienen, zuerst für die Spielekonsole Xbox One und später für die Nutzung mit Microsoft Windows. Die Variante für die Spielekonsole kann nicht ohne Weiteres am USB-3.0-Port betrieben werden. Sie erhält ihre 12-V-Spannung über das USB-Kabel von der Konsole. Um die Kinect 2.0 der Spielekonsole am USB-3.0-Port des Computers betreiben zu können, benötigen Sie entweder ein Adapter-Kit oder einen Umbau. Die Microsoft-Windows-Version hingegen wird bereits mit einem geeigneten Adapter ausgeliefert und kostet aus diesem Grund auch etwas mehr. Da

Microsoft die Entwicklung der Kinect gegen Ende 2017 eingestellt hat, kann sie meist nur noch gebraucht erworben werden.

Kinect-One-Adapter für USB am PC

Da der Adapter jedoch verhältnismäßig teuer und schlecht verfügbar ist, lohnt sich der Umbau. Dieser ist schon nach wenigen Schritten vollbracht und besteht darin, die Kinect 2 über ein 12-V-Stecker-Netzteil mit der nötigen Spannung zu versorgen.

Zunächst muss das Kabel von der Kinect abgezogen werden. Das Kabel steckt oft recht fest in der Buchse, Sie müssen also kräftig am Kabel ziehen, um es zu lösen. Damit Sie das Gehäuse öffnen können, müssen Sie die Schrauben auf der Unterseite freilegen und lösen. Die Schrauben befinden sich unter dem rechten und linken Aufkleber auf der Unterseite der Kinect. Zum Lösen der Schrauben benötigen Sie einen T6-Torx-Schraubendreher. Wenn die Schrauben gelöst sind, können Sie die Unterseite sowie die seitlichen Abdeckungen entfernen. Um das vordere und obere Gehäuse zu entfernen, müssen Sie links und rechts zwei weitere Schrauben mit einem TR10-Torx-Schraubendreher lösen.

Gelöstes Anschlusskabel der Kinect

Entfernen Sie die Aufkleber, um die Schrauben freizulegen.

Die Aufkleber befinden sich auf beiden Seiten.

Entfernen Sie die Schrauben unter den Aufklebern sowie die untere Abdeckung.

Entfernen Sie die Schrauben der Front- und Topabdeckung, jeweils links und rechts an den Seiten der Kinect.

Im nächsten Schritt löten Sie das neue Netzteil an. Dabei muss das neue Netzteil über eine Spannung von 12 V mit mindestens einer Leistung von 3000 mA verfügen. Die Hohlbuchse des Netzteils können Sie entfernen und die Kabelenden abisolieren. Die Polung der Litzen sollten Sie in jedem Fall mit einem Multimeter nachmessen, um einen Schaden durch Kurzschluss an der Kinect zu vermeiden.

Pin-Belegung für die externe Spannungsversorgung, 12 V (Pin10) und GND.

Das so entstandene Kabelende lässt sich vorbei am USB-Stecker ins Gehäuse der Kinect führen. Anschließend können Sie das USB-Kabel wieder einstecken. In der Abbildung der Platine sind die Pins für die jeweiligen Pole, *VCC* für »+« und *GND* für »-«, markiert. Dort kann das Kabel nun angelötet werden. Am besten halten Sie die Litzen so kurz wie möglich, um auch hier wieder einen Kurzschluss durch Kontakt mit anderen Pins auf der Platine zu vermeiden. Zusätzlich können Sie die Kabelenden nach dem Löten mit einem Stück Schrumpfschlauch isolieren. Sie können entweder direkt ein Netzteil anlöten oder, wie im Bild zu sehen, eine Buchse, die dann später mit dem Netzteil verbunden wird. Auf diese Weise bleibt der Aufbau etwas flexibler und es entsteht beim Abbau des Scanners weniger Kabelsalat. Wenn die Kabel verlötet sind, können Sie das Gehäuse wieder zusammengebauen.

Dort, wo vorher das Original-Kinect-Kabel befestigt war, stecken Sie nun ein USB-3.0-fähiges USB-Kabel ein. Das Originalkabel wird nicht mehr benötigt, da es zum einen die 12-V-Spannung vorher mitgeführt hat und zum anderen am anderen Ende keinen konventionellen USB-Anschluss bietet und somit keinen Anschluss am USB-Port des Computers mehr ermöglicht.

Kabel für Spannungsversorgung an den Pins für GND (schwarz) und VCC (rot) angelötet.

Kabel für Spannungsversorgung werden aus dem Gehäuse herausgeführt.

Zur Zugentlastung, um ein Abreißen der Lötstellen zu verhindern, sollten Sie das Kabel des Netzteils mithilfe eines Kabelbinders am USB-Kabel befestigen. Abschließend kann die Kinect wieder zusammengebaut werden.

Microsoft Builder installieren und einsetzen

Mit *Microsoft Builder* und der *3D-Scan*-App bringt Microsoft ab Windows 8 beinahe alles mit, was zum 3D-Scannen benötigt wird. Unter Windows 10 ist *Microsoft Builder* vorinstalliert. *Microsoft Builder* lässt sich jedoch auch bequem und kostenlos über den Microsoft App Store installieren, sofern es noch nicht im System vorinstalliert ist. Außerdem müssen Sie die *3D-Scan*-App aus dem Microsoft App Store installieren.

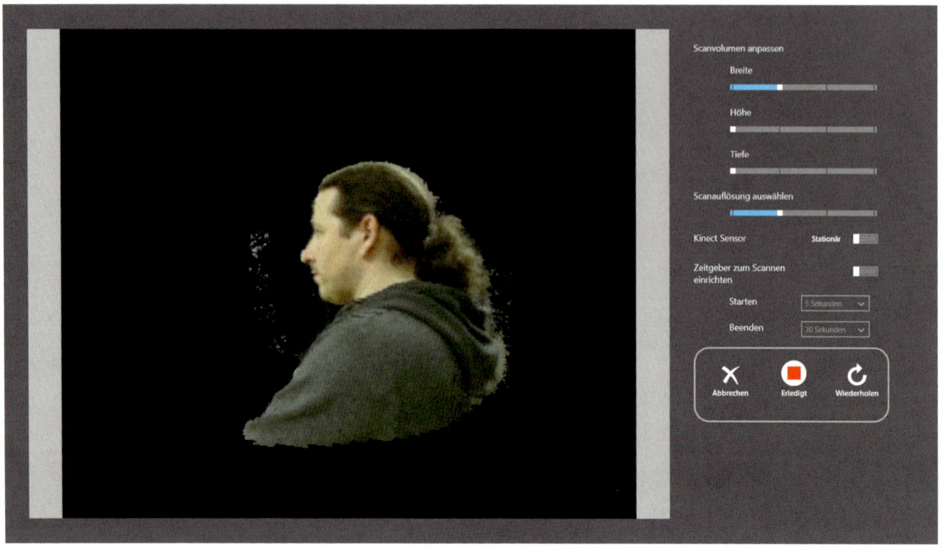

Scan-App von Microsoft Builder

Nach dem Starten der *3D-Scan*-App werden Sie von einer recht einfach gehaltenen Benutzeroberfläche begrüßt. Im linken Bereich befindet sich die Scan-Vorschau. Rechts sehen Sie einige Regler und Schaltflächen. Über die Regler lassen sich Breite, Höhe und Tiefe des zu scannenden Objekts einstellen. Über einen weiteren Regler können Sie die Scan-Auflösung festlegen. Hierbei ist zu beachten, dass der Regler für die Auflösung stark abhängig von Breite, Höhe und Tiefe ist. Das Vorschaufenster hilft dabei, die geeignete Einstellung zu finden.

Etwas unterhalb der Regler finden Sie zwei weitere Einstellungen. Über *Kinect Sensor* lässt sich einstellen, ob die Kinect freihändig geführt wird oder ob ein Drehteller eingesetzt werden soll. Im Falle des Drehtellers müssen Sie die Einstellung *Stationär* auswählen.

Direkt darunter können Sie einen zeitlichen Ablauf bestimmen, sofern Sie den Scan ähnlich wie bei einem Zeitauslöser für eine Kamera starten möchten. In einer Box unter diesen Einstellungen sehen Sie die Ablaufsteuerung – über das mittlere Icon im Kasten können Sie den Scan-Vorgang starten.

Nach dem Start wird die Kinect entweder um das Objekt bewegt oder eben der Drehteller gestartet. Im Fenster links können Sie den Scan beobachten. Wenn der Scan nicht wie gewünscht gelingt, können Sie über das rechte Icon *Wiederholen* den bisherigen Scan wieder löschen, dabei läuft der Scan-Vorgang jedoch weiter. Der Scan-Vorgang kann mit einem weiteren Klick auf das mittlere Icon abgeschlossen werden.

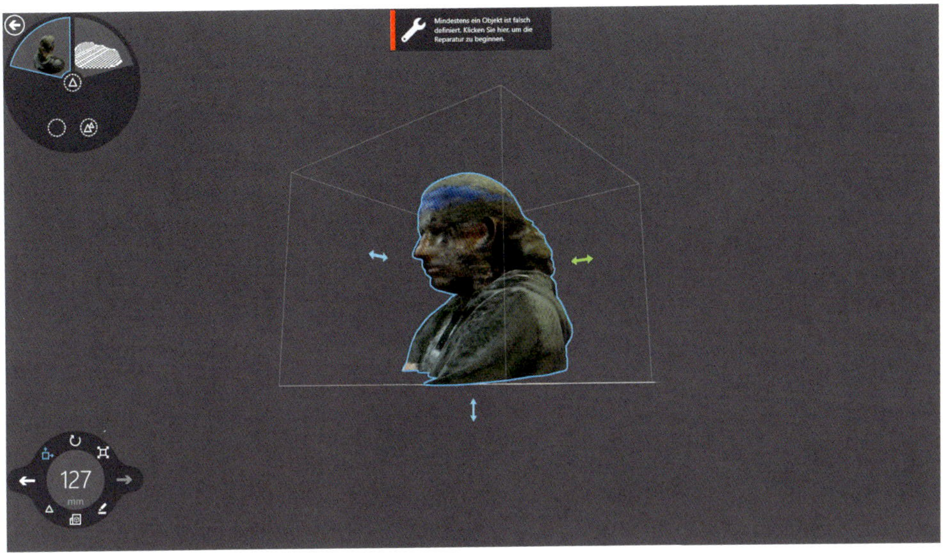

3D-Scan-Ergebnis in Microsoft 3D Builder

Das Ergebnis können Sie in *Microsoft Builder* betrachten. Dort werden Sie auch darauf hingewiesen, dass das gescannte Objekt zu groß für eine 3D-Druck-Plattform ist. Über die Meldung, die am oberen Fensterrand erscheint, lässt sich dieses Problem durch Klicken einfach beheben.

Abschließend können Sie das Ergebnis mittels *Microsoft Builder* in einem üblichen 3D-Scan-Format, wie etwa PLY, abgespeichert werden. Oft haben die 3D-Scans noch nicht die gewünschte Qualität. Abhilfe schafft hier *MeshMixer* – den entsprechenden Vorgang beschreibe ich in Kapitel 5.4 ab Seite 220.

Scan mit Kinect One, oft auch als Kinect 2 bezeichnet

Scan mit Kinect 360, oft auch als Kinect 1 bezeichnet

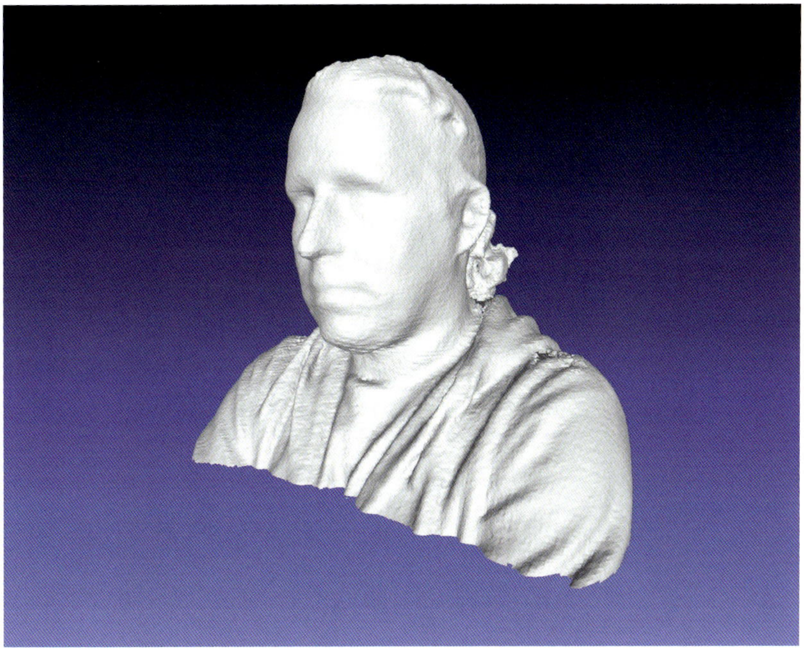

Scan mit Xtion Pro Sensor, gleiche Technologie wie Kinect 360

3.3.4 Praktische Tipps zum Umgang mit Tiefensensoren

Genau wie bei allen anderen bisher beschriebenen Scan-Verfahren haben auch die Tiefensensoren ihre Stärken und Schwächen. So kann ungeeignetes Umgebungslicht eines der größten Probleme darstellen. Gerade die Kinect 2.0 mit ihrem Time-of-Flight-Sensor verhält sich sehr empfindlich gegenüber direkter und unter Umständen auch indirekter Lichteinstrahlung. Das geeignete Licht zu finden ist die größte Herausforderung. Ist dieses jedoch einmal gefunden, gelingen die Scans recht gut.

Außerdem sollten Sie gerade beim Scannen von Personen auf sehr dunkle oder reflektierende Kleidung verzichten. Schwarze Kleidung absorbiert eine ganze Menge des von den Sensoren projizierten Lichts. Somit treten Löcher in den Scan-Daten auf. Dagegen bewirken zum Beispiel Pailletten an der Kleidung genau das Gegenteil, sie reflektieren zu stark. Oft erkennt man nicht sofort, dass die Kleidung der zu scannenden Person das Problem darstellt.

Auch mit transparenten Objekten gibt es Probleme. Diese können von den meisten Tiefensensoren nicht erfasst werden. Da das projizierte Licht einfach hindurchfällt und nur schlecht bis gar nicht von zum Beispiel einer gläsernen Oberfläche reflektiert wird. In Bezug auf das Scannen von Personen würde das bedeuten, dass Brillenträger ihre Brille vorher ablegen.

Mehrere Personen in einer Szenerie scannen Sie am besten einzeln, um die Scans anschließend mit *MeshLab* zusammenzufügen. Durch dieses Vorgehen ist sichergestellt, dass Sie jede Person vollständig erfassen, denn Probleme entstehen dort, wo eine Person Bereiche einer anderen Person verdeckt. Dabei müssen Sie sehr genau auf die Haltung achten, welche die jeweilige Person annimmt, damit später alles zusammenpasst.

Hochzeitspaar, beide Personen wurden einzeln gescannt.

Beim Scannen von Objekten können Sie sich einiger der in Kapitel 4 vorgestellten Hilfsmittel bedienen und versuchen, die Scan-Ergebnisse mit deren Hilfe zu verbessern. Hier sollten Sie ruhig mit verschiedenen Einstellungen und vor allem mit dem Licht experimentieren.

Die Kinect ist also ein 3D-Scanner, mit dem Sie auch größere Objekte einscannen können. Wünschen Sie etwas mehr Flexibilität bei einer höheren Auflösung sowohl für größere und kleinere Objekte, so können Sie sich an dem im nächsten Unterkapitel vorgestellten Aufbau eines Streifenlicht-Scanners mit codiertem Licht versuchen.

3.4 Streifenlicht-Scanner

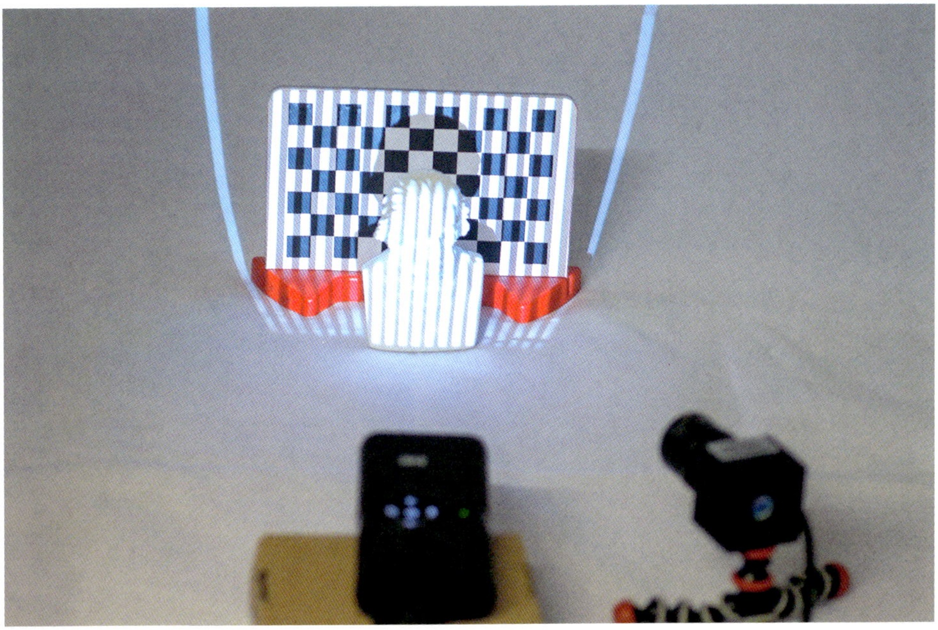

Einfacher Aufbau eines 3D-Streifenlicht-Scanners mit codiertem Licht.

Eine weitere technische Möglichkeit des 3D-Scannens sind die bereits in den einführenden Kapiteln vorgestellten Streifenlicht-Scanner. In diesem Unterkapitel möchte ich zeigen, wie Sie einen solchen Scanner recht einfach selbst umsetzen. Die dazugehörige Software stammt aus einer Abschlussarbeit der *Brown University School of Engineering* aus dem Jahr 2015, die Sie unter *http://mesh.brown.edu/calibration/software.html* finden. Dort stehen der Programmcode sowie 64-Bit-Versionen des fertig übersetzten Programms für Windows und macOS zum Download bereit. Linux-Benutzer müssen das Programm zuerst aus dem Programmcode in ein ausführbares Programm übersetzen. Hierzu finden diese im ZIP-Archiv eine Readme-Datei, in welcher das Vorgehen beschrieben wird. Die wichtigsten Links und Beispieldateien habe ich im GitHub-Repository zu diesem Buch zusammengetragen (*https://github.com/mariolukas/Das-3D-Scanner-Praxisbuch/*).

Ursprünglich bestand das Programm nur aus dem Teil der Projektorkalibrierung und war Teil einer früheren Abschlussarbeit im Jahr 2012. Im Oktober 2015 wurde dieses Programm dann so erweitert, dass damit auch ein vollständiger 3D-Scan-Vorgang möglich ist.

Da es sich hier um eine Software handelt, die nicht aktiv weiterentwickelt wird, bringt sie noch einige Fehler mit sich. Dennoch überwiegen die Vorteile, denn auch diese Software ist plattformunabhängig und steht kostenlos zur Benutzung zur Verfügung.

Den folgenden Abschnitt sollten Sie einmal komplett lesen, bevor Sie die Software benutzen. Denn es kommt nicht selten vor, dass Sie beim Finden eines geeigneten Aufbaus zwischen den einzelnen Komponenten wechseln müssen.

3.4.1 Die Software

Nach dem Download starten Sie die Software, in dem Sie die Datei *scan3d-capture* öffnen. Dieses Programm beinhaltet alle Werkzeuge sowohl zum Kalibrieren als auch zum Scannen. Die Oberfläche ist recht spartanisch gehalten. Auf der rechten Seite ❶ befinden sich die Einstellmöglichkeiten sowie die sonstigen Aktionen und Optionen. In der Mitte ❷ zeigt ein kleineres Fenster ein Vorschaubild. Auf der linken Seite ❸ finden Sie eine Ablage für bereits gemachte Bilderserien.

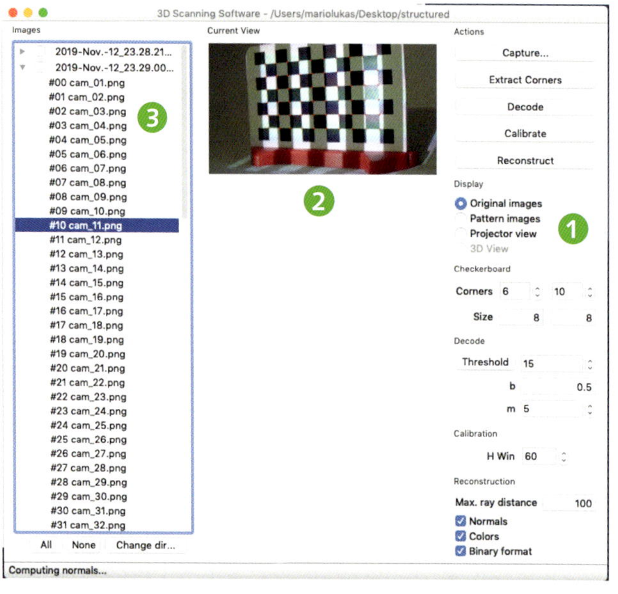

Aufbau der Streifenlicht-Scanner-Software

Die Bilder legt das Programm in einem dafür ausgewählten Ordner ab, jede Bilderserie landet in einem automatisch angelegten Ordner, benannt nach Datum und Uhrzeit. Das Löschen einzelner Bilderserien funktioniert leider nicht direkt über die Software – dazu müssen Sie die Unterordner manuell aus dem Zielordner löschen. Möchten Sie ganz von vorne beginnen, legen Sie am besten einen neuen Ordner an. Diesen können Sie dann über das Menü *File* und *Change dir...*

oder über die Schaltfläche *Change dir...* unter dem Fenster mit den Bilderserien auswählen. Auf diese Weise können auch ältere Bilderserien wieder geladen werden. Über die Schaltflächen *All* und *None* können Sie alle Bilderserien entweder aus- oder abwählen. Im späteren Verlauf wird sich zeigen, dass diese Multiselektionsmöglichkeit sehr praktisch sein kann.

TIPP

Für jeden Scan und somit Kalibrierungsvorgang sollten Sie einen neuen Ordner anlegen. So haben Sie immer alle Bilderserien passend zum jeweiligen Scan- und Kalibrierungsdurchgang zur Hand und müssen nicht lange in der Liste der Bilderserien suchen.

Falls der Aufbau bewegt oder verändert wird, ist es ohnehin sehr hilfreich, später noch zu wissen, welche Bilderserie zu der jeweiligen Kalibrierung gehört. Denn wird der Aufbau erst einmal verändert, etwa durch Verrücken von Kamera oder Projektor, müssen Sie von vorne beginnen und entsprechend neue Bilderserien für die Kalibrierung anfertigen.

In den Einstellungen gibt es einen Bereich namens *Display*. Hier können Sie verschiedene Vorschau-Ansichten einstellen. Die Einstellung *Original Images* ist die voreingestellte Vorschau und zeigt das unveränderte Bild. *Pattern Images* zeigt die berechnete Schachbrett-Erkennung. Die letzte Einstellung *Projector View* bewirkt eine 2D-Darstellung der erkannten Punktwolke.

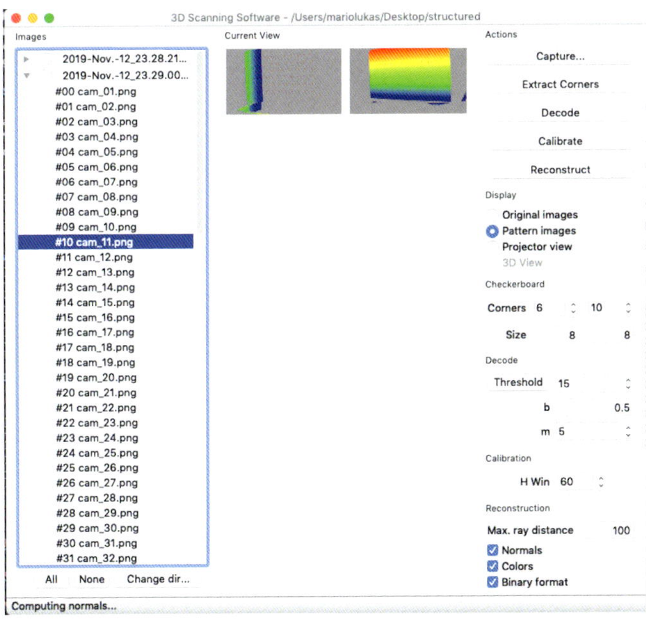

Vorschau-Einstellung »Pattern Images«

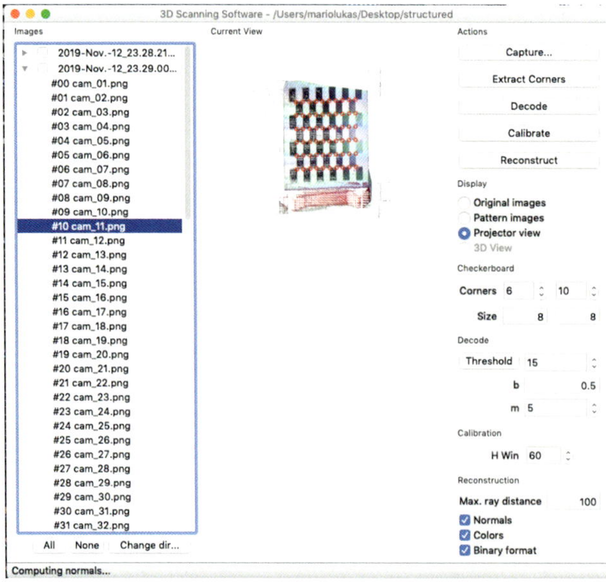

Vorschau und Einstellungen der Projektor-Ansicht

3.4.2 Vorbereitungen und Aufbau des Scanners

Der Aufbau dieses Scanners gestaltet sich vergleichsweise einfach. Alles, was man braucht, sind im Wesentlichen ein Projektor, eine Kamera und ein Computer. Auch hier gilt wie bei allen anderen vorgestellten Projekten: Je besser die verwendete Hardware ist, desto besser sind auch die späteren 3D-Scan-Ergebnisse.

Als Projektor kann so ziemlich jeder handelsübliche Beamer verwendet werden. Natürlich bieten sich sogenannte »Pocket-Projektoren« eher an als große Projektoren. Bei diesen kleineren Projektoren sind jedoch auch Einbußen in der Lichtintensität hinzunehmen. Für die folgende Anleitung habe ich ein älteres Pocket-Beamer-Modell verwendet. Die Ergebnisse der ersten Versuchsreihe konnten sich dabei schon sehen lassen.

Das Testen unterschiedlicher Aufbauten kann eine kostspielige Angelegenheit werden. Geeignete Pocket-Beamer starten preislich bei ca. 100 Euro. Wie bereits erwähnt, sollten Sie bei der Anschaffung vor allem auf die Lichtausbeute achten: Je stärker, desto besser. Aber bedenken Sie auch die Anschlussmöglichkeiten an den genutzten PC. Ältere und deshalb auch meist günstigere Modelle verfügen oft nur über einen veralteten D-Sub-VGA-Anschluss. Bei neueren Computern wird dann häufig ein Adapter notwendig. Die flexibelste Anschlussmöglichkeit bietet ein HDMI-Anschluss. Natürlich spielt die Auflösung des Projektors auch eine wichtige Rolle. Hier gilt, je höher die Auflösung der kleinen Projektoren ist, desto höher ist auch der Anschaffungspreis.

Außer dem Projektor wird auch bei diesem Scanner-Aufbau eine Kamera benötigt. Dabei können Sie auf beinahe alle Kameras zurückgreifen, die sich am

Computer anschließen lassen. Die günstigste Variante stellt eine handelsübliche Webcam dar. Diese ist bereits ab 20 Euro erhältlich und liefert schon eine Auflösung von 720p. Besser geeignet ist aber eine Kamera mit Full-HD (1080p)-Unterstützung. Kameras mit einer solchen Auflösung sind für ca. 50 Euro und mehr zu haben. Für den hier gezeigten Aufbau wurde eine Syspro-5-50-mm-Gleitsichtglas-Kamera mit 1080p Auflösung verwendet. Sie verfügt über einen USB-Anschluss und ein spezielles Objektiv. Im Gegensatz zu normalen USB-Webcams besteht das Objektiv nicht aus einer Kunststoff-, sondern aus einer Glasoptik. Außerdem lässt sich das Objektiv recht gut fokussieren.

TIPP

Falls der Hersteller keine Treiber mitliefert, können diese Einstellungen auch über andere Open-Source-Tools vorgenommen werden. Für macOS gibt es zum Beispiel ein Programm mit dem Namen *UVC Camera Control*. Mit diesem lassen sich die meisten automatischen Einstellungen leicht deaktivieren.

Wenn die Kamera angeschlossen ist, sollten Sie zunächst alle automatischen Einstellungsmechanismen der Kamera in der Software deaktivieren. Meist liefert der Hersteller einen Treiber für das jeweilige Betriebssystem mit. Dort können alle Kameraparameter bequem eingestellt werden. So sollten Sie Eigenschaften wie Autofokus, Auto-Belichtung und Auto-Weißabgleich oder ähnliche Einstellungen deaktivieren.

Als Nächstes wird der Projektor ❶ so aufgestellt, dass er gerade auf das Objekt ❸ gerichtet ist. Der Abstand zwischen Objekt und Projektor hängt von der Größe des Objekts ab. Der ideale Abstand zwischen Projektor und Objekt wird so gewählt, dass das projizierte Muster genau die Höhe des Objekts abdeckt.

Die Kamera ❷ sollte in einem leichten Winkel versetzt zum Projektor auf das Objekt gerichtet werden. Kamera und Projektor sind ungefähr auf gleicher Höhe zu positionieren.

Hardware-Aufbau des Streifenlicht-Scanners mit Kamera und Projektor

Die Kameraansicht sollte das Objekt maximal erfassen, so dass möglichst wenig vom Bildbereich ungenutzt bleibt. Auch hier gilt es zu versuchen, die Kamera so aufzustellen, dass das Objekt kurz unter dem oberen und vor dem unteren Bildbereich endet.

Der Projektionsbereich sollte das Objekt möglichst gut abdecken.

Wenn der Aufbau von Kamera und Projektor passt, sollten Sie noch einmal die Kameraeinstellungen überprüfen. Stellen Sie Belichtung, Schärfe und andere Parameter manuell ein, um ein möglichst scharfes und klares Kamerabild zu erhalten. Die Kamera- und Projektor-Vorschau können dabei sehr hilfreich sein. Diese öffnen Sie mit einem Klick auf die Schaltfläche *Capture* im Bereich *Actions* auf der rechten Seite im Hauptfenster.

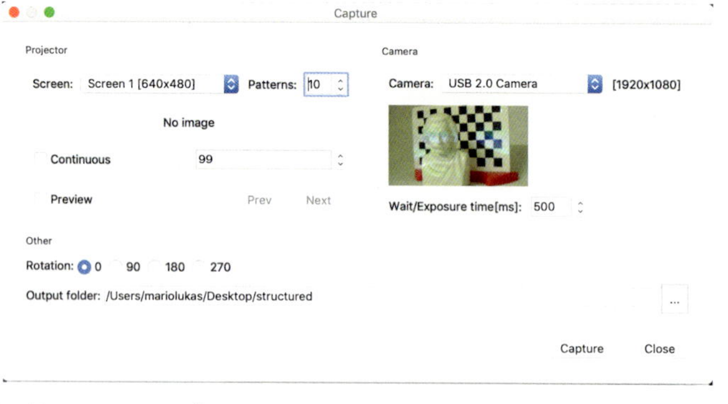

Bildbereich der Kamera einstellen

Zum Abschluss der Voreinstellungen muss noch der Fokus von jeweils Kamera und Projektor so eingestellt werden, dass das Kamerabild und die projizierten Linien des Projektors sehr scharf und deutlich sind. Im *Capture*-Dialog lässt sich auf der linken Seite über *Preview* eine Vorschau der projizierten Linien anzeigen. Die Vorschau bietet zwei Vorschauoptionen, zum einen eine Endlosschleife (*Continous*) ständig wechselnder Linienmuster, zum anderen manuelles Umschalten der Linienmuster über die Schaltflächen *Prev* und *Next*. Gerade zum Einstellen der Schärfe des Projektors sollten Sie das Linienmuster über die Schaltflächen wechseln. Somit haben Sie mehr Kontrolle und können länger bei einer Projektion verweilen.

TIPP

Eine Klebebandmarkierung auf der Stellfläche des Objekts hilft später, die richtige Position für das Objekt wiederzufinden.

3.4.3 Die Kalibrierung von Kamera und Projektor

Nach Abschluss der Hardware-Kalibrierung können Sie mit der Software-Kalibrierung fortfahren. Erst jetzt werden Projektor und Kamera genauestens aufeinander abgestimmt und eingemessen. Wie bereits in Abschnitt 3.4.1 erwähnt, muss nach jeder Änderung des Hardware-Aufbaus eine neue Kalibrierung erfolgen.

Für die softwareseitige Kalibrierung benötigen Sie ein Schachbrettmuster (finden Sie in diversen Größen bei den Beispieldateien für dieses Kapitel unter *https://github.com/mariolukas/Das-3D-Scanner-Praxisbuch/*). Dieses drucken Sie auf ein DIN A4-Blatt aus und kleben es auf ein Stück Pappe. Schachbrettmuster mit einer ungeraden Anzahl von Zeilen und Spalten (zum Beispiel 6 × 8) eignen sich in der Regel am besten. Damit der Erkennungsalgorithmus ideal funktioniert, sollte ein weißer Rand von mindestens der Breite eines Kästchens umlaufend frei bleiben. Die besten Ergebnisse erzielen Sie, wenn das Schachbrettmuster ungefähr die gleiche Höhe wie das Objekt hat. Es kann also nicht schaden, später unterschiedliche Aufstellergrößen zur Hand zu haben.

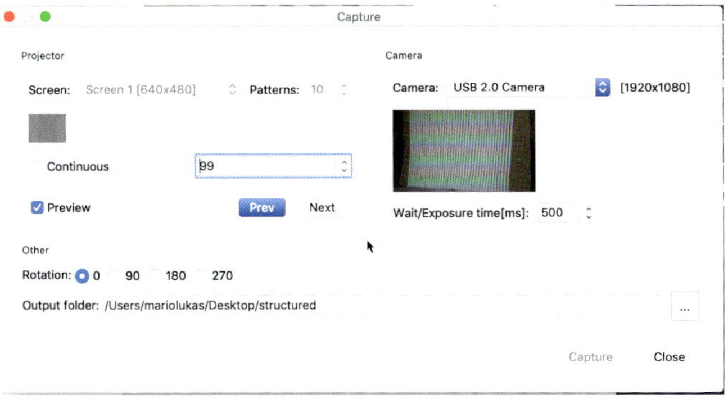

Projektionseinstellungen für das Streifenmuster

Das Objekt können Sie nun vorerst wieder entfernen, um stattdessen den selbstgebastelten Kalibrierungsaufsteller vor der Kamera zu positionieren. Der Aufsteller steht am besten genau dort, wo sich vorher das Objekt befand.

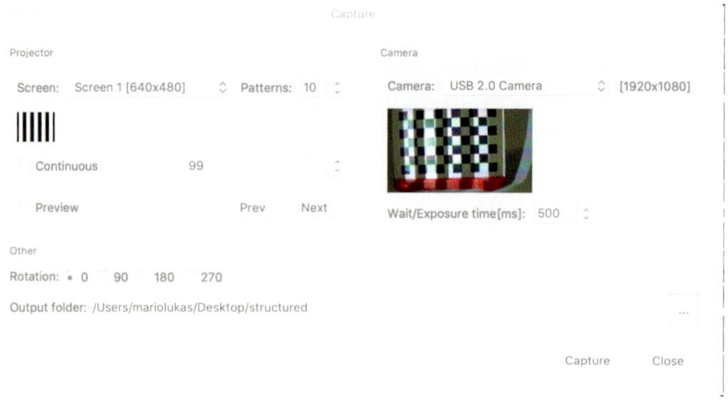

Laufende Kalibrierung mit Streifenmuster-Projektion

Die Aufzeichnung einer Kalibrierungsbilderserie kann nun beginnen. Mit einem Klick auf die Schaltfläche *Capture* beginnt der Projektor mit dem Anzeigen unterschiedlicher Linienmuster. Dabei werden die Muster immer feiner. Nach jedem Wechsel zeichnet die Kamera ein Bild auf. Wenn die Anzahl der voreingestellten Muster (»Patterns«) durchgelaufen ist, sollten Sie den Vorgang noch einige Male wiederholen. Bei jeder Wiederholung sollte das Schachbrettmuster eine andere Position einnehmen.

TIPP

Mit Knete kann der Aufsteller mit dem Kalibrierungsmuster auch in schrägen Positionen fixiert werden.

Die so entstandenen Bilderserien finden sich im linken Bereich des Hauptfensters wieder. Je mehr Serien von unterschiedlichen Einstellungen vorliegen, desto besser wird das Ergebnis der Kalibrierung ausfallen. In der Übersicht können Sie nun die Bilderserien auswählen, die zur Berechnung der Kalibrierungswerte verwendet werden sollen.

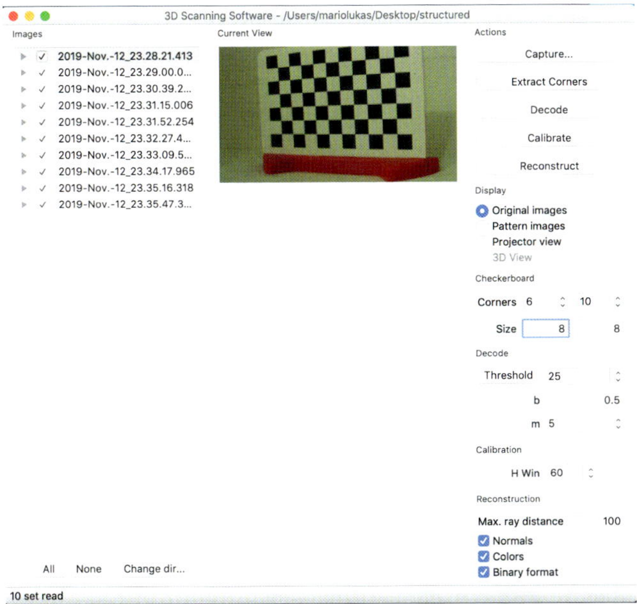

Bilderserien zur Kalibrierung müssen in der Liste durch Setzen eines Häkchens ausgewählt werden.

Sind Sie sich nicht ganz sicher, ob es sich bei der Auswahl um die gewünschte Bilderserie handelt, so können Sie über den kleinen Pfeil vor dem Häkchen die komplette Bilderserie aufklappen. Die dort angeklickten Bilder werden über die Vorschau dargestellt. So können Sie leichter überprüfen, ob es sich um eine gelungene Bilderserie handelt und sie in die Berechnung mit einbezogen werden soll.

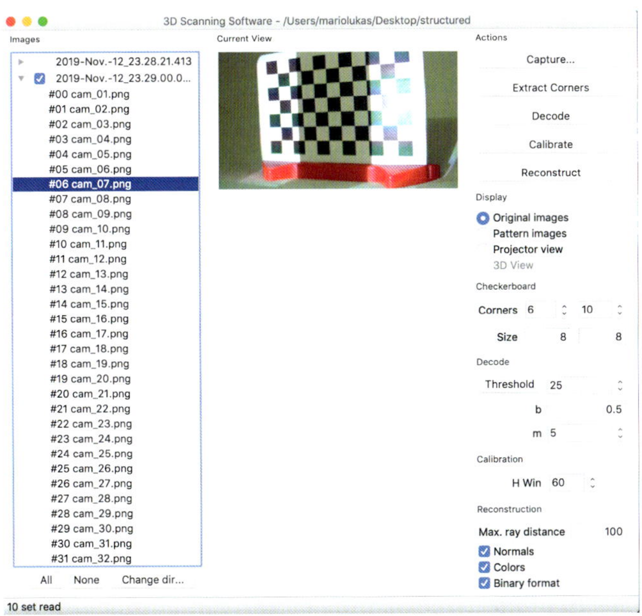

Anklicken einer Bildserie öffnet die Liste der Einzelbilder. Einzelne Bilder einer Bildserie können Sie über die Vorschau überprüfen.

Bevor Sie die Kalibrierung berechnen, benötigt die Software noch Informationen über das Muster – zum einen die Anzahl der Schachbrettzeilen und -spalten und zum anderen die Größe eines Kästchens. Diese Einstellungen tragen Sie auf der rechten Seite des Hauptfensters im Bereich *Checkerboard* ein: Zeilen und Spalten unter *Corners* und Größe eines Kästchens in Millimeterangabe unter *Size*.

Da das Abzählen der Zeilen und Spalten recht tückisch sein kann, erläutere ich im Folgenden kurz, wie Sie die Zeilen und Spalten bestimmen. Die Abbildung zeigt das Zählmuster für die Anzahl. Dabei werden nicht, wie man intuitiv vermuten würde, jedes Kästchen und jede Spalte gezählt, sondern – wie in der Abbildung zu sehen – jeweils der Punkt, an dem sich zwei Kästchen berühren.

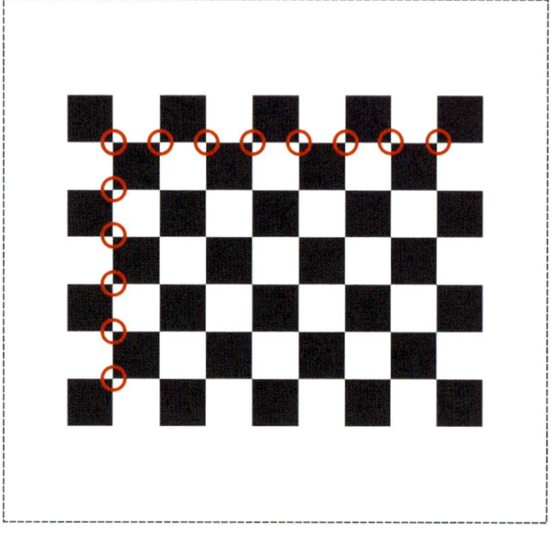

Zeilen und Spalten im Kalibrierungsmuster bestimmen

Im hier aufgeführten Beispiel berühren sich also acht Kästchen in je einer Zeile und sechs Kästchen in einer Spalte. Damit ergibt sich ein Muster von 6 × 8.

Nachdem das Muster bestimmt wurde und die Werte eingetragen wurden, kann endlich der Berechnungsvorgang über die Schaltfläche *Calibrate* gestartet werden. Die Berechnung kann eine Weile dauern. Wenn der Fortschrittsbalken vollständig ist, werden Sie in einem Vorschaufenster mit den Kalibrierungswerten belohnt. Gute Kalibrierungswerte liegen dann vor, wenn der sogenannte »reprojection error« einen Wert zwischen 0.1 und 0.5 aufweist. Bei einem schlechteren Wert, ähnlich wie in der Abbildung, sollte man den Hardware-Aufbau noch einmal überprüfen oder weitere Bilder des Schachbrettmusters aus anderen Positionen machen. In manchen Fällen kann es aber auch genügen, einige Bilderserien für eine erneute Berechnung abzuwählen.

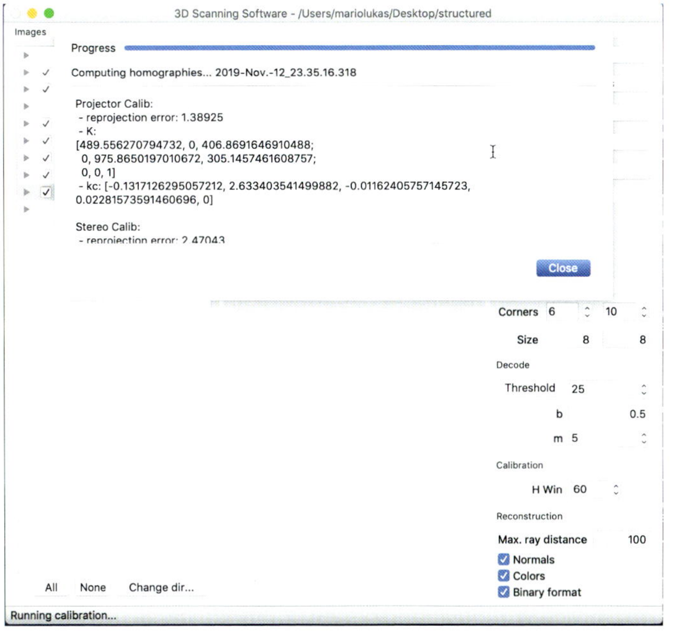

Laufende Berechnungen für die Kalibrierung des Scanners

Nützliche Werkzeuge zur Untersuchung der Kalibrierungsbilderserien bieten die Schaltflächen *Extract Corners* und *Decode*. Über diese lässt sich Schritt für Schritt die Schachbrettmustererkennung nachvollziehen. Wurden diese Berechnungen durchgeführt, so können Sie über die Darstellung *Pattern Images* überprüfen, ob das Muster auch auf jedem Bild korrekt erkannt wurde. Bilder mit nicht richtig erkanntem Schachbrettmuster können die Kalibrierung verfälschen und somit zu einem größeren Fehler (eben dem »reprojection error«) führen.

3.4.4 Der 3D-Scan-Vorgang

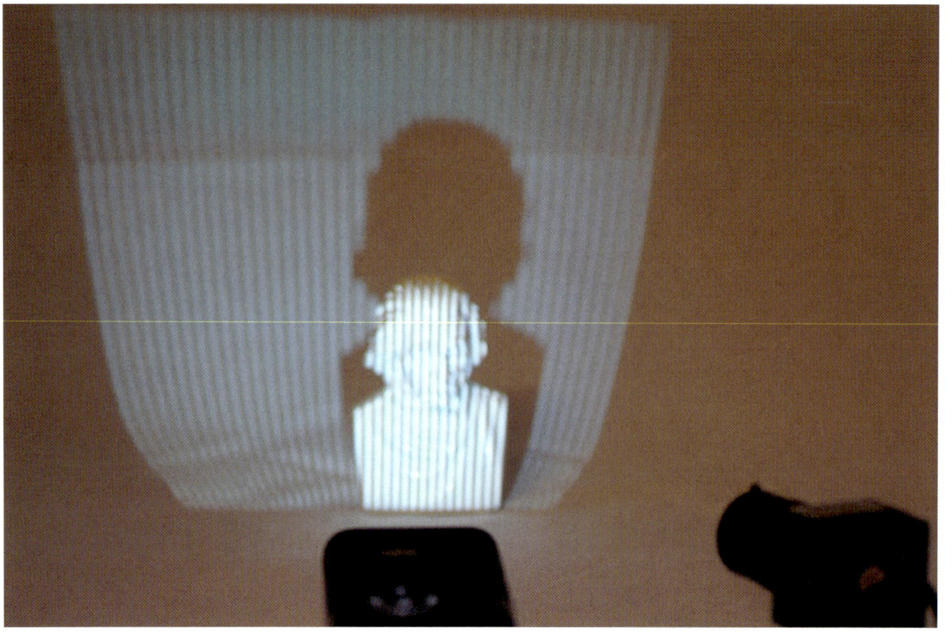

Scan-Vorgang mit codiertem Streifenlicht

Der eigentliche Scan-Vorgang läuft genauso ab, wie das Erzeugen der Bilderserien für die Kalibrierung. Mit dem einzigen Unterschied, dass der Aufsteller mit dem Schachbrettmuster nicht mehr im Bild ist, sondern das zu scannende Objekt. Das Objekt wird also wieder dort positioniert, wo es sich bereits zu Anfang beim Aufbau des Scanners befunden hat.

Wie vorher auch, wird erneut der *Capture*-Dialog aufgerufen. Dort klicken Sie wieder auf die *Capture*-Schaltfläche und das Spiel beginnt von vorne. Der Projektor durchläuft die Linienmuster und am Ende liegt eine neue Bilderserie des Objekts vor. Auch hier ist es zu empfehlen, gleich mehrere Serien vom Objekt zu machen. Dazu drehen Sie das Objekt in eine neue Position und wiederholen den Aufzeichnungsvorgang.

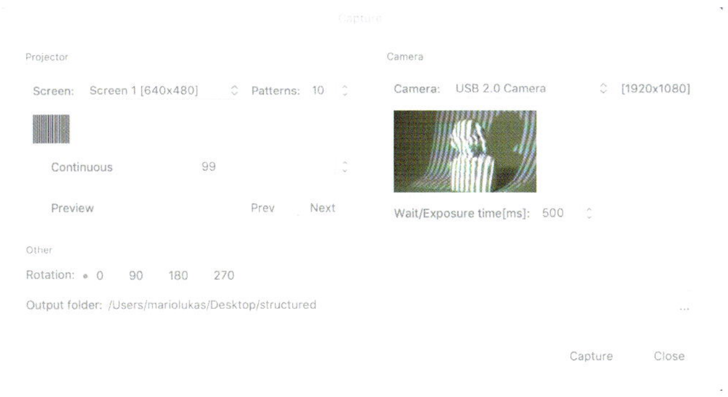

Kamera- und Projektor-Einstellungen für das Scannen

Die so entstandenen Bilderserien liegen jetzt neben den Bilderserien für die Kalibrierung. Auch diese Bilderserien sollten Sie rasch durchsehen, um später keine bösen Überraschungen durch misslungene Serien zu erleben.

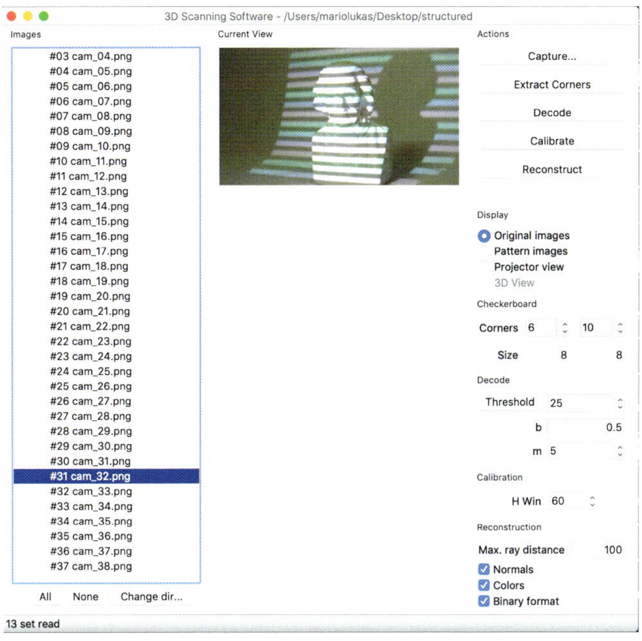

Bilder des Scan-Vorgangs können über die Vorschau geprüft werden.

Wenn Sie mit den Bildern zufrieden sind, wählen Sie genau eine Bilderserie aus, zu der ein Teilobjekt rekonstruiert werden soll. Spätestens jetzt sollte klar sein, warum die Multiselektion sehr hilfreich sein kann: Sollten nämlich noch aus einem vorherigen Schritt die Bilderserien zur Kalibrierung vorausgewählt sein, so können Sie über einen Klick auf *None* alle abwählen.

Zum Schluss bleibt nichts weiter zu tun, als auf die Schaltfläche *Reconstruct* zu klicken. Dadurch wird ein Berechnungsprozess für die Punktwolke gestartet.

Wenn der Prozess beendet ist, erscheint eine Aufforderung, einen Speicherort sowie einen Dateinamen für die so entstandene Punktwolke anzugeben.

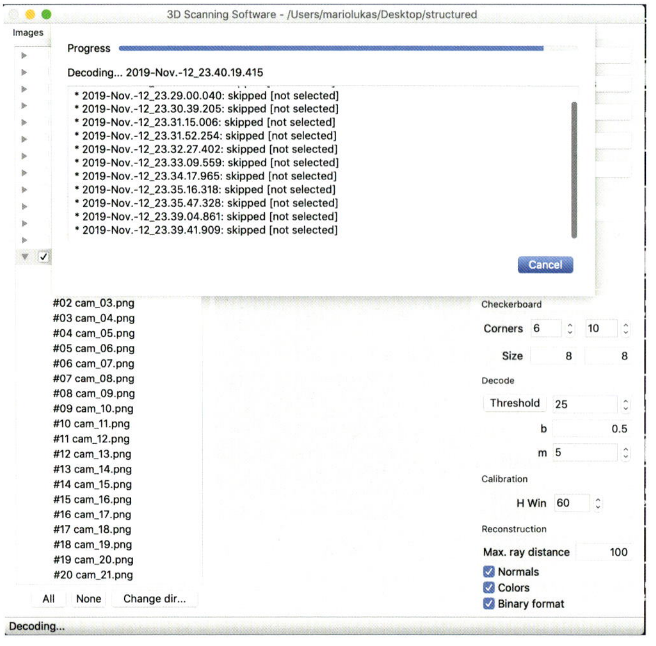

Berechnung der Punktwolke aus den Bildern

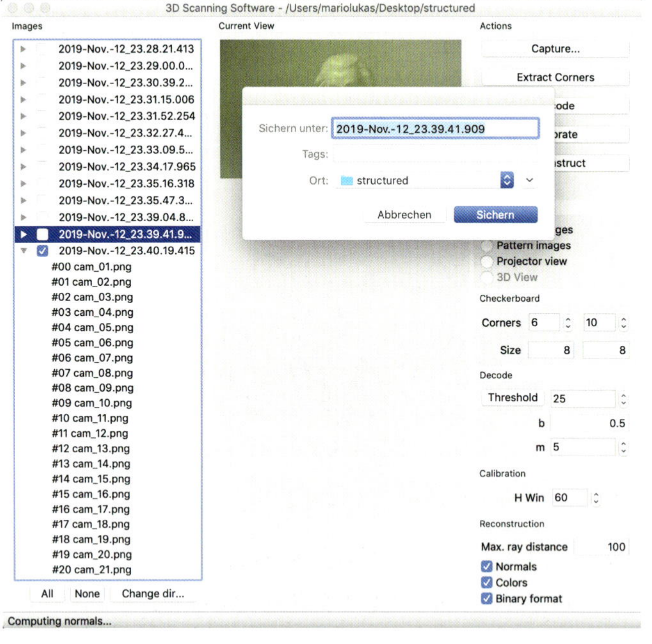

Exportieren und Speichern der Punktwolke

3.4.5 Scan exportieren und in MeshLab laden

Da die Software keine Darstellungsoptionen für die fertige Punktwolke bereitstellt, müssen Sie auf eine andere Software zurückgreifen. Hier bieten sich entweder *MeshLab* oder *CloudCompare* an.

TIPP

Wenn die Punktwolke eher dünn erscheint, sollten Sie im Hauptfenster auf der rechten Seite mit den Werten im Bereich *Decode* etwas rumspielen. Vor allem der *Treshhold*-Wert hat eine sehr große Auswirkung auf das Ergebnis. Ein hoher Wert führt zu einer weniger dichten Wolke, wohingegen ein geringer Wert die Wolke dichter werden lässt. Aber: Je geringer Sie den Wert wählen, desto mehr Streuung erhalten Sie in der Wolke.

Nach dem Öffnen der Punktwolke in *MeshLab* sehen Sie sofort, dass eine Menge Punkte gescannt wurden, die nicht zum Objekt gehören. Von diesen Punkten muss das Objekt natürlich irgendwie bereinigt werden.

Punktwolke nach dem Scannen des Objekts aus einer Position.

Einige Nachbearbeitungsschritte später präsentiert sich der erste Teil des Objekts: Nämlich genau jener für die Bilderserie, die für die Rekonstruktion ausgewählt wurde. Dieser Vorgang ist nun für jede weitere Bilderserie zu wiederholen, so dass Sie am Ende eine Reihe einzelner Punktwolken aus unterschiedlichen Perspektiven vom Objekt haben. Diese müssen natürlich noch zu einem Ganzen zusammengefügt werden. Das Zusammenfügen und Bereinigen dieser Teilstücke zu einem Gesamtobjekt beschreibe ich ausführlich in Kapitel 5 ab Seite 164.

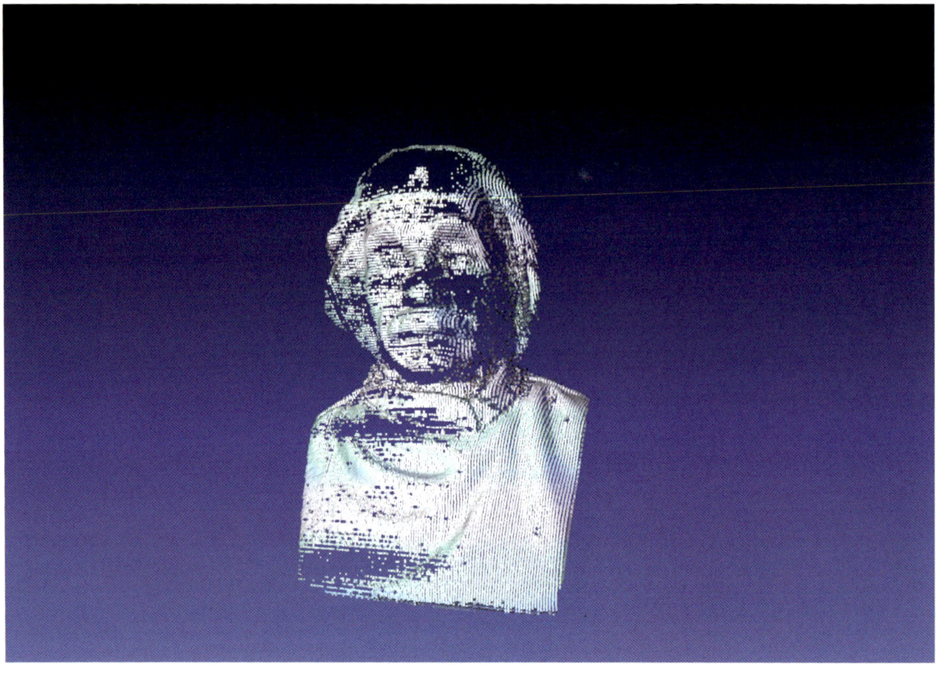

Bereinigtes Scan-Ergebnis

Zusammenfassung

In diesem Kapitel habe ich Ihnen gezeigt, wie Sie unterschiedlichste 3D-Scanner einfach und günstig selbst bauen können. Welcher Scanner am Ende für den eigenen Zweck oder das eigene Projekt geeignet ist, müssen Sie individuell entscheiden. Alle vorgestellten Scanner sind für beliebig große Objekte skalierbar, auch wenn das nicht in jedem Fall sinnvoll ist. So bekommt der in Kapitel 3.1 ab Seite 30 vorgestellte Laserscanner spätestens dann ein Problem, wenn die Software nicht mehr in der Lage ist, die Laser-Linie im Bild zu extrahieren, etwa weil das Objekt zu weit entfernt ist. Die Kinect wiederum kommt nicht so gut mit sehr nahen und detaillierten Objekten klar. Für die Fotogrammetrie muss das Objekt oft präpariert werden, bevor man es ohne Probleme scannen kann. So liefern farblich sehr monotone Objekte meist nicht genügend Merkmale für die Software.

Das nächste Kapitel verrät zu den bereits vorgestellten Geräten und Verfahren einige praktische Tipps zum besseren Gelingen von 3D-Scans.

4 Tipps & Tricks für das 3D-Scannen

Wie Sie in den vorherigen Kapiteln bereits gelesen haben ist, lässt sich nicht jedes Objekt ohne Weiteres 3D-scannen. Je nach Oberflächenbeschaffenheit können Objekte schwierig, oder schlecht bis gar nicht durch eines der hier beschriebenen 3D-Scan-Verfahren erfasst werden.

Die größten Probleme stellen dabei transparente, reflektierende oder gar verspiegelte Objektoberflächen dar. Aber auch zu dunkle Objekte bringen das ein oder andere Problem mit sich. So wird bei vielen nichtkontaktbasierten aktiven Verfahren das Lichtmuster von schwarzen Untergründen derart absorbiert, dass die Bildberechnungsalgorithmen schwer zu kämpfen haben.

Materialien und Hilfsmittel für das 3D-Scannen

Glücklicherweise gibt es ein paar Tricks, mit welchen sich ein Großteil dieser Probleme vermeiden lassen. Dank ihnen sind auch Objekte mit schwierigen Oberflächenbeschaffenheiten wie Transparenzen, Reflexionen und Verspiegelungen mit den in diesem Buch beschriebenen 3D-Scan-Verfahren erfassbar.

Dieses Kapitel zeigt anhand einiger Beispiele, wie Sie diese schwierig zu scannenden Objekte mit einfachsten Hilfsmitteln so aufbereiten können, dass ein 3D-Scan am Ende doch gelingt. Zum Einsatz kommen unter anderem Kreidespray, Spielknete und Polfilter-Folien. Hierbei sind Ihrer Kreativität keine Grenzen gesetzt und es kann sich lohnen, auch andere Materialien oder Möglichkeiten auszuprobieren.

4.1 Sprühkreide gegen Reflexion und Transparenzen

Sprühkreide, manchmal auch »Kreidespray« genannt, ermöglicht das 3D-Scannen von transparenten und stark reflektierenden Objekten. Bei Sprühkreide handelt es sich, wie der Name schon sagt, um eine flüssige Kreide aus einer Sprühdose. Diese Form der Kreide kann wie Lack aus Sprühdosen verarbeitet werden. Sprühkreide findet man für kleines Geld in allen möglichen Farben im Spielwarenhandel oder in diversen Online-Shops.

Sprühkreide als günstige Alternative zu 3D-Scan-Spray

Die Sprühkreide wird beim 3D-Scannen zum Mattieren des zu scannenden Objekts verwendet. Sie lässt sich mit Wasser rückstandslos vom Objekt abwaschen. Sie sollten dennoch vorsichtig bei der Anwendung sein. Manche Farben lassen sich nur mühsam wieder vom Objekt entfernen. Am besten testen Sie vorher an einer kleinen unauffälligen Stelle des Objekts, wie gut sich die Farbe mit Wasser wieder entfernen lässt, bevor Sie das ganze Objekt damit einsprühen. Mit weißer Sprühkreide gibt es erfahrungsgemäß jedoch wenig Probleme.

TIPP

Beim Auftragen der Sprühkreise sollte die Dose vorher gut geschüttelt werden. Anschließend besprühen Sie das Objekt aus einer Armlänge Abstand (oder ca. 30 cm). Hierbei sollten Sie sparsam sein und die Kreide zwischenzeitlich trocknen lassen, so dass Sie das Objekt nach mehreren Durchgängen gleichmäßig mit einer dünnen Kreideschicht bedeckt haben. Wenn Sie zu viel Kreide aufsprühen, kann sie verlaufen oder zu dicke Schichten bilden, was am Ende zu Detailverlusten im Scan-Ergebnis führen kann.

Für das 3D-Scannen mittels Fotogrammetrie, wie in Kapitel 3.2 ab Seite 61 beschrieben, sollten Sie mehrere Farben bereithalten. Beim Laserscannen tut es in der Regel eine Farbe, meist reicht die Verwendung von einfachem Weiß.

4.2 Laserscannen mit Reflexion und Transparenzen

Beim 3D-Laserscannen können Sie die Sprühkreide vor allem dazu nutzen, transparente, reflexive, aber auch sehr dunkle Objekte zu mattieren. Trifft der Laserstrahl auf ein transparentes Objekt, so scheint er hindurch und das in Kapitel 3.1 ab Seite 30 beschriebene Laserscan-Verfahren funktioniert nicht mehr. Mit Sprühkreide mattiert, wird das Objekt für das Laserlicht »undurchdringbar«, es ist wieder eine klare Laser-Linie auf der Oberfläche des Objekts sichtbar. Ist das Objekt stark reflektierend wie beispielsweise Objekte aus Metall, so bricht der Laserstrahl facettenartig auf. Eine klare Linie ist dann für die Software nicht mehr zu erkennen. Wird das so reflektierende Objekt jedoch ebenfalls mit Sprühkreide mattiert, entsteht eine matte Oberfläche und es ist wieder eine klare und scharfe Laser-Linie erkennbar. Dunkle Objekte können je nach Stärke des Lasers das Licht so stark absorbieren, dass auch hier keine klare Erkennung der Laser-Linie durch die Software mehr möglich ist. Auch in diesem Fall hilft das Einsprühen des Objekts mit weißer Sprühkreide. Für das Scannen mit dem Laserscanner reicht in der Regel eine Farbe aus. Am besten eignet sich für die genannten Fälle weiße Sprühkreide.

Dunkles leicht glänzendes Objekt ohne Kreidebehandlung, im oberen und unteren Bereich ist der Laser schlecht erkennbar.

Gleiches Objekt mit Kreidebehandlung, der ist Laser durchgängig gut erkennbar.

4.3 Fotogrammetrie mit wenig Merkmalen

Anders als beim Laserscanner wird bei der Fotogrammetrie das zu scannende Objekt nicht nur einfach mattiert. Wie in Kapitel 3.2 ab Seite 61 erwähnt, kommt es bei der Fotogrammetrie darauf an, dass das zu scannende Objekt möglichst viele Merkmale aufweist. Die Beispiele zeigen, dass nicht jedes Objekt so viele Merkmale bietet wie die in den vorangegangenen Kapiteln verwendete Walnuss. Am schwierigsten gestalten sich dabei einfarbige Objekte oder Objekte, die Symmetrien aufweisen.

In diesen Fällen kommt natürlich auch Sprühkreide zum Einsatz, jedoch nicht um das komplette Objekt zu mattieren, sondern erst einmal nur, um das Objekt mit Tausenden von kleinen kontrastreichen Punkten zu besprenkeln. Die so entstandenen Punkte werden von der Software dann als Merkmal erkannt. In den meisten Fällen wird der gewünschte Effekt somit schon erreicht und man erhält gute 3D-Scan-Ergebnisse.

Modelle wie diese Gummiente können aufgrund zu weniger Merkmale schwierig zu scannen sein.

Nach dem Auftragen von Sprühkreide entstehen Merkmale, die von der Software gefunden werden.

4.4 Fotogrammetrie mit Spiegelungen und Transparenzen

Im speziellen Fall von transparenten Objekten reicht natürlich auch bei der Fotogrammetrie das einfache Besprenkeln mit Sprühkreide nicht aus. Es kann, genau wie beim Laserscannen auch, durch die Transparenz zu Schwierigkeiten bei der Erkennung der Oberfläche des Objekts kommen. In diesem Fall sollten Sie das Objekt zuerst mit weißer Sprühkreide dünn, aber vollständig mattieren. Da es so aber noch an Merkmalen fehlt, wird es anschließend mittels einer kontrastreichen Farbe zusätzlich besprenkelt. Das Beispiel zeigt die Aufbereitung eines Weinglases mithilfe dieser Technik.

TIPP

Damit das Besprenkeln gelingt, nehmen Sie es am besten aus größerem Abstand vor. Es sollten möglichst viele kleine Farbsprenkler auf dem Objekt landen. Dazu sprühen Sie in mehreren kurzen Sprühstößen. Sprühen Sie aus zu kurzem Abstand, entstehen größere Flecken und die Kreide verläuft.

Das Ziel ist es, möglichst viele kleine Punkte in zufälliger Anordnung auf dem kompletten Objekt zu verteilen, ohne dass dabei eine geschlossene Fläche entsteht.

Als Faustregel sollten Sie beim Besprühen wieder eine Armlänge Abstand zwischen Objekt und Sprühdose einhalten.

Außer den hier vorgestellten Kreidesprays gibt es natürlich noch andere Varianten. So bieten eine Vielzahl von Händlern spezielle 3D-Scan-Sprays an. Die Sprays unterscheiden sich nicht in ihrer Anwendung, jedoch in ihrer Wirkungsweise. So gibt es Sprays, die einen transparenten Film auf das Objekt auftragen, welcher zur Mattierung dient und Spiegelungen unterdrücken soll. Andere Sprays verhalten sich ähnlich wie Kreidespray, um das Objekt mit einer weißen Schicht zu bedecken. Kreidespray aus dem Spielwarenladen ist um einiges günstiger als die speziellen 3D-Scan-Sprays und reicht für erste Experimente im Heimanwenderbereich vollkommen aus.

Im Allgemeinen sollten Sie sich aber nicht scheuen, verschiedene Techniken auszuprobieren. Alternativ zu den Sprays können Sie sich auch mit anderen Mitteln behelfen, wie zum Beispiel Mehl, Babypuder oder Entwicklerweiß.

Dennoch gilt, dass man nicht in jedem der genannten Fälle gleich zu diesen Hilfsmitteln greifen muss. Das nächste Unterkapitel zeigt, wie Sie auch ohne die Verwendung von Mattierungssprays mit Reflexionen und Spiegelungen umgehen, was gerade beim Verfahren der Fotogrammetrie Vorteile bringt.

Glas unbehandelt, schwer bis nicht 3D-scanbar

Glas mit weißer Sprühkreide mattiert, mit Laserscanner scanbar

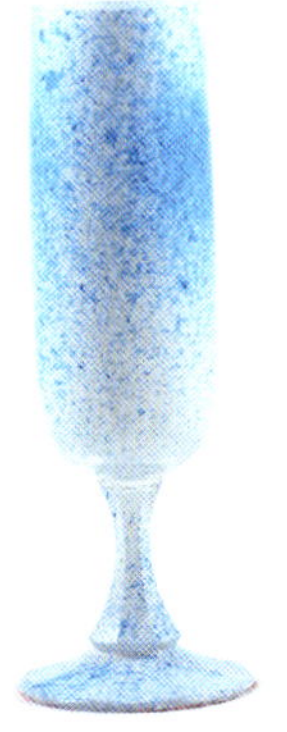

Glas mit weißer Sprühkreide mattiert und anschließend mit blauer Sprühkreide besprenkelt, geeignet für Fotogrammetrie

4.5 Polfilter gegen Glanz, Spiegelungen und Reflexionen

Polarisationsfilter oder kurz »Polfilter« sind in der Fotografie ein bewährtes Werkzeug, um unter anderem Spiegelungen auf Wasser, Glas oder Metalloberflächen zu unterdrücken.

Polfilter für digitale Spiegelreflexkamera und Polfilterfolie

Wie schon erwähnt, stellen Reflexionen und Spiegelungen eine der größten Schwierigkeiten bei allen bildgebenden 3D-Scan-Verfahren dar. Diese entstehen zum Beispiel durch glänzende oder stark reflektierende Oberflächen. Solche Oberflächen können metallisch, aber auch hochglänzende Kunststoffe sein. Im vorangegangenen Unterkapitel habe ich beschrieben, wie Sie mittels Sprühkreide Objekte so mattieren, dass Reflexionen und Spiegelungen keine Probleme mehr darstellen.

In manchen Fällen müssen Sie nicht gleich zur Sprühkreide greifen. Oft hilft auch schon der Einsatz eines Polfilters. Gerade in der Fotogrammetrie kann ein Polfilter Wunder wirken. Als angenehmer Nebeneffekt erspart man sich eine aufwendige Reinigung des zu scannenden Objekts nach der Anwendung der Sprühkreide.

4.5.1 Wie funktioniert ein Polfilter?

Lichtstrahlen werden von einer Lichtquelle ausgesendet und von den Objekten, auf die sie treffen, reflektiert oder absorbiert. Die Lichtstrahlen schwingen dabei dreidimensional im Raum. Somit treten die Lichtwellen in unterschiedlichen Polarisationsebenen auf. Vereinfacht ausgedrückt könnte man sagen, dass die Lichtwellen in unterschiedlichen Winkeln am Objekt auftreffen und von ihm reflektiert werden.

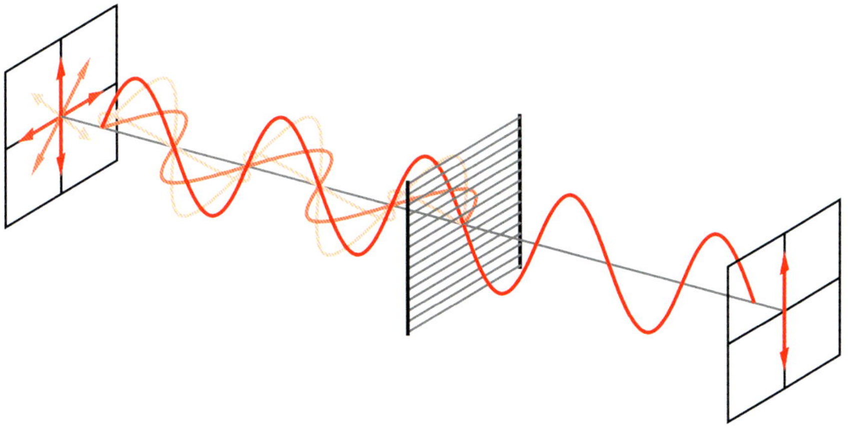

Funktionsprinzip des Polfilters (Quelle: Wikipedia)

Den Polfilter kann man sich nun wie eine Art »Sieb« vorstellen, welches die Lichtwellen nur in einer bestimmten Ausrichtung durchlässt. Diese Ausrichtung lässt sich dann zum Beispiel durch die Rotation des Polfilters bestimmen. Dreht man den Filter, ändert sich der Teil der durchgelassenen Lichtwellen.

In der Regel besteht normales diffuses Licht aus gleichen Anteilen unterschiedlicher Ausrichtungen. Der Polfilter entfernt die Hälfte des Lichts. Bei einer echten Gleichverteilung des Lichts und bei einem gewöhnlichen Motiv ändert sich dabei an dessen Aussehen nichts.

Enthält das zu fotografierende Motiv jedoch ein Objekt mit einer verspiegelten Oberfläche, so wird eine Polarisationsebene stärker reflektiert als die andere. Wird der Polfilter entsprechend eingestellt, können Sie genau bestimmen, ob nur der Anteil der Spiegelung durchgelassen werden soll oder eben der Anteil ohne Spiegelung. Im Fall des 3D-Scannens möchten Sie natürlich den ungespiegelten Anteil an Lichtwellen haben.

Die folgenden Abbildungen zeigen die Fotografie eines Spielzeugs mit und ohne Polfilter sowie eine Aufnahme, bei welcher der Polfilter rotiert wurde, so dass der spiegelnde Anteil besonders gut sichtbar wird.

Fotografie ohne Polfilter

Fotografie mit Polfilter

Ein automatischer Prozess zum Erstellen der Bilder, wie in Kapitel 3.2 ab Seite 61 beschrieben, führt bei einmaliger Einstellung des Polfilters nicht unbedingt zum bestmöglichen Ergebnis. Der Filter muss je nach Beschaffenheit der Objektoberfläche bei jeder Aufnahme neu eingestellt werden, was recht mühsam und aufwendig sein kann. Gerade beim 3D-Scannen, wo die Textur des Objekts gelingen soll, wird man anschließend jedoch mit einem guten Ergebnis belohnt.

TIPP

Polfilter eignen sich vorzugsweise bei nichtaktiven passiven 3D-Scan-Verfahren. Denn gerade beim aktiven Anstrahlen des Objekts mit starken Lichtquellen treten natürlich immer noch starke Lichtreflexionen oder Lichtstreuungen auf, die mit dieser Methode nicht gefiltert werden können. Dies betrifft vor allem die Verfahren Laser- und Structured Light Scan.

Polfilter eignen sich also besonders für die Verfahren der Fotogrammetrie und Stereoskopie.

4.5.2 Welcher Polfilter eignet sich?

Polfilter gibt es als fertige Filteraufsätze für die meisten Spiegelreflexkameras fertig zu kaufen. Diese verfügen über ein Feingewinde und können somit einfach auf das Objektiv der Kamera geschraubt werden – der Filter muss also den gleichen Durchmesser wie das Filtergewinde des Objektivs haben (steht in der Regel in der Fassung) Besitzen Sie mehrere Objektive und möchten sich nicht für jedes Objektiv jeweils einen Filter kaufen, so bietet sich ein sogenannter »Step-Up-Ring« an. Step-Up-Ringe kosten nur einen Bruchteil eines Filters und adaptieren von einem großen Filterdurchmesser zu einem Objektiv mit geringerem Durchmesser. Bei der Wahl des Filterdurchmessers gehen Sie also vom Objektiv mit dem größten Durchmesser aus.

Eine Alternative zum fertigen Polfilter bietet Polfilterfolie. Beim Einsatz von Digitalkameras ohne Wechselobjektive, Smartphones oder bei der Raspberry-Pi-Kamera eignet sich Polfilterfolie hervorragend, um die Kamera auch ohne Schraubgewinde mit einem Polfilter auszustatten.

Polfilterfolie finden Sie auf Online-Marktplätzen wie Amazon und eBay sowie in Online-Shops, die auf Fotografie spezialisiert sind. Die Folie ist in verschiedenen Zuschnittformen erhältlich. Aus Pappe oder mithilfe eines 3D-Druckers ist schnell eine Halterung mit Einfassung für die Folie gebastelt. Erste Experimente lassen sich natürlich auch durchführen, indem man die Folie mit Klebeband an der Kamera fixiert.

Auch 3D-Kino-Brillen arbeiten mit Polfilterfolien. Sie besitzen zwei Polfilterfolien, für jedes Auge eine. Je nach Polarisationsverfahren wird nur das »passend« polarisierte Licht der entsprechenden Ansicht durchgelassen, so dass wiederum jedes Auge nur »sein« Bild erhält.

3D-Brille aus dem Kino, aufgetrennt, um die Polfilter Folie zu entnehmen.

Für erste einfache Experimente können Sie natürlich auch diese Filter verwenden. Allerdings müssen Sie bedenken, dass die in den Brillen verbauten Filter verhältnismäßig klein sind und sich so für den Einsatz mit Spiegelreflexkameras und größeren Objektiven weniger gut eignen. Bei den meisten Kompaktkameras, Smartphones oder bei der Raspberry-Pi-Kamera können diese Brillen dennoch hilfreich sein.

4.5.3 Besonderheiten bei der Benutzung von Polfiltern

Die Verwendung eines Polfilters funktioniert leider nicht ohne Weiteres bei metallischen Objekten, da metallische Objekte Licht nicht polarisieren. Dies bedeutet, dass das Licht polarisiert werden muss. Die besten Ergebnisse erzielen Sie, wenn Sie den Polfilter als Kreuzpolfilter anwenden, d. h. einen Filter vor der Lichtquelle und einen weiteren Filter vor der Kameralinse anbringen. Die beiden Filter müssen dann genau gegenpolig ausgerichtet sein. Einer der Filter sollte also um 90 Grad verdreht zum anderen positioniert werden.

Fotografie ohne Polfilter
(Quelle: Thomas Mengel (OpenScan-Projekt))

Fotografie mit Kreuzpolfilter
(Quelle: Thomas Mengel (OpenScan-Projekt))

Die Ausrichtung der beiden Filter können Sie vorab durch ein einfaches Experiment testen. Legen Sie beide Filter übereinander auf ein weißes Blatt Papier. Rotieren Sie nun einen der beiden Filter, können Sie ganz deutlich den Polfilter-Effekt erkennen.

Polfilter-Effekt durch Rotation mit Kinobrillen-Folien

Wenn die Filter montiert sind, wird es schwieriger, die richtige Position der Filter zueinander zu ermitteln. Aber auch hier können Sie sich mit einem einfachen Trick weiterhelfen, indem Sie vor der Kamera einen kleinen Spiegel anbringen. Nun machen Sie Testaufnahmen und rotieren jeweils einen der Filter bei jeder Aufnahme ein Stück weiter. Wenn die Reflexionen so gemindert sind, dass sich bei einer weiteren Drehung der Filter der gegenteilige Effekt einstellt, haben Sie die optimale Position gefunden. Aber: Je nach zu fotografierendem Objekt kann eine Neueinstellung der Filterpositionen notwendig sein.

Einen Nachteil bringt der Einsatz von Polfiltern allerdings mit sich: Es fällt weniger Licht auf den Bildsensor der Kamera, was im Resultat zu dunkleren Aufnahmen führt. In der Regel verlieren Sie durch die Verwendung eines Polfilters etwa ein bis zwei Blendenstufen. Aus diesem Grund sollten Sie die Blendeneinstellung anpassen. Fotografieren Sie zum Beispiel mit einer Blende f/8 ohne Polfilter, so müssen Sie mit Polfilter die Blende auf f/5.6 oder f/4 öffnen. Wenn Sie nicht mit Blenden-, sondern mit Zeitvorwahl arbeiten, können Sie Sie auch die Verschlusszeit um ein bis zwei Stufen verlängern.

Ein weiterer wichtiger Punkt ist das Fixieren des Objekts. Im nächsten Unterkapitel stelle ich Ihnen einige Methoden und Hilfsmittel zum Fixieren von Objekten vor der Kamera vor.

4.6 Die kleinen Helfer: Knetmasse, Klebeband und Co.

Oft gelingen 3D-Scans nicht, weil das Objekt während des 3D-Scans auf dem Teller verrutscht oder umfällt. Oder ein Objekt muss in verschiedenen Positionen gescannt werden, um es komplett erfassen zu können. In all diesen Fällen stehen Sie dann vor dem Problem, das zu scannende Objekt sicher und stabil auf dem Drehteller zu fixieren. In diesem Kapitel zeige ich Ihnen einige Möglichkeiten, wie Sie Objekte mit einfachen Mitteln fixieren und somit gegen Umfallen oder Verrutschen sichern können.

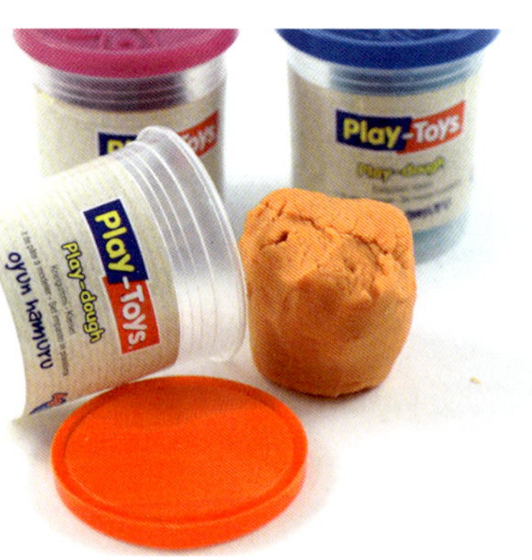

Handelsübliche Spielknete zum Fixieren von Objekten auf dem Drehteller

4.6.1 Klebeband gegen Verrutschen des Objekts

Bei 3D-Scannern mit einem einfachen Drehteller (also einem, der nicht geneigt oder rotiert wird, so wie zum Beispiel beim *FabScanPi*- oder *Ciclop*-Scanner) besteht die Gefahr, dass der Drehteller zu glatt ist und die Objekte während des 3D-Scannens verrutschen.

Objekt mit Klebeband fixieren

Um das zu vermeiden, gibt es verschiedene Optionen. Die naheliegendste und einfachste Option besteht darin, das Objekt mittels doppelseitigem Klebeband gegen Verrutschen zu sichern. Hierbei genügt es meist, ein kleines Stück doppelseitiges Klebeband an einer glatten Fläche des zu scannenden Objekts anzubringen. Alternativ könnten Sie die gesamte Oberfläche des Drehtellers mit doppelseitigem Klebeband versehen. Allerdings hält das Klebeband nicht ewig. Durch Verschmutzung und Staub auf dem Klebeband lässt die Klebewirkung irgendwann nach. Es kann dann sehr mühsam sein, das Klebeband wieder rückstandslos vom gesamten Teller zu entfernen. Aus diesem Grund empfiehlt sich der Einsatz von doppelseitigem Klebeband vorzugsweise direkt am Objekt.

Detailaufnahme

TIPP

Es muss nicht immer ein großer Klebestreifen sein, es genügt auch ein sehr kleines Stück Klebeband, um den gewünschten Effekt zu erzielen.

Am einfachsten ist es, ein Stück von der Rolle abzuschneiden und dieses Stück am Objekt anzubringen, bevor man die zweite Klebefläche freilegt. Die Spitze eines Cutter-Messers kann dabei helfen, die zweite Klebefläche von der Schutzfolie zu befreien.

Eine dauerhafte Alternative für den Drehteller bietet ein Stück Gummimatte. Dieses kann man kreisförmig ausschneiden und auf dem Drehteller anbringen. Gummimatten finden Sie im Internet oder auch im Baumarkt. Eine recht gute Lösung bieten die Antirutsch-Gummimatten, wie es Sie für Auto-Kofferräume gibt.

4.6.2 Knete zum Positionieren und Fixieren des Objekts

Im Fall des in Kapitel 3.2 ab Seite 61 vorgestellten Fotogrammetrie-Scanners wird der Drehteller an einem rotierendem Arm befestigt. In diesem Fall reicht keine Gummimatte und im schlechtesten Fall auch kein Klebeband, um das Objekt gegen Herunterfallen vom Drehteller zu sichern. Der Drehteller wird oft bis 90° geneigt, dann auch noch in Rotation versetzt – das ist es kein Wunder, wenn das Klebeband den Dienst quittiert.

Ohrmuschel-Scan bei der Fotogrammetrie – erste Position

Ohrmuschel-Scan aus einer anderen Position

Abhilfe schafft hier der Einsatz von handelsüblicher Spielknete. Diese lässt sich sehr gut modellieren und haftet gut an den meisten Oberflächen. Spielknete finden Sie in Online-Shops, Spielwarenläden oder in 1-Euro-Läden. Weil die Knete mitgescannt wird, muss sie – wie in Abschnitt 5.2.3 ab Seite 169 gezeigt – im Scan-Ergebnis entfernt werden.

Walnuss in horizontaler Position mit Knete am Drehteller fixiert

Walnuss in vertikaler Position mit Knete am Drehteller fixiert

Wenn die Knete die gleiche Farbe wie das Objekt aufweist und Sie exakt arbeiten möchten, kann die Unterscheidung zwischen Objekt und Knete schwierig werden. Aus diesem Grund sollten Sie immer Knete in unterschiedlichen Farben zur Hand haben.

Nicht nur in der Fotogrammetrie kann Knete von Nutzen sein, sondern auch beim Laserscannen. Möchten Sie ein Objekt in mehreren Durchgängen in unterschiedlichen Positionen scannen, so kann die Knetmasse dabei helfen, das Objekt in seiner Position zu halten. So können Objekte auch in schrägen Winkeln zwischen 0° und 90° positioniert werden.

TIPP

Die Knetmasse sollte nach Verwendung zur Aufbewahrung immer zurück in ihre Dose getan werden, da sie dazu neigt, an der Luft hart und porös zu werden. Dann ist sie nicht mehr haftfähig und zumindest zum Befestigen von Objekten am Drehteller nicht mehr geeignet.

Objekt stehend für einen ersten Scan-Durchgang

Objekt in zweiter Scan-Position für einen weiteren Scan-Durchgang mit Knete in seitlicher Lage fixiert

Auch bei Knetmasse gibt es Unterschiede. Neben Spielknete, die recht günstig und fast überall erhältlich ist, gibt es noch sogenannte »Haftpaste«. Sie wird vor allem in der professionellen Produktfotografie eingesetzt, weil sie eben sehr gut haftet. Anders als bei Spielknete können auch schwerere Objekte schon mit einer kleinen Menge Haftpaste sicher fixiert werden. Ein weiterer Vorteil ist, dass Haftpaste sich geradezu rückstandslos wieder entfernen lässt, während bei Verwendung normaler Spielknete in der Regel immer Rückstände am Objekt zurückbleiben (vor allem bei den billigeren Sorten). Bei glatten Oberflächen ist das kein Problem, aber bei Oberflächen mit etwas ausgeprägteren Texturen kann es dann zu unschönen Rückständen in der Struktur kommen, die sich unter Umständen nur schwer wieder entfernen lassen. Fotohaftmasse hat jedoch auch ihren Preis und liegt in der Anschaffung um ein Vielfaches höher als gewöhnliche Spielknete.

Zusammenfassung

In diesem Kapitel habe ich Ihnen Hilfsmittel zum besseren Gelingen Ihrer 3D-Scans vorgestellt: von der Sprühkreide zum Schaffen von Merkmalen und Mattieren von Objekten, über Polfilter zum Mindern von Reflexionen bis hin zu Klebeband und Spielknete Knete zum Fixieren von Objekten. Dies sind bewährte Mittel, die zu einem erfolgreichen und guten 3D-Scan-Ergebnis beitragen, aber sicher gibt es noch andere geeignete Hilfsmittel. Auch hier gilt das Sprichwort: Versuch macht klug.

Liegt erst einmal ein gelungener 3D-Rohscan in Form einer Punktwolke vor, so gestaltet sich der weitere Prozess für alle 3D-Scan-Verfahren gleich. Im nächsten Kapitel zeige ich Ihnen die unterschiedlichen Verfahren, wie aus den rohen Daten eine bereinigte Punktwolke und anschließend ein 3D-Modell entsteht.

5 Die Software für die Nachbearbeitungskette

Zu Beginn dieses Kapitels gebe ich Ihnen eine Einführung in die wichtigsten Dateiformate für das 3D-Scannen. Danach stelle ich Ihnen die Software-Pakete zur Nachbearbeitung von 3D-Scans vor.

In Kapitel 5.2 folgt dann eine Darstellung der kompletten Bearbeitungskette von der Punktwolke bis zum geschlossenen Oberflächenmodell mit *MeshLab*.

In Kapitel 5.3 erläutere ich alternativ die gleiche Bearbeitungskette anhand von *CloudCompare*. Beide Programme sind sehr mächtig, bringen aber auch die ein oder anderen Nachteile mit. Es kann also von Vorteil sein, wenn Sie bei der Bearbeitung von 3D-Punktwolken beide Softwarepakete kombiniert einsetzen.

In Kapitel 5.4 zeige ich am Beispiel eines Personenscans, wie Sie das Oberflächenmodell mit *MeshMixer* weiterverarbeiten oder sogar mit anderen Objekten kombinieren.

Die in diesem Kapitel vorgestellten Vorgehensweisen decken nur einen Bruchteil der Möglichkeiten ab, welche die vorgestellten Software-Pakete bieten. In den jeweiligen Abschnitten verweise ich auf weiterführende Quellen.

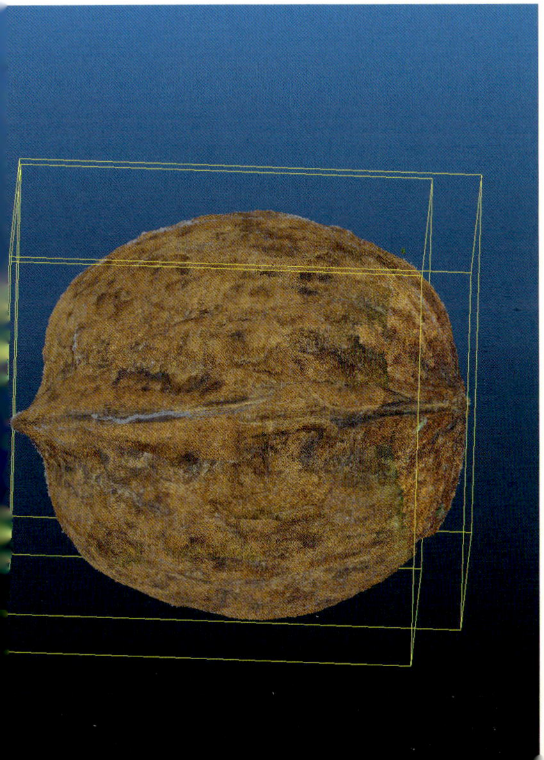

5.1 Wichtige Dateiformate

5.1.1 PLY

Was in der Fotografie das RAW-Format ist, stellt in der Welt des 3D-Scannens das »PLY«-Format dar. »PLY« steht für »Polygon File Format« oder auch »Stanford Triangle Format«. Es handelt sich um ein Dateiformat, das ursprünglich an der Stanford University (genau genommen am *Stanford Graphics Lab* für 3D-Scanner) definiert wurde. Ausgangspunkt für die Entwicklung eines neuen Dateiformats war das weiter unten in Abschnitt 5.1.3 ab Seite 162 erwähnte OBJ-Dateiformat. Dieses bot im Hinblick auf die benötigten Strukturen nicht genügend Flexibilität.

Der Aufbau des PLY-Dateiformats ist recht einfach. Das folgende Beispiel zeigt eine PLY-Datei, die einen 3D-Würfel darstellt.

```
ply
format ascii 1.0 { ascii/binary, format version number }
comment made by Greg Turk { comments keyword specified, like all
   lines }
comment this file is a cube
element vertex 8 { define "vertex" element, 8 of them in file }
property float x { vertex contains float "x" coordinate }
property float y { y coordinate is also a vertex property }
property float z { z coordinate, too }
element face 6 { there are 6 "face" elements in the file }
property list uchar int vertex_indices { "vertex_indices" is a
   list of ints }
end_header { delimits the end of the header }
0 0 0 { start of vertex list }
0 0 1
0 1 1
0 1 0
1 0 0
1 0 1
1 1 1
1 1 0
4 0 1 2 3 { start of face list }
4 7 6 5 4
4 0 4 5 1
```

```
4 1 5 6 2
4 2 6 7 3
4 3 7 4 0
```

Am Anfang der Datei wird in ein paar Zeilen das Format definiert. So wird zum Beispiel festgelegt, wie die folgenden Zeilen zu interpretieren sind. Nach dem so definierten Datei-Header folgen die Zeilen mit den 3D-Punkten (»Vertices«). Meist geben diese Zeilen die Koordinaten X, Y, Z an. Ist die Punktwolke farbig, finden Sie noch die Einträge für die Farben R, G und B.

Optional können in einer PLY-Datei am Ende sogar Flächenangaben, sogenannte »Faces«, für ein Gitternetzmodell folgen. PLY ist somit in der Lage, nicht nur Punkte zu definieren, sondern auch Flächen. In einer erweiterten Notation können zu den einzelnen Punkten auch noch die Normalen mitgeführt werden.

Die einzelnen Einträge können sowohl als ASCII-Text wie auch binär gespeichert werden. In der Binärdarstellung ist die Datei wesentlich platzsparender, allerdings auch nicht mehr so einfach für das menschliche Auge lesbar.

5.1.2 STL

»STL« (für »Stereolithgraphy«) wurde bereits im Jahr 1988 von 3D-Systems entworfen und ist heute im 3D-Druck das am weitesten verbreitete Dateiformat. Im 3D-Scanner-Umfeld spielt es jedoch eine untergeordnete Rolle. Es wird dort häufig nur dazu verwendet, um 3D-druckbare Daten zu erzeugen.

Das STL-Format beschreibt die Oberfläche von Objekten durch Dreiecksfacetten.

```
solid name
facet normal n1 n2 n3
outer loop
vertex p1x p1y p1z
vertex p2x p2y p2z
vertex p3x p3y p3z
endloop
endfacet
endsolid name
```

Das STL-Format ist ein sehr einfaches Format zur Darstellung von Oberflächenmodellen. Es können leider keine Farbinformationen gespeichert werden. Möchten Sie ein Mesh mit Farbinformationen speichern, so verwenden Sie am besten das OBJ-Format.

5.1.3 OBJ

Das »OBJ«-Format (»OBJ« steht für »Object«) wurde von Waveform Technologies definiert. Es handelt sich dabei um ein offenes 3D-Format. OBJ-Dateien können nahezu von jeder gängigen 3D-Software verarbeitet werden. Aus diesem Grund wird das OBJ-Format gerne zur programm- oder plattformübergreifenden Weitergabe genutzt.

Eine Beispieldatei, die einen Würfel repräsentiert, sieht wie folgt aus:

```
mtllib Cube.mtl
o Cube
v 1.000000 -1.000000 -1.000000
v 1.000000 -1.000000 1.000000
v -1.000000 -1.000000 1.000000
v -1.000000 -1.000000 -1.000000
v 1.000000 1.000000 -0.999999
v 0.999999 1.000000 1.000001
v -1.000000 1.000000 1.000000
v -1.000000 1.000000 -1.000000
vt 0.500000 0.500000
vn 0.000000 -1.000000 0.000000
vn 0.000000 1.000000 0.000000
vn 1.000000 -0.000000 0.000000
vn -0.000000 -0.000000 1.000000
vn -1.000000 -0.000000 -0.000000
vn 0.000000 0.000000 -1.000000
g Cube_Cube_Material
usemtl Material
s off
f 2//1 3//1 4//1
f 8//2 7//2 6//2
f 1//3 5//3 6//3
f 2//4 6//4 7//4
f 7//5 8//5 4//5
f 1//6 4//6 8//6
```

```
f 1//1 2//1 4//1
f 5//2 8//2 6//2
f 2//3 1//3 6//3
f 3//4 2//4 7//4
f 3//5 7//5 4//5
f 5//6 1//6 8//6
```

Einer OBJ-Datei kann eine »MTL«-Datei (von »Material Template Library«) beigelegt werden. Im Beispiel finden Sie die Referenz auf die zugehörige MTL-Datei in der ersten Zeile. Die MTL-Datei enthält die Materialbibliothek und diese wiederum Informationen über Farbe, Textur und Material.

Dann folgen weitere Zeilen. Die mit einem »v« eingeführten Zeilen stellen die Eckpunkte (Vertices) dar. Optional folgt eine Liste mit »vt«-eingeleiteten Texturkoordinaten. Der Abschnitt der Punktkoordinaten wird mit »vn«-eingeführten Normalen abgeschlossen.

Am Ende der Datei folgen Gruppierungen der Flächen. Diese werden mit »g« eingeleitet.

OBJ-Dateien werden häufig zum Druck mehrfarbiger Objekte verwendet. Somit ist die OBJ-Datei auch besonders gut geeignet, um 3D-Scans mit Farb- und Texturinformationen zu speichern.

5.1.4 Weitere 3D-Scan-Formate

Abgesehen von den herstellereigenen Formaten für 3D-Scanner gibt es zahlreiche weitere 3D-Formate, die im Bereich des 3D-Scannens eingesetzt werden. Zum Beispiel existieren noch PCD, XYZ, ASC, E57, PTS und PV, um nur einige zu nennen.

So kommt das Format »PCD« (Point Cloud Date) vor allem im Umfeld von Software vor, welche die Point Cloud Library (PCL) verwendet. Die Point Cloud Library bietet eine große Menge von Operationen und Funktionen im Zusammenhang mit Punktwolken. Eine genaue Definition des Dateiformats können Sie der Projektseite entnehmen (*http://www.pointclouds.org/documentation/*).

Bei den Formaten »XYZ« und »ASC« handelt es sich um nicht standardisierte Formate. Diese Formate beinhalten meist eine Reihe von kartesischen Koordinaten, wobei eine Koordinate mit dem Eintrag für X, Y und Z pro Zeile steht. Dieses einfache Format wird von vielen Programmen unterstützt.

Das »E57«-Dateiformat ist ein herstellerunabhängiges Format zum Speichern von Punktwolken. Allerdings wird dieses Format meist nicht von Open Source-Lösungen unterstützt.

Alle diese Formate bieten zwar mitunter mehr Möglichkeiten, sind aber auch weniger weit verbreitet. Aus diesem Grund verzichte ich im Folgenden darauf, eines dieser Formate zu verwenden. Für die weiteren Kapitel reichen die vorgestellten Formate vollkommen aus.

Die drei vorgestellten Dateiformate sind ideal zum Arbeiten mit *MeshLab*. Im nächsten Unterkapitel zeige ich, wie Sie Punktwolken und Oberflächenmodelle weiterverarbeiten, die in diesen Formaten vorliegen.

5.2 MeshLab

MeshLab ist eine plattformunabhängige Software zur Bearbeitung von 3D-Daten. *MeshLab* wurde ursprünglich im Jahr 2005 vom ISTI-CNR-Forschungszentrum im Rahmen eines Kurses an der Universität von Pisa entwickelt. Es basiert auf der VCGlib, einer Software Library für die 3D-Datenverarbeitung.

Auf der Projektseite wird die letzte stabile Version von *MeshLab* 2016 zum Download angeboten. Diese Version enthält jedoch einige Fehler. In den folgenden Beispielen wird deshalb eine jüngere Betaversion ab 2018 verwendet. Diese neueren Versionen finden Sie auf *https://github.com/cnr-isti-vclab/MeshLab/releases/*.

Da es sich bei *MeshLab* um ein sehr mächtiges Software-Werkzeug zum Nachbearbeiten von 3D-Scan-Daten handelt, kann ich in diesem Buch nicht den vollen Funktionsumfang beschreiben. Ich beschränke mich daher auf die für die Beispiele benötigten Funktionen. Auch die Einstellungen der hier verwendeten Parameter kann ich nicht bis ins Letzte erläutern. Generell lohnt es sich jedoch, mit verschiedenen Einstellungen zu experimentieren. Wichtig: Denken Sie daran, die einzelnen Arbeitsschritte häufig zwischen zu speichern. So bleibt Ihnen die eine oder andere Frustration erspart, denn im Gegensatz zu den meisten Programmen gibt es aktuell in *MeshLab* keine Historie, die es erlaubt, Arbeitsschritte rückgängig zu machen.

5.2.1 Aufbau von MeshLab

Die *MeshLab*-Oberfläche ist in vier Bereiche aufgeteilt. Der erste Bereich ❶ ist die Menüleiste. Über die Menüleiste können Sie alle Funktionen von *MeshLab* aufrufen. Die beiden wichtigsten Menüeinträge sind *Filter* und *View*, da diese am häufigsten verwendet werden.

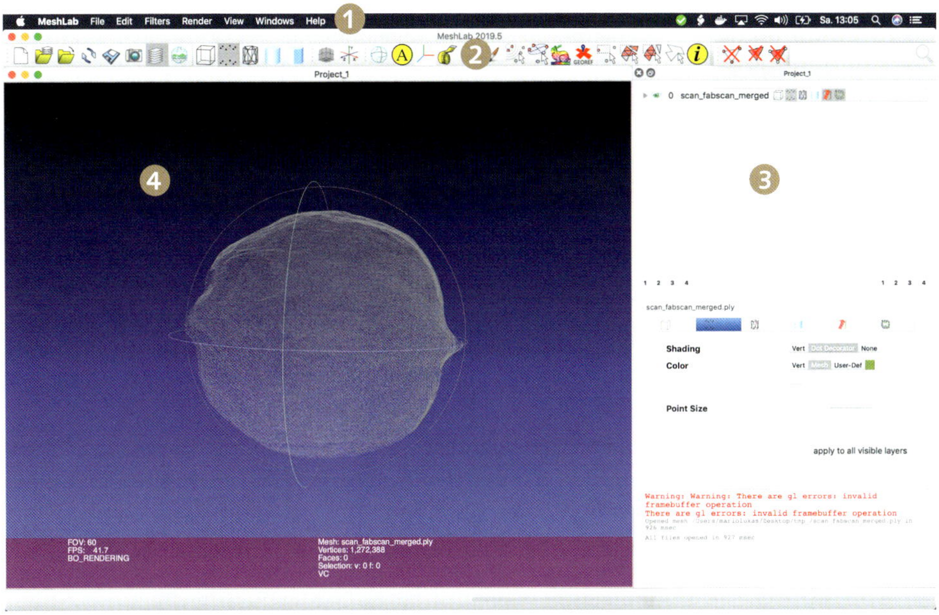

Aufbau von MeshLab

Die Werkzeugleiste 2 bildet den zweiten Bereich. Dort können die Hauptfunktionen von *MeshLab* bequem über ein entsprechendes Symbol angewählt werden. Alle Werkzeuge aus der Werkzeugleiste finden sich auch in den Menüs der Menüleiste wieder.

Der dritte Bereich 3 ist der *Layer*-Dialog. Dieser enthält die geladenen Objekte einer Szene. Sie werden in verschiedenen Schichten (»Layer«) dargestellt. Diese Art der Darstellung ähnelt der Darstellung in 2D-Grafikprogrammen wie *Photoshop*. Über den *Layer*-Dialog können Sie steuern, was gerade angezeigt werden soll. Auch die Art der Darstellung lässt sich von dort aus kontrollieren. So können Sie beispielsweise zwischen Punkt- oder Oberflächenmodell umschalten und etwa die Beleuchtung der Szene einstellen. Oft erscheint der Layer-Dialog erst, nachdem ein Objekt importiert wurde.

Der vierte Bereich 4 der Szene enthält die 3D-Objekte. Mit der Maus können Sie das Objekt rotieren, zoomen und verschieben. Am unteren Rand der Szene werden – farblich vom Rest abgesetzt – die wichtigsten Daten des 3D-Objekts angezeigt.

Wichtige Kurzbefehle

Die folgende Tabelle bietet eine Übersicht der wichtigsten Maus-Kurzbefehle und -Navigationen.

Funktion	Aktion
Drehen	Linke Maustaste + Halten und Bewegen
Verschieben	`Alt` + `⇧` + linke Maustaste
Bewegen	Linke Maustaste + Halten und Bewegen
Zoomen	Mausscrollen

5.2.2 Punktwolke im PLY-Format in MeshLab importieren

MeshLab bietet die Möglichkeit, diverse 3D-Formate in eine Szene zu importieren. Nach dem Start von *MeshLab* steht bereits eine leere Szene zur Verfügung.

Zum Importieren eines Scans im PLY-Format klicken Sie zunächst in der Menüleiste auf *File*. Im sich daraufhin öffnenden Menü klicken Sie auf den Punkt *Import Mesh...* Daraufhin öffnet sich ein Import-Dialog-Fenster.

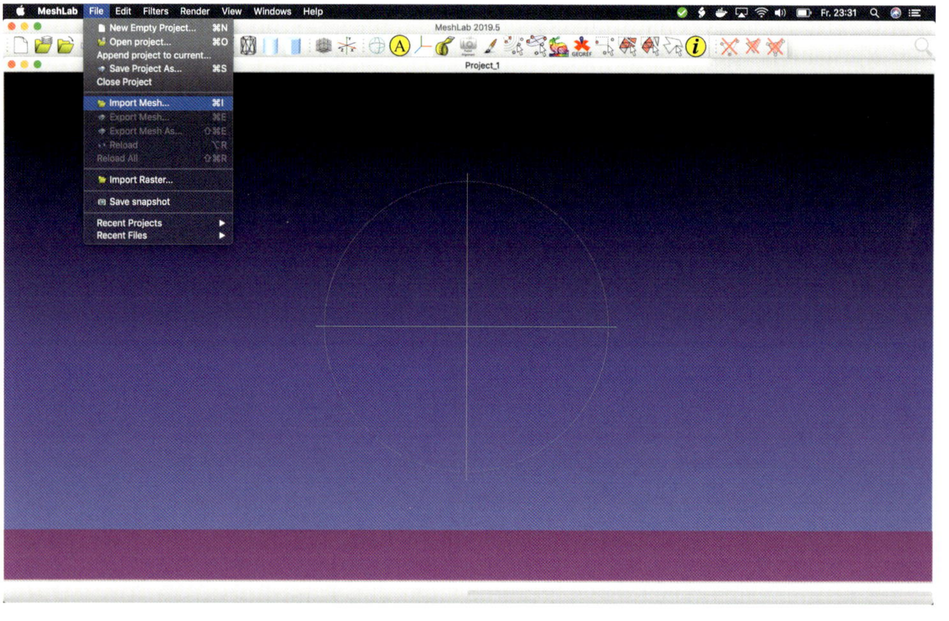

PLY in MeshLab importieren

Dort können Sie wie gewohnt nach der zu öffnenden PLY-Datei suchen. Nach Auswahl der gewünschten Datei bestätigen Sie den Vorgang mit der Schaltfläche *Öffnen*.

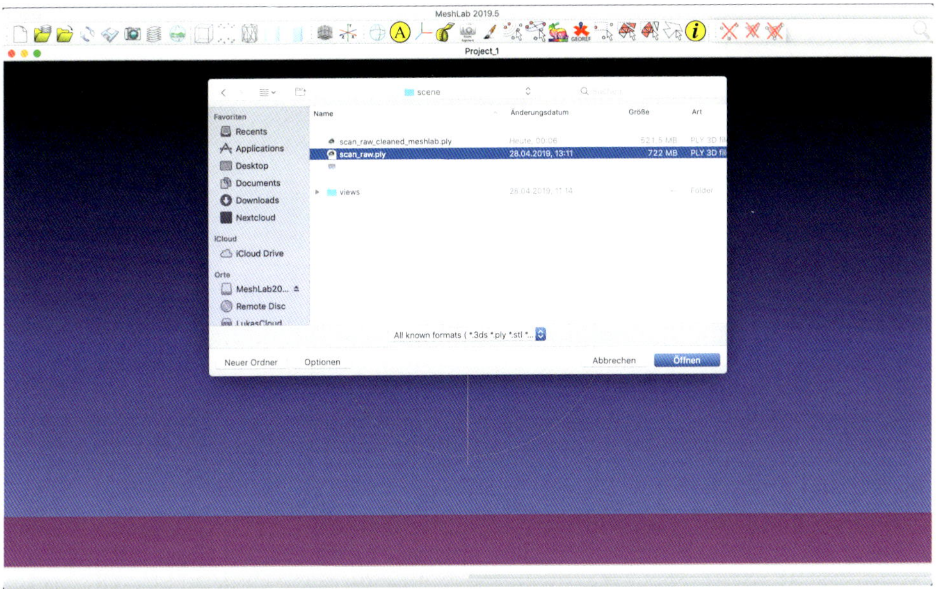

MeshLab-Datei-Dialog

Im Anschluss erscheint der Import im Hauptfenster. Im violetten Streifen am unteren Ende des Hauptfensters finden Sie nützliche Informationen über die importierte Punktwolke. Zum einen wird dort noch einmal der Dateiname angezeigt (nützlich bei mehreren geöffneten Dateien des gleichen Objekts). Zum anderen finden Sie hier Informationen über die Anzahl der Punkte und Flächen des Objekts.

Auf der rechten Seite erscheint nach dem Öffnen schließlich der *Layer*-Dialog mit der in die Szene importierten Punktwolke.

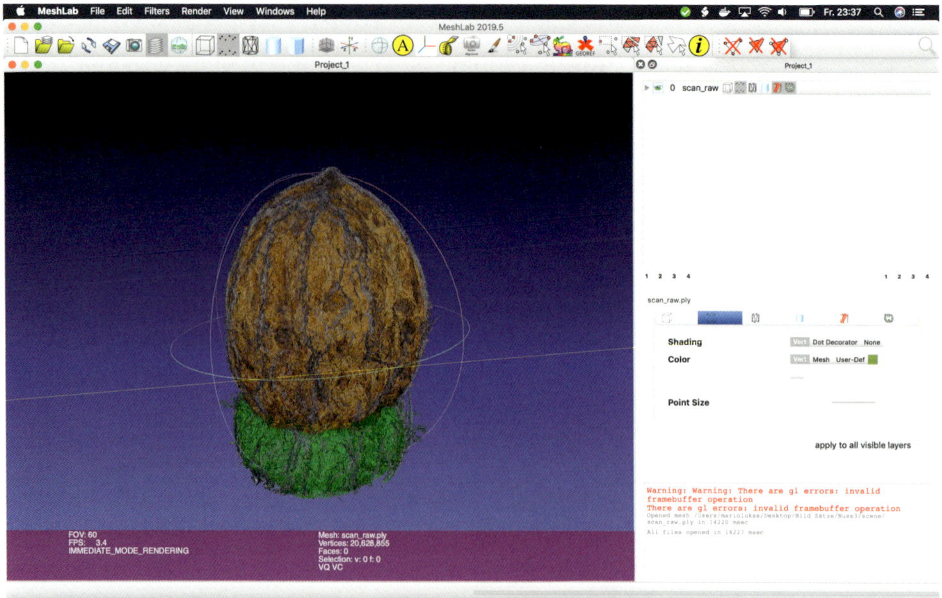

Importierte Punktwolke

Die wichtigsten Kurzbefehle zur Mausnavigation im Hauptfenster finden Sie in der Tabelle auf Seite 166. Die folgende Abbildung zeigt das Objekt nach deutlichem Zoom. Sie können anhand der einzelnen Punkte sehr gut erkennen, dass es sich noch nicht um ein Flächenmodell, sondern um eine Punktwolke handelt.

Detailansicht einer Punktwolke

5.2.3 Bereinigung und Aufbereitung der Punktwolke mit MeshLab

In den meisten Fällen sind die Punktwolken nach einem Scan-Vorgang nicht perfekt. Dies äußert sich beispielsweise durch Rauschen, Streu- oder Ausreißerpunkte. Solche Ausreißer entstehen zum Beispiel durch reflektiertes Licht. Oder es wurden Teile gescannt, die nicht zum gewünschten Objekt gehören. So kann zum Beispiel ein Stück Knete, das zum Fixieren des Objekts gedacht war, in der Punktwolke enthalten sein. In diesem Abschnitt erkläre ich, wie Sie die Punktwolke von solchen Störungen bereinigen.

Dazu bietet *MeshLab* eine ganze Reihe von Auswahlwerkzeugen, Filtern sowie einige Löschfunktionen.

Die einfachste Variante stellt das sogenannte »Select Vertexes«-Werkzeug dar. Dieses ermöglicht die Auswahl von Punkten durch Ziehen eines Kastens. Im Beispiel der Nuss hilft dieses Werkzeug, die Punktwolke von der Spielknete im 3D-Scan freizustellen.

Selektionswerkzeuge

Der zu entfernende Bereich ist dank der grünen Farbe im unteren Objektbereich deutlich zu erkennen.

Kasten-Auswahlwerkzeug

Hierzu wählen Sie das »Select Vertexes«-Werkzeug aus der Werkzeugleiste und ziehen mithilfe der Maus einen Kasten um die Punkte im oberen Bereich des Scans. Somit werden alle Punkte innerhalb des Rahmens ausgewählt. Die Auswahl ist durch die rote Einfärbung der Punkte zu erkennen.

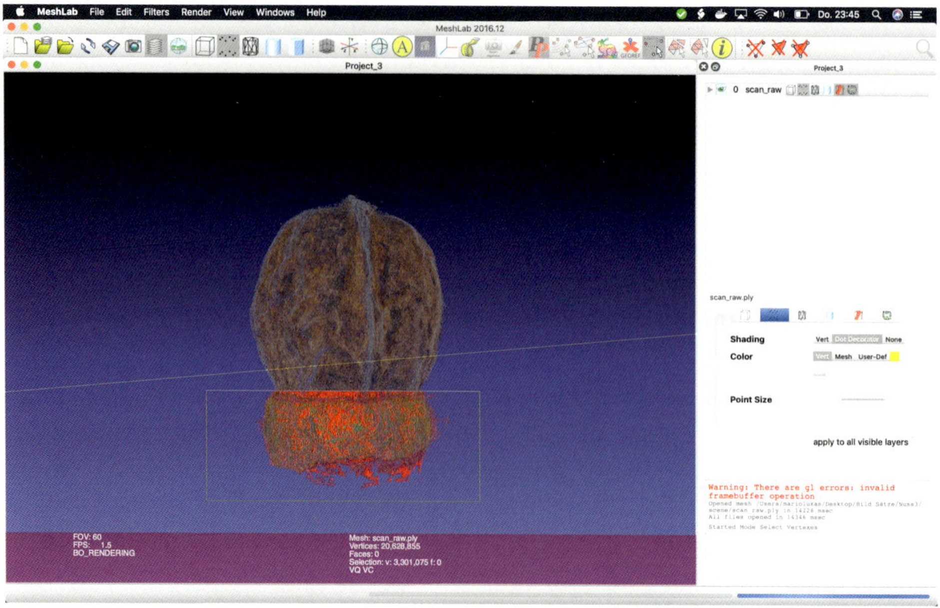

Zu entfernender Bereich, selektiert in der Punktwolke

Diese Punkte können nun über das Werkzeug zum Entfernen der Auswahl gelöscht werden. Hierzu klicken Sie einfach auf das entsprechende Werkzeug in der Werkzeugleiste.

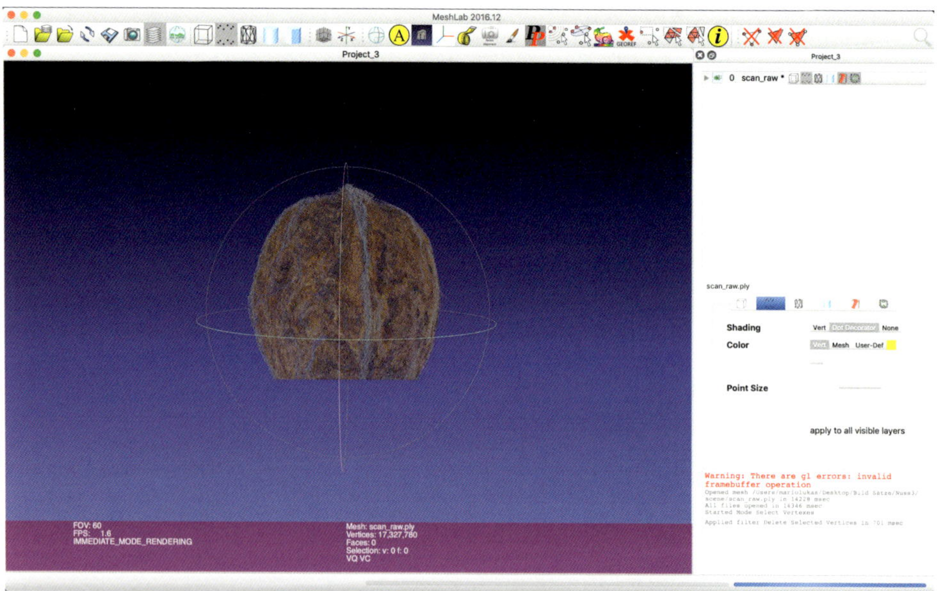

Punktwolke mit entfernten Punkten im unteren Bereich

Der 3D-Scan weist einen gräulichen Schleier entlang der Konturen auf. Dieser Schleier stammt aus den für den 3D-Scan verwendeten Bildern. Der hier gezeigte Beispielscan der Nuss wurde mittels Fotogrammetrie erstellt. Dabei wurden einzelne Punkte des grauen Bildhintergrunds miterfasst. Die Software hat diese Hintergrundfragmente fälschlicher Weise mit in die Punktwolke aufgenommen. Diese Teile müssen entfernt werden.

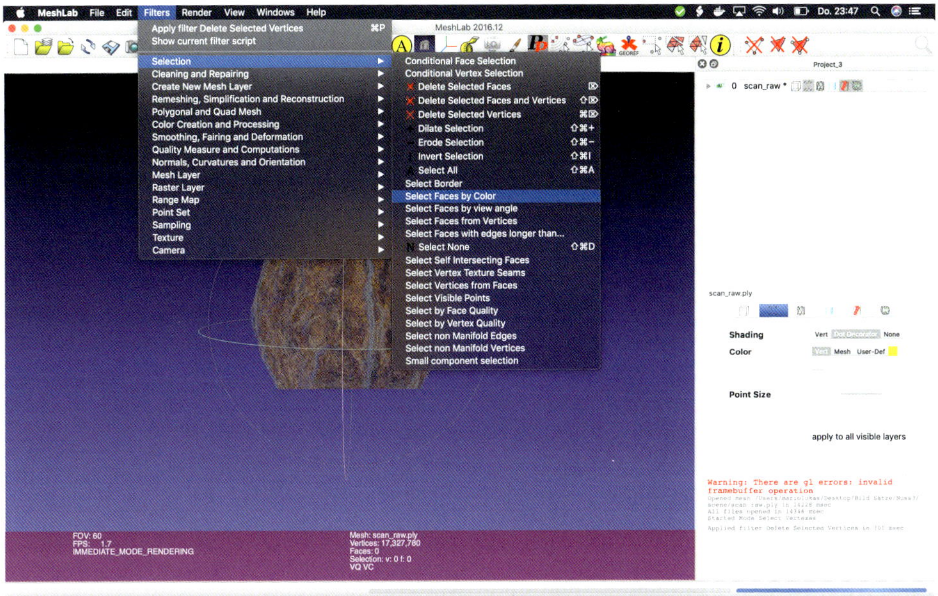

Filter zur Selektion von Punkten anhand von Farbe

Sie könnten durch Heranzoomen der Punktwolke hier ebenfalls mit dem »Select Vertexes«-Werkzeug arbeiten. Dies würde wahrscheinlich zu einem sehr guten Ergebnis führen, aber auch viele Stunden in Anspruch nehmen. Glücklicherweise bietet *MeshLab* eine ganze Palette an Filtern, die solche Aufgaben zu einem großen Teil automatisch durchführen können.

Um die ungewollten Punkte automatisch zu selektieren, wählen Sie aus der Liste der Filter unter dem Punkt *Selection* den Filter mit dem Namen *Select Faces by Color*. Dieser Filter selektiert, wie der Name schon verrät, Punkte nach ihrer Farbe.

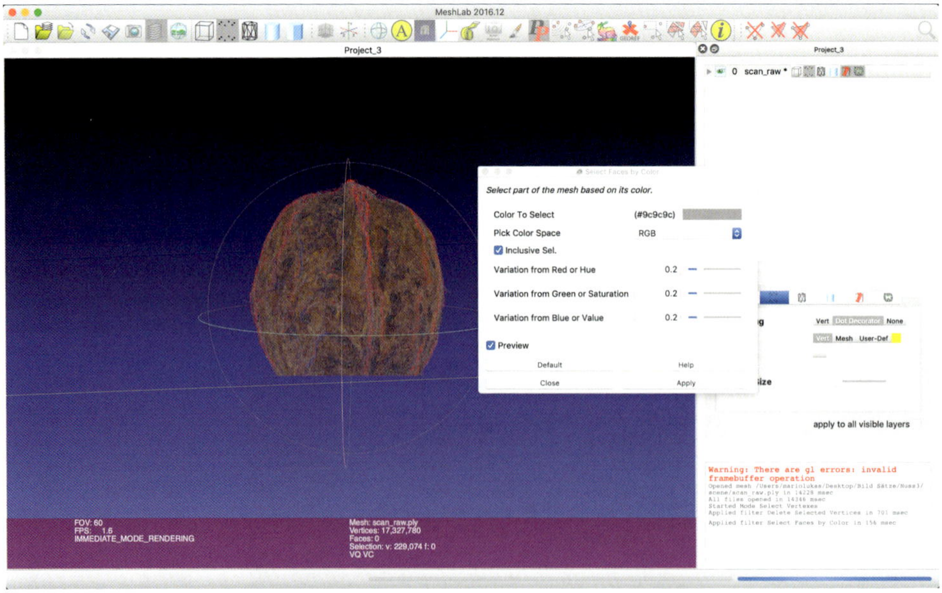

Farben auswählen durch Einstellen der Farbfilter

Im Einstellungsdialog des Filters wählen Sie die Farbe der zu selektierenden Punkte aus. Vorher müssen Sie jedoch den Farbbereich einstellen. Hierzu wählen Sie *RGB* für die Einstellung *Pick color Face*. Anschließend klicken Sie auf das farbige Feld darüber. Eine Farbpalette öffnet sich. Dort wählen Sie die zu selektierende Farbe aus. Im Beispiel der Nuss sollen die Punkte, die den grauen Schleier repräsentieren, entfernt werden. Sie wählen also zunächst einen passenden Grauton. Wenn Sie in den Filtereinstellungen das Häkchen für *Preview* gesetzt haben, sehen Sie die getroffene Auswahl in der Hauptansicht rot markiert. Sind Sie mit der getroffenen Auswahl zufrieden, können Sie den Dialog durch Bestätigen der *Apply*-Schaltfläche schließen und anschließend die ausgewählten Punkte mit dem *Löschen*-Werkzeug entfernen.

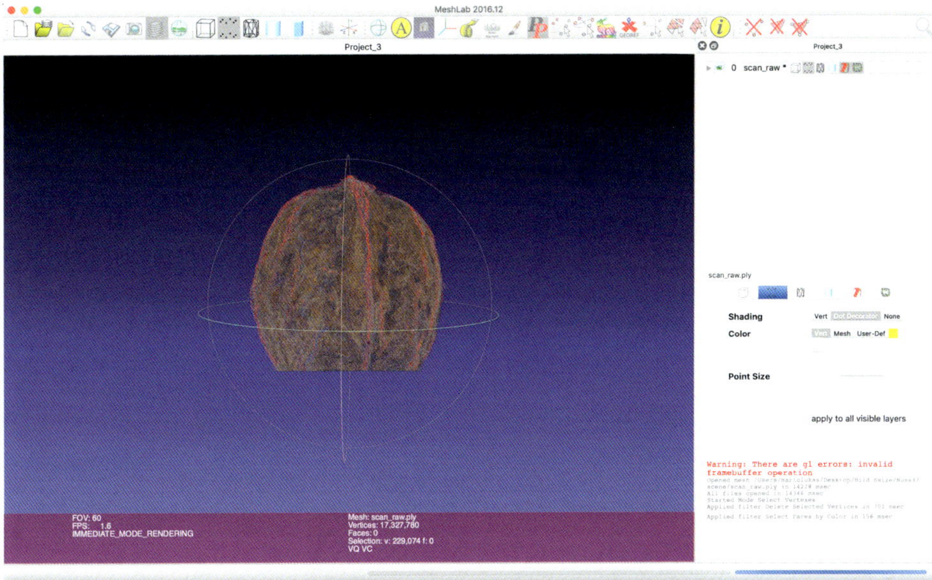

Punkte im ausgewählten Farbbereich werden rot markiert.

In den Abbildungen können Sie die selektierten Punkte an der roten Farbe gut erkennen. Nach dem Entfernen dieser Punkte ist der graue Schleier auf dem Objekt bereits deutlich reduziert.

Dieser Schritt lässt sich mehrfach durchführen, da sich die Farbtöne für die zu entfernenden Punkte in ihrer Farbintensität leicht unterscheiden können.

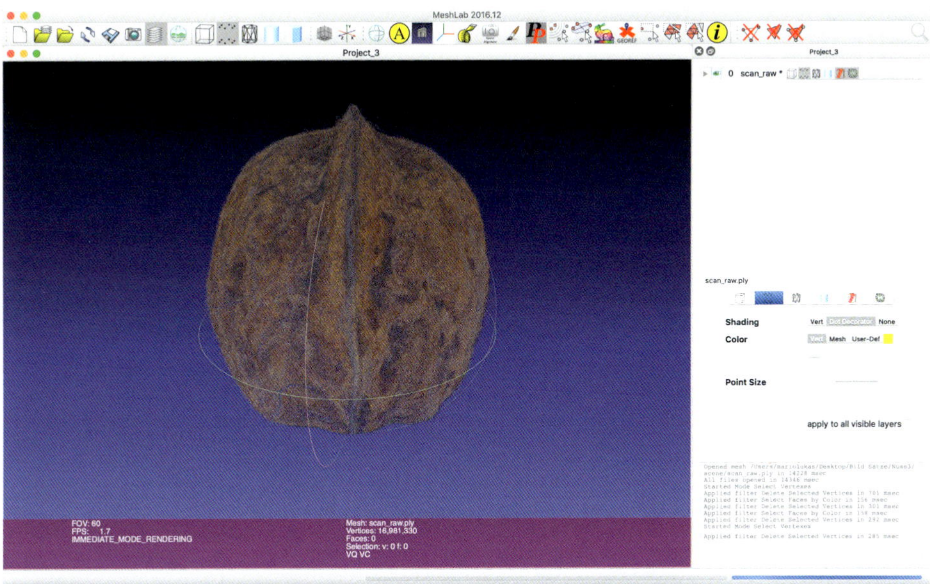

Farblich markierte Punkte wurden entfernt.

Sofern Sie mit dem Ergebnis zufrieden sind, können Sie mit dem nächsten Schritt fortfahren. Jetzt ist auch ein guter Zeitpunkt, das Ergebnis zwischenzuspeichern.

5.2.4 Punktwolken mehrerer 3D-Scans kombinieren

Oftmals reicht ein Scan-Durchgang nicht aus, um das komplette Objekt zu erfassen. In solchen Fällen lohnt es sich, das Objekt aus einer anderen Perspektive noch ein weiteres Mal zu scannen. Je nach Komplexität des Objekts können entsprechend viele Scans entstehen. Der folgende Abschnitt beschreibt, wie Sie aus zwei Einzelscans eine zusammengefasste Punktwolke erzeugen. Das Verfahren kann auf beliebig viele einzelne Scans angewendet werden. Zunächst müssen Sie die einzelnen Scans zusammenpuzzlen.

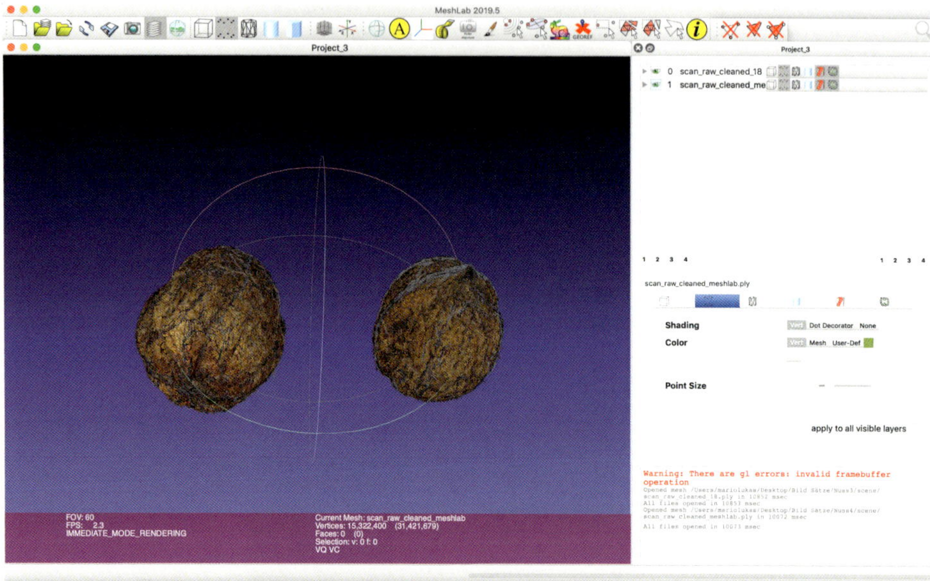

Beide Punktwolken in die Szene importiert

Im ersten Schritt der Zusammenführung müssen Sie die einzelnen 3D-Scans in eine Szene importieren. Damit Sie die Übersicht behalten, kann es sinnvoll sein, die einzelnen 3D-Scans so zu verschieben, dass sie nebeneinanderliegen. Um die Scans zusammenzuführen, wählen Sie das *Align*-Werkzeug aus der Werkzeugleiste (es verbirgt sich hinter dem Icon mit schwarzem »A« in einem gelben Kreis).

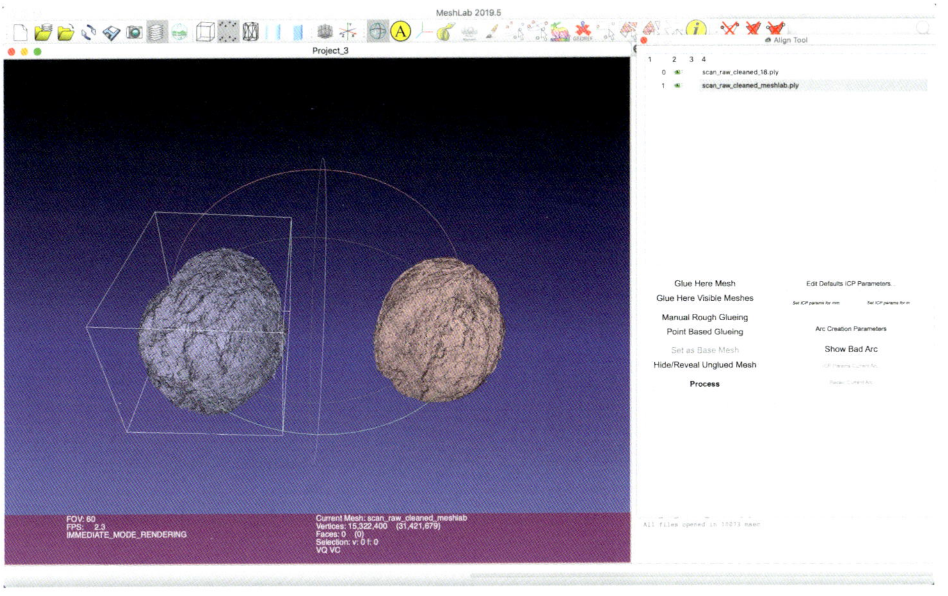

Grobe Ausrichtung der Punktwolken

Nachdem Sie das Werkzeug aktiviert haben, ändert sich die Ansicht des *Layer*-Dialogs. Es erscheinen einige Schaltflächen, über welche die Zusammenführung einzelner Punktwolken gesteuert werden kann. Über den sogenannten »Iterative-Closest-Point«-Algorithmus (»ICP«) könnte die Zusammenführung der einzelnen Punktwolken zwar vollautomatisch durchgeführt werden, das ist jedoch aufgrund des hohen Rechen- und Zeitaufwands nicht empfehlenswert.

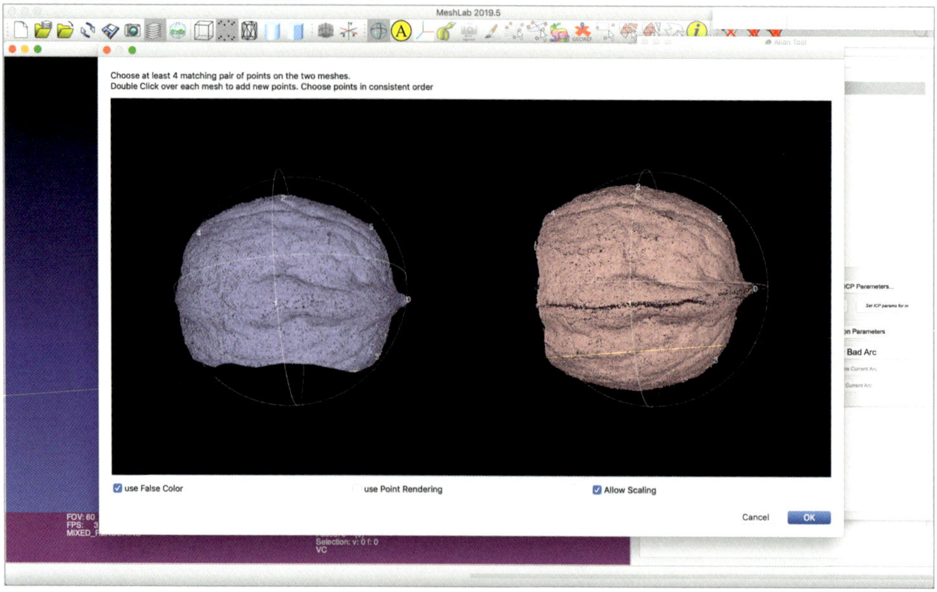

Selektion ähnlicher Merkmale in beiden Punktwolken

Zunächst muss eine der beiden Punktwolken als Referenz für die Zusammenführung ausgewählt werden. Hierzu wählen Sie eine der beiden Punktwolken im *Layer*-Dialog und bestätigen diese Referenz mit einem Klick auf die Schaltfläche *Glue Here Mesh*. Den Ausrichtungsvorgang starten Sie mit einem weiteren Klick auf die Schaltfläche *Point Based Glueing*.

Das »Point Based Glueing« bietet – wie der Name bereits verrät – die Möglichkeit, eine Ausrichtung über einzeln angewählte Punkte zu definieren. Im sich öffnenden Ausrichtungsfenster werden beide Punktwolken in unterschiedlichen Farben angezeigt. Positionieren Sie die frei bewegbaren Punktwolken so, dass Sie möglichst viele gleiche Merkmale beider Punktwolken überblicken. Beim Beispiel der Nuss bieten sich zum Beispiel die spitze Seite und der seitliche Verlauf beider Schalenhälften an.

Haben Sie die beiden Punktwolken in eine geeignete Position gebracht, so können Sie damit beginnen, die markanten Merkmale durch Klicken paarweise zu markieren. *MeshLab* gibt jedem angeklickten Punkt eine kleine Nummer. Es ist wichtig, dass die Nummerierungen immer paarweise zusammenpassen. Klicken Sie zum Beispiel in der linken Punktwolke die Spitze der Nuss an, so müssen Sie als Nächstes auch die Spitze der Nuss in der rechten Punktwolke anklicken. Dies wiederholen Sie für vier bis fünf markante Merkmale.

Mithilfe der angeklickten Punkte wird von der Software für genau diese Punkte ein Gleichungssystem aufgestellt, dessen Lösung eine Rotation bzw. Translation liefert. Werden die so berechneten Rotations- und Translationswerte anschließend von der Software angewendet, so werden beide Punktwolken passgenau zueinander ausgerichtet.

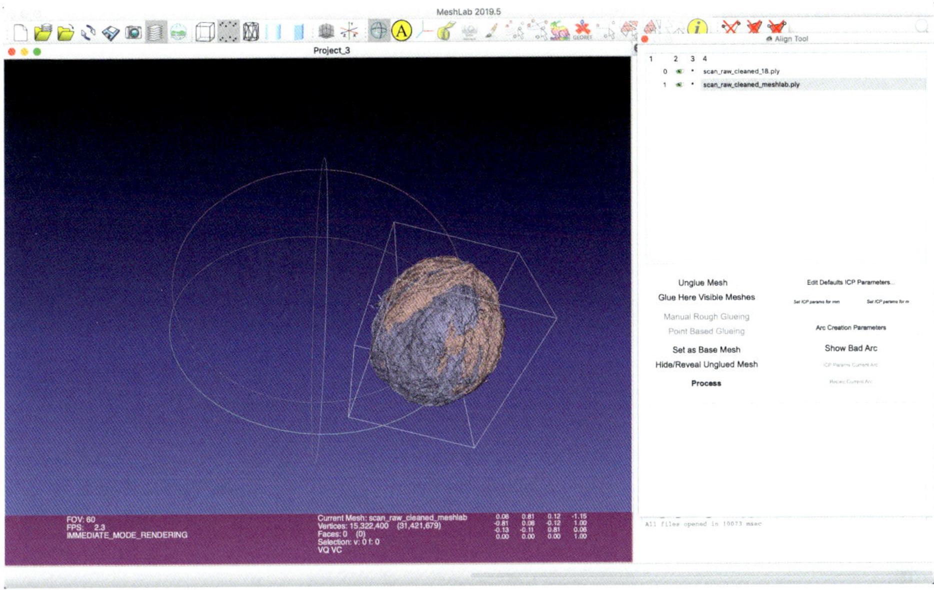

Ergebnis der punktgestützten Zusammenführung

Haben Sie alle Punkte markiert, können Sie den Vorgang mit einem Klick auf die Schaltfläche *OK* abschließen und gelangen wieder zurück in die Hauptansicht. Die Punktwolken beider einzelnen Scans sind jetzt so ausgerichtet, dass sie sich ergänzen. Durch die farbliche Abhebung sind die ergänzenden Stellen gut erkennbar.

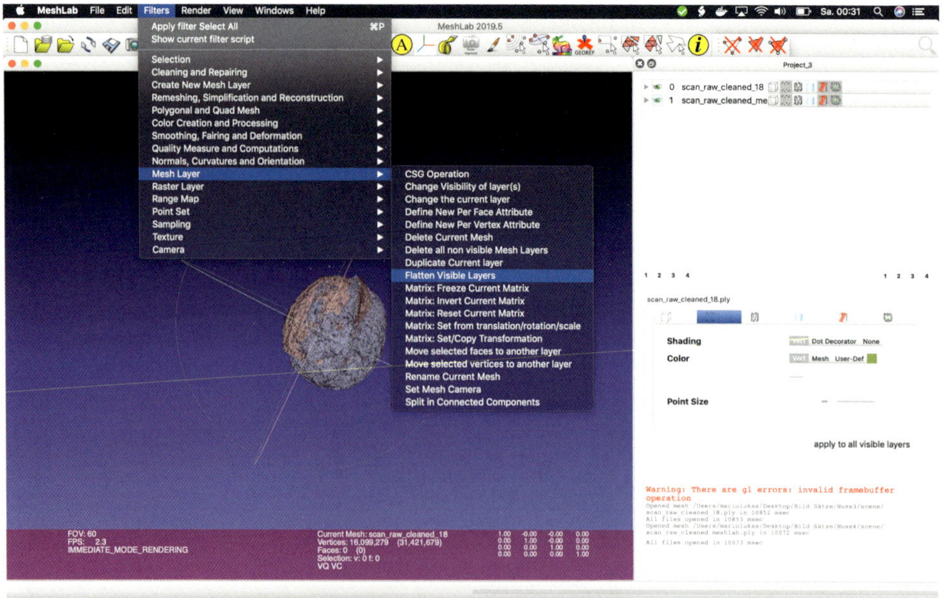

Zusammenführung aller Ebenen

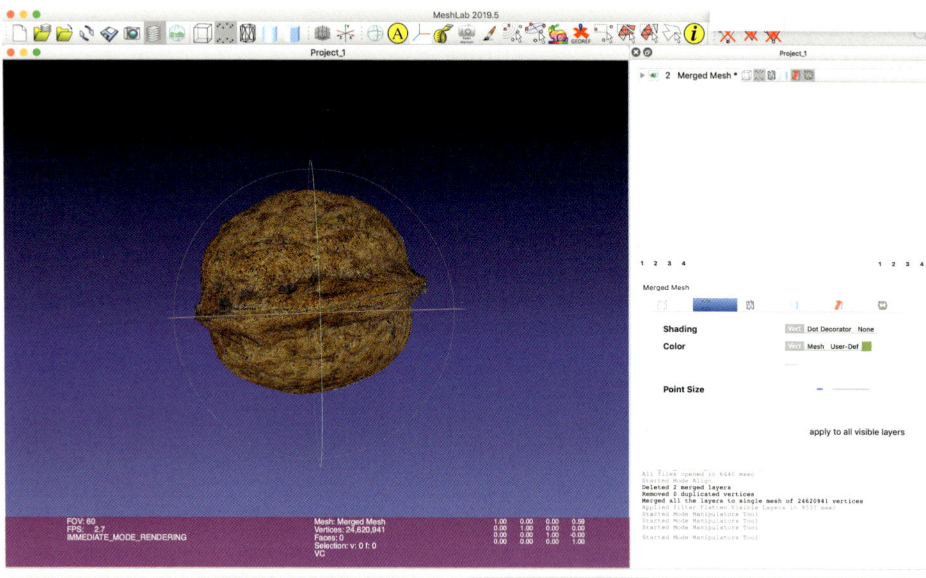

Finales Ergebnis der Zusammenführung nach dem Feintuning

Zur weiteren Verarbeitung bietet es sich an, die einzelnen Punktwolken zu einer Punktwolke zu verschmelzen. Hierzu wählen Sie im *Filter*-Menü den Eintrag *Mesh Layer* und dort den Unterpunkt *Flatten Visible Layers*. Dieser Filter bewirkt, dass alle sichtbaren Layer zu einem Layer zusammengefasst werden.

5.2.5 Von der Punktwolke zum Objekt

Als Nächstes müssen für jeden Punkt in der Punktwolke die geometrischen Normale berechnet werden, um später mit der Oberflächenberechnung fortfahren zu können. Dies ist vor allem dann notwendig, wenn beim Scan-Prozess keine Normalen ermittelt wurden. Bei den vorgestellten Fotogrammetrie-Verfahren werden die Normalen bereits berechnet (somit kann hier dieser Schritt übersprungen werden), beim *FabScanPi* hingegen nicht.

INFO

Eine »Normale« ist in der Mathematik ein Richtungsvektor, welcher senkrecht auf einer Geraden, Kurve, Ebene oder Fläche steht. Dabei nennt man einen Normalenvektor mit der Länge eins »Normalen-Einheitsvektor«.

Die Abbildung zeigt zwei Normalenvektoren »n1« und »n2«, welche senkrecht auf der gelb markierten Fläche stehen.

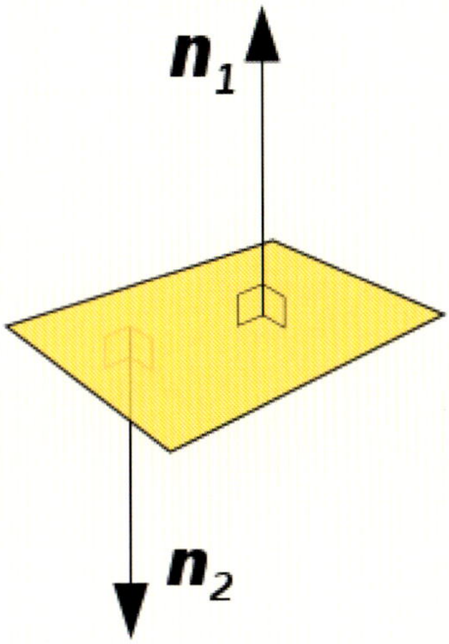

Ebene mit zwei Normalen-Vektoren n1 und n2

Für ein besseres Ergebnis beim Berechnen der Normalen sollten Sie die Anzahl der Punkte reduzieren. Hierzu bietet *MeshLab* den Filter *Poisson-Disk Sampling*. Diesen Filter finden Sie wie vermutet im Menü *Filters* unter *Sampling*.

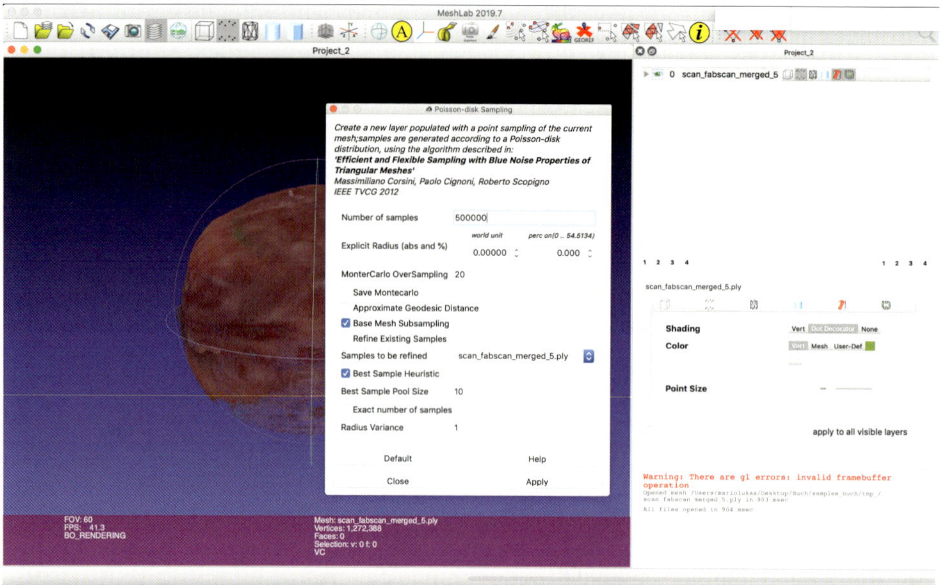

Punkte reduzieren mittels Poisson Disk Sampling

In den Einstellungen des Filters müssen Sie die gewünschte Anzahl von Punkten für das Zielobjekt wählen. Ein guter Wert liegt bei ca. zwei Drittel oder der Hälfte der Punkte des Ausgangsobjekts. Die Anzahl der Punkte können Sie dem unteren Teil des Hauptfensters entnehmen, sie wird dort unter *Vertices* angezeigt.

Die Option *Base Mesh SubSampling* müssen Sie ebenfalls auswählen. Nach der Berechnung finden Sie eine neue Punktwolke im *Layer*-Dialog. Über das Augen-Symbol können Sie die Ur-Punktwolke ausblenden.

Die reduzierte Punktwolke kann nun zur Berechnung der Normalen verwendet werden.

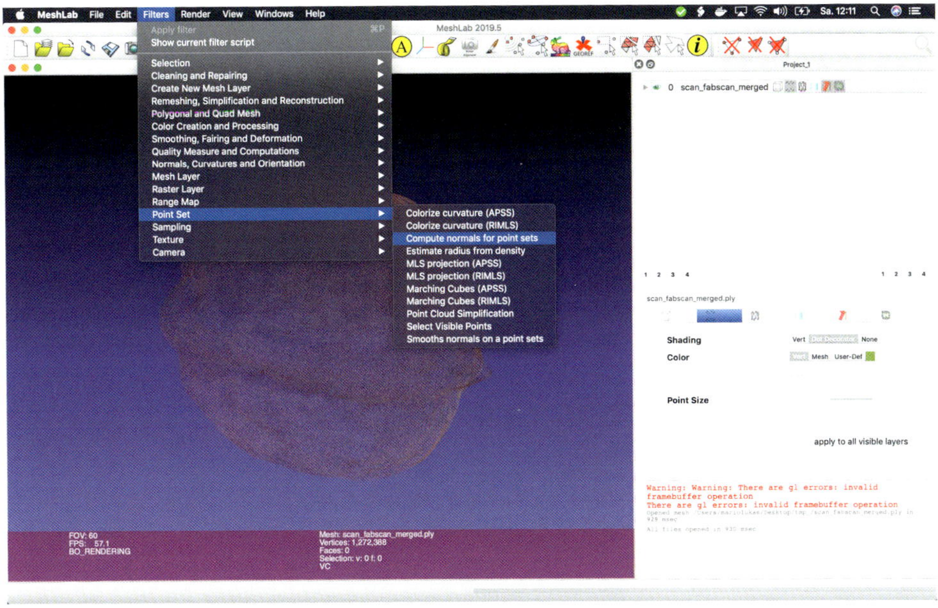

Filter zur Berechnung von Normalen auswählen

MeshLab bietet zum Berechnen der Normalen einen entsprechenden Filter an. Hierzu wählen Sie im Menüpunkt *Filter* den Punkt *Point Set* und im sich öffnenden Untermenü den Punkt *Compute Normals for Point Sets*.

Im erschienenen Dialog stellen Sie die Parameter für die Berechnung der Normalen ein. Der interessanteste Parameter ist *Neighbour num*. Dieser gibt an, wie viele Nachbarpunkte bei der Berechnung berücksichtigt werden sollen. Geeignete Werte sind 10, 50 oder 100. Je nach Resultat sollten Sie mit diesem Wert experimentieren. Die restlichen Einstellungen behalten die Standardwerte.

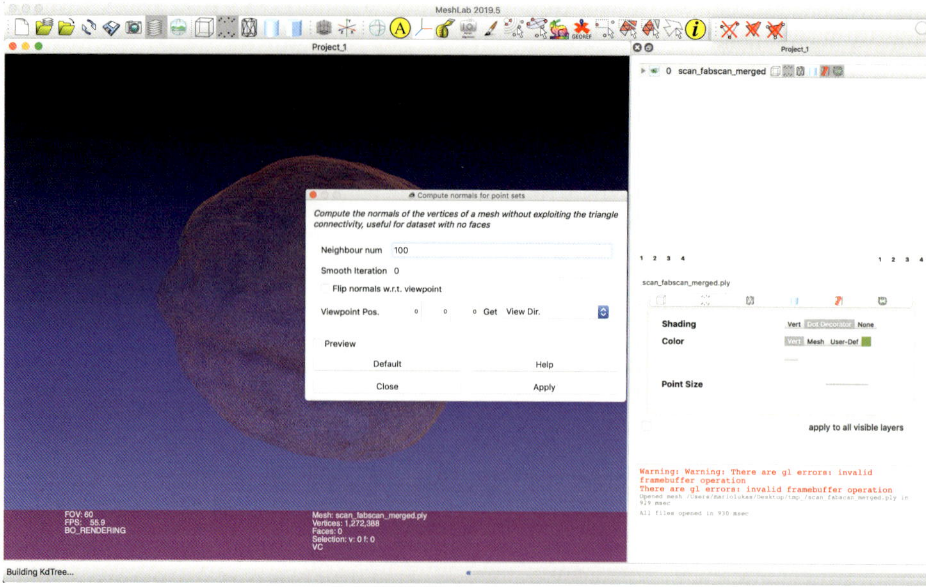

Filtereinstellungen zur Normalenberechnung

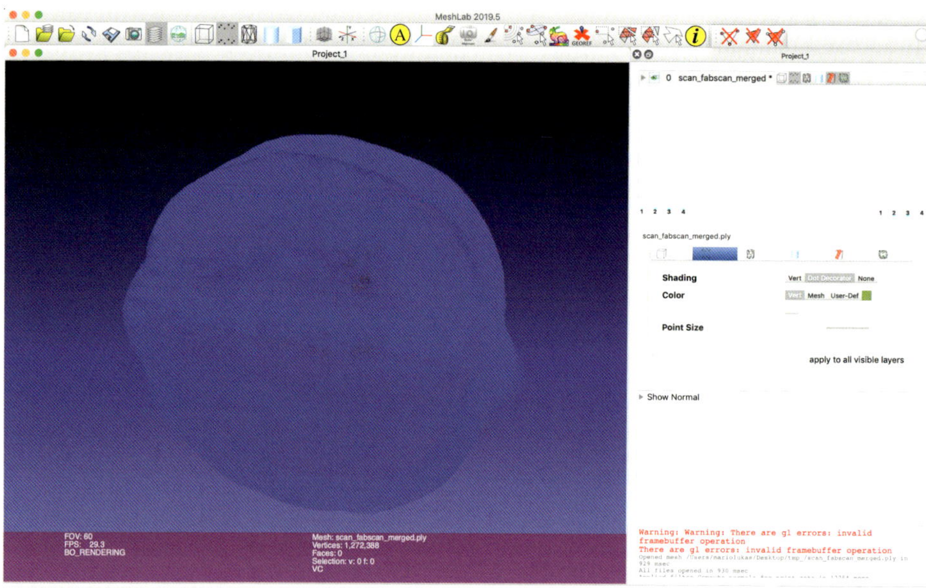

Gesamtansicht des Objekts mit berechneten Normalen

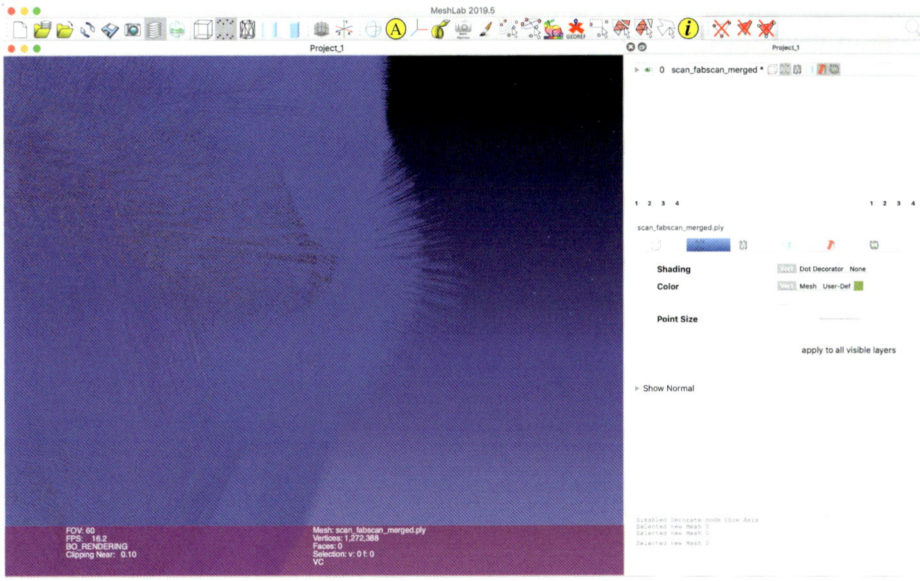

Berechnete Normalen aus der Nähe betrachtet. Ideal berechnete Normalen zeigen nach außen.

Wenn Sie den Wert eingegeben haben, starten Sie die Berechnung der Normalen über die Schaltfläche *Apply*. Nach kurzer Zeit ist die Berechnung abgeschlossen. Aber: Die Normalen sind nicht sichtbar. Um das zu ändern, wählen Sie in der Menüleiste unter *Render* den Punkt *Show Normal*. Nun sind die Normalen sichtbar – sie färben die Punktwolke auf den ersten Blick blau. Zoomen Sie jedoch näher an die Punktwolke heran, so erkennen Sie, dass für jeden Punkt eine blaue Linie – die Normale – erzeugt wurde. Idealerweise zeigen die Linien überwiegend vom Objekt aus gesehen nach außen. Ist dies nicht der Fall, empfiehlt sich eine Neuberechnung mit Änderung des *Neighbour num*-Parameters.

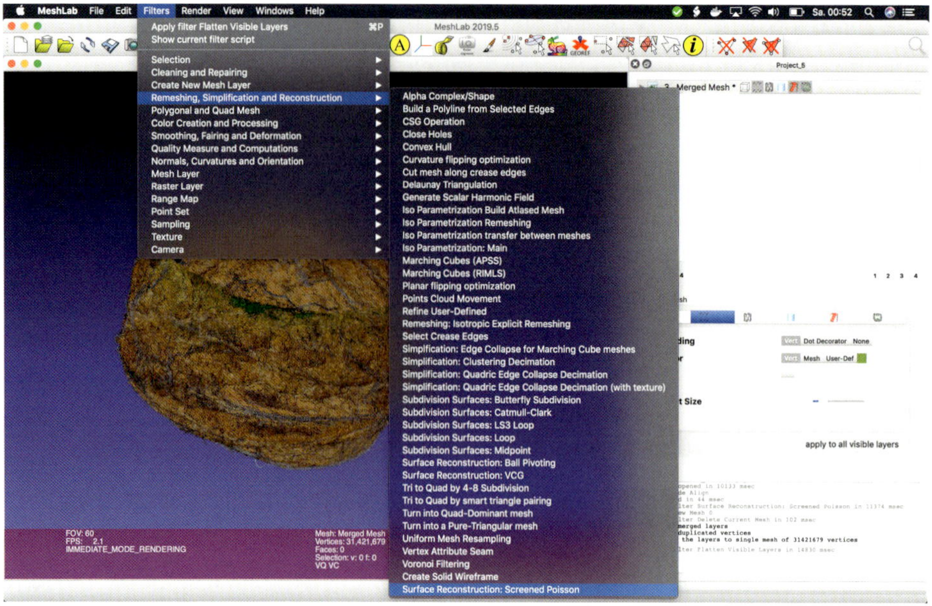

»Poisson Surface Reconstruction« als Meshing-Filter im Menü auswählen

Wenn die Normalen berechnet sind, können Sie mit der Berechnung des Oberflächenmodells fortfahren. Auch für die Oberflächenberechnung existieren in *MeshLab* unzählige Filter. Im Folgenden verwende ich den am meisten referenzierten Filter, den sogenannten »Poisson-Algorithmus«. Diesen finden Sie in der Menüleiste unter *Filters* im Untermenü *Remeshing, Simplification and Reconstruction* unter dem Punkt *Surface Reconstruction: Screened Poisson*. Nach Auswahl dieses Filters erscheint ein Dialogfenster mit Einstellungen. Über diese Einstellungen können Sie den Algorithmus steuern. Zunächst setzen Sie ein Häkchen bei der Option *Merge all visible layers*, da Sie alle Ebenen in die Berechnung einbeziehen möchten (tun Sie dies nicht, so wird die Berechnung nur auf der aktuell ausgewählten Punktwolke durchgeführt). Der nächste interessante Wert ist *Reconstruction Depth*. Dieser Wert legt fest, wie genau die Oberflächenrekonstruktion durchgeführt werden soll. Je höher der Wert gewählt wird, desto besser und detailreicher ist das Ergebnis. Allerdings sollten die Werte zwischen 6 und 12 liegen. Ab einem Wert von 12 sind keine signifikanten Verbesserungen der Berechnung mehr feststellbar. Hinzu kommt, dass sich die Berechnungszeit je nach Größe der Punktwolke mit steigendem Wert erhöht. Der Prozess kann mehrere Minuten in Anspruch nehmen. Sofern die Farbe des Objekts in den Daten der Punktwolke enthalten ist, erzeugt der Algorithmus auch eine Textur für das Objekt.

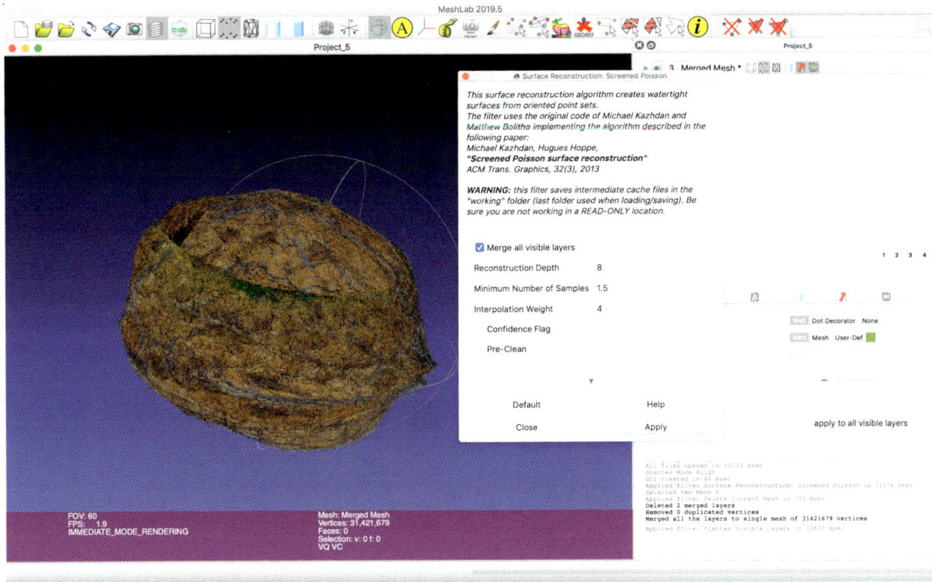

Einstellungen: Poisson-Algorithmus

Die folgenden Abbildungen zeigen das Ergebnis der Rekonstruktion. Eine der beiden Abbildungen zeigt das Objekt mit Textur. Um die Qualität des Scan-Ergebnisses besser beurteilen zu können, sollten Sie die Textur ausblenden, da die Schattierungen der Textur oft über ein mäßiges Scan-Ergebnis hinwegtäuschen.

Mesh-Ergebnis mit Textur

Mesh-Ergebnis ohne Textur

Zur Berechnung der Normalen hatten Sie oben die Menge der Punkte reduziert. Möchten Sie wieder zurück zur ursprünglichen Menge von Punkten, um die Detailstufe zu erhöhen, erreichen Sie das über den *Vertex Attribute Transfer-Filter.*

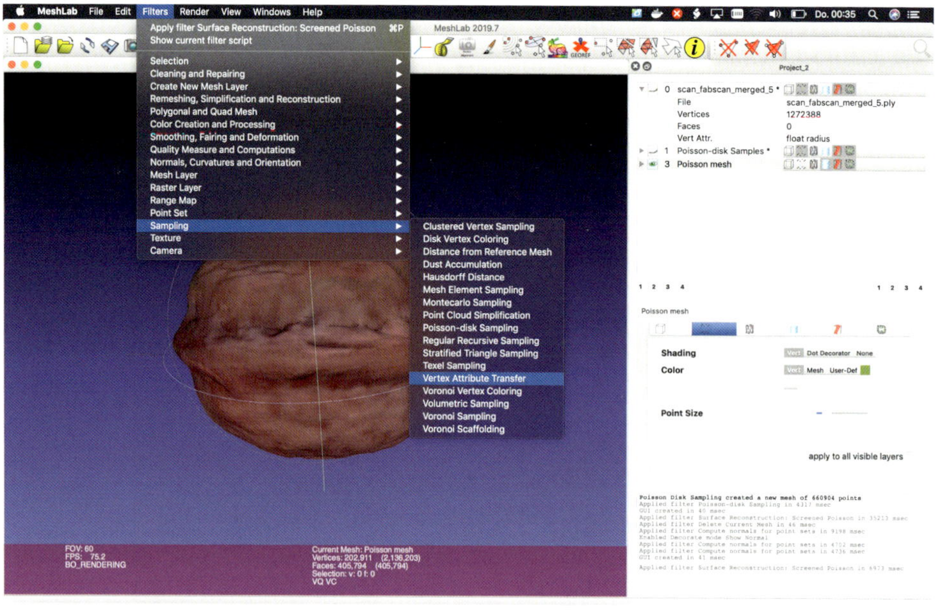

Zurück zur hohen Detailstufe

Über diesen Filter kann die Ur-Punktwolke auf das erzeugte Mesh projiziert werden, somit wird die Detailstufe erhöht (die Oberfläche des Meshs wird jedoch rauher).

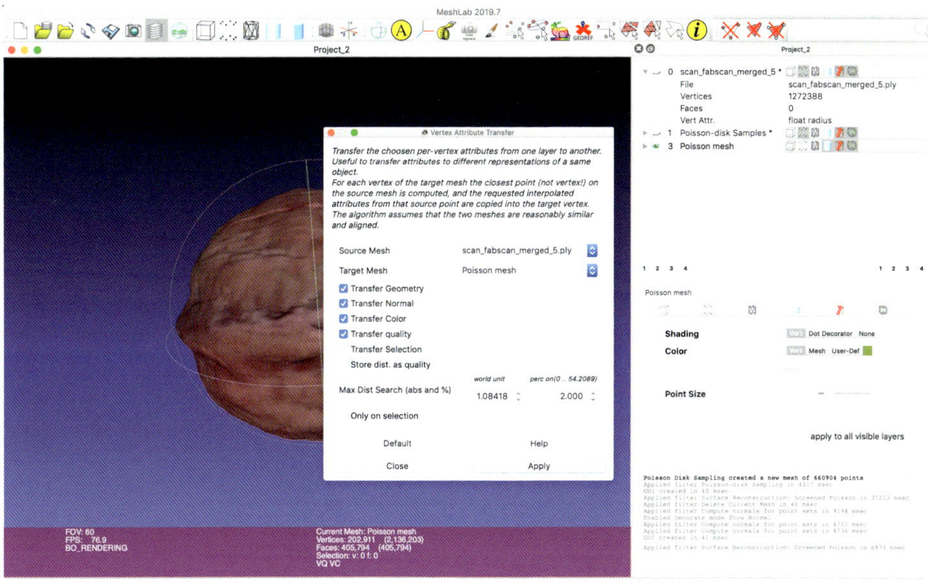

Attribute Transfereinstellungen

Zum Transferieren der Punktwolken-Eigenschaften wählen Sie als Quelle die Ausgangspunktwolke und als Ziel das gerade erzeugte Mesh. Über die weiteren Einstellungen legen Sie fest, welche Eigenschaften der Punktwolke transferiert werden sollen. In der Regel reichen schon *Geometry* und *Quality*.

Die durch diesen Filter erzeugte rauere Oberfläche können Sie entweder durch einen der unzähligen Glättungsfilter oder durch die Nachbearbeitung mit *MeshMixer* wieder glätten.

5.2.6 Mesh zur weiteren Verarbeitung exportieren

Meist möchte man das Ergebnis zur weiteren Verarbeitung exportieren. Hierzu bietet *MeshLab* unterschiedliche Exportformate an.

Zum Exportieren wählen Sie in der Menüleiste das Menü *File* und dort den Unterpunkt *Export Mesh*. Im sich öffnenden Dialog können Sie sowohl den Dateinamen als auch das Exportformat bestimmen. Die relevantesten Formate sind – wie in Kapitel 5.1 – beschrieben PLY, STL und OBJ.

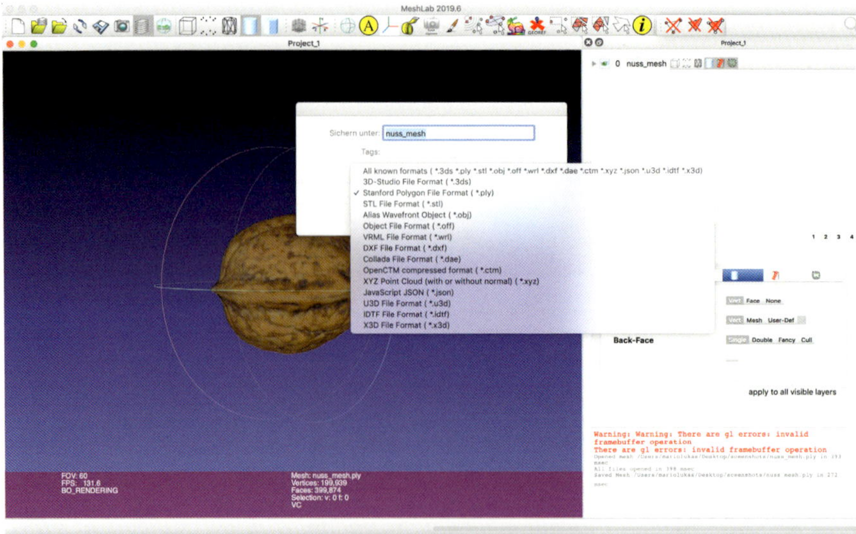

Fertig bearbeitetes Ergebnis als PLY-Datei exportieren

Nachdem das Format festliegt, können Sie den Dialog mit *Save* bestätigen. Es erscheint ein weiterer Dialog, in dem Sie die zu exportierenden Eigenschaften auswählen können – in der Regel sollten Sie hier alle Häkchen setzen. Zusätzlich lässt sich noch festgelegen, ob die Daten im Binär- oder im Textformat gespeichert werden. Im Binärformat liegt die Datei in einer kompakteren Form vor – das spart nicht nur Speicherplatz, sondern kann auch bei der weiteren Verarbeitung mit anderer Software von Vorteil sein.

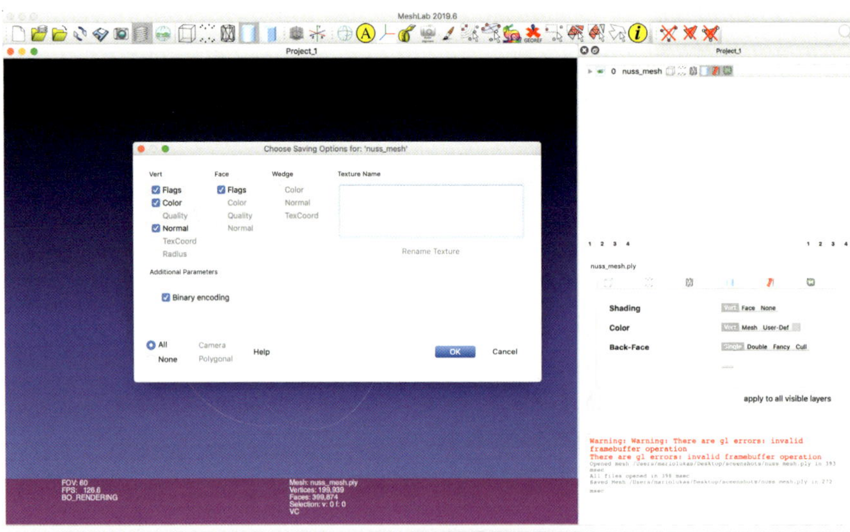

Export-Einstellungen für das PLY-Format

Abschließend bestätigen Sie den Dialog mit *OK*. Die Datei wird dann am gewünschten Speicherort angelegt.

Am Beispiel von *MeshLab* haben Sie nun die erste Möglichkeit zur Aufbereitung von Rohscandaten kennengelernt. Eine zweite Möglichkeit bietet *CloudCompare*. Im nächsten Unterkapitel zeige ich Ihnen den gleichen Prozess mithilfe von *CloudCompare*.

5.3 CloudCompare

CloudCompare ist genau wie *MeshLab* ein Programm, das den Schwerpunkt auf die Nach- und Bearbeitung von Punktwolken (3D-Scan-Rohdaten) legt. Außerdem können Sie mit *CloudCompare* auch Oberflächenmodelle (Meshes) verarbeiten.

CloudCompare hat seinen Ursprung in der Zusammenarbeit der Telecom ParisTech mit der Forschungs- und Entwicklungsabteilung der französischen EDF. Die Software entstand im Jahr 2003 im Rahmen einer Promotionsarbeit von Daniel Girardeau-Montaut mit dem Titel »Détection de changeant sur des données géométriques tridimensionelles«.

Das ursprüngliche Ziel dieser Arbeit war die schnelle Erkennung von Veränderungen in hochauflösenden Punktwolken, die durch ein 3D-Laserscan-Verfahren erzeugt wurden. Später entwickelte sich die Software zu einem Universalwerkzeug zum Verarbeiten von 3D-Scan-Daten.

Heute ist *CloudCompare* eine unabhängige Open-Source-Software und kostenlos für jedermann als Download erhältlich.

CloudCompare bietet unter anderem Werkzeuge zum Editieren, Rendern und Erzeugen von geschlossenen Oberflächenmodellen aus 3D-Scan-Daten. Zusätzlich bietet es unterschiedliche Filter und Algorithmen für fortgeschrittene Benutzer zum Erzeugen von Projektionen, Distanzmessungen, Berechnen von Statistiken und Segmentierung von Punktwolken.

CloudCompare wurde in der Programmiersprache C++ entwickelt und läuft auf den Betriebssystemen Windows, Linux und macOS.

5.3.1 Aufbau von CloudCompare

Ähnlich wie *MeshLab* handelt es sich bei *CloudCompare* ebenfalls um eine sehr umfangreiche und mächtige Software. Alle Tools und Features von *CloudCompare* zu beschreiben, würde wie schon bei *MeshLab* den Rahmen dieses Buchs sprengen. Aus diesem Grund beschreibe ich auch für *CloudCompare* nur einen möglichen Weg der Nachbearbeitung. Ich habe absichtlich einen ähnlichen Weg wie oben bei *MeshLab* gewählt, so dass Sie die beiden Software-Werkzeuge besser miteinander verglichen können. Einige der im Folgenden beschriebenen Arbeitsschritte lassen sich auch mit anderen Tools oder Filtern von *CloudCompare* lösen.

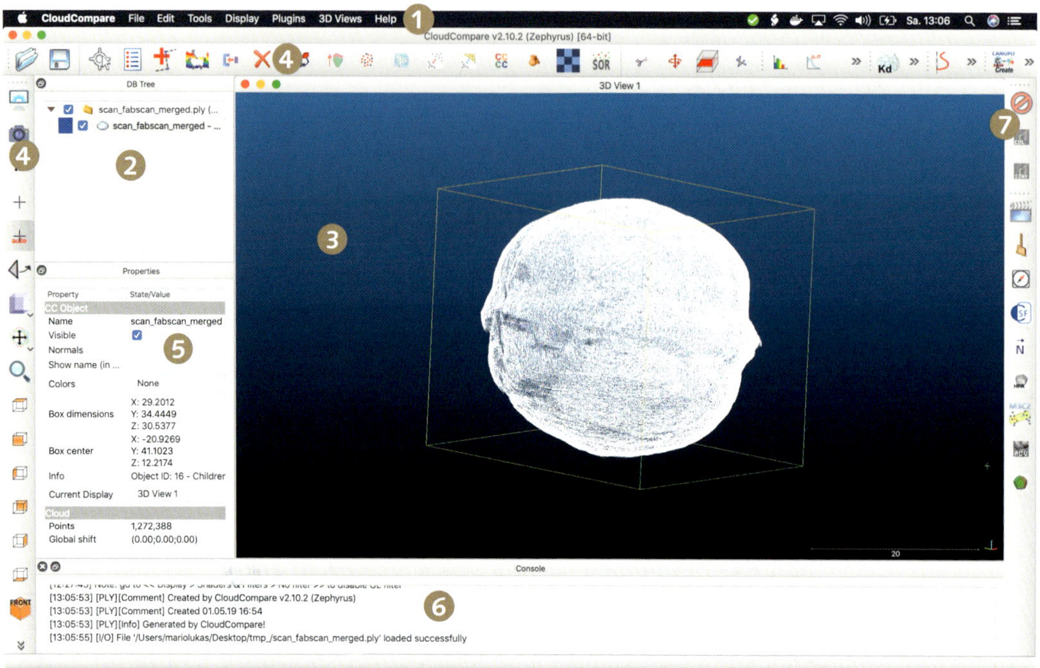

Aufbau von CloudCompare

CloudCompare unterteilt sich in sieben Bereiche. Der erste Bereich ❶ ist die Menüleiste. Der zweite ❷ Bereich ist der Layer-Dialog. Dort erscheinen die geladenen Objekte. Über ihn können Sie kontrollieren, welches Objekt in der Szene angezeigt werden soll. Der dritte Bereich ❸ ist das Hauptfenster, das die 3D-Szene enthält. Der zweite, vierte und siebte ❷, ❹, ❼ Bereich bieten Schnellzugriffsfunktionen über Icons. Im fünften Bereich ❺ stellen Sie die Eigenschaften der einzelnen Werkzeuge und Funktionen ein. Im sechsten ❻ Bereich werden über ein kleines Log-Fenster alle ausgeführten Aktionen angezeigt.

5.3.2 Wichtige Kurzbefehle

Die folgende Tabelle enthält eine Übersicht der wichtigsten Kurzbefehle und Navigationstasten mit der Maus.

Funktion	Aktion
Drehen	Linke Maustaste + Halten und Bewegen
Verschieben	[Alt] + [⇧] + linke Maustaste
Bewegen	Linke Maustaste + Halten und Bewegen
Zoomen	Mausscrollen

5.3.3 Punktwolke mit CloudCompare öffnen

Um mit *CloudCompare* eine Punktwolke im PLY-Format zu öffnen, gehen Sie wie folgt vor. Nach dem Öffnen von *CloudCompare* klicken Sie zunächst in der Menübar auf *File* und anschließend auf den Eintrag *Open*.

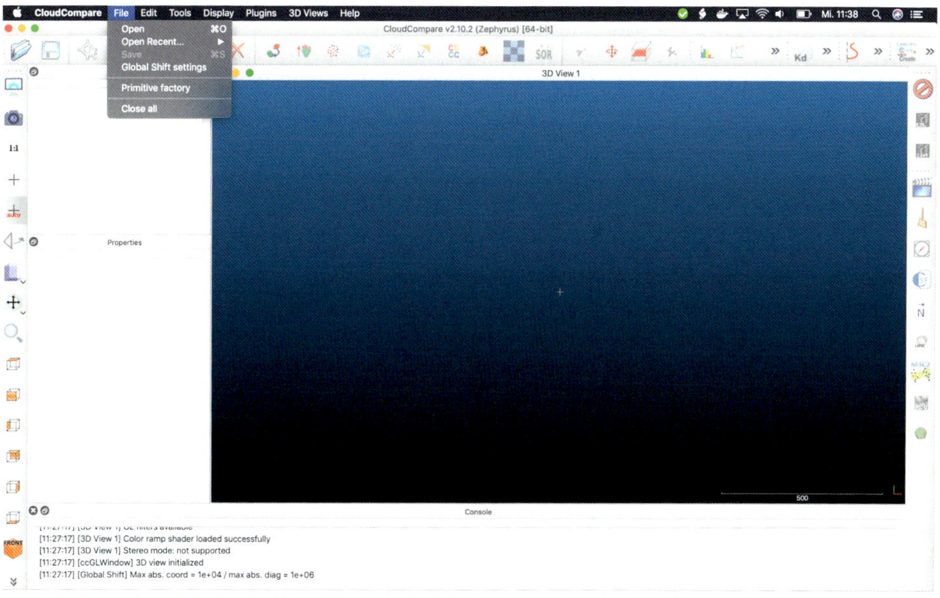

Importieren einer Datei über den »File Open«-Dialog

Ein Dialog zum Auswählen der gewünschten PLY-Datei öffnet sich. Dort wählen Sie die zu öffnende Datei aus und bestätigen Ihre Auswahl anschließend mit der Schaltfläche *Open*.

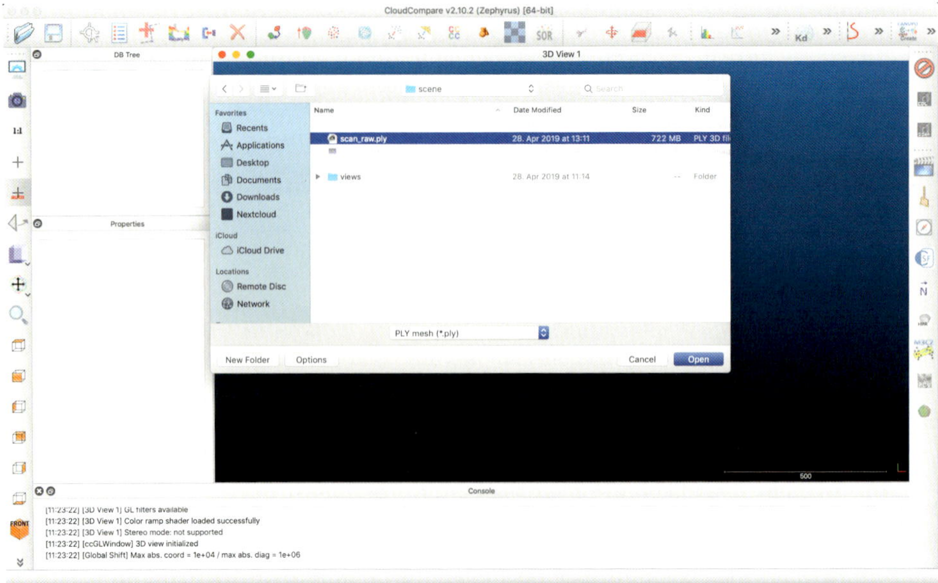

PLY-Datei auswählen und öffnen

Unmittelbar nach der Bestätigung öffnet sich ein weiteres Fenster mit Importeinstellungen (zum besseren Verständnis dieses Fensters lohnt sich ein Rückblick auf das Kapitel 5.1 ab Seite 160).

Das Fenster bietet eine Vielzahl von Einstellungsmöglichkeiten zum Import von PLY-Dateien. Im Wesentlichen handelt es sich um eine Zuordnung der PLY-Header-Informationen. In der Regel muss hier jedoch nichts verändert werden. Hier kurz die wichtigsten Einstellungen:

- **Punkt X:** Gibt an, welcher Datei-Header-Eintrag die X-Koordinate abbildet.
- **Punkt Y:** Gibt an, welcher Datei-Header-Eintrag die Y-Koordinate abbildet.
- **Punkt Z:** Gibt an, welcher Datei-Header-Eintrag die Z-Koordinate abbildet.
- **Red:** Gibt an, welcher Eintrag dem Farbwert Rot zugeordnet werden soll.
- **Green:** Gibt an, welcher Eintrag dem Farbwert Grün zugeordnet werden soll.
- **Blue:** Gibt an, welcher Eintrag dem Farbwert Blau zugeordnet werden soll.

Wenn Sie alle Einstellungen vorgenommen haben, bestätigen Sie den Import der Datei mit der Schaltfläche *Apply*.

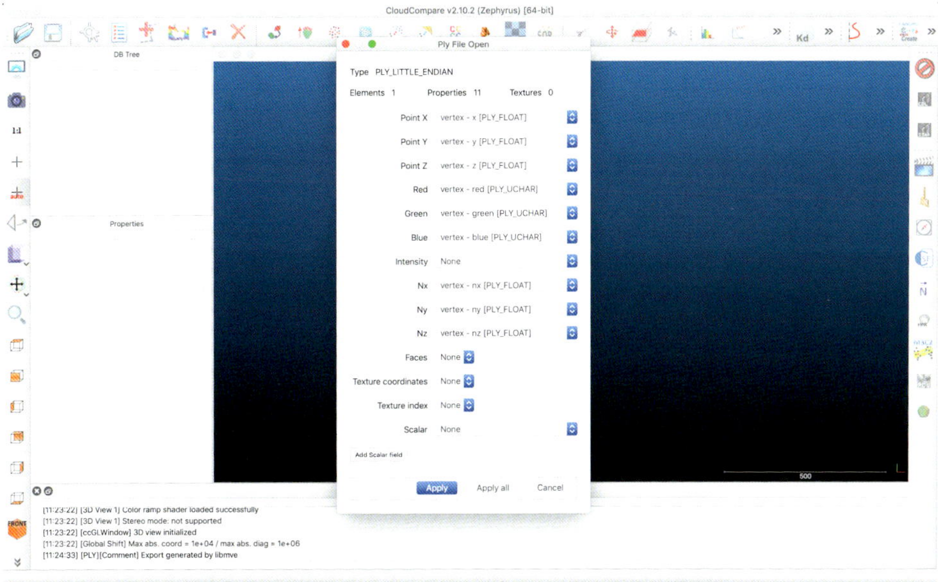

Import-Einstellungen für das PLY-Format

Der importierte Scan erscheint dann im Hauptfenster. Wenn es sich bei der importierten Datei um einen Scan in Farbe handelt, wird automatisch eine farbige Punktwolke angezeigt. Wurde jedoch ohne Textur gescannt, so wird der Scan einfarbig dargestellt, meist schwarz oder weiß. Wenn Sie mit der rechten Maustaste auf das Objekt klicken, könnn Sie die Ansicht verändern.

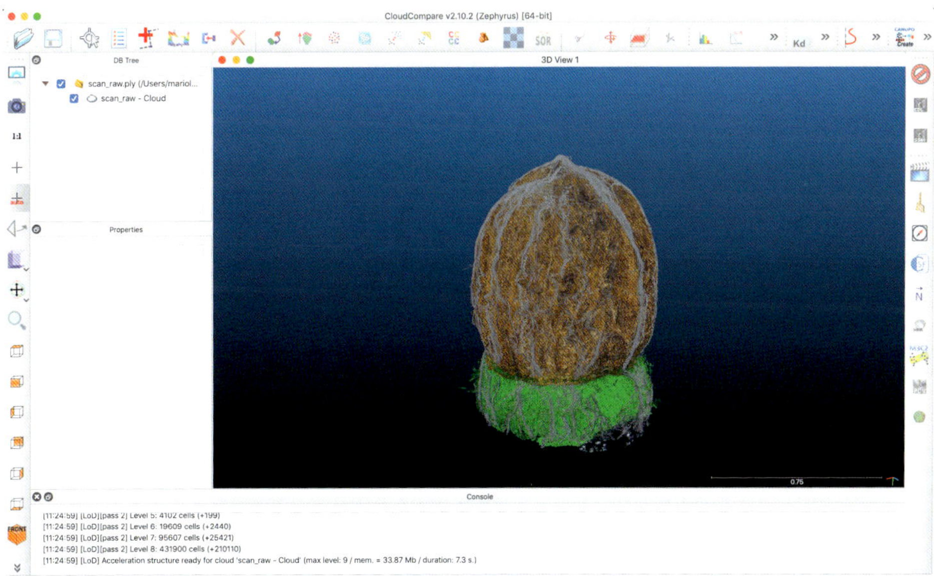

Fertig importierte Datei erscheint im mittleren Bereich des Fensters.

5.3.4 Bereinigung der Punktwolke mit CloudCompare

Da ein Rohscan oft nicht perfekt ist und unter Umständen noch Artefakte bzw. Ausreißerpunkte enthält, muss er noch nachbearbeitet beziehungsweise bereinigt werden. Bei der gescannten Walnuss wurde zum Beispiel grüne Knete verwendet, um die Nuss auf dem 3D-Scanner zu positionieren – die Knete soll jedoch nicht Teil des gescannten Objekts sein.

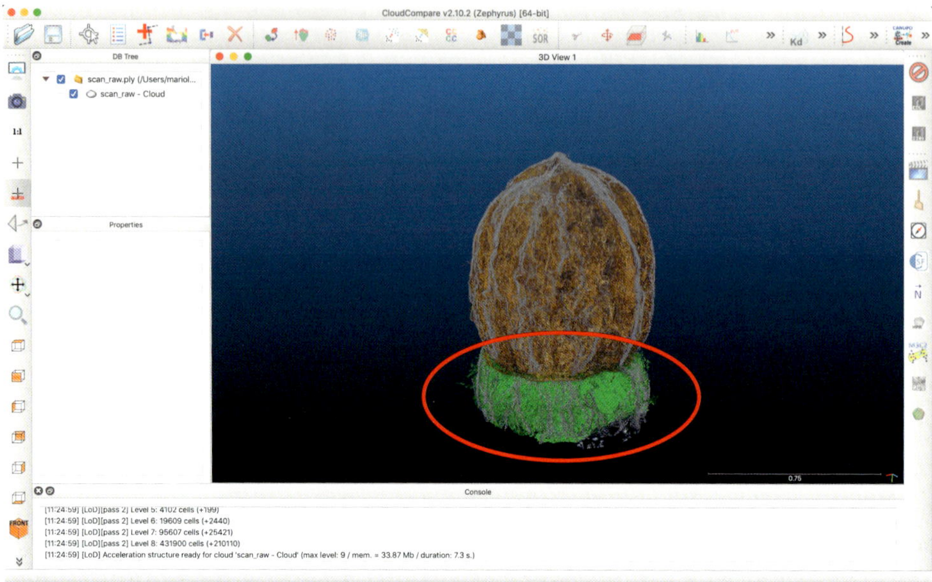

Grüner Teil der Punktwolke (Knete) muss entfernt werden.

Der 3D-Scan der Nuss wurde mittels Fotogrammetrie erstellt, dies hat zur Folge, dass ein gräulich wirkender »Schleier« über dem Objekt liegt. Diese grauen Punkte sind Teile des Hintergrunds, welche von der Fotogrammetrie-Software mit in die Punktwolke aufgenommen wurden.

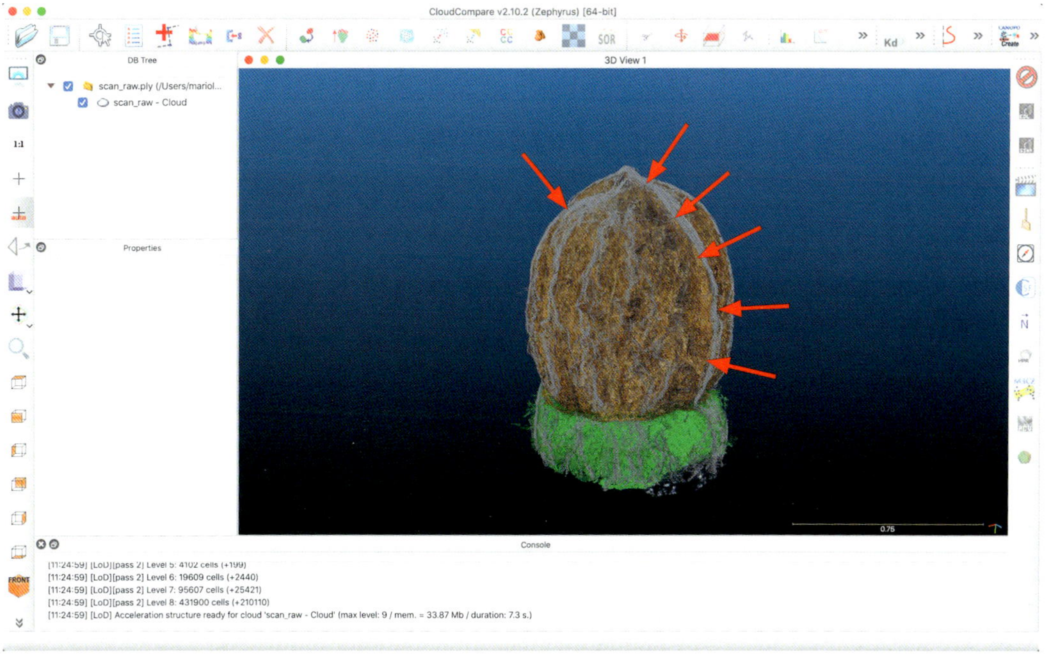

Scan-Ausreißer bilden grauen Schleier.

Im ersten Schritt soll die Knete entfernt werden, hierzu kommt das *Segmentation Tool* zum Einsatz. Zuerst wählen Sie im linken Kasten das zu bearbeitende Objekt, das dann durch eine gelbe Auswahlbox markiert wird. Dann klicken Sie in der Werkzeugleiste auf das Icon mit der Schere.

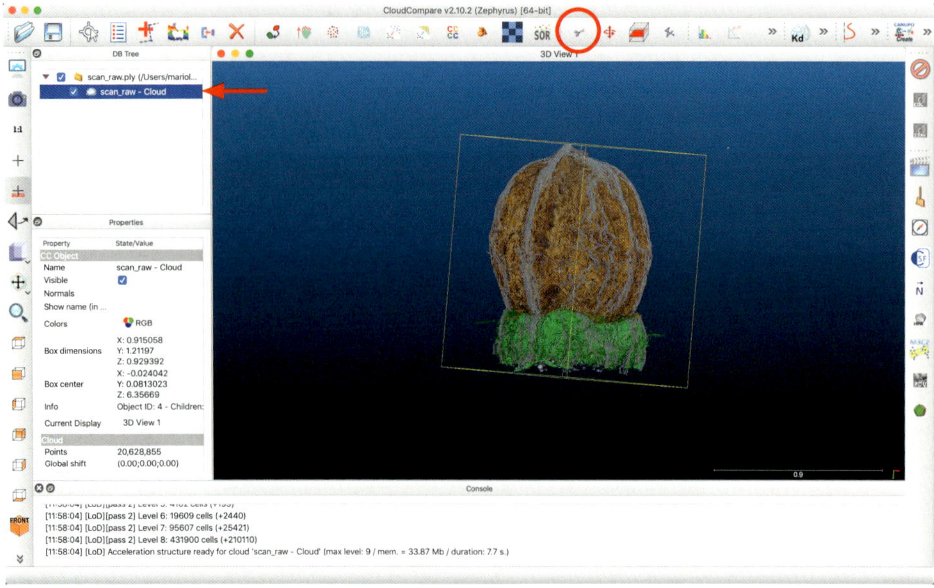

Zu segmentierende Punktwolke auswählen

Es erscheint eine weitere Werkzeugleiste mit *Segment*-Werkzeugen. Diese bietet eine Handvoll Auswahlwerkzeuge zur Segmentierung der Punktwolke.

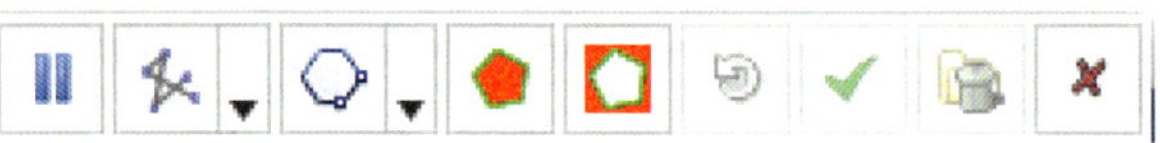

CloudCompare-Auswahl-Werkzeuge

Die Auswahl der zu entfernenden Punkte erfolgt über ein 2D-Polygon oder Rechteck-Auswahlwerkzeug, ähnlich wie Sie es von den Auswahlwerkzeugen in 2D-Grafikprogrammen kennen. Wie jedoch funktioniert dies in 3D? Wählen Sie zum Beispiel das Rechteck-Auswahlwerkzeug und selektieren damit Punkte, so stellen Sie sich am besten einen unendlich langen Korridor vor, der durch das Rechteck aufgespannt wird. Innerhalb dieses Korridors werden alle Punkte selektiert.

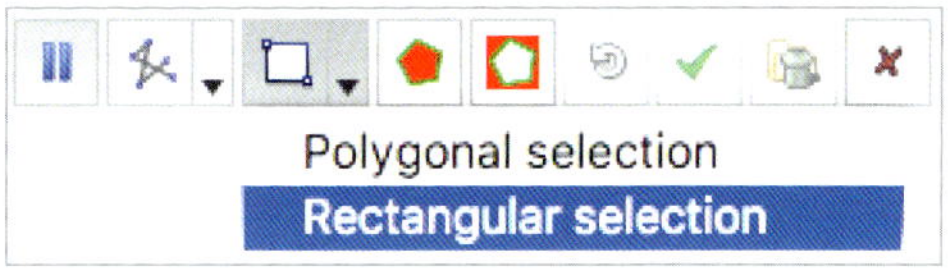

Rechteck-Auswahl wählen

Selektionen lassen sich auf zwei Arten definieren. Die erste Variante ist *Segment In*, es sollen also alle Punkte segmentiert werden, die aktiv ausgewählt wurden. Die zweite Variante *Segment Out* stellt die inverse Auswahl dar. Hiermit werden alle Punkte, die nicht aktiv markiert wurden, für die Segmentierung geltend gemacht.

Zum Abschließen der Segmentierung bieten sich zwei Möglichkeiten. Zum einen lassen sich Selektionen von Punkten einfach in ein neues Layer »verschieben«. Zum anderen können Selektionen von Punkten sofort gelöscht werden.

Zum Erzeugen eines neuen Layers mit den unerwünschten Selektionen klicken Sie nach dem Markieren der Punkte auf das Symbol mit dem grünen Häkchen. Wollen Sie jedoch die Segmentierung beenden, indem Sie die ausgewählten Punkte löschen, so wählen Sie das Symbol mit dem Papierkorb.

Für eine bessere Selektion muss man hin und wieder die Ansicht wechseln, das Objekt drehen oder an das Objekt heranzoomen. Damit Sie jedoch nicht ständig die Segmentierung beenden und das Werkzeug wechseln müssen, bietet der Segmentierungs- Werkzeugkasten die *Pause*-Option. Mit dem *Pause*-Icon können Sie zwischen Selektion und Navigation wechseln. Ist *Pause* aktiviert, so kann das Objekt bewegt werden. Ist *Pause* deaktiviert, so kann wieder mit der Auswahl fortgefahren werden.

Im Folgenden entferne ich mithilfe des Segment-Werkzeugs die Knete im 3D-Scan. Ich beginne mit der Selektion der unerwünschten Punkte, indem ich mit der linken Maustaste Punkte um die grüne Knete-Fläche herum anklicke. So entsteht ein grünes Auswahl-Polygon. Im hier gezeigten Beispiel bin ich dabei recht grob vorgegangen.

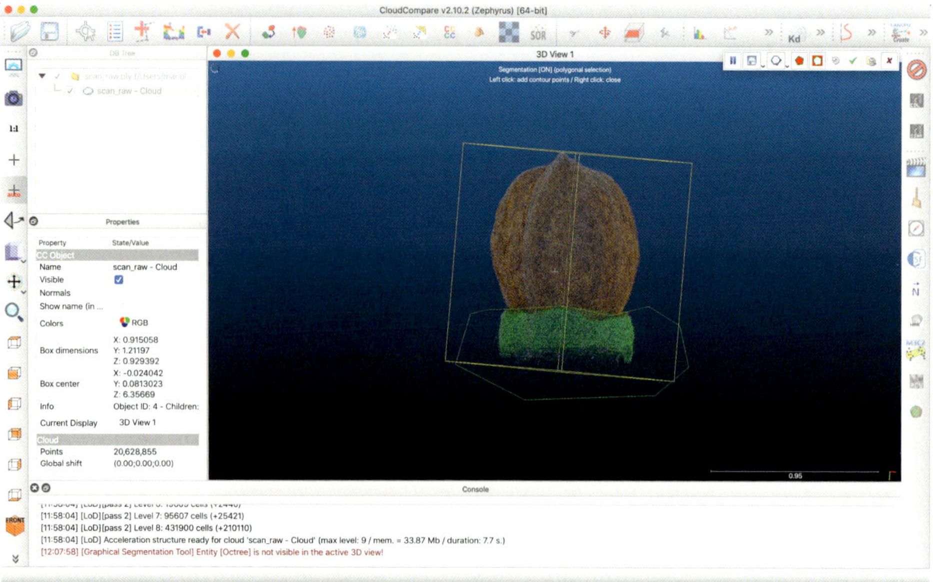

Bereich der Knete mit dem Polygon-Auswahlwerkzeug ist selektiert.

Nachdem die gewünschte Fläche vom Polygonzug umgeben ist, schließe ich die Auswahl mit einem Klick auf die rechte Maustaste ab. Die so durch die Markierung eingerahmten Punkte habe ich nun mittels Klick auf das *Segment Out*-Symbol entfernt.

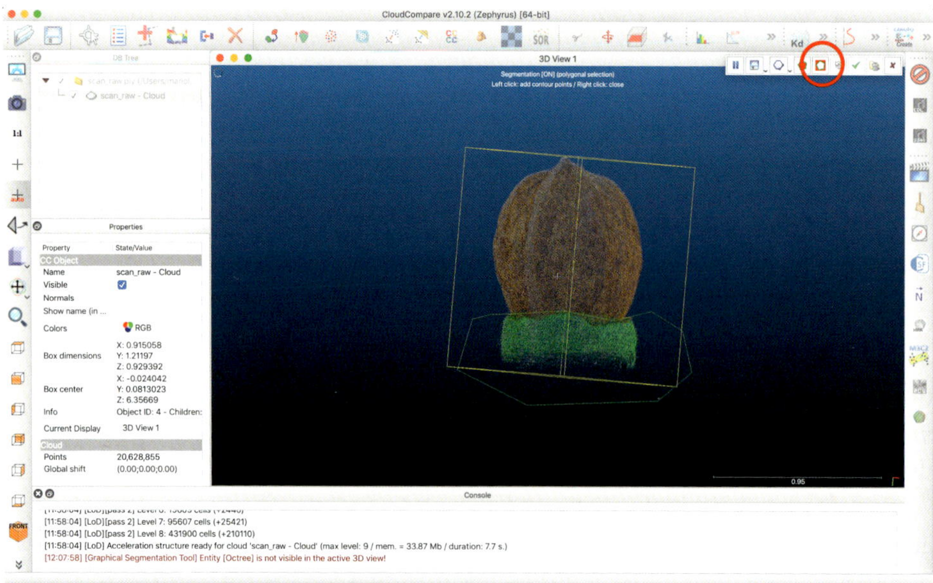

Werkzeug zur negativen Segmentierung auswählen.

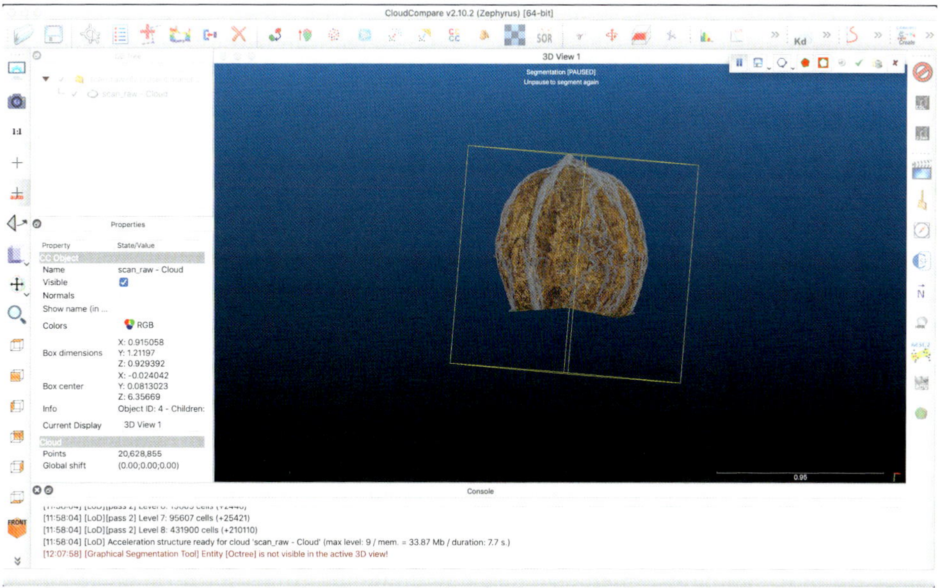

Resultierende Punktwolke nach Segmentierung

Möchten Sie die Selektion der zu entfernenden Punkte genauer vornehmen, können Sie das Objekt während der Segmentierung drehen und zoomen.

Im gezeigten Arbeitsschritt wurde der zu entfernende Teil des Objekts markiert. Alternativ können Sie auch den Teil markieren, den Sie behalten möchten – dann wählen Sie statt des *Segment Out-* das *Segment In-*Werkzeug.

Am Ende werden die Mühen mit einer bereinigten Punktwolke belohnt, die sich zur weiteren Bearbeitung eignet. Zum Beenden des Segmentierungsvorgangs gibt es zwei Möglichkeiten. Durch Bestätigen mittels des grünen Häkchens in der Werkzeugleiste wird ein neues Layer angelegt, welches die unerwünschten Punkte enthält. Dies kann sehr nützlich sein, wenn Sie die Punktwolke nicht bereinigen, sondern aufteilen möchten.

Wählen Sie hingegen das Symbol rechts daneben, *Confirm and delete hidden point*, so werden alle selektierten Punkte unwiderruflich gelöscht und es bleibt ein Layer mit dem bereinigten Objekt übrig.

Sind Sie sich nicht sicher, ob ggf. doch noch Punkte aus der getroffenen Selektion benötigt werden, so wählen Sie vorsorglich die erste Variante *Confirm segmentation*. Danach sind Sie immer noch in der Lage, weitere Segmentierungen dieser Menge an Punkten durchzuführen.

Die folgenden Abbildungen zeigen die beiden Segmentierungen – jeweils das gewünschte bereinigte Objekt und das Objekt mit unerwünschten Ausreißerpunkten.

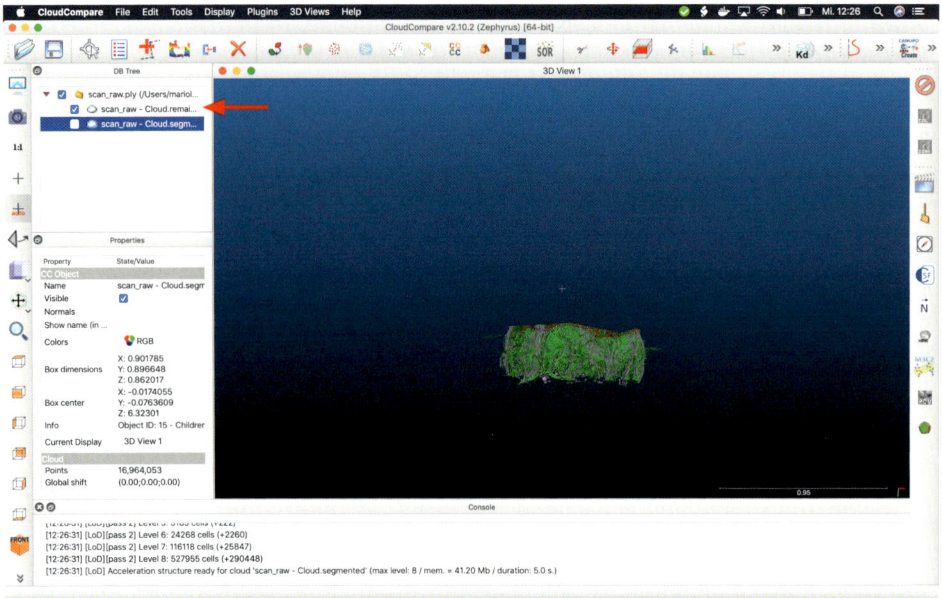

Bereich der Punktwolke, der nach der Segmentierung entfernt werden soll.

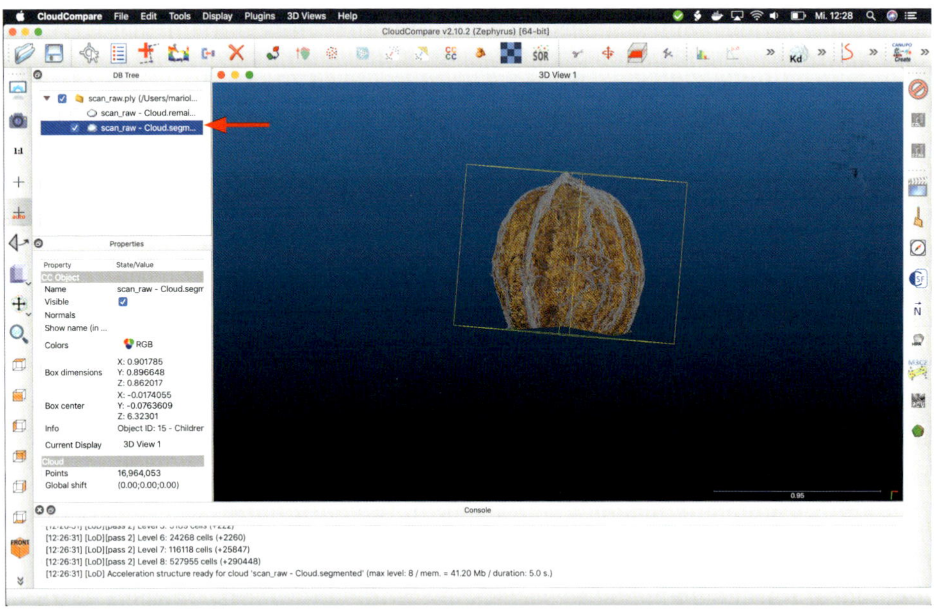

Bereich der Punktwolke, der nach der Segmentierung beibehalten werden soll.

In der weiteren Aufbereitung geht es darum, unerwünschte Artefakte aus der Punktwolke zu entfernen. Dies können beispielsweise Ausreißerpunkte sein, die sich an eigentlich erwünschten Teilen des Objekts häufen. Solche Punkte können beispielsweise durch Reflexionen oder eben wie im Beispiel der Nuss durch unerwünschte Hintergrundfragmente entstehen. Da ein Entfernen oder Bereinigen über das Segment-Werkzeug in diesem Fall zwar möglich, aber sehr mühsam ist, möchte ich hier eine von mehreren möglichen Alternativen zur Aufbereitung der Punktwolke aufzeigen. *CloudCompare* bietet zur Bereinigung zum Beispiel einen Filter namens »Statistical Outlier Removal« (S.O.R.) an. Wie der Name bereits verrät, wird hier eine Filterung mit Mitteln der Statistik durchgeführt. Dabei ermittelt der Filter die Dichte der Punkte anhand einer Betrachtung der Nachbarpunkte. Der Filter lässt sich über verschiedene Einstellungen konfigurieren.

Um den Filter anzuwenden, wählen Sie in der Menüleiste unter *Tools* den Eintrag *Clean*.

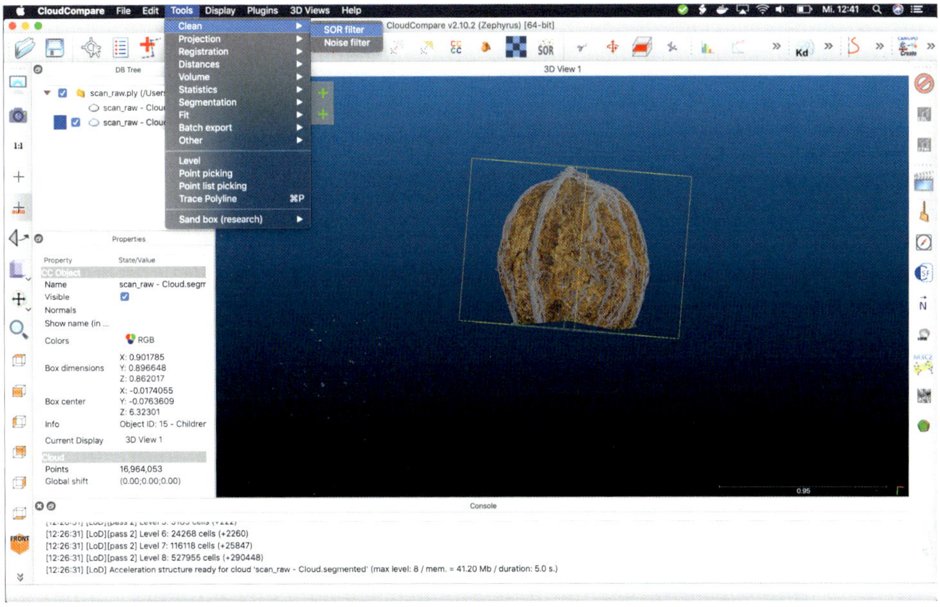

Auswahl des S.O.R-Filters zum weiteren Bereinigen der Punktwolke

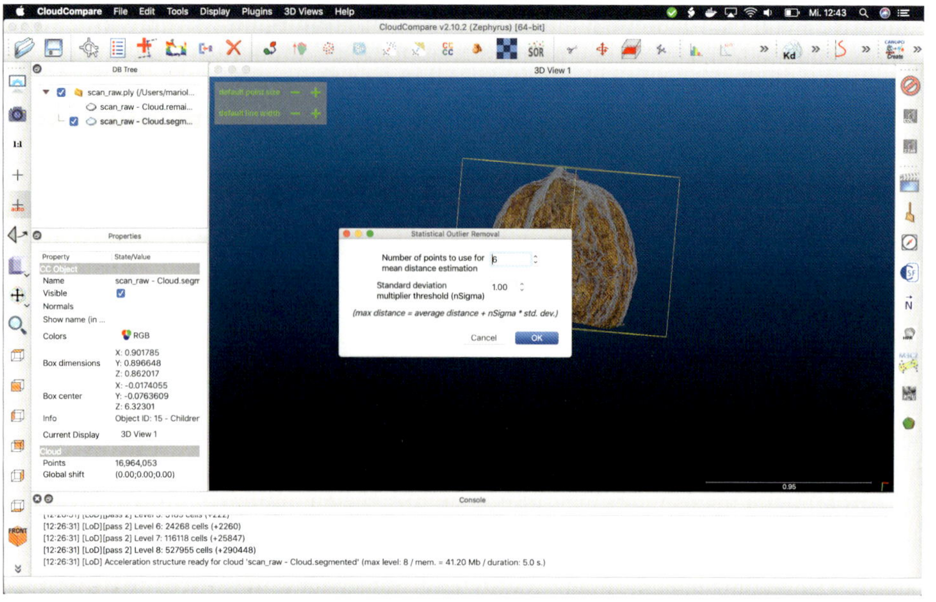

Einstellungen des S.O.R.-Filters

Um die richtigen Werte für das gescannte Objekt zu finden, sollten Sie experimentieren. Zur Anwendung des Filters bestätigen Sie den Dialog mit der *OK*-Schaltfläche. Die Berechnung kann einen Moment Zeit in Anspruch nehmen. Es kann sich lohnen, den S.O.R.-Filter mehrfach anzuwenden, wie die folgende Bilderserie zeigt. Bei der Mehrfachanwendung muss jedoch immer das vorherige Ergebnis links in der Auswahlbox als Ausgangsobjekt gewählt sein, da der Filter ansonsten stets auf die ursprüngliche Punktwolke angewendet wird. Dies würde dann zum immer gleichen Ergebnis führen.

Die folgende Bilderserie zeigt eine mehrfache Anwendung des S.O.R.-Filters.

3D-Scan ohne S.O.R.-Filter-Anwendung

Im ersten Bild sind die grauen Schleier, welche durch den Hintergrund der Fotografie mit gescannt wurden, noch sichtbar.

3D-Scan nach einmaliger Anwendung des S.O.R.-Filters, es sind noch leichte graue Schleier vorhanden.

Nach der ersten Anwendung des S.O.R.-Filters wurden die störenden grauen Punkte schon deutlich sichtbar reduziert.

3D-Scan nach einer zweiten Anwendung des S.O.R.-Filters. Es sind kaum bis gar keine graue Störpunkte mehr vorhanden.

Wie das letzte der drei Bilder zeigt, führt eine weitere Anwendung schon zum gewünschten Ergebnis. Fast alle unerwünschten Punkte sind verschwunden. Für dieses Beispiel ist das so erreichte Ergebnis zur weiteren Verarbeitung vollkommen ausreichend.

Bei der Anwendung eines solchen Filters zur Reduzierung von Rauschen in einer Punktwolke sollten Sie beachten, dass auch immer Punkte entfernt werden könnten, die Sie eigentlich behalten möchten. Hier lohnt sich das Experimentieren mit den Parametern des jeweilig eingesetzten Filters. Ansonsten bleibt am Ende immer noch der mühsame Weg über das *Segment*-Werkzeug.

5.3.5 Speichern des Objekts mit CloudCompare

Spätestens jetzt ist ein guter Zeitpunkt, das bisher erzielte Ergebnis zu speichern.

Das Speichern funktioniert wie immer über *File* und *Save*. Bevor Sie das Modell aber speichern, sollten Sie im Layer-Dialog das gewünschte Objekt zur Speicherung markieren.

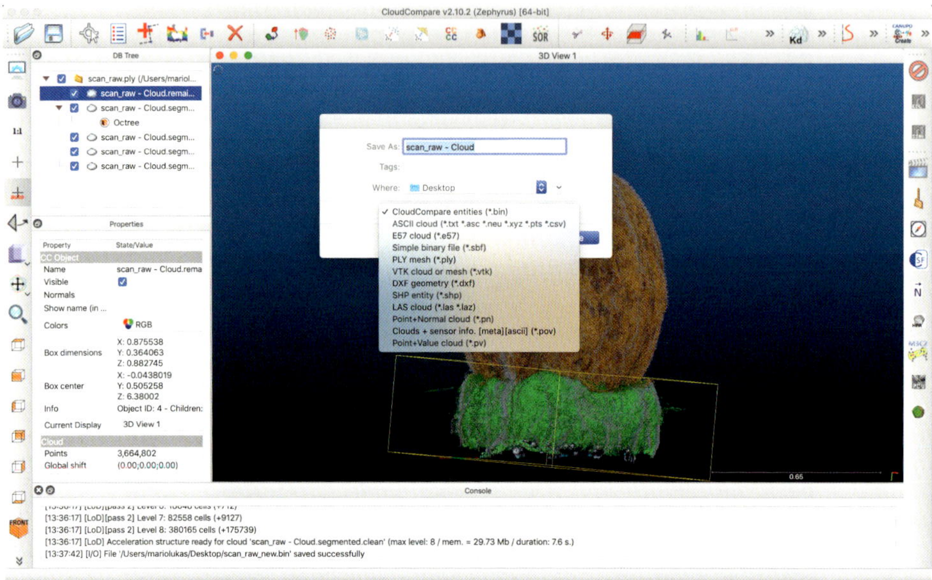

Abspeichern der Zwischenergebnisse

Anschließend rufen Sie den Dialog zum Abspeichern der Datei auf. *CloudCompare* bietet zum Abspeichern diverse Formate an, neben dem *CloudCompare*-eigenen Format auch die in Kapitel 5.1 beschriebenen Formate. Da im Weiteren die Rohdaten noch gebraucht werden, sollten Sie hier das Format PLY wählen.

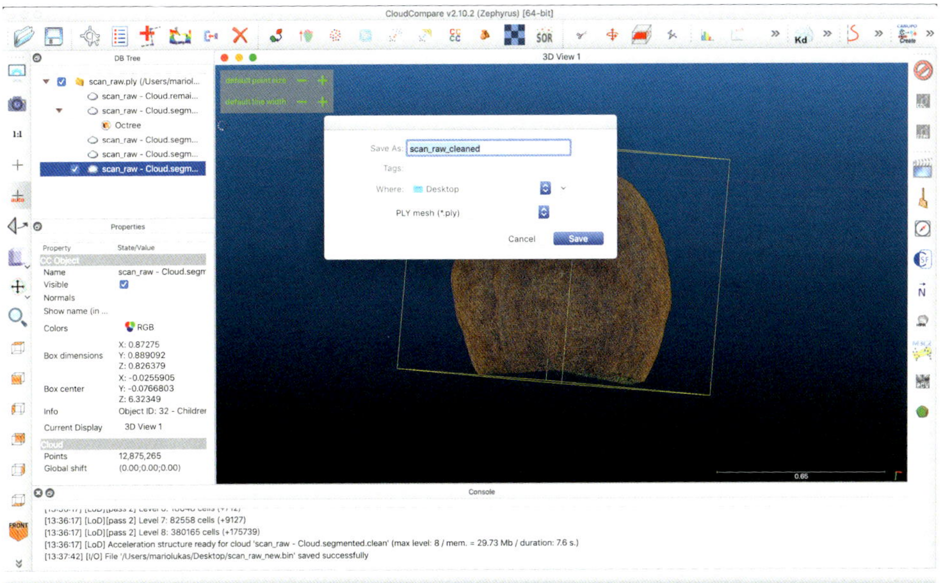

Zum Abspeichern wird das Punktwolken-Format »PLY« gewählt.

Nachdem Sie einen Dateinamen eingegeben und einen Speicherort gewählt haben, speichern Sie die Punktwolke über *Save*.

5.3.6 Punktwolken mehrerer 3D-Scans kombinieren

Oft reicht ein 3D-Scan-Durchgang für ein Objekt nicht aus. Gerade bei Laserscannern, wo das Objekt meist auf einem nicht schwenkbaren Drehteller positioniert wird, gibt es immer Bereiche, die von der Kamera nicht erfasst werden können.

In solchen Fällen ist es empfehlenswert, mehrere Scans des Objekts durchzuführen, wobei das Objekt für jeden Durchlauf anders auf dem Drehteller positioniert werden sollte. Es kann schon ausreichen, wenn das Objekt aus zwei Positionen gescannt wird. Auch im Beispiel der Walnuss habe ich zwei verschiedene Ansichten gewählt, um die gesamte Oberfläche der Nuss einmal zu erfassen. Im Beispiel der Nuss wurden jeweils eine waagerechte und senkrechte Position für die Scans gewählt.

Nuss, in zwei Positionen gescannt. Beide Scans ergänzen sich.

So entstehen zwei Punktwolken. Durch das Entfernen der Knete im vorherigen Bearbeitungsschritt entstehen bei beiden Scans Lücken in der Punktwolke. Durch die unterschiedlichen Positionen ergänzen sich die 3D-Scans allerdings an diesen Stellen.

Die beiden Punktwolken müssen also zusammengefügt werden. Diesen Vorgang nennt man »Registrierung der Punktwolken«. Es gibt diverse Möglichkeiten, eine solche Registrierung durchzuführen. Die naheliegende Lösung besteht darin, beide Punktwolken in *CloudCompare* zu laden und so lange zu drehen und zu schieben, bis beide perfekt aufeinanderpassen. Genau wie bei der Segmentierung der Einzelscans kann dies ein sehr mühsamer Prozess sein.

Glücklicherweise bietet *CloudCompare* auch für den Registrierungsvorgang ein paar geeignete Werkzeuge, mit welchen sich der Prozess mehr oder weniger automatisiert durchführen lässt.

Zunächst laden Sie wieder beide vorher von der Knete bereinigten Punktwolken in *CloudCompare*.

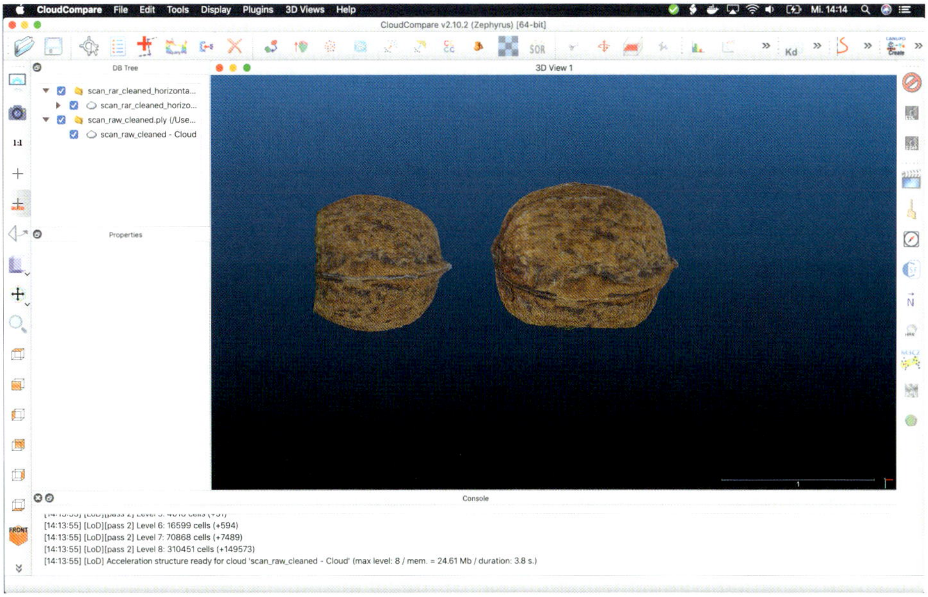

Beide Scans bereinigt und nebeneinander in CloudCompare angeordnet.

Für das weitere Vorgehen sollten Sie beide Punktwolken grob so nebeneinander positionieren, dass sie ungefähr aus der gleichen Perspektive betrachtet werden können. Wenden Sie dazu das *Translate/Rotate*-Werkzeug auf eine der beiden Punktwolken an.

Nun kann der Registrierungsprozess beginnen. Dieser besteht aus zwei Schritten. Zunächst führen Sie beide Punktwolken-Werkzeuge – gestützt auf die Vorgabe von einigen wenigen Punkten – grob zusammen, indem Sie beide Punktwolken im Datei-Viewer markieren. Anschließend wählen Sie aus der Menüleiste den Eintrag *Tools* und dort im Untermenü des Eintrags *Registration* den Punkt *Align (points pair picking)*. Es öffnet sich ein Dialog, in welchem Sie die Ausgangs-Punktwolke (*Aligned*) und die Referenz-Punktwolke (*Reference*) festlegen. Die vorausgewählten Werte können Sie fürs Erste so übernehmen. Bestätigen Sie alles mit *OK*.

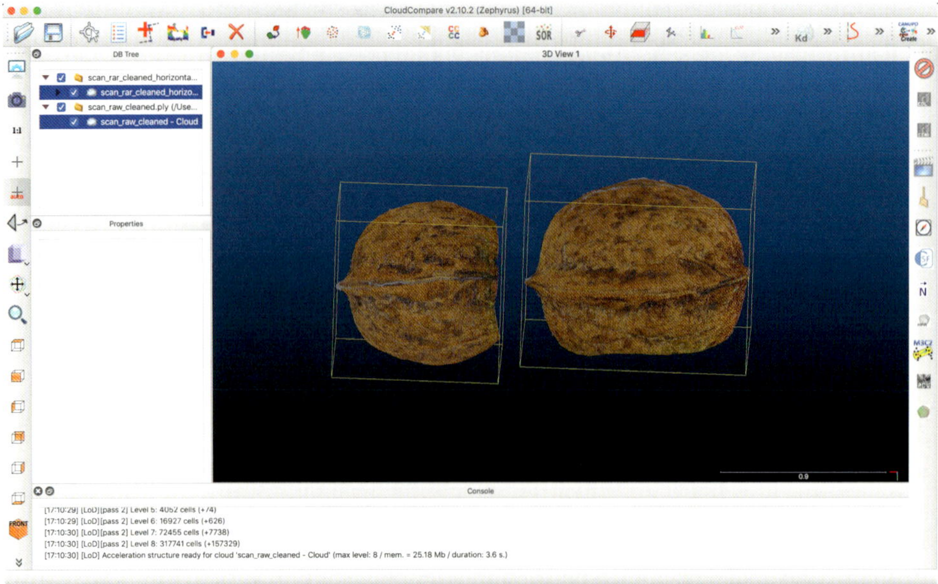

Beide Scans werden gleich ausgerichtet und ausgewählt.

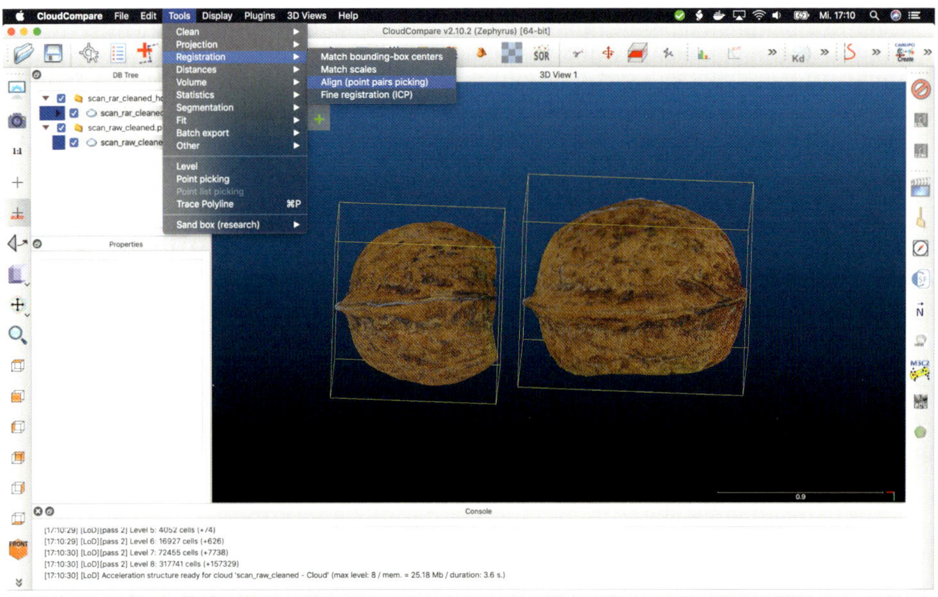

Das Werkzeug zur Registrierung wird im Menü »Tools« ausgewählt.

Im Anschluss öffnet sich ein weiteres Fenster und *CloudCompare* wechselt in der Hauptansicht in den *Alignment*-Modus. In dieser Ansicht können Sie gleiche Punkte paarweise in beiden Punktwolken setzen. Suchen Sie sich beispielsweise in beiden Punktwolken die spitzen Enden der Nuss heraus. Zuerst klicken Sie auf ein spitzes Ende der Nuss in der einen Punktwolke, dann auf das Gegenstück in der anderen Punktwolke. Dabei werden die Punkte mit kleinen Buchstaben- und Zahlenkombinationen durchnummeriert. Im konkreten Beispiel sind dies in der Abbildung die Punkte A0 und R0 in den jeweiligen Punktwolken. Auf diese Weise sollten Sie mindestens vier Punkte bestimmen. Je mehr Punkte bestimmt werden können, desto besser ist das Ergebnis der Berechnung am Ende. Die Punktwolken können in dieser Ansicht natürlich auch gedreht werden, damit Sie auch in den nicht sichtbaren Bereichen Markierungen setzen können. Beim Setzen der Referenzpunkte kommt es nicht darauf an, dass die Stellen exakt paarweise getroffen werden. Allerdings gilt genau wie bei der Anzahl der markanten Stellen: je genauer die Übereinstimmung ist, desto besser ist das Ergebnis.

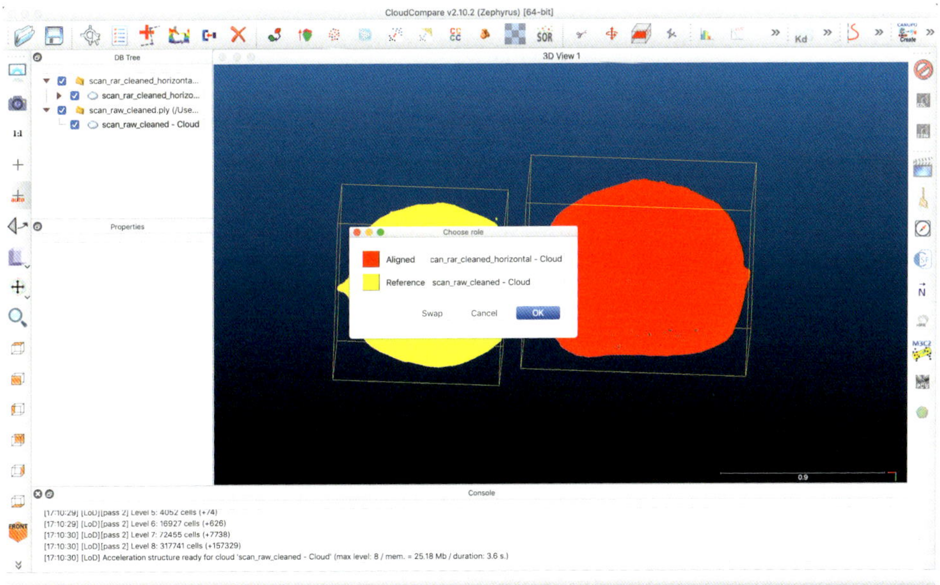

Referenz-Punktwolke und auszurichtendes Punktwolke werden festgelegt.

Wenn alle Punkte ausgewählt sind, sollten Sie im *Clouds Registration*-Fenster noch das Häkchen für *adjust scale* setzen. Denn im Gegensatz zu einem Laserscan sind die Punktwolken der Fotogrammetrie meist nicht maßstabsgetreu zueinander skaliert. Durch das Setzen dieser Option übernimmt der *Alignment*-

Algorithmus die Anpassung der Verhältnismäßigkeit der beiden Punktwolken. Ein Klick auf die Schaltfläche mit dem grünen Häkchen startet den *Alignment*-Prozess. Wenige Sekunden später sehen Sie das Ergebnis: Die Punktwolken liegen recht gut übereinander im Hauptfenster, dabei werden sie jeweils durch die rote und blaue Farbe hervorgehoben. Man kann nun genau erkennen, wo sich die beiden Einzelscans perfekt ergänzen.

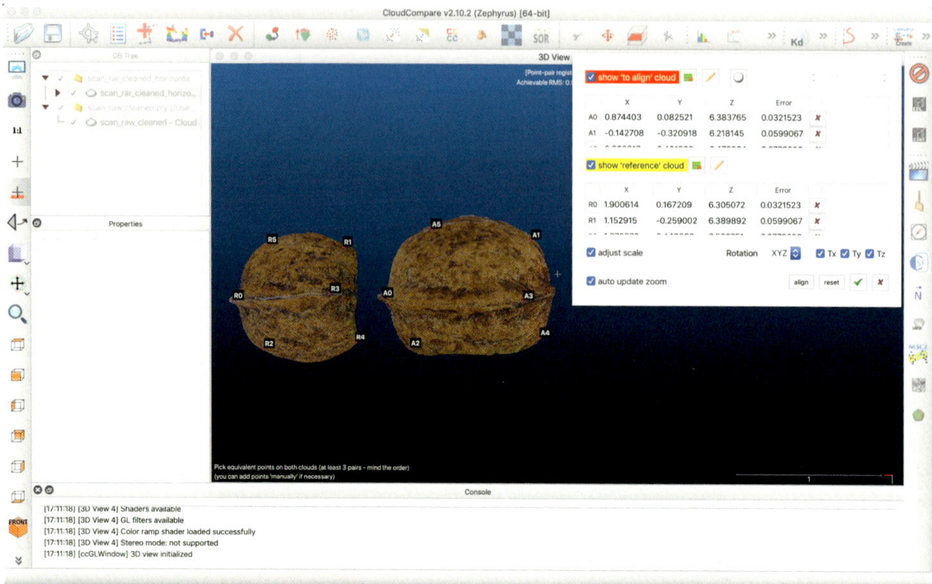

Auswahl von mindestens fünf korrespondierenden Punkten in beiden Punktwolken

Im nächsten Schritt führen Sie die Feinjustierung durch. Das manuelle Setzen der Punkte kann unter Umständen zu Fehlern in der Berechnung führen. Geringe Abweichungen oder ungenaue Überlappungen sind also normal. Das lässt sich aber deutlich verbessern. Hierzu gehen Sie Sie wieder im Menü *Tools* in den Punkt *Registration*.

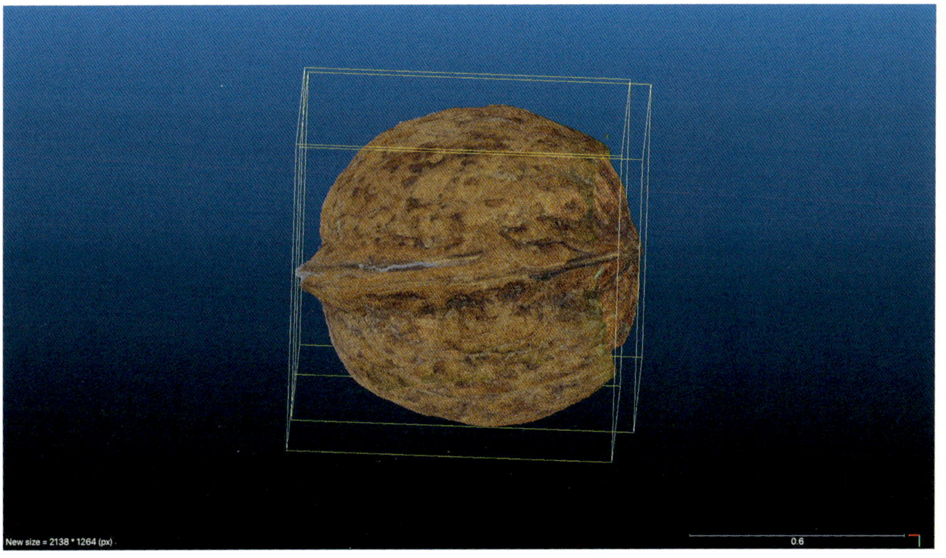

Beide Punktwolken sind aufeinander abgestimmt und ausgerichtet, so dass sie sich ergänzen.

Diesmal entscheiden Sie sich allerdings für den Punkt *Fine Registration (ICP)*. Es erscheint ein Dialog mit Parametern zur Feinabstimmung. Auch hier setzen Sie das Häkchen für *adjust scale*. Anschließend müssen Sie dem Algorithmus mitteilen, wie gut die bisherige Überdeckung der Punktwolken ist. Hier genügt ein Schätzwert. Für die ersten Versuche starten Sie mit einem Wert von 75%. Diesen tragen Sie im Feld *Final Override* ein. Der Registrierungsprozess geht dann von einer bereits erreichten Überdeckung von 75% aus. Auch an dieser Stelle können Sie mit dem Wert experimentieren, jedoch sollten Sie immer den vorher ausgeführten manuellen Schritt zur Registrierung der Punktwolken als Maß nehmen. Der Prozess wird nach einem Klick auf die Schaltfläche *OK* ausgeführt und kann eine Weile dauern, weil die Registrierung via ICP sehr rechenintensiv ist.

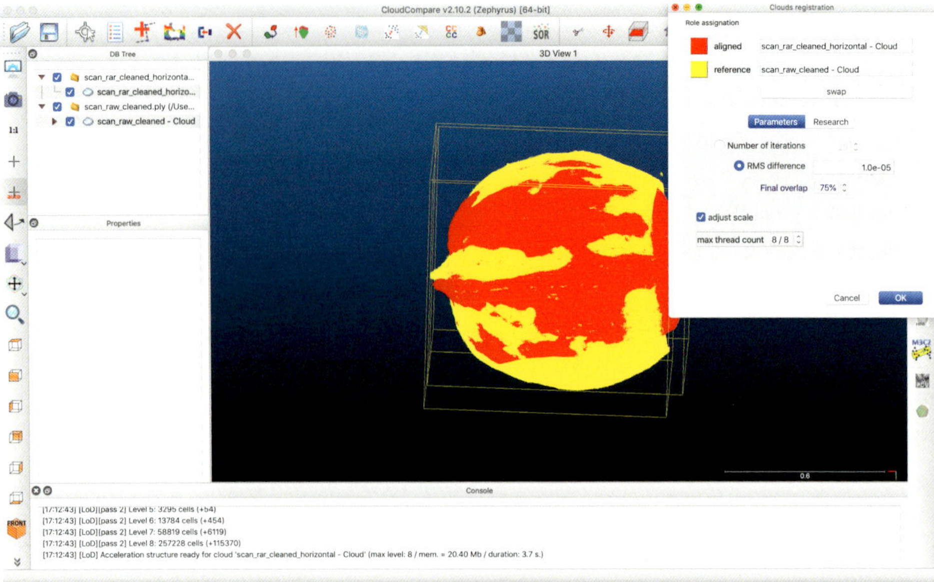

In einem zweiten Durchgang wird das Ergebnis mittels ICP-Algorithmus verbessert.

Nach einer Wartezeit ist der Prozess abgeschlossen und Sie werden mit einem recht guten Ergebnis belohnt. Sollte es hingegen nicht überzeugen, so können Sie die Schritte wiederholen. In manchen Fällen lohnt es sich, wieder mit dem manuellen Prozess der Registrierung zu starten und eine genauere Punktauswahl vorzunehmen. In der Regel gilt: je besser die Vorarbeit, desto besser ist das Ergebnis des ICP-Algorithmus.

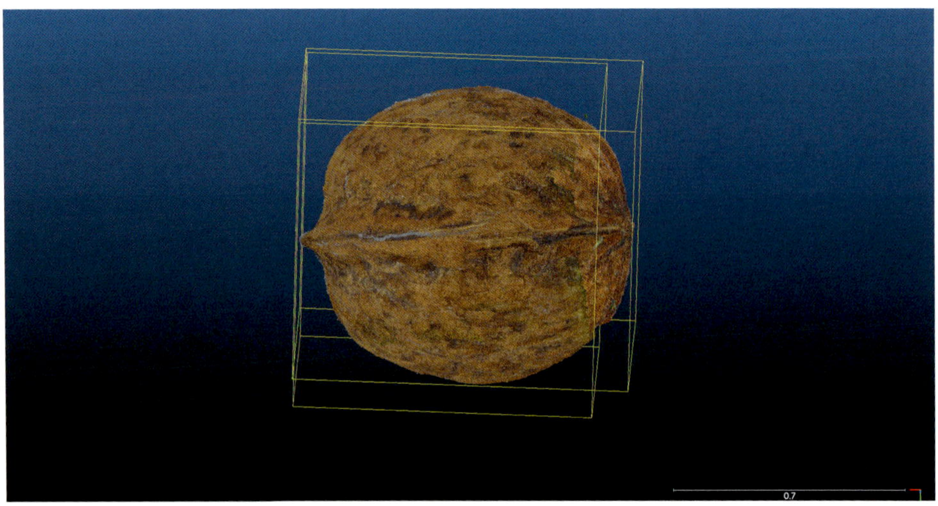

Verbessertes Ausrichtungsergebnis durch automatische Feinausrichten via ICP

5.3.7 Von der Punktwolke zum Objekt

Im letzten Schritt soll aus der Punktwolke ein Objekt mit geschlossener Oberfläche (»Solid Mesh«) werden. Dieser Vorgang wird »Meshing« genannt. Hierzu bringt *CloudCompare* ein mächtiges Werkzeug mit.

In manchen Fällen müssen vor der Oberflächenberechnung noch die Normalen berechnet werden. Dies ist zum Beispiel der Fall, wenn die Punktwolke mit einem der vorgestellten Laserscanner erzeugt wurde. Bei der in Kapitel 3.2 vorgestellten Software zur Fotogrammetrie ist eine Berechnung der Normalen nicht notwendig, da diese von der Fotogrammetrie-Software bereits berechnet werden.

INFO

Eine »Normale« ist in der Mathematik ein Richtungsvektor, welcher senkrecht auf einer Geraden, Kurve, Ebene oder Fläche steht. Dabei nennt man einen Normalenvektor mit der Länge eins »Normalen Einheitsvektor«.

Bevor die Normalen berechnet werden können, sollte die Punktmenge der Ausgangspunktwolke reduziert werden. Hierzu bietet *CloudCompare* das *Subsample*-Werkzeug. Mit diesem lässt sich die Anzahl der Punkte in der Punktwolke reduzieren, ohne dass wichtige Details verloren gehen. In einem späteren Vorgang kann die Detailstufe der ursprünglichen Punktmenge zurückgewonnen werden.

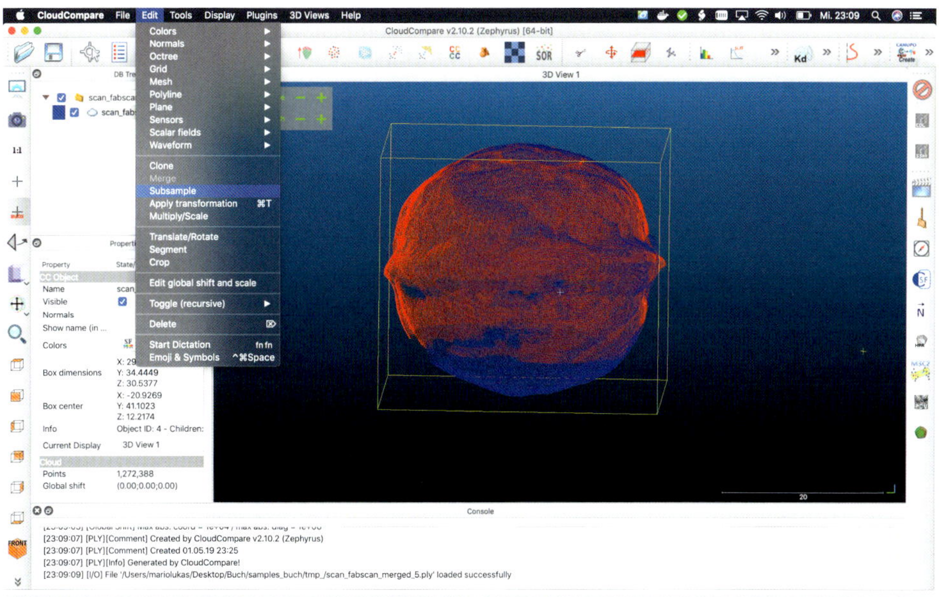

Einstellungen des Subsampling-Werkzeugs

Die Funktion *Subsample* finden Sie in der Menüleiste unter dem Eintrag *Edit*. Im *Subsample*-Dialog lässt sich die Methode zum Subsampling auswählen. Am besten gelingt es, wenn Sie als Methode *Random* (Zufall) auswählen. Sie müssen dann nur noch den Wert der verbleibenden Punkte setzen – für den Anfang können Sie mit der Hälfte der Punkte beginnen, indem Sie den Regler ca. in die Mitte bewegen.

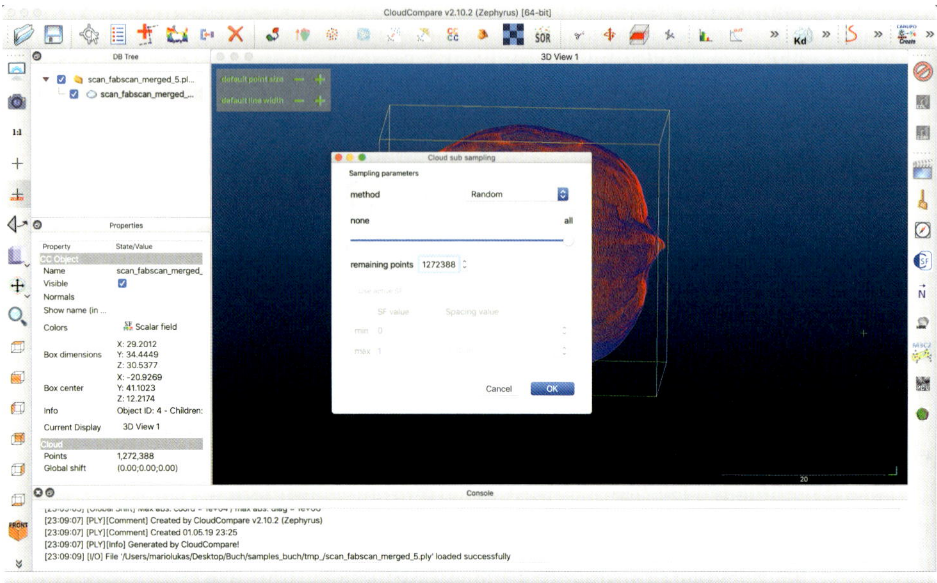

Reduzieren der Punkte durch Subsampling

Abschließend starten Sie den Subsampling-Prozess mit einem Klick auf die *OK*-Schaltfläche. Wenn die Berechnungen beendet sind, erscheint links im *Layer*-Dialog ein weiterer Eintrag mit der reduzierten Punktwolke. Damit Sie den Überblick behalten, sollten Sie die ursprüngliche Punktwolke für das weitere Vorgehen verstecken. Dazu entfernen Sie das entsprechende Häkchen im *Layer*-Dialog.

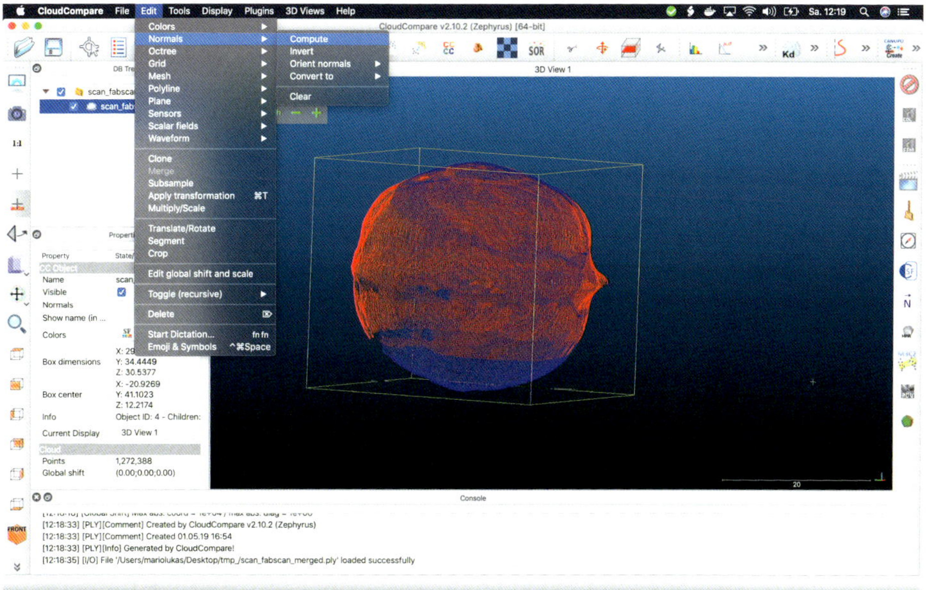

Berechnung der Punktwolken-Normalen

Zur Berechnung der Normalen wählen Sie in der Menüleiste im Menü *Edit* den Punkt *Normals* und im folgenden Untermenü den Eintrag *Compute*.

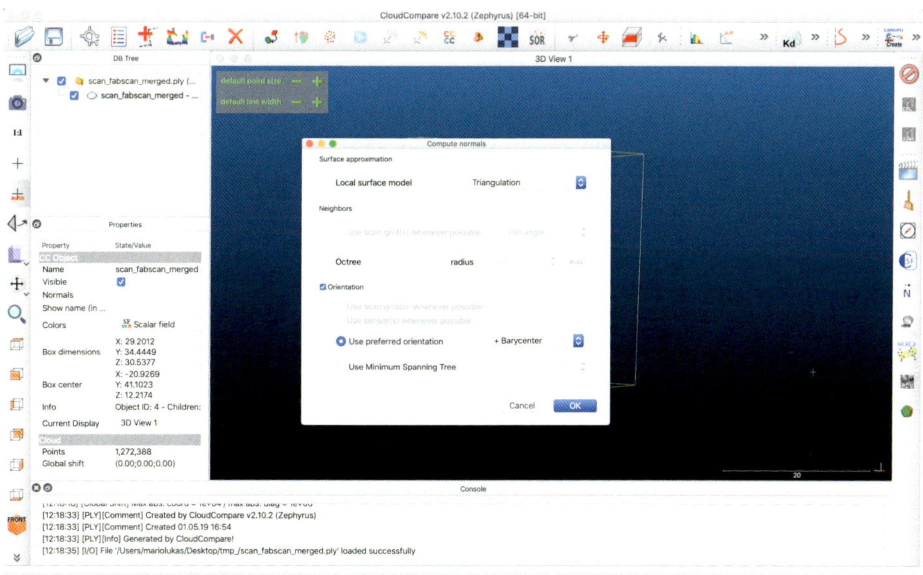

Einstellungen zur Berechnung der Normalen

Es stehen verschiedene Optionen für die Berechnung zur Verfügung. In der Regel funktioniert *Local surface Model* mit der Auswahl *Triangulation* am besten. Über die Auswahl *Orientation* stellen Sie die Richtung der Normalen ein. Hier kann experimentiert werden. Nur: Die Normalen sollen später zur Außenseite des Objekts zeigen.

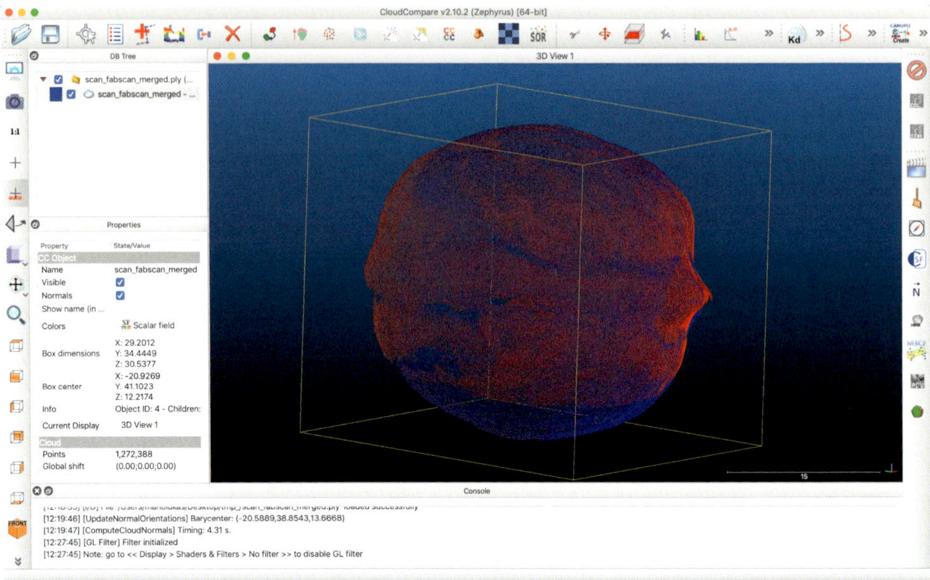

Beendete Normalen-Berechnung in CloudCompare. Die Punktwolke wirkt etwas dunkler.

Die Berechnung der Normalen dauert einen Augenblick. Leider ist die Darstellung der Normalen in *CloudCompare* weniger gut als beispielsweise in *MeshLab*. So wird die Punktwolke in *CloudCompare* nur dunkler angezeigt, sofern Sie die Option zum Anzeigen der Normalen gewählt haben. Somit ist es schwieriger, das Ergebnis in Bezug auf die gewünschte Qualität zu überprüfen. Zur Prüfung einer guten Berechnung bleibt nur die Möglichkeit, das Meshing durchzuführen und das Endergebnis zu betrachten. Alternativ könnten Sie die Punktwolke mit den Normalen speichern bzw. exportieren und mithilfe von *MeshLab* überprüfen.

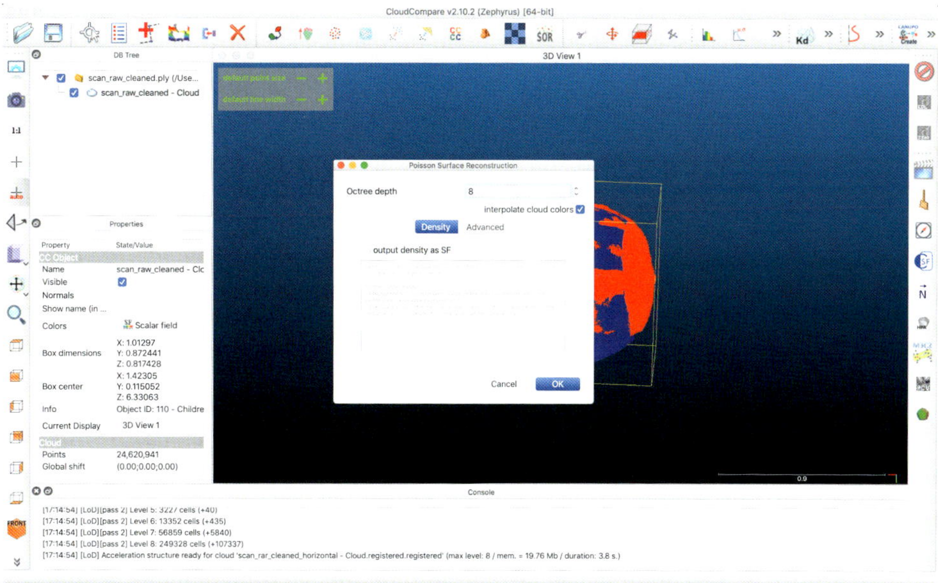

Berechnung des Oberflächenmodells (Mesh) mittels Poisson Surface Reconstruction

Haben Sie die Normalenberechnung erfolgreich abgeschlossen, so können Sie mit der Berechnung des Gitternetzmodells beginnen. Genau wie *MeshLab* bietet auch *CloudCompare* den *Poisson-Algorithmus* zur Berechnung des Oberflächenmodells an. Diesen finden Sie im *Plugins*-Menü unter *PoissonRecon*.

Aus der Punktwolke berechnetes Objekt mit geschlossener Oberfläche

Die Einstellungen sind identisch mit den Einstellungen der Poisson-Rekonstruktion bei *MeshLab*. Die wichtigste Einstellung ist die *Octree Depth*. Dieser Wert bestimmt die Detailstufe des späteren Mesh. Wird dieser Wert erhöht, so steigt auch die Berechnungszeit. In der Praxis haben sich Werte zwischen 8 und 12 bewährt. Eine größere Tiefe als 12 führt meist zu keinem besseren Ergebnis mehr und verlängert nur die Berechnungszeit.

Die folgenden Abbildungen zeigen jeweils das fertig berechnete Mesh mit und ohne Textur. Um die Qualität des so entstandenen Oberflächenmodells zu beurteilen, ist es ratsam, die Textur abzuschalten, da diese durch Schattierungen ein gutes Ergebnis vortäuschen kann.

Fertig berechnetes Mesh mit Textur

Fertig berechnetes Mesh ohne Textur

5.3.8 Objekt zur Weiterverarbeitung exportieren

Am Ende können Sie das fertige Ergebnis exportieren, so dass Sie es mit einer anderen Software wie zum Beispiel *MeshMixer* weiterverarbeiten können.

Das Exportieren des fertigen Objekts funktioniert dabei genau, wie ich es bereits für das Zwischenspeichern im Abschnitt 5.3.4 ab Seite 194 erläutert habe.

In den bisherigen Abschnitten dieses Kapitels habe ich gezeigt, wie Sie von der Punktwolke zu einem geschlossenen Oberflächenmodell kommen. Im nächsten Unterkapitel möchte ich Ihnen zeigen, wie Sie die so entstandenen Objekte weiterverarbeiten.

5.4 MeshMixer

MeshMixer ist eine kostenlose Software zur Bearbeitung von 3D-Gitternetz-Modellen, oft auch »Mesh« genannt. *MeshMixer* wurde im Jahr 2009 von Ryan Schmidt in Toronto entwickelt. Gegen Ende 2011 wurde die Software an die Firma *Autodesk* verkauft, wo *MeshMixer* mehr oder weniger unabhängig von anderen Autodesk-Produkten weiterentwickelt wurde. Im Laufe der Zeit gehörte *MeshMixer* zur Reihe der 123D-Suite-Produkte, diese Reihe wurde jedoch später wieder von Autodesk aufgelöst. Einige der 123D-Software-Pakete wurden in andere bestehende Autodesk-Produkte integriert. Seltsamerweise blieb *MeshMixer* jedoch eine eigenständige Software und es erscheinen weiterhin kontinuierlich neue Versionen. *MeshMixer* läuft auf allen gängigen Betriebssystemen und kann unter *http://www.meshmixer.com/* heruntergeladen werden.

MeshMixer ist im Gegensatz zu *CloudCompare* und *MeshLab* nicht für die Bearbeitung von Punktwolken geeignet, sondern setzt voraus, dass bereits ein Oberflächenmodell vorliegt. Dieses kann jedoch nach allen Regeln der Kunst mit *MeshMixer* bearbeitet werden. Somit eignet sich *MeshMixer* perfekt, um 3D-Scans zu kombinieren, für den 3D-Druck vorzubereiten oder zu verändern.

Dieses Kapitel zeigt einige nützliche Funktionen von *MeshMixer*. Es bietet sich an, dafür einen mit der Kinect angefertigten 3D-Personen-Scan zu verwenden, da dieser nach dem Exportieren mit der in Kapitel 3.3 vorgestellten Software bereits als Gitternetzmodell vorliegt. Natürlich können Sie auch 3D-Gitternetzmodelle verwenden, die in Kapitel 5.2 oder 5.3 entstanden sind.

Ich zeige Ihnen nachfolgend, wie Sie aus einem Oberkörper-Scan einer Person eine schicke Büste zum 3D-Drucken erarbeiten.

5.4.1 Aufbau von MeshMixer

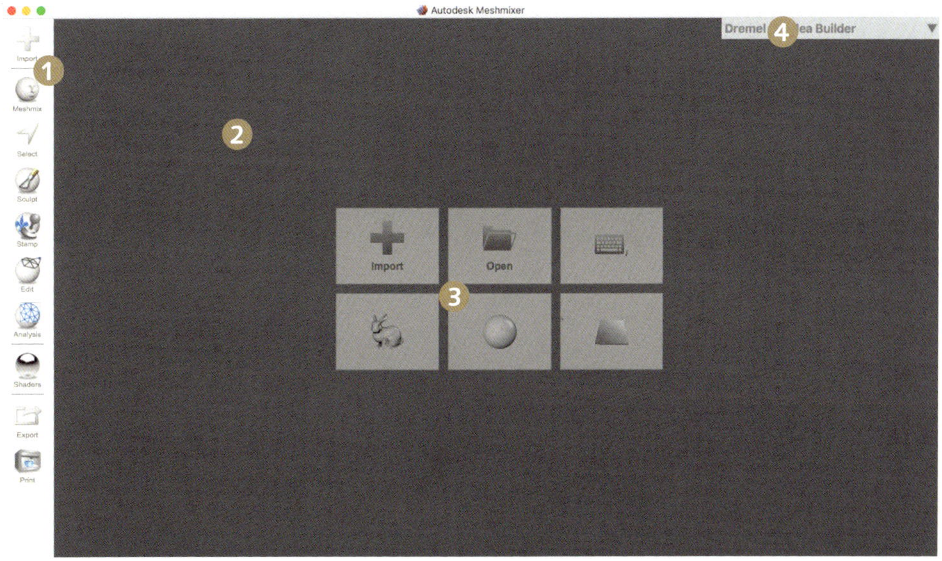

MeshMixer-Startbildschirm

In der Hauptansicht fallen besonders vier Bereiche in *MeshMixer* auf. Auf der linken Seite befindet sich die Werkzeugleiste ❶. Dort wird zwischen den einzelnen Funktionen von *MeshMixer* gewechselt. Im mittleren Bereich ❷ befindet sich die Hauptansicht. Dort erscheint nach dem Laden der Modelle auch das Vorschaufenster bzw. die Szene, in welcher die Modelle angezeigt werden. Im Startzustand erscheinen außerdem einige Icons ❸ zum Aufruf der wichtigsten Importfunktionen sowie eine Möglichkeit, sich die Tastaturkürzel anzeigen zu lassen. Dies kann sehr hilfreich sein, gerade dann, wenn Sie sich noch nicht mit der Software vertraut gemacht haben. In der oberen rechten Bildhälfte befindet sich ein Drop-down-Menü zur Auswahl eines 3D-Druckers ❹. *MeshMixer* verfügt über eine Funktion, welche es erlaubt, die 3D-Modelle direkt in ein Format zur Verarbeitung mit 3D-Druckern zu überführen.

Wichtige Kurzbefehle

Funktion	Aktion
Drehen	[Ctrl] + linke Maustaste oder [Alt] + [⇧] + linke Maustaste
Bewegen	Linke Maustaste + Halten und Bewegen
Zoomen	Mausscrollen

5.4.2 Dateien importieren mit MeshMixer

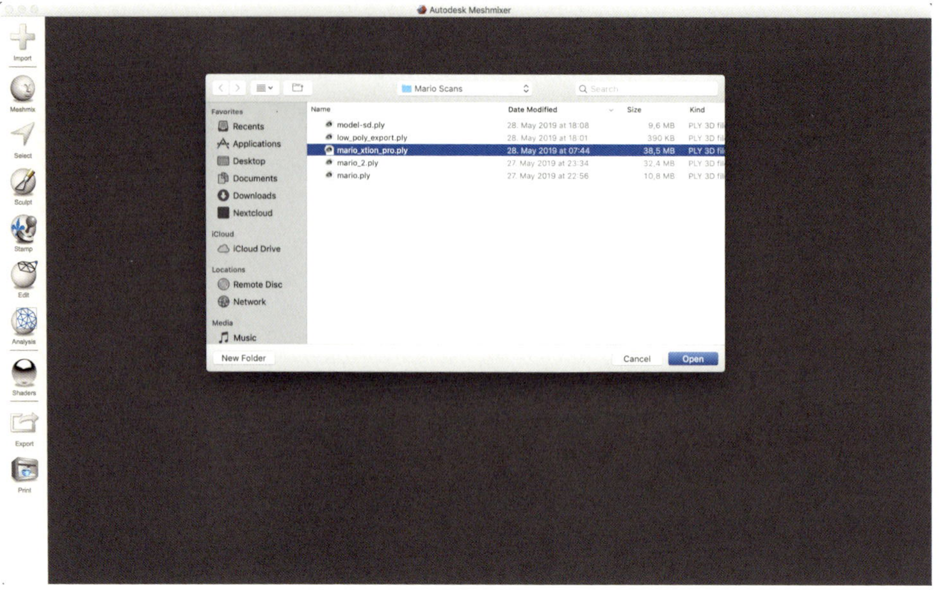

Punktwolke im PLY-Format in MeshMixer importieren

Zum Öffnen des 3D-Gitternetzmodells klicken Sie auf die Kachel mit dem Plus-Symbol. Im sich danach öffnenden Dateiauswahl-Dialog wählen Sie die zu importierende Datei aus.

MeshMixer kann nicht nur PLY-Dateien importieren, sondern beherrscht beinahe alle gängigen 3D-Formate. Dazu gehören unter anderem die in Kapitel 5.1 beschriebenen Formate »STL« und »OBJ«. Allerdings kann *MeshMixer* nur eine Datei gleichzeitig importieren. Möchte man mehrere Modelle in die gleiche Szene importieren, so muss der Vorgang wiederholt werden.

Nach Auswahl der zu öffnenden Datei wird der Dialog mit der Schaltfläche *Öffnen* bestätigt, anschließend wechselt *MeshMixer* zurück in die Hauptansicht, welche das geöffnete 3D-Modell enthält. Dort kann das Modell beliebig gedreht und verschoben werden.

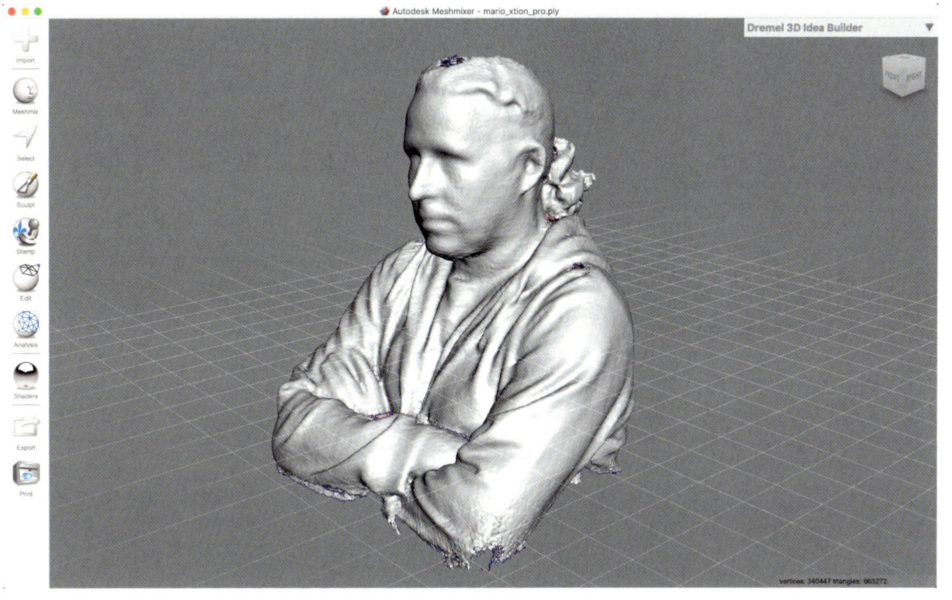

MeshMixer-Ansicht nach Importieren eines 3D-Modells

5.4.3 Mesh beschneiden

Im Folgenden erkläre ich am Beispiel eines mittels Kinect erzeugten Personen-3D-Scans die wichtigsten *MeshMixer*-Nachbearbeitungsfunktionen. Der erste Schritt besteht darin, das Modell grob auf die gewünschte Größe zu stutzen. *MeshMixer* bietet zu diesem Zweck ein geeignetes Werkzeug mit der Bezeichnung »Plane Cut«. Wie der Name bereits vermuten lässt, lässt sich mit ihm das Modell entlang einer der drei Ebenen X, Y oder Z beschneiden.

Ein Klick auf das *Edit*-Symbol öffnet eine Palette mit Werkzeugen zur direkten Manipulation des Gitternetzmodells. Hier finden Sie das *Plane Cut*-Werkzeug.

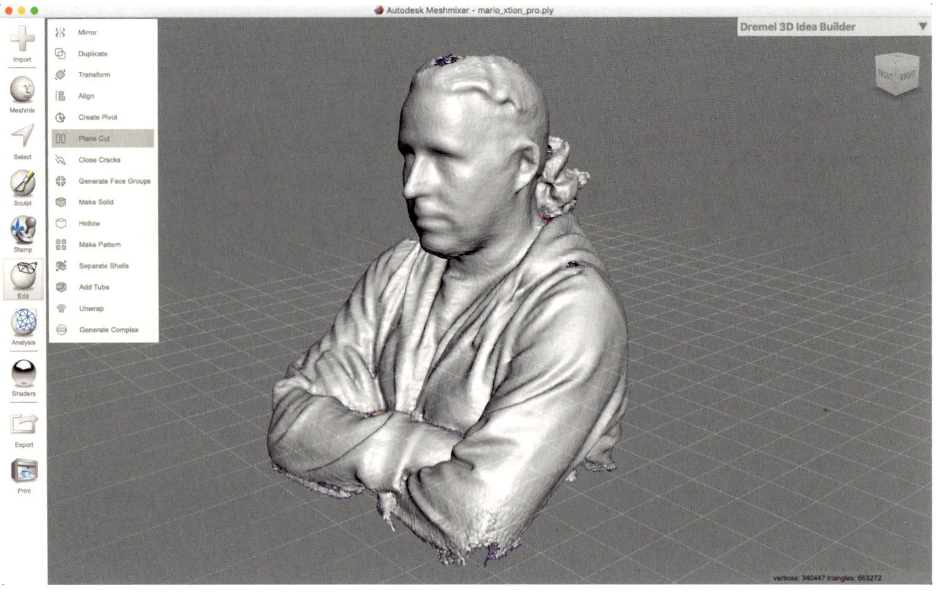

Plane-Cut-Werkzeug

Wenn Sie es anklicken, verschwindet die Werkzeugpalette und es erscheint ein kleiner Einstellungsdialog für das *Plane Cut*-Werkzeug. Die Einstellungen können Sie bei den Standardwerten belassen. In der Hauptansicht wird das Modell nun stellenweise transparent angezeigt.

Die transparenten Teile sind dabei die Teile, welche nach dem Schnitt wegfallen. Mit dem Navigationskreuz können Sie die Schnitthöhe der ausgewählten Ebene verschieben.

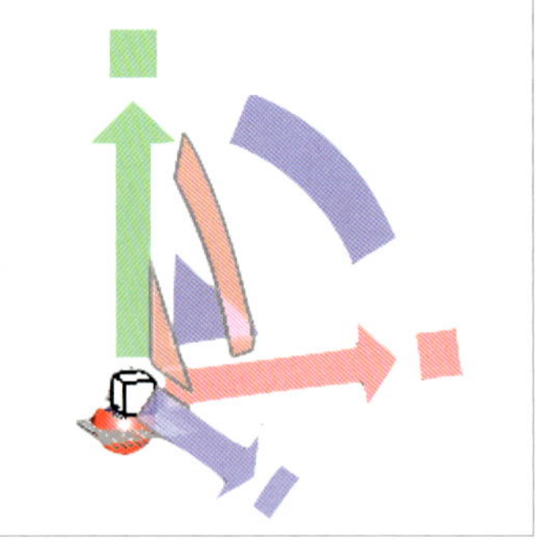

MeshMixer-Navigationskreuz

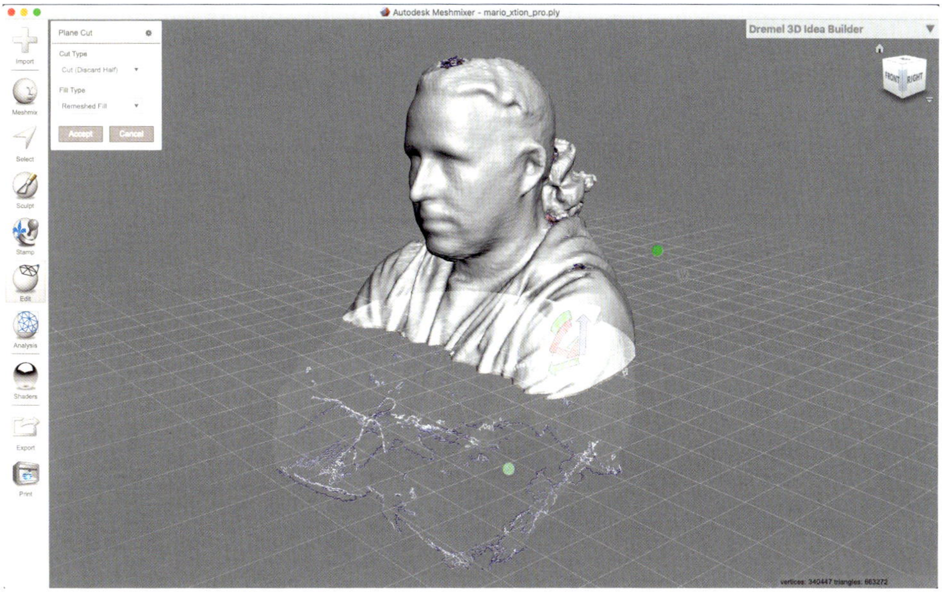

Ebenenschnitt. Zu entfernender Teil wird transparent dargestellt.

Haben Sie den zu entfernenden Bereich ermittelt, können Sie die Aktion mit *Accept* im *Plane Cut*-Einstellungsdialog bestätigen. Anschließend verbleibt nur der gewünschte Teil des Modells in der Hauptansicht. Das *Plane Cut*-Werkzeug hat den Vorteil, dass die Schnittstelle am Modell direkt durch eine Fläche verschlossen wird.

5.4.4 Mesh für die Nachbearbeitung vorbereiten

Bis hier besteht das 3D-Modell unter Umständen noch aus mehreren »Shells« (»Hüllen« bzw. »Schalen«). Meist repräsentieren diese Shells aber nur einige kleine Flächen im Inneren des Modells. Um ein sauberes 3D-Modell zu erhalten, können die unnützen Shells entfernt werden.

Im ersten Schritt müssen alle Shells separiert werden. Hierzu bietet *MeshMixer* ein Werkzeug namens »Separate Shells« an. Auch dieses Werkzeug finden Sie wieder in der Werkzeugpalette unter *Edit*. Dort klicken Sie auf *Separate Shells*.

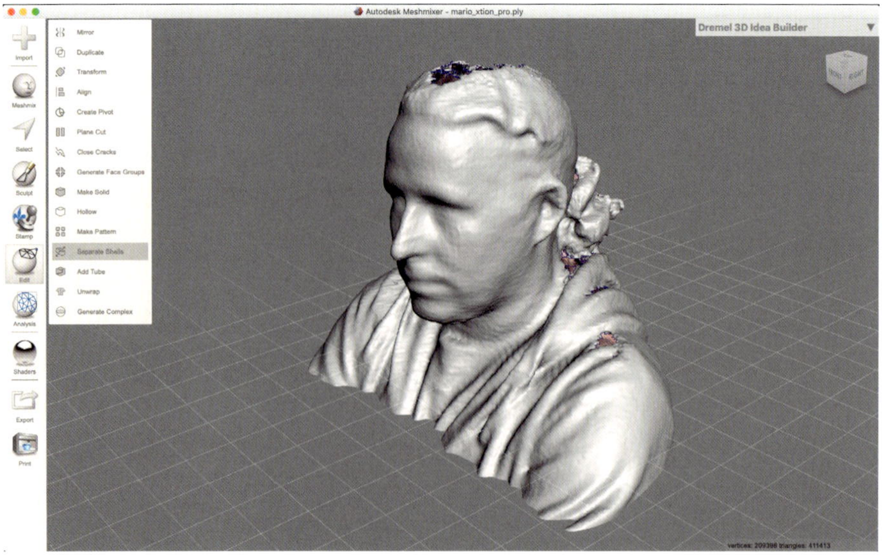

Werkzeugpalette mit ausgewähltem »Separate Shells«-Werkzeug

Nach einer kurzen Berechnungszeit öffnet sich ein kleiner Dialog mit einer Liste aller gefundenen Shells. Durch Klicken auf einzelne Einträge in dieser Liste können Sie unter den gefundenen Shells auswählen. In der Hauptansicht werden die ausgewählten Shells durch ein helles Grau dargestellt, wohingegen die nicht ausgewählten Shells dunkelgrau erscheinen.

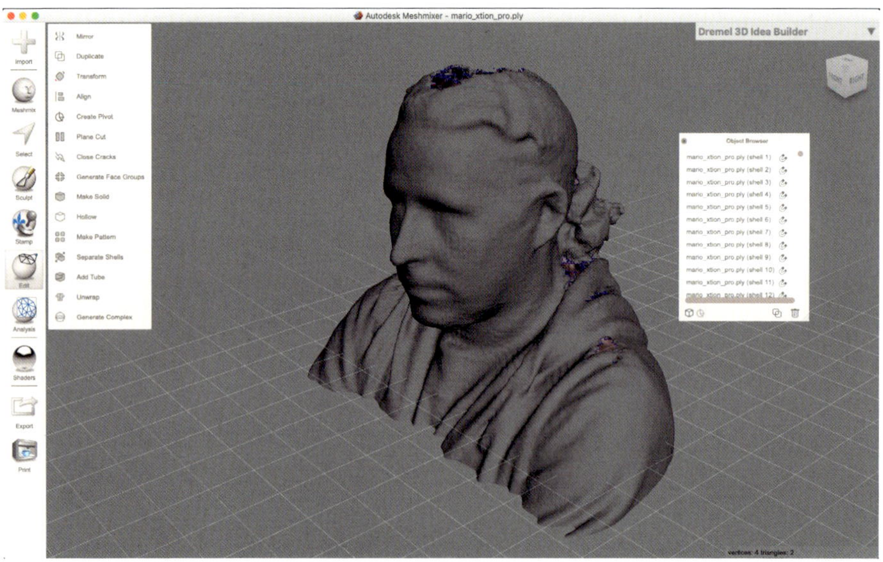

Ein Dialog zeigt die separierten Bestandteile (Shells) des Modells an.

Eine deutlichere Darstellung erhalten Sie jedoch, wenn Sie im Dialog auf das kleine Augensymbol rechts neben dem jeweiligen Eintrag klicken. So wird nur die ausgewählte Shell angezeigt, zusätzlich mit der Silhouette des gesamten 3D-Modells.

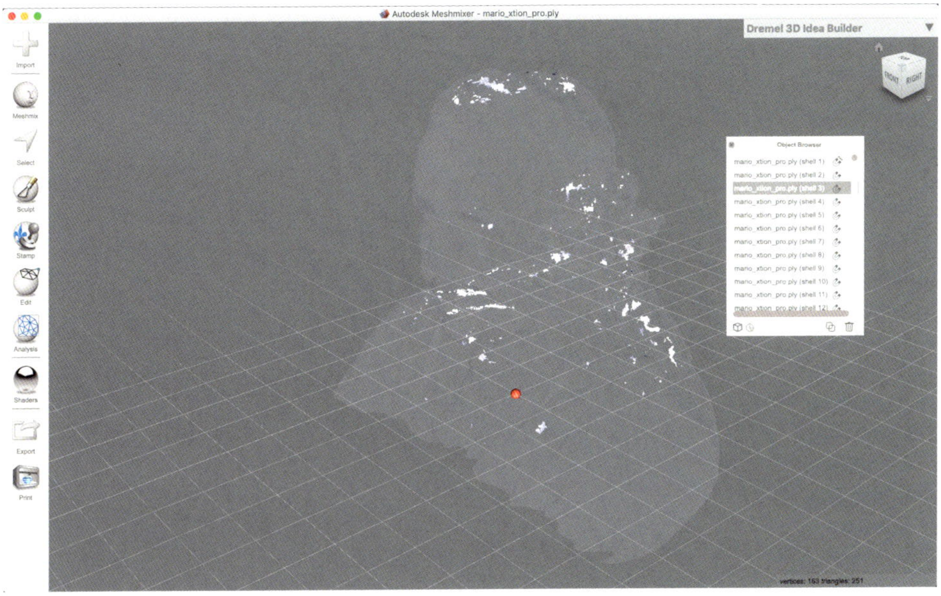

Hervorheben einzelner Bestandteile durch Auswahl im Dialog

Meist ist der erste oder der letzte Eintrag in der Liste der interessanteste, da dieser die größte Shell und somit den Hauptteil des 3D-Modells anzeigt. Am besten klicken Sie sich fix durch die Liste, um diesen Teil des 3D-Modells zu identifizieren. Alle anderen Teile können in der Liste markiert und über das Papierkorb-Symbol entfernt werden.

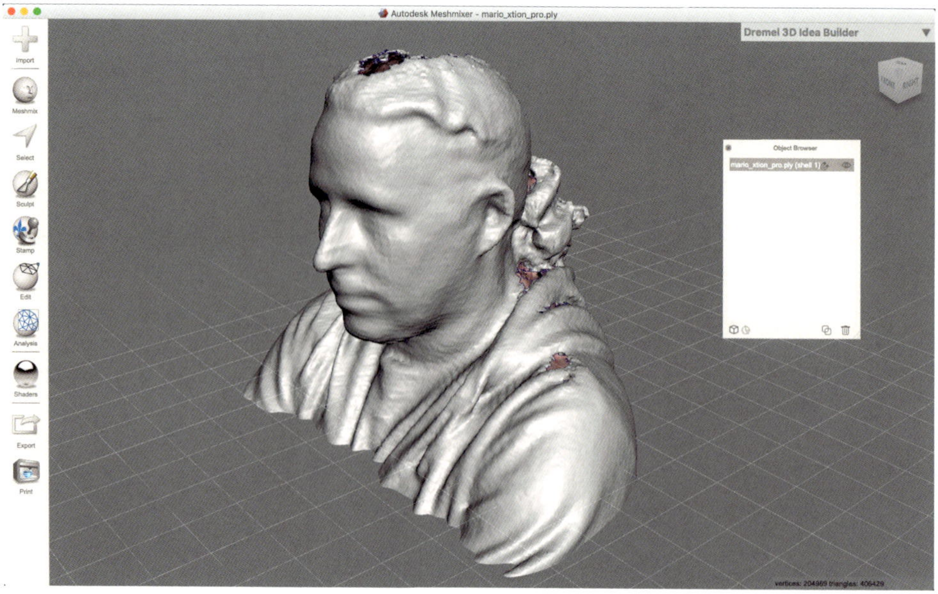

Bereinigte Liste von Shells im Dialog. Nur das Hauptobjekt wird erhalten.

Am Ende bleibt im Idealfall nur eine Shell in der Liste übrig. Die Liste kann anschließend geschlossen werden. Da dieser Vorgang durchaus mühsam sein kann, lohnt es sich, die bisherige Arbeit zu diesem Zeitpunkt zwischenzuspeichern.

5.4.6 Mesh-Löcher füllen, der mühsame Weg

In diesem Abschnitt möchte ich zeigen, wie Sie Löcher oder nicht vom 3D-Scanner erfasste Stellen am 3D-Modell schließen. Wie bei vielen anderen Bearbeitungsschritten gibt es auch hier wieder mehrere Möglichkeiten. Im Folgenden beschreibe ich den mühsamen Weg. Dabei werden alle Löcher durch Inspektion ausfindig gemacht und händisch mit verschiedenen Werkzeugen geschlossen. Danach beschreibe ich eine automatische Methode zum Schließen solcher Löcher. In schwierigen Fällen kann es sich aber lohnen, von Hand zu arbeiten, da die automatisch erzeugten Füllungen nicht immer überzeugen.

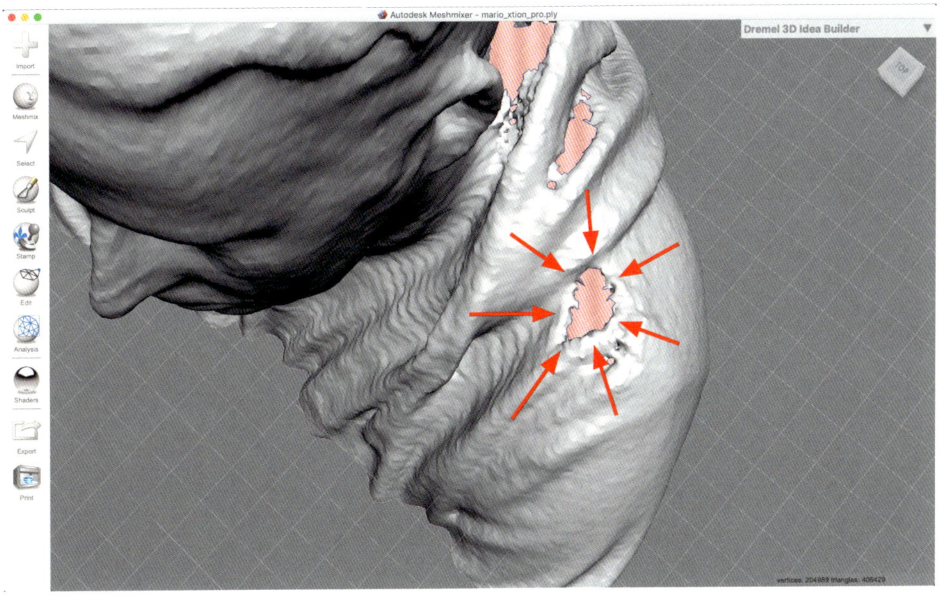

Loch im 3D-Modell an der Schulter

Zunächst navigieren Sie mithilfe der Maus in der Hauptansicht an eine entsprechende Stelle. Im hier gezeigten Beispiel soll ein Loch an der Schulter des 3D-Modells gefüllt werden.

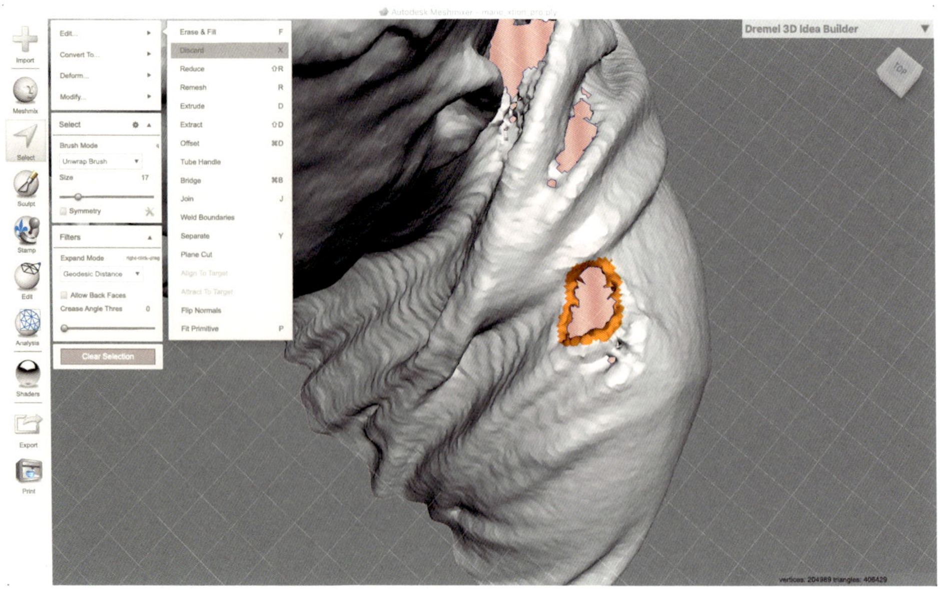

Randbereiche des Lochs an der Schulter markiert

Um das ermittelte Loch zu schließen, sollten die Ränder möglichst sauber sein. Ansonsten kann es Probleme bei der Anwendung des Füllwerkzeugs geben. Um die ausgefransten Kanten zu entfernen, müssen Sie diese zuerst markieren. Dazu wählen Sie in der Werkzeugleiste das Auswahl- oder Markierungswerkzeug *Select*.

Nach der Auswahl öffnet sich wie gewohnt ein weiterer Dialog mit den Einstellungsmöglichkeiten des Auswahlwerkzeugs. Die wichtigste Einstellung in diesem Dialog ist der Regler zur Einstellung der Werkzeuggröße (*size*). Die aktuelle Werkzeuggröße können Sie überprüfen, indem Sie mit der Maus über das 3D-Modell fahren. An der Spitze des Mauszeigers erscheint ein hellgrauer Kreis, der das Auswahlwerkzeug repräsentiert.

Die Größe des Werkzeugs sollte so gewählt werden, dass sich die Ränder des zu markierenden Lochs gerade noch so erfassen lassen. Mit gedrückter linker Maustaste können Sie anschließend den Randbereich des Lochs auswählen. Die bereits ausgewählten Stellen erscheinen orange.

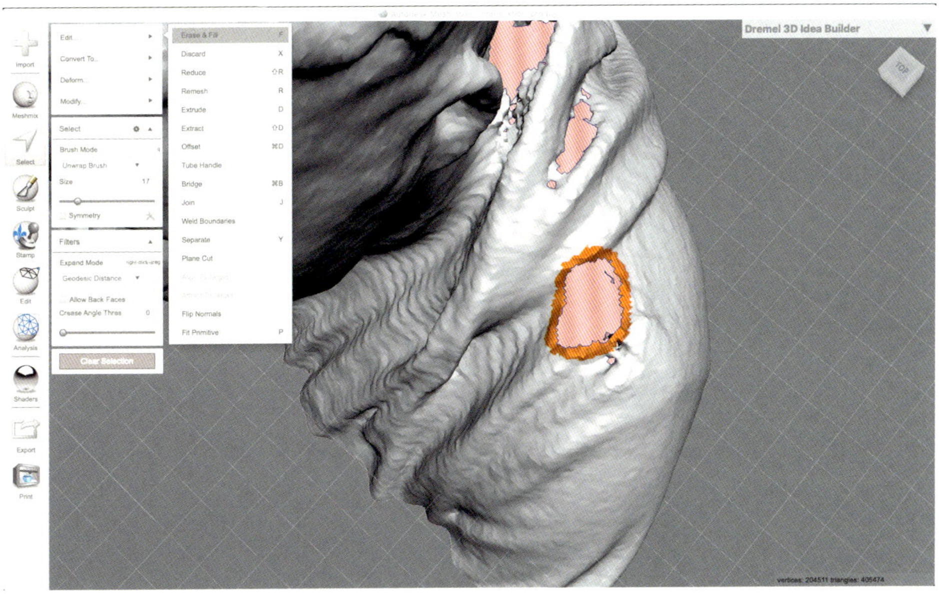

Randbereiche des Lochs an der Schulter sauber ausgeschnitten

Die so markierten Stellen können Sie anschließend mittels der Auswahl *Edit* und *Discard* im Kontextmenü entfernen.

Wenn Sie auf diese Weise viele Stellen bearbeiten wollen, empfiehlt es sich, sich mit den Tastaturkürzeln anzufreunden. Zum Entfernen der markierten Bereiche ist es ausreichend, wenn Sie einmal die Taste [X] drücken.

Das Loch ist nun etwas größer als vorher, allerdings sind die Kanten nicht mehr ausgefranst und es kann bequem mittels Softwareunterstützung geschlossen werden.

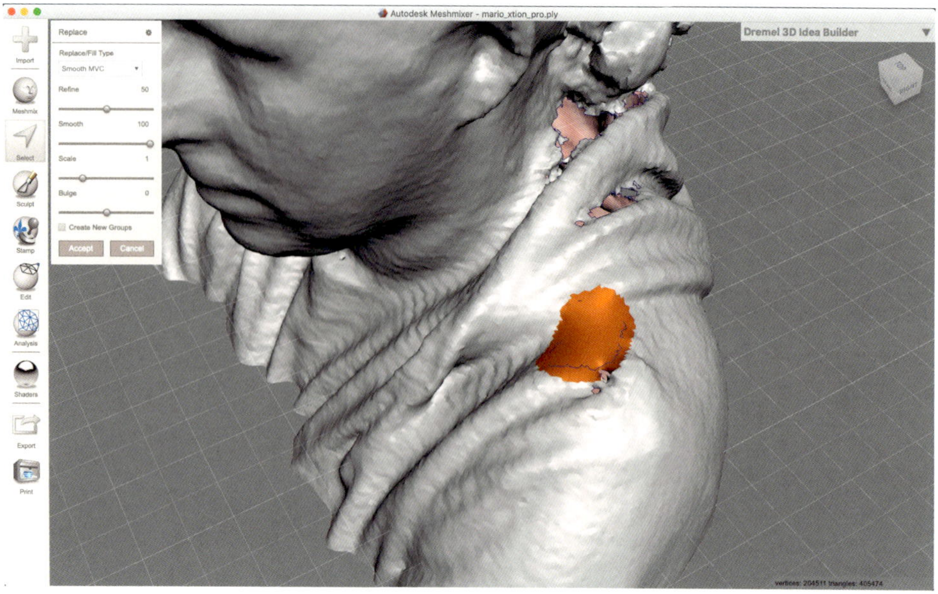

Loch an der Schulter geschlossen

Zum Schließen des Lochs müssen Sie wiederum die Randbereiche des Lochs markieren. Statt den markierten Bereich zu löschen, wählen Sie diesmal aber die Option *Edit* und anschließend *Erase & Fill*. Auch hier öffnet sich zunächst ein weiterer Dialog mit Einstellungen. Über diese Einstellungen können Sie die neu erzeugte Fläche in Aussehen und Form etwas anpassen. In der Regel können Sie den Dialog aber direkt mit *Accept* beenden. Die Lücke wird von der Software komplett geschlossen und die neu erzeugte Fläche wiederum orange gekennzeichnet. Der Kurzbefehl für die ganze Aktion liegt übrigens auf der Taste [f].

Auf diese Art können beinahe alle Lücken und Löcher im 3D-Modell bereinigt und geschlossen werden. Da dieser Prozess aber sehr aufwendig und langwierig sein kann, erläutere ich Ihnen im nächsten Abschnitt, wie Sie diesen Prozess durch automatische Werkzeuge beschleunigen können.

5.4.7 Mesh reparieren, automatisch

Die gerade gezeigte Technik zum Reparieren von Löchern im 3D-Modell lässt sich auch automatisiert durchführen. Auch hierzu gibt es in *MeshMixer* ein Werkzeug.

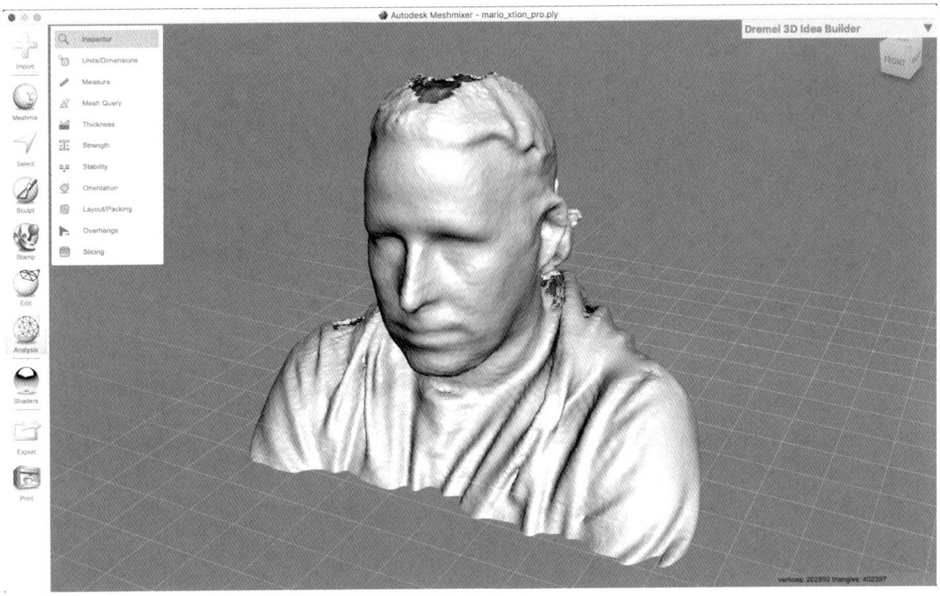

Objekt mit dem Inspector automatisch auf Löcher untersuchen

Dieses Werkzeug finden Sie, wenn Sie in der Werkzeugleiste das Symbol mit der Beschriftung *Analysis* anklicken. Das Kontextmenü enthält als obersten Eintrag die Option *Inspector* (wählen Sie alternativ das Tastenkürzel [i]). Wählen Sie diese Option, dann öffnet sich ein kleines Dialogfenster. Außerdem erscheinen im Hauptfenster linienförmige Markierungen, die vom 3D-Modell abgehen. Am Ende einer solchen Markierung finden Sie eine Kugel.

Diese Markierungen kennzeichnen Defekte im 3D-Modell. Dabei wird zwischen unterschiedlichen Defekten unterschieden. Jede Art von Defekt wird durch eine andere Farbe gekennzeichnet.

Blau gekennzeichnete Bereiche entsprechen einfachen Löchern, wie sie bereits im vorigen Abschnitt manuell bereinigt wurden.

Mit Rot werden sogenannte »Non-Manifold«-Bereiche gekennzeichnet. Bei einem solchen Bereich handelt es sich um ein Loch, das meist durch ein Dreieck des Gitternetzmodells in der Mitte überbrückt wird. Die beiden Seiten des Lochs sind dabei aber nicht fest miteinander verbunden.

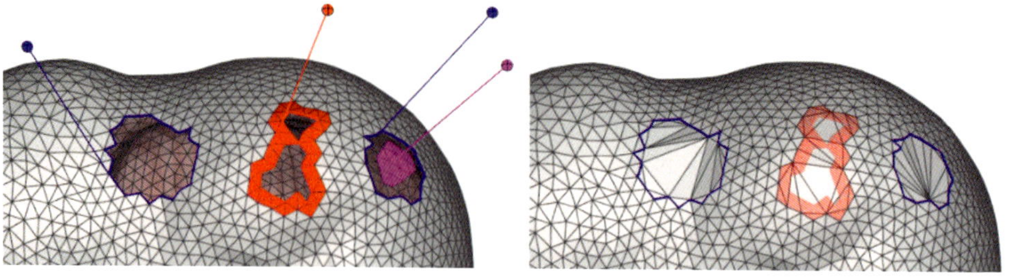

MeshMixer-Inspector-Reparaturmöglichkeiten (Quelle: https://help.autodesk.com/)

Mit Magenta werden kleine Bereiche des Modells gekennzeichnet, die nicht in einem direkten Zusammenhang mit großen Flächen stehen. Ein typisches Beispiel wäre eine Art Inselfläche innerhalb eines Lochs im Modell. Da das Modell im vorigen Abschnitt bereits von unnötigen Shells, also genau solchen Inseln, befreit wurde, sollten bei diesem Schritt so gut wie keine Magenta-farbenen Markierungen mehr auftreten.

TIPP

Oft kommt es vor, dass sich 3D-Modelle nicht mit einem 3D-Drucker drucken lassen, weil die Oberfläche kleinere Defekte aufweist. Hier kann das Autorepair-Werkzeug des MeshMixer Inspector sehr schnell für Abhilfe sorgen.

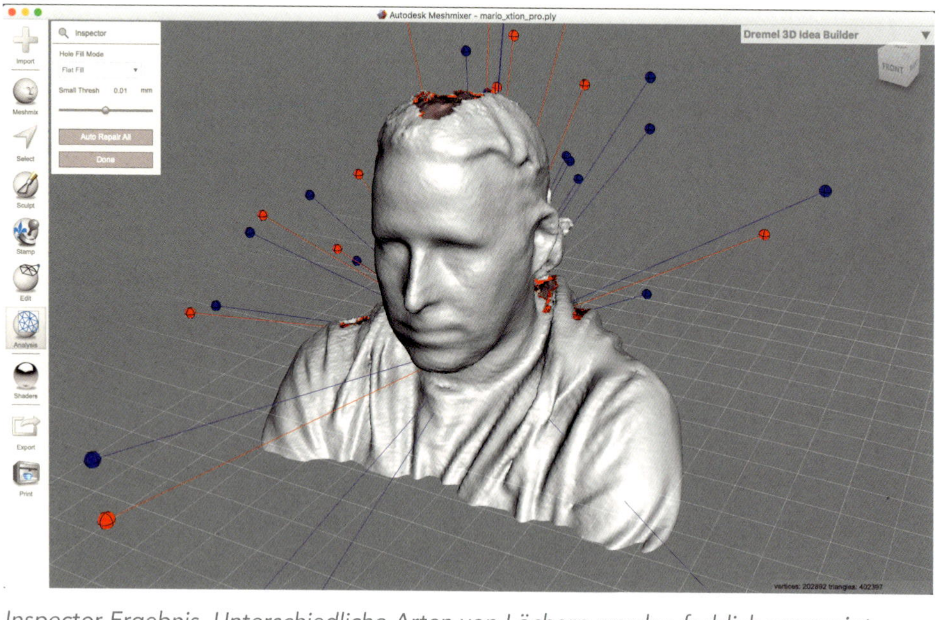

Inspector Ergebnis. Unterschiedliche Arten von Löchern werden farblich angezeigt.

Um die Fehler zu beheben, gibt es zwei Möglichkeiten. Die erste Möglichkeit besteht darin, die Kugeln an den Markierungen einzeln anzuklicken. So lassen sich trotz Automation auch einzelne Fehler mehr oder weniger gezielt manuell bereinigen (und Sie ersparen sich den Weg über das Auswahlwerkzeug).

Die zweite Möglichkeit besteht darin, das automatische Reparaturwerkzeug zur Lösung aller Probleme zu verwenden. Hierzu klicken Sie einfach im *Inspector*-Dialog auf die Schaltfläche *Auto Repair All*. Kurze Zeit später sind im Idealfall alle Fehler beseitigt. Wenn nicht, müssen Sie den Fehler doch von Hand beheben, wie im vorigen Abschnitt beschrieben.

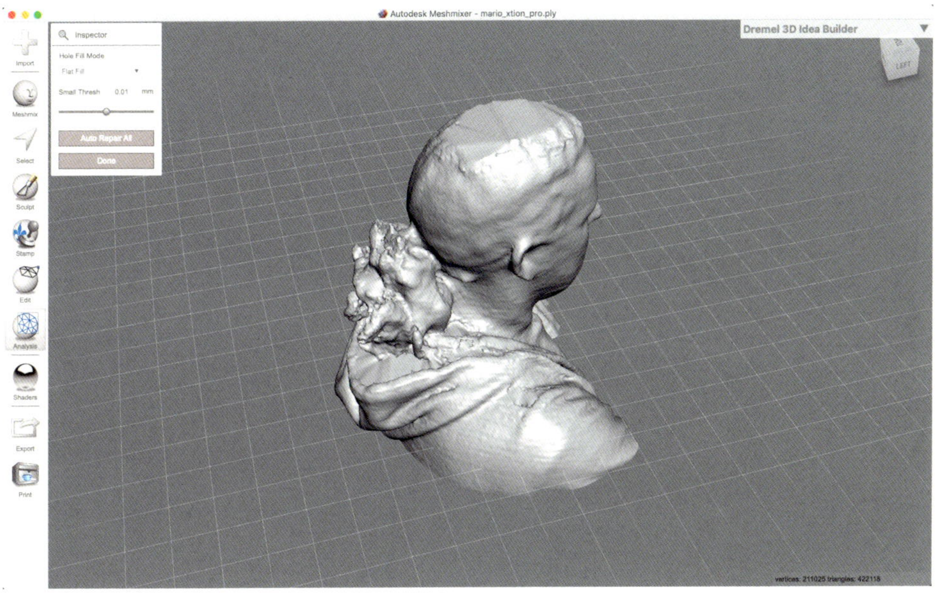

Ergebnis der automatischen Reperatur

Nicht immer führen alle automatischen Bereinigungen zu einem schönen Ergebnis. Bei genauerem Betrachten der Kopfoberfläche des gewählten 3D-Modells fällt auf, dass dort ein Loch einfach durch eine glatte Fläche ergänzt wurde. Da diese Stelle recht unnatürlich wirkt, zeige ich im nächsten Abschnitt, wie Sie mithilfe der von *MeshMixer* bereitgestellten Modellierungswerkzeuge eine runde Kopfform erzeugen.

5.4.8 Mesh nachbearbeiten

Die *Sculpt*-Werkzeuge in der Werkzeugpalette von *MeshMixer* sind die digitale Version von Hammer und Meißel der Bildhauer. Mit diesen Werkzeugen lässt sich das 3D-Modell nach allen Regeln der Kunst bearbeiten.

Da durch die automatischen Reparaturwerkzeuge im vorigen Abschnitt an einigen Stellen am 3D-Modell unschöne Flächen entstanden sind, möchte ich hier zeigen, wie sich diese Flächen mit den Möglichkeiten solcher Modellierungswerkzeuge aufhübschen lassen.

Die glatte Oberfläche am Kopf der 3D-gescannten Person fällt dabei am ehesten ins Auge. Dort soll mithilfe der Modellierungswerkzeuge eine natürliche Form geschaffen werden.

Dazu wählen Sie zunächst das *Sculpt*-Werkzeug in der Werkzeugpalette aus. Daraufhin öffnet sich eine Palette mit diversen Einstellungen. Dort können Sie zum Beispiel die Art und Form des Werkzeugs bestimmen. Außerdem können über die Regler Werte für die Größe, Stärke, Tiefe und mehr eingestellt werden.

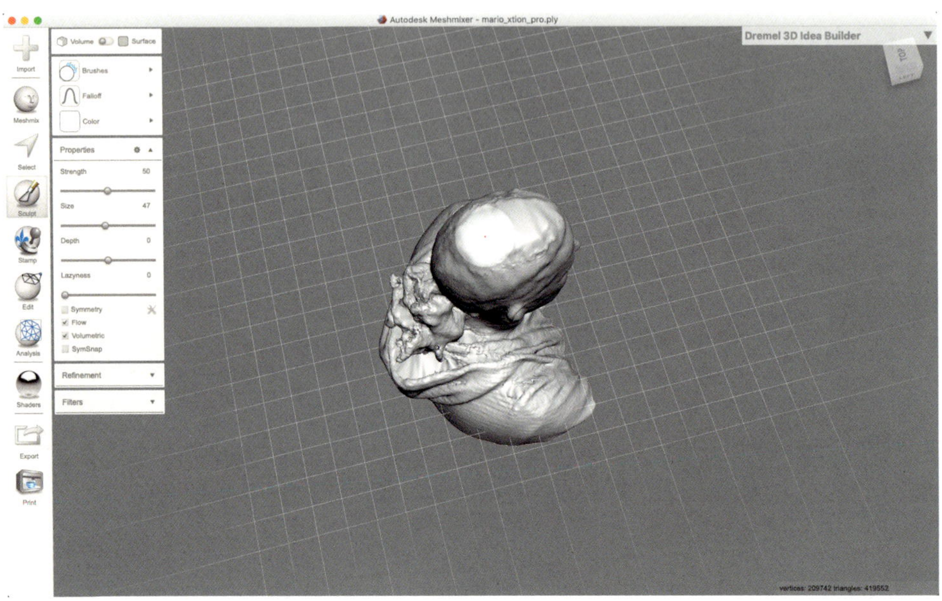

Offener Werkzeug-Einstellungsdialog für die »Sculpt«-Werkzeuge

Um die glatte Fläche am Kopf abzurunden, benötigen Sie ein Werkzeug zum Auftragen von Material. Klicken Sie auf *Brushes* (»Pinsel«) und es öffnet sich eine Auswahl mit möglichen Werkzeugen. Die Symbole sind weitestgehend selbsterklärend. Genauere Informationen dazu finden Sie in der offiziellen Dokumentation von *MeshMixer* (googlen Sie nach »meshmixer documentation« oder geben Sie diesen gekürzten Link ein: *https://bit.ly/34hsImM*).

Zur Bearbeitung dieses Beispiels setze ich das *Drag*-Werkzeug ein. Mit diesem Werkzeug können Sie Flächen mit der Maus in die Länge ziehen. Das lässt sich vergleichen mit einem Stück Ton oder Knete, an dessen Oberfläche man mit den Fingerspitzen zieht. Wenn Sie das Werkzeug ausgewählt haben, können Sie im Einstellungsdialog noch die gewünschte Werkzeugform auswählen. Für den hier gezeigten Zweck wählen Sie die dritte Werkzeugform von links – sie ähnelt einer breiten Parabel.

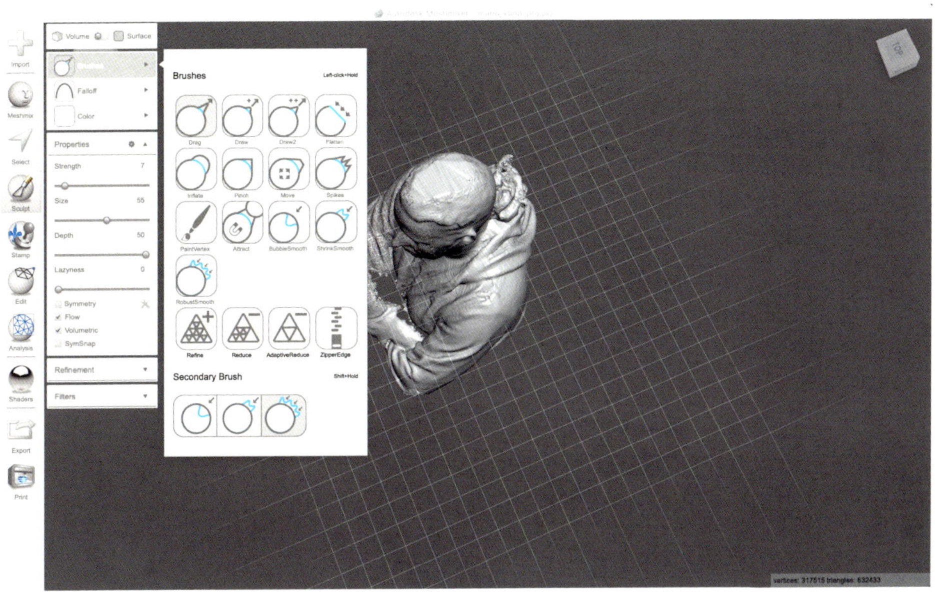

Werkzeugarten des »Sculpt«-Werkzeugs

Bewegen Sie nun die Maus über das 3D-Objekt, so wird das Werkzeug in Form eines hellgrauen Kreises auf der Objektoberfläche sichtbar, ähnlich wie oben bereits bei der Verwendung des Auswahlwerkzeugs.

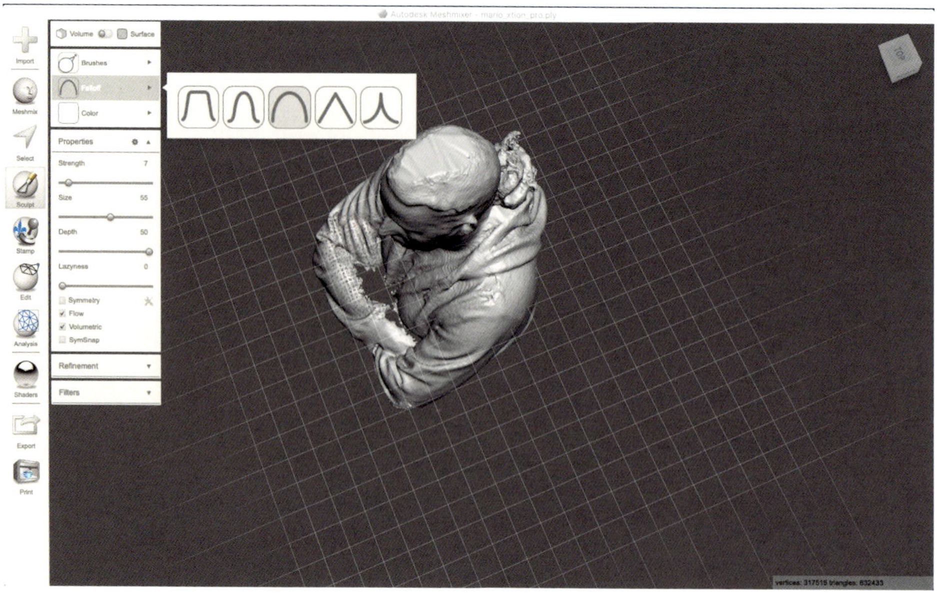

Werkzeugformen des »Sculpt«-Werkzeugs und das Modell von oben betrachtet. Die platte Form an der Kopfoberseite ist deutlich zu erkennen.

Nun geht es darum, die Kopfform möglichst gut zu rekonstruieren. Hierzu drehen Sie das 3D-Objekt in der Ansicht so, dass Sie die platte Fläche an der Oberseite des Kopfs gut erkennen können.

Über diese Fläche bewegen Sie das ausgewählte Werkzeug. Anhand des grauen Kreises können Sie erkennen, ob die zu bearbeitende Fläche komplett vom Durchmesser des Kreises erfasst wird. Ist dies nicht der Fall, so können Sie die Werkzeuggröße (Kreisdurchmesser) über den Regler *size* im Werkzeugdialog anpassen.

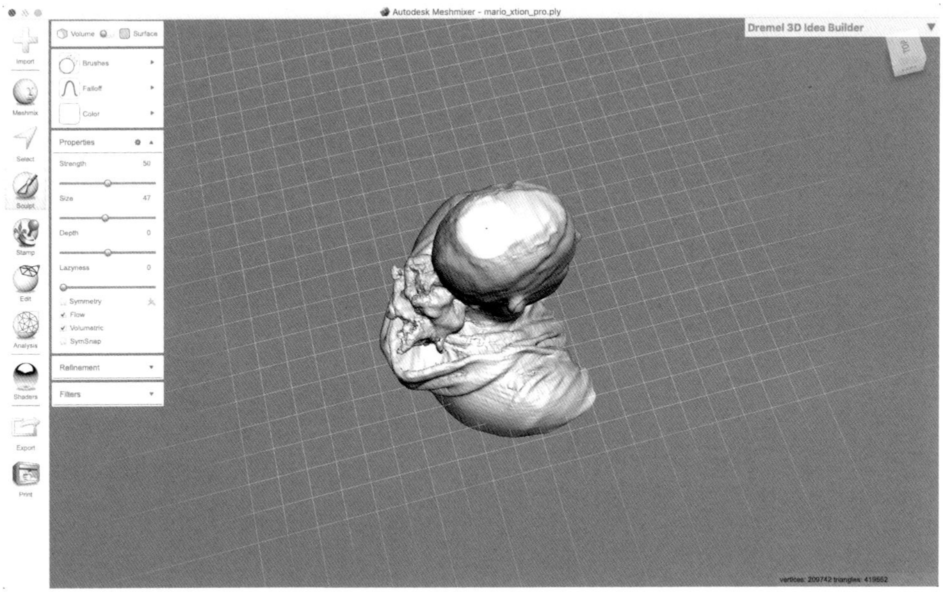

Reparaturwerkzeug an die Breite der auszubessernden Stelle angepasst

Wenn die Werkzeuggröße passt, können Sie damit beginnen, mittels Mausklicks die Fläche zu rekonstruieren. Mit jedem Klick wird die Fläche nach außen gezogen. Somit wächst eine Art Hügel auf der Objektoberfläche. Geübte Benutzer können diesen Schritt bei gedrückter Maustaste durch gleichzeitiges Ziehen der Maus in einem Schritt schaffen. Diesen Schritt wiederholen Sie so lange, bis Sie mit dem Ergebnis zufrieden sind.

Trägt die Fläche zu dick auf, so können Sie den gegenteiligen Effekt mit dem entsprechenden Werkzeug zum Drücken von Flächen erreichen. Doch Vorsicht, dies führt auch schnell zu einer Verschlimmbesserung des Gesamtergebnisses. Die sicherste Lösung besteht darin, mit anderen Werkzeugen wieder von vorne zu beginnen. Auch hier lohnt es sich, möglichst oft zwischendurch die erzielten Fortschritte abzuspeichern.

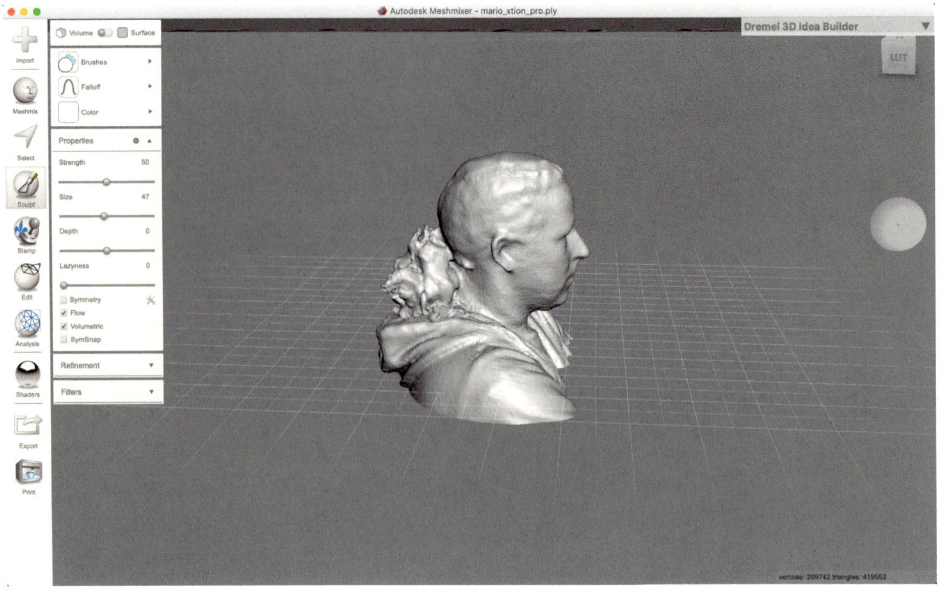

Rekonstruierte Kopfform

Oft sieht man den neuen Flächen an den Übergängen an, dass sie nachträglich erzeugt wurden. Dort können Sie wiederum mit einem der Werkzeuge nachbessern. Es kann hilfreich sein, auch die Stärke (*strength*) des Werkzeugs zu verringern. Im folgenden Abschnitt zeige ich, wie Sie diese Werkzeugeigenschaft nutzen, um die Oberfläche des 3D-Scans mithilfe von *MeshMixer* zu glätten.

5.4.9 Mesh glätten

Der 3D-Scan sieht jetzt schon recht ordentlich aus. Allerdings stören noch die unsauberen Oberflächen am Objekt. Besonders störend wirken diese im Bereich des Gesichts.

Zum Glätten der Oberflächen können Sie wieder auf das *Drag*-Werkzeug zurückgreifen. Beginnen Sie mit einer geringen Werkzeugstärke und glätten Sie die Oberfläche durch einzelne Klicks an den entsprechenden Stellen. Beachten Sie aber auch, dass bei der Glättung der Oberflächen auch Modelldetails verloren gehen können. Aus diesem Grund sollten Sie überlegen, wo eine Glättung wünschenswert ist.

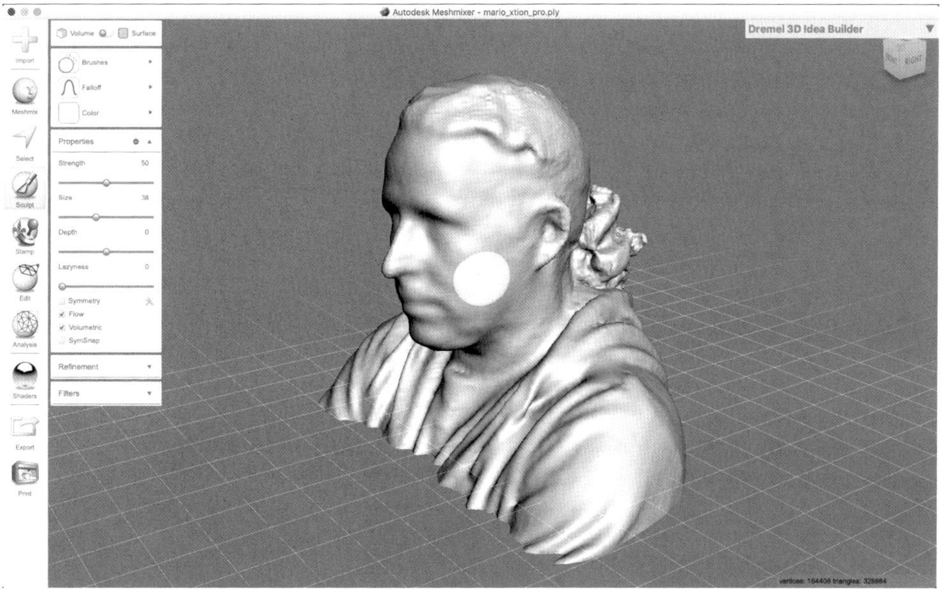

Glätten der Objektoberfläche mithilfe des »Drag«-Werkzeugs

5.4.10 Mesh mixen

Nun könnte man sich die Frage stellen, warum das Programm den Namen *MeshMixer* trägt, denn gemixt wurde bisher noch nichts. Eine der größten Stärken von *MeshMixer* besteht aber tatsächlich darin, unterschiedliche Meshes (Gitternetzmodelle) miteinander zu kombinieren. Dies möchte ich auch im Fall des 3D-Scans exemplarisch veranschaulichen, indem ich den 3D-Scan mit einem hübschen Sockel kombiniere.

Einfachen Körper zur Szene hinzufügen, am Beispiel eines Zylinders

Um den Sockel zu erzeugen, fügen Sie ein einfaches 3D-Objekt zur Szene hinzu. Zur Auswahl stehen ca. ein Dutzend einfache und komplexere geometrische Formen. Im hier gezeigten Beispiel soll ein kleiner Zylinder als Sockel für das 3D-gescannte Objekt dienen.

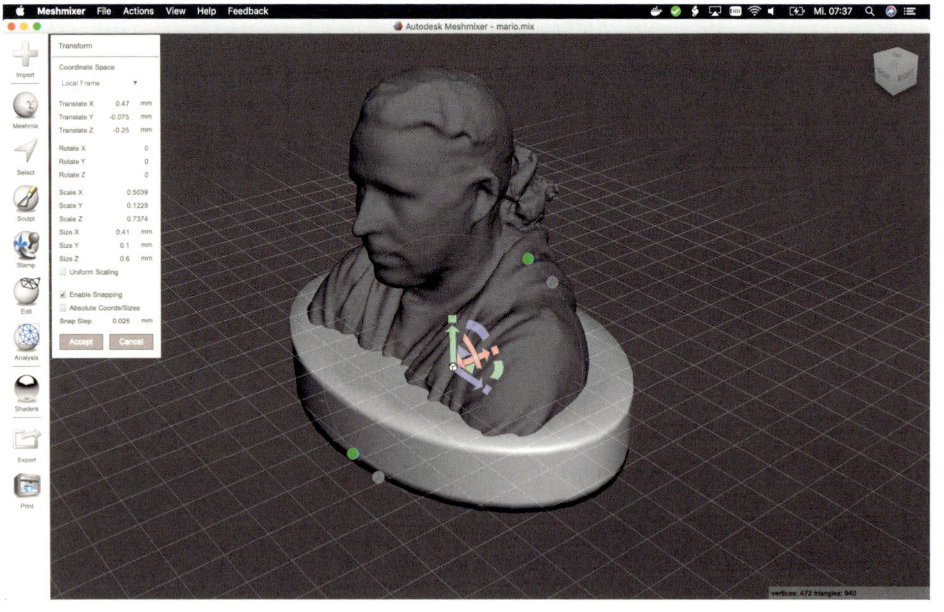

Das neue Objekt positionieren und skalieren

Zunächst klicken Sie auf das Symbol *Meshmix*. Es erscheint eine Galerie mit einfachen dreidimensionalen geometrischen Formen wie Torus, Kugel, Zylinder, Würfel etc. Über eine Auswahl am Kopf dieser Galerie können Sie zwischen unterschiedlichen Kategorien wechseln. So lässt sich statt einer einfachen Form auch ein komplexeres Objekt eingefügen. *MeshMixer* bietet hierzu in verschiedenen Kategorien eine recht vielfältige Auswahl. Hier kommt ein Zylinder zum Einsatz.

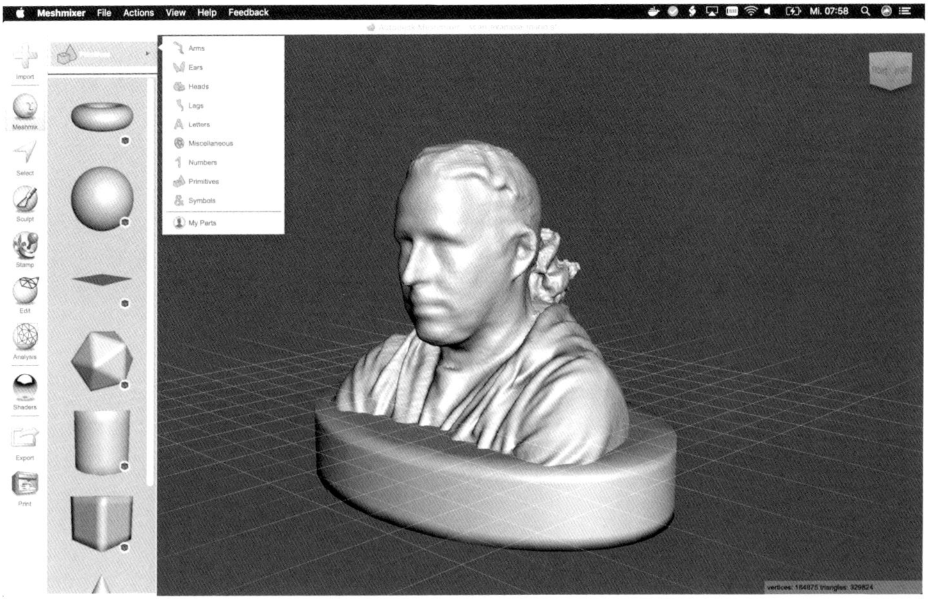

MeshMixer bietet eine Vielzahl an einfachen und komplexeren Objekten.

Den Zylinder schieben Sie mittels Drag-and-drop aus der Galerie in die Szene. Zunächst erscheint das neu hinzugefügte Objekt unverhältnismäßig groß. Dies lässt sich jedoch leicht ändern, denn wie üblich bei *MeshMixer*, wird die Galerie bei dieser Aktion durch einen Einstellungsdialog ersetzt. In diesem Dialog können die Maße über *Scale X*, *Y* und *Z* eingestellt werden. Für den Anfang reicht es, grobe Werte zu wählen. Wichtig ist dabei nur, dass Sie sich einen Überblick verschaffen und beide Objekte gut im Hauptfenster erkennbar sind.

Den neu hinzugefügten Zylinder wählen Sie anschließend im Hauptfenster an und verschieben ihn über das Navigationskreuz an die finale Position. Haben Sie den Zylinder ungefähr unter dem 3D-Scan positioniert, können Sie über die Größeneinstellungen in den Objekteigenschaften des Zylinders die Dimensionen justieren. Am Ende muss der Zylinder nicht zwingend rund sein. Wie die Abbildung zeigt, funktioniert auch ein ovaler Zylinder.

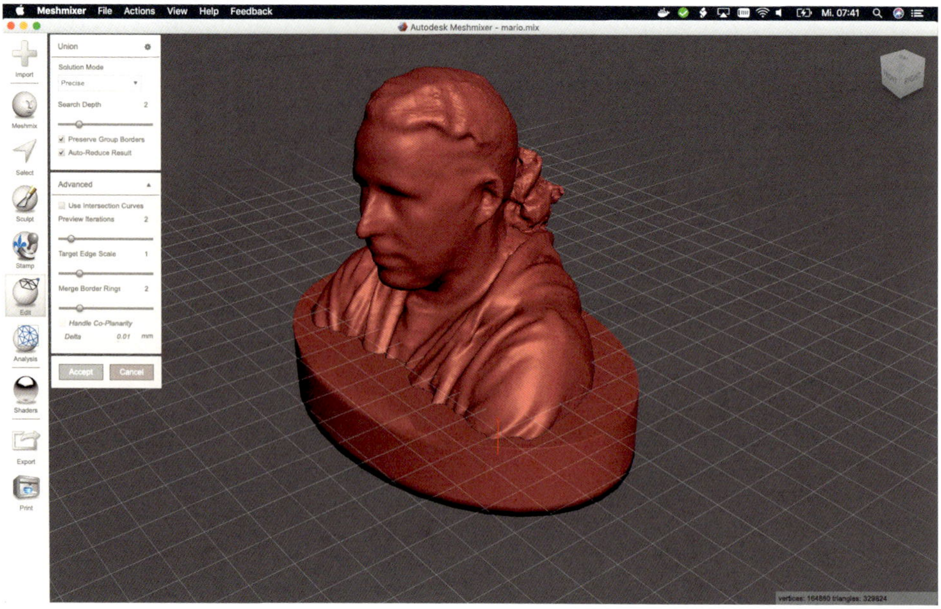

Die beiden Objekte miteinander vereinen

Am Ende werden beide Objekte, 3D-Scan und Zylinder, zu einem Objekt verschmolzen, indem Sie beide Objekte mit gedrückter ⇧-Taste nacheinander anwählen. Im Dialog klicken Sie anschließend auf die Option *Boolean Union*, um beide Objekte zu vereinen.

Nach einer kurzen Berechnungszeit erscheint ein Dialog mit weiteren Einstellungen, den Sie mit der Schaltfläche *Accept* bestätigen. Nach weiteren Berechnungen ist die Bearbeitung abgeschlossen und das Objekt kann zum Beispiel für den 3D-Druck exportiert werden.

5.4.11 Ergebnis exportieren

Zum Exportieren des Objekts wählen Sie im Hauptfenster das zu exportierende Objekt durch Mausklick aus und klicken dann im *File*-Menü auf *Export*.

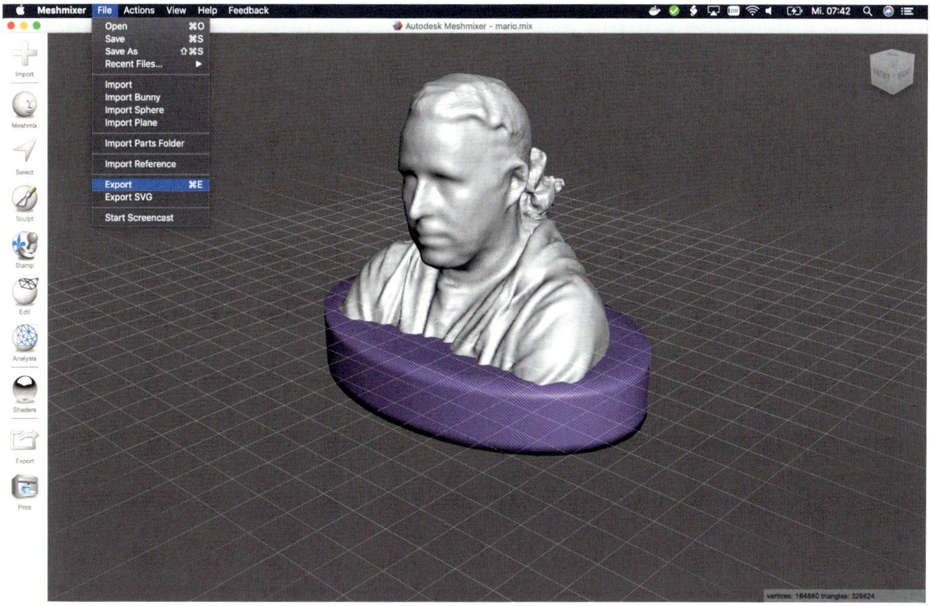

Rufen Sie den »Export«-Dialog auf ...

Anschließend öffnet sich der *Export*-Dialog. Hier bestimmen Sie das gewünschte Dateiformat und den Speicherort. Für den 3D-Druck eignet sich der Export als STL-Datei. Die einzelnen Dateiformate habe ich bereits in Kapitel 5.1 ab Seite 160 beschrieben.

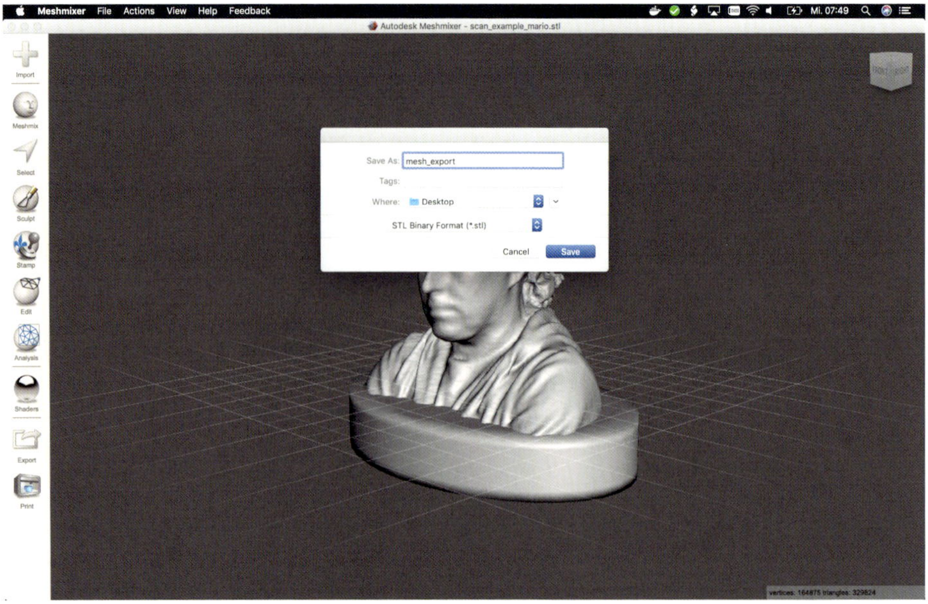

... und wählen Sie neben dem STL-Format noch Speicherort und Dateiname.

Den Dialog beenden Sie mit *Save*. Die Datei liegt anschließend am gewählten Speicherort zur weiteren Verarbeitung bereit.

Zusammenfassung

Die Techniken und Programme aus diesem Kapitel füllen Ihren Werkzeugkoffer mit dem Nötigsten für die erfolgreiche Nach- und Weiterverarbeitung von 3D-Scans. Mit *MeshLab* und *CloudCompare* habe ich Ihnen zwei sehr ähnliche Software-Pakete vorgestellt. Jedes dieser Werkzeuge hat seine Stärken und Schwächen. *MeshLab* hat seine Stärken ganz klar in der Vielzahl von Filtern zur Bearbeitung von Oberflächenmodellen und Punktwolken. *CloudCompare* hingegen spielt seine Stärken vor allem bei den besseren Bereinigungs- und Analysewerkzeugen aus. Vor allem aber liegt der Schwerpunkt von *CloudCompare* deutlich auf Punktwolken. *MeshMixer* rundet das Werkzeugpaket ab. Die Software bietet, wie der Name bereits verrät, sehr mächtige Werkzeuge zum Bearbeiten, Modifizieren und Kombinieren von Meshes bzw. Oberflächenmodellen.

Das nächste Kapitel soll anhand von praktischen Anwendungen noch einmal die in diesem Kapitel vorgestellten Werkzeuge zeigen. Außerdem möchte ich Ihnen darin eine Vorstellung vermitteln, wie und wo Sie 3D-Scanner einsetzen können.

6 3D-Scanner in der Maker-Werkstatt

In diesem Kapitel stelle ich Ihnen einige Maschinen und Verfahren vor, die in Kombination mit einem 3D-Scanner sinnvoll sein können. Die hier vorgestellten Maschinen findet man in beinahe jedem Makerspace oder FabLab. Aber nicht nur dort, sondern auch in so manchem Hobby-Keller stehen Laser-Cutter, CNC-Fräse, 3D-Drucker und vieles mehr.

Natürlich kann ich die Maschinen hier nicht bis ins letzte Detail beschreiben. Alleine die Themen »3D-Druck«, »CNC-Fräsen« und »Laser-Cutter« füllen ganze Bücher. In Kapitel 8 nenne ich Ihnen weitere Informationsquellen im Internet sowie weiterführende Literatur.

Die folgenden Beschreibungen geben nur einen kurzen Überblick und einige Anregungen, wie diese Werkzeuge im Zusammenhang mit 3D-Scannern genutzt werden können.

6.1 Kopieren mit dem 3D-Drucker

Wenn man an 3D-Scanner in Zusammenhang mit 3D-Drucker denkt, kommt einem als Erstes ein 3D-Kopierer in den Sinn. Eigentlich braucht es auch nicht viel mehr als diese beiden Geräte, um ein Objekt erst zu digitalisieren und anschließend eine perfekte Kopie herzustellen.

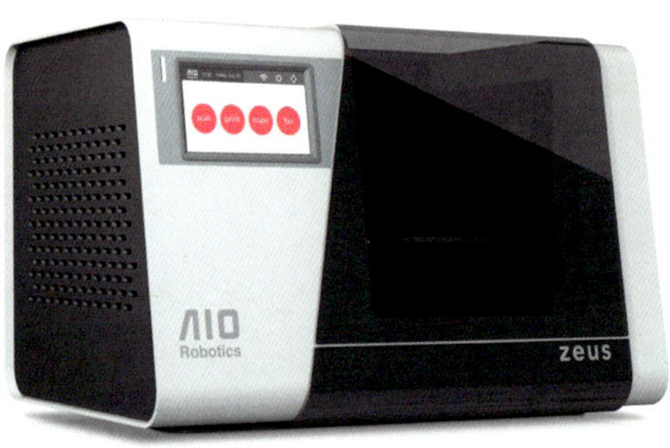

All-In-One-Gerät Zeus von AIO Robotics (Quelle: https://www.3d-grenzenlos.de/)

Schon 2014 wurde eines der ersten All-In-One-Geräte für das 3D-Kopieren vorgestellt. Das »Zeus« getaufte Gerät stammte von dem Startup AIO Robotics aus Kalifornien, welches bereits 2013 an den ersten Prototypen arbeitete. Aber damit nicht genug, das Gerät wurde sogar damit beworben, dass eine 3D-Fax-Funktion enthalten ist, womit ein Objekt an einem Ort gescannt und an einem anderen Ort gedruckt werden kann. Eingefleischte Star-Trek-Fans werden gleich an den Replikator denken (mit diesem Gerät ist es im Star-Trek-Universum möglich, Gegenstände aus dem Nichts zu replizieren).

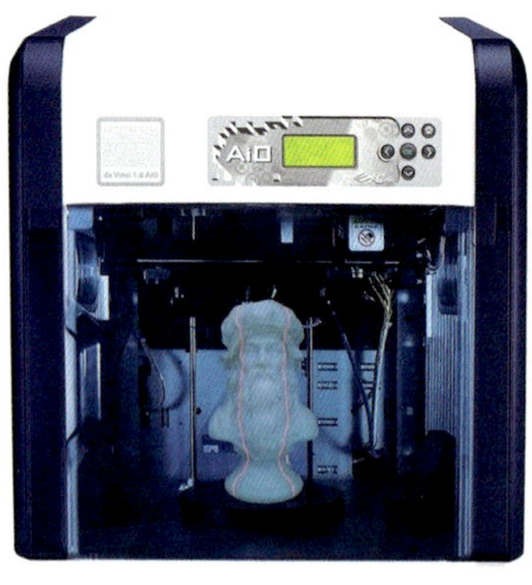

3D-Drucker XYZprinting da Vinci 1.0 AiO All-in-One (Quelle: https://xyzprinting.com/)

Es gab noch diverse andere Versuche, die beiden Geräte in einem Gerät zu vereinen. Ein anderes prominentes Beispiel dieser Gattung stammt vom taiwanesischen Hersteller xyzPrinting. Das im Jahr 2014 erschienene Gerät mit der Bezeichnung »XYZprinting da Vinci 1.0 AiO All-in-One« versprach auch eine 3D-Kopierfunktion.

So richtig durchgesetzt hat sich jedoch keines dieser Geräte. Die hier vorgestellten Geräte sind auch so gut wie nicht mehr verfügbar. Wenn Sie dieses Buch bis hierher aufmerksam gelesen haben, werden Sie wissen, dass nicht jeder 3D-Scan gleich zum 3D-Drucken geeignet ist. Das mag zwar für einfache Objekte wie eine Gummiente oder eine David-Büste noch funktionieren. Wird das Objekt aber ein wenig komplexer, kommt man um eine Nachbearbeitung nicht mehr herum.

Dennoch sollte die Kombination von 3D-Drucker und 3D-Scanner in keiner Maker-Werkstatt fehlen – und sei es nur das Smartphone, das mittels geeigneter Software zum Fotogrammetrie-Scanner wird. Im nächsten Kapitel zeige ich Ihnen einige Beispiele zur Verwendung von 3D-Druckern in Kombination mit 3D-Scannern sowie auch ein Beispiel zum 3D-Kopieren.

Aber nicht in jedem Fall ist die Kombination 3D-Scanner und 3D-Drucker sinnvoll. Nicht selten existiert die Idee, ein zerbrochenes Kunststoffteil mittels dieser Gerätekombination in der eigenen Werkstatt wiederherzustellen. Dabei wird oft unterschätzt, dass dies mit einem sehr hohen Aufwand verbunden sein kann. Denn bis der 3D-Scan der einzelnen Teile angefertigt ist und in *CloudCompare*, *MeshLab* und *MeshMixer* nachbearbeitet wurde, so dass alles passt, vergehen oft Stunden am Rechner. Hier stellt sich die Frage, ob das Teil nicht doch so einfach ist, dass man es direkt mit einer CAD-Anwendung wie *Fusion360* oder *OpenSCAD* selbst konstruiert. So ließe sich auch die Schwachstelle gleich besser konstruieren. Vor allem bei reinen Funktionsteilen lohnt sich häufig eher diese Art der Rekonstruktion. Wenn das Objekt aber sehr komplex ist und über viele organisch geformte Flächen verfügt, ist ein 3D-Scan unter Umständen die bessere Wahl.

Sehr ambitionierte Bastler könnten sich den eigenen 3D-Kopierer mittels 3D-Drucker in Kombination mit *Octoprint* eventuell selbst bauen. Bei *Octoprint* handelt es sich um ein Open-Source-Projekt zur Steuerung von 3D-Druckern. *Octoprint* verfügt über eine sehr mächtige Plug-in-Schnittstelle. Ein Plug-in, das die 3D-Scans von einem 3D-Scanner entgegennimmt, ergäbe die perfekte Kopierstation.

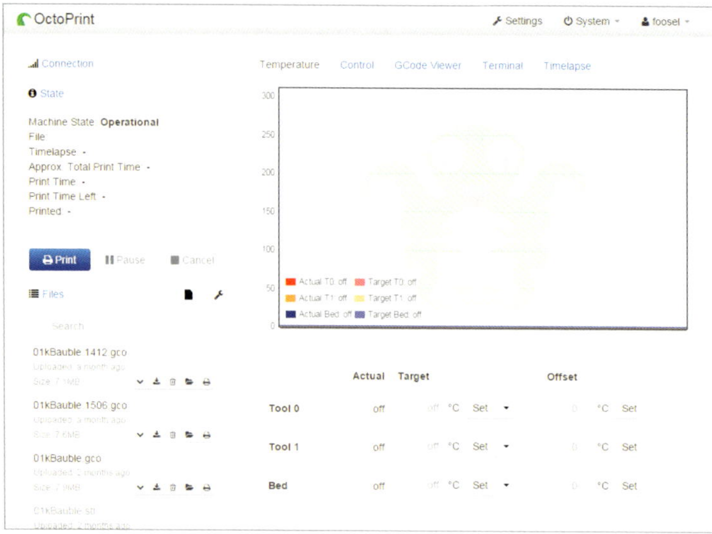

Octoprint-3D-Print-Server (Quelle: Octoprint.org)

Eine Kopierstation aus einem FabScan-3D-Scanner (rechts), kombiniert mit einem 3D-Drucker (links)

Es muss aber nicht immer der Kopierer sein. Der 3D-Scanner stellt in jeder Hinsicht eine geeignete Ergänzung zum 3D-Drucker dar.

6.2 CNC-Fräsen

3D-Objekte können nicht nur mit dem 3D-Drucker hergestellt werden. Ein weiteres Verfahren zur Fertigung stellt das CNC-Fräsen dar. Bei CNC-Fräsen handelt es sich genau wie bei 3D-Druckern oft um drei- oder mehrachsige Maschinen. Statt eines Druckkopfs mit Hotend und Kunststoffdraht kommt bei der CNC-Fräse ein Spindelmotor zum Einsatz. In diesem Motor ist das Fräswerkzeug eingespannt, oft auch als »Fräser« bezeichnet. Im Gegensatz zum 3D-Drucken handelt es sich dabei nicht um ein additives Verfahren, wobei das Objekt durch Auftragen von Material entsteht, sondern um ein spanendes Verfahren. Dabei wird mithilfe des rotierenden Fräsers das Material in Formen von Spänen entfernt. Es wird also so lange Material vom Werkstück entfernt, bis die gewünschte Endform erreicht ist.

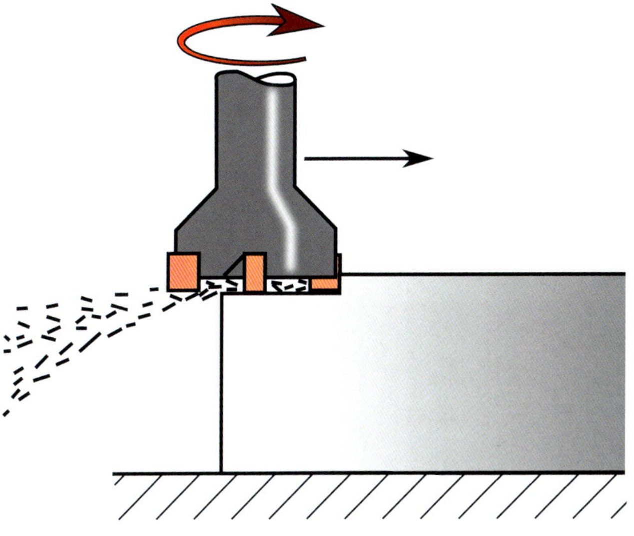

Prinzip des Fräsens (Quelle: https://commons.wikimedia.org/wiki/File:Fraisage_surfacage.svg)

Dabei kann man in der Maker-Werkstatt grob unterscheiden zwischen 2D-, 2.5D- und 3D-Fräsen. Beim 2D- oder Konturfräsen wird einfach nur entlang einer Kontur eine Form aus dem Werkstück ausgefräst. Man kann diese Methode mit dem in Kapitel 6.3 ab Seite 253 vorgestellten Lasercut-Verfahren vergleichen. Intuitiv klingt »2.5D« erst einmal seltsam. Was soll schon zwischen 2D und 3D liegen? Allerdings wird mit »2.5D« tatsächlich eine vereinfachte Form des 3D-Fräsens bezeichnet. Ein klassisches Beispiel für 2.5D-Fräsen stellt eine einfache rechteckige Vertiefung in einem Werkstück, auch »Tasche« genannt, dar.

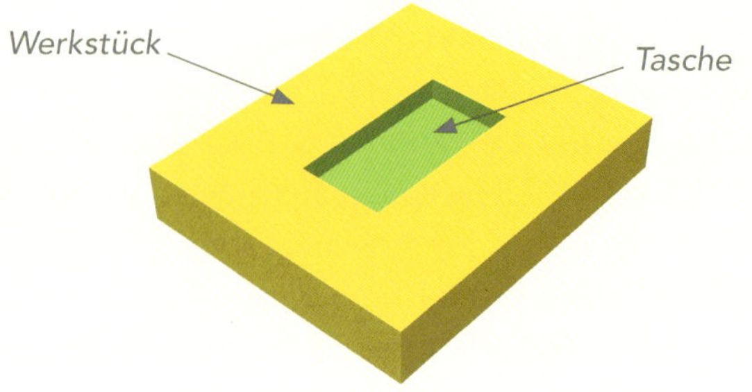

3D-Zeichnung Werkstück mit Tasche

Der interessanteste Fall in Bezug auf das 3D-Scannen ist natürlich richtiges 3D-Fräsen, wobei 3D-Fräsen im Heimanwenderbereich auch einige Herausforderungen mit sich bringt. Die erste Hürde, die es zu nehmen gilt, ist eine geeignete 3D-CAM-Software, welche aus dem 3D-Modell die Fräsbahnen berechnet. Gleichzeitig muss man sich überlegen, welches Werkzeug, also welcher Fräser, für 3D-Fräsen und vor allem das gewünschte Werkstück (Material) auch geeignet ist. Hat man diese und weitere Hürden erst einmal genommen und ein wenig Erfahrung mit einer CNC-Fräse gesammelt, so kann man im Gegensatz zum 3D-Druck auch Metall bearbeiten.

3D-Werkstück aus Metall. (Quelle: October 1-2, 2008, STEP Manufacturing team (ISO TC184 SC4 WG3 T24) https://commons.wikimedia.org/wiki/File:STEP-NC_impeller.jpg)

6.3 Schneiden statt drucken

Der Grundaufbau eines Laser-Cutters unterscheidet sich erst einmal nicht wesentlich von dem einer CNC-Fräse. Der eigentliche Unterschied liegt darin, dass statt einer Frässpindel ein Laser verbaut ist. Manche Laser-Cutter verfügen sogar über eine Z-Achse, mittels welcher der Fokus des Lasers eingestellt werden kann. Laser-Cutter gibt es mittlerweile fast in jedem Makerspace oder FabLab.

Mit Laser-Cuttern lassen sich die unterschiedlichsten Materialien schneiden. Typische Materialien sind Holz, Papier, Pappe, Leder usw. Der Laser brennt sich durch das Material und es entsteht somit ein sauberer Schnitt. Das Holzgehäuse des in Kapitel 3 vorgestellten FabScan-3D-Scanners wird zum Beispiel durch einen Laser-Cutter gefertigt.

Holz schneiden mit einem Laser-Cutter

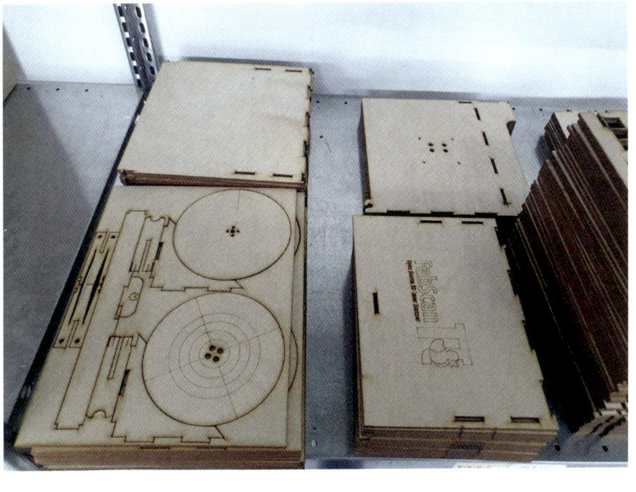

Mit Laser-Cutter geschnittene FabScan-Gehäuse

Eine andere Methode der Materialbearbeitung mit einem Laser-Cutter ist das Gravieren. Dabei wird das Material nicht komplett vom Laser durchdrungen, sondern nur an der Oberfläche, je nach Stärke der Laser-Einstellung, »verbrannt«. Das Gravieren wird oft zum Beschriften von Werkstücken oder Gegenständen verwendet.

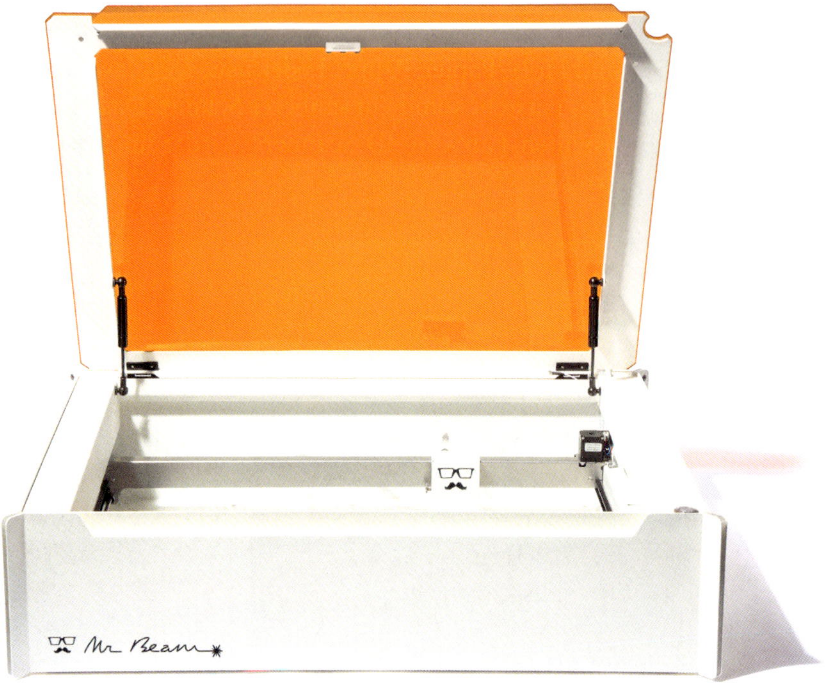

Mr. Beam Laser Cutter ist vor allem auch für Heimanwender interessant.

Laser-Cutter können genau wie 3D-Drucker oder CNC-Fräsen mit 3D-Scannern in der Maker-Werkstatt kombiniert werden. Ein gutes Beispiel, um dies zu veranschaulichen, bietet die Erweiterung *Slicer for Fusion 360* für die CAD-Software *Fusion 360* von Autodesk. Für den privaten Gebrauch sind beide Software-Pakete frei verfügbar. Um die Software verwenden zu können, benötigen Sie lediglich ein Benutzerkonto bei Autodesk.

3D-Modell mit Slicer for Fusion 360 geladen

Slicer for Fusion 360 bietet die Möglichkeit, einen 3D-Scan in ein 3D-Puzzle zu verwandeln, was vor allem bei 3D-Personen-Scans sehr eindrucksvoll sein kann. Hierzu muss lediglich das 3D-Modell mittels der Software geladen werden. Dort wählt man dann die Art, wie das Objekt in einzelne Scheiben zerlegt werden soll.

Am Ende erhält man mehrere Seiten mit Umrissen für jede Schicht des so zersägten 3D-Modells. Diese Teile lassen sich dann mit einem Laser-Cutter aus einem beliebigen Material ausschneiden.

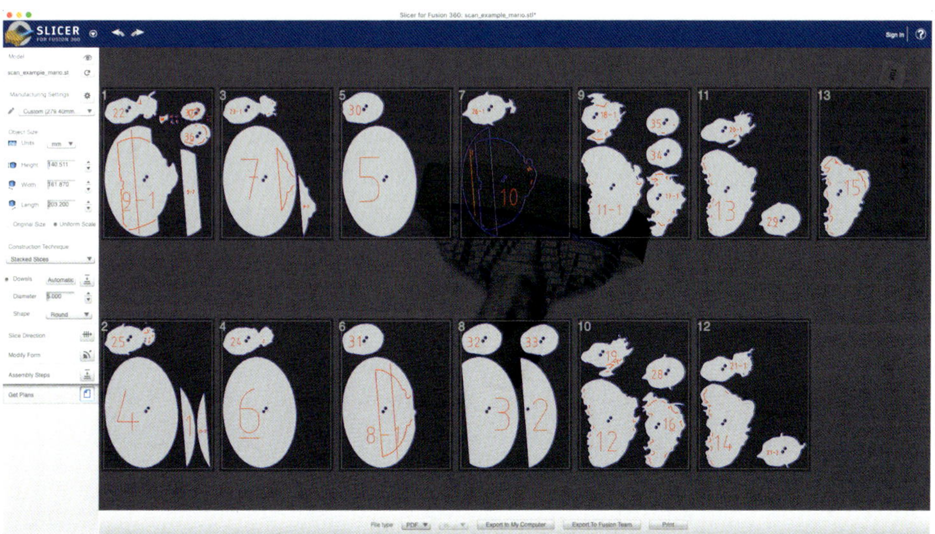

Berechnete Bauteile für das 3D-Puzzle

Die so entstandenen Teile lassen sich anschließend durch Stapeln in der richtigen Reihenfolge wieder zusammenpuzzeln.

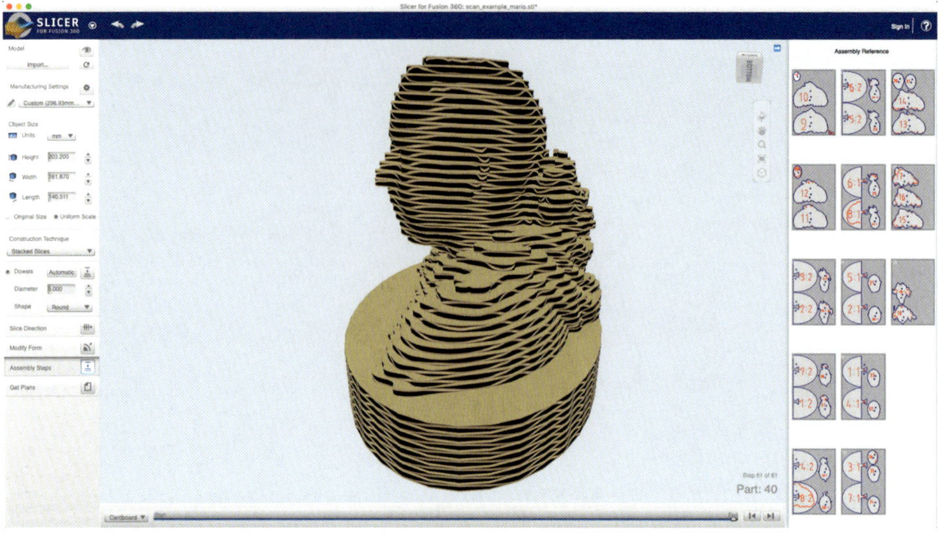

Berechnete Vorschau für ein zusammengesetztes Modell aus Pappe

6.4 3D-gescannte Objekte als Positiv zum Vakuumformen

Unter »Vakuumformen« versteht man einen Prozess, in dem mittels eines Vakuums eine Folie oder Kunststoffplatte in eine gewünschte Form gebracht wird. Auch bei diesem Verfahren können 3D-Scans einen echten Mehrwert bieten.

Die Vorrichtung zum Vakuumformen besteht meist aus drei Komponenten: dem Vakuumtisch, einer Einspannvorrichtung für das Werkstück und einem Heizelement oder Ofen. Aus diesem Grund eignet sich das Vakuumform-Verfahren auch hervorragend für die Hobby-Werkstatt. Um das Vakuum zu erzeugen, kann ein handelsüblicher Staubsauger genutzt werden.

Der Vakuumtisch selbst besteht aus einer Kiste, die an der Oberseite mit einer Lochplatte verschlossen wird. Seitlich muss eine Zuführung für den Staubsauger geschaffen werden. Die Kiste sollte bis auf die Löcher in der Lochplatte recht luftdicht sein. In einem Rahmen, der über die Außenmaße der Kiste verfügt, wird das Werkstück, eine Folie oder eine dünne Kunststoffplatte (z.B. Plexiglas) eingespannt.

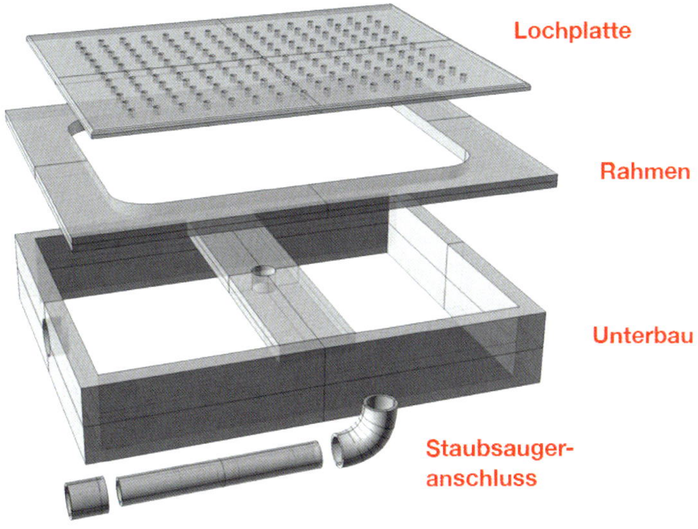

Eigenbau-Tiefziehtisch, schematischer Aufbau (Quelle: http://lettucebranch.blogspot.com)

Eigenbau-Tiefziehtisch (Quelle: http://lettucebranch.blogspot.com)

Dann wird das Positiv – das kann ein ausgedruckter 3D-Scan sein – auf der Lochplatte positioniert. Der Rahmen samt eingespanntem Werkstück muss nun so erhitzt werden, dass das eingespannte Material weich wird, jedoch nicht so weich, dass es sich vom Rahmen löst. Ab diesem Zeitpunkt muss alles recht schnell gehen. Der Staubsauger sollte eingeschaltet werden. Der so erhitzte Rahmen wird von oben über das Objekt auf der Lochplatte so weit heruntergedrückt, bis das Material die Löcher vollständig bedeckt. Der vom Staubsauger erzeugte Unterdruck zieht das erhitzte Material nun passgenau an das Objekt.

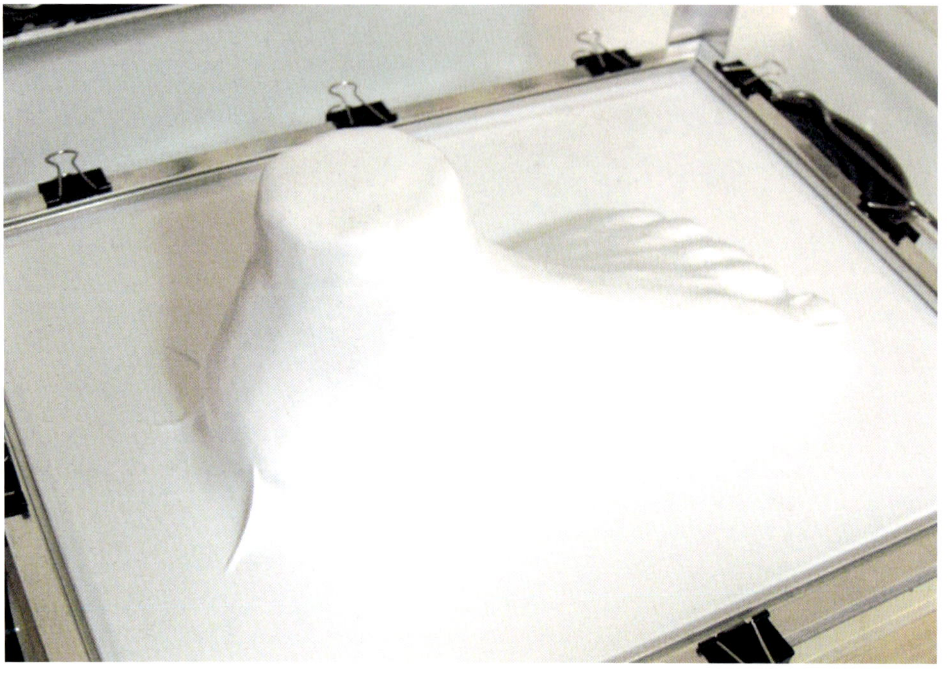

Tiefgezogenes Teil (Quelle: http://lettucebranch.blogspot.com)

So entsteht eine »hohle« Kopie, die nur die äußere Hülle des Objekts abbildet.

Nach diesem Exkurs in die Maker-Werkstatt, in dem ich Ihnen gezeigt habe, wie 3D-Scanner mit anderen Maschinen kombiniert werden können, geht es am Anfang des nächsten Kapitels nahtlos mit einem passenden Beispiel weiter – mit einem denkbaren Anwendungsbeispiel für das in diesem Kapitel vorgestellte Verfahren des Tiefziehens und 3D-Kopierens.

7 Kreative Ideen zum Selbermachen

In diesem Kapitel möchte ich Ihnen zeigen, wie Sie die bereits vorgestellten Techniken in der Praxis einsetzen können. Ich möchte vor allem noch einmal veranschaulichen, dass die gezeigten Techniken ihre volle Stärke erst dann entfalten, wenn man sie miteinander kombiniert. Dabei sollen die hier vorgestellten Projekte zeigen, was außer dem simplem Kopieren von Objekten noch mithilfe von 3D-Scannern machbar ist.

Einige der folgenden Projekte mögen auf den ersten Blick vielleicht nicht sehr sinnvoll erscheinen. Denken Sie die Ideen jedoch weiter, werden Sie feststellen, dass sie Bausteine durchaus komplexerer Projekte sein können.

Meist wird der 3D-Scanner selbst in einer Vorstufe zu den in Kapitel 6 beschriebenen Fertigungsverfahren in der digitalen Werkstatt eingesetzt. Aber auch eine reine Nutzung im digitalen Bereich ist natürlich denkbar. So soll in einem weiteren Beispiel gezeigt werden, wie man ein 3D-Modell für die Nutzung im Internet aufbereiten kann.

7.1 Charly, der Modellbaupilot

Dieses Projekt stellt einen klassischen Anwendungsfall für 3D-Scanner dar: Ein Objekt soll gescannt und anschließend eine Kopie mittels 3D-Druck hergestellt werden. Dabei soll das neu erzeugte Objekt in einem anderen Maßstab erstellt werden. Das Projekt stammt von Robert Kränzlein, einem Mitglied der FabScan Community.

Robert Kränzlein ist leidenschaftlicher Modellbauer und sein Schwerpunkt sind Antikflugmodelle. Sein Hobby bezieht sich im Wesentlichen auf Flugzeuge der Balsa- und Sperrholzära bis ca. 1970. Die Modelle können zum großen Teil wie früher aus Brettchen und Leisten nach den alten Plänen aufgebaut werden. Diese Modelle sollen natürlich weder im Keller noch im Museum an der Decke hängen, sondern sie müssen in die Luft. Dass dabei hin und wieder etwas zu Bruch geht, ist ganz klar. Holz und Bespannungsmaterialien stellen bei der Reparatur kein Problem dar. Für all diese Materialien gibt es auch in der heutigen Zeit adäquaten Ersatz. Anders sieht es jedoch mit Fernsteuerungen, Motoren, Servos, Kabinenhauben, Rädern usw. aus. Vor allem Kunststoffteile aus den 1960er-Jahren sind zu häufig gesuchten Raritäten geworden. Darüber hinaus haben viele dieser Originalteile ihre ursprünglichen Materialeigenschaften verloren.

Im folgenden Beispiel wird am Beispiel einer Pilotenattrappe namens »Charly« ein solches Kunststoffteil im Hobbykeller nachgefertigt. Das Modell wurde von Robert auf einer Auktionsplattform im Internet ersteigert, die Farbe war bereits zum Teil ab und der Kunststoff war klebrig geworden. Grund genug also, einen »digitalen Abdruck« von Charly mittels 3D-Scan-Verfahren zu erzeugen.

Charly – Originalfigur

Charly – mit Sprühkreide mattiert

Zum Scannen wurde der FabScan eingesetzt. Da Charly nur gerade so auf den Scan-Teller des FabScan passte und auch einige Details, bedingt durch verdeckte Stellen, nicht in einem Einzel-Scan zu erfassen waren, entschied Robert sich, die Pilotenattrappe mit einem Teppichmesser in drei Einzelteile zu zerlegen. So entstanden jeweils ein Kopf-, Rumpf- und Unterarmteil.

Charly – Punktwolke des Kopfs

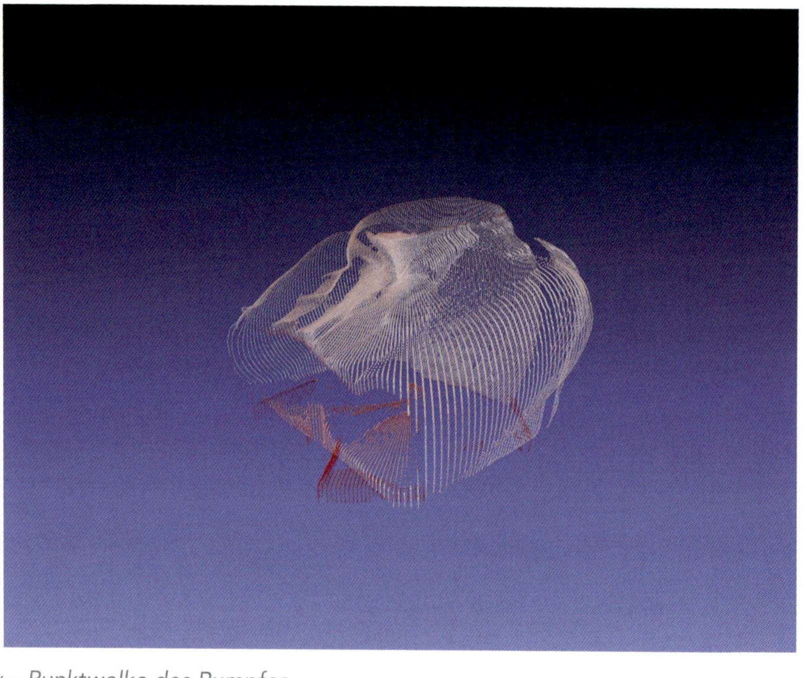

Charly – Punktwolke des Rumpfes

In mehreren Durchgängen wurden die drei einzelnen Teile, Kopf, Rumpf und Unterarme, mithilfe des FabScans digitalisiert. Hierzu mussten die Teile zunächst mit Sprühkreide, wie in Kapitel 4.2 beschrieben, mattiert werden. Nach der Anfertigung der Rohscans lagen Punktwolken der einzelnen Scans vor. Da von jedem der drei einzelnen Teile mehrere Punktwolken existierten, mussten diese erst zu je einem der drei einzelnen Teile zusammengepuzzelt werden. In Kapitel 5.2 und 5.3 habe ich beschrieben, wie das Wiedervereinen von Einzel-Scans im Punktwolkenformat erfolgt. Das Zusammenfügen kann unter Umständen etwas Zeit in Anspruch nehmen. Am Ende wird man jedoch mit einer sehr dichten Punktwolke belohnt.

TIPP

Je dichter die Punktwolke ist, desto besser ist auch das Ergebnis der Oberflächenrekonstruktion (Meshing), da mehr Punkte auch mehr Details versprechen.

Nachdem detailreiche und dichte Punktwolken entstanden sind, kann man zum nächsten Schritt übergehen. Die einzelnen Teile – Kopf, Rumpf und Unterarme – müssen wieder zusammengefügt werden. Dies kann man entweder noch im Rohzustand, also mit den Punktwolken, machen oder wenn bereits eine geschlossene Oberfläche für die einzelnen Teile erzeugt wurde. Die erste Variante ist die etwas schwierigere, denn hier muss man manuell die Punktwolken zusammenfügen, da nicht genügend Überlappung zur automatischen Zusammenführung vorhanden ist. Die zweite Variante ist etwas einfacher, da man sich mit einem Oberflächenmodell eine bessere Übersicht verschaffen kann. Stellen, die nicht hundertprozentig passen, können dann später nachmodelliert werden.

Die Oberflächenmodelle der einzelnen Teile werden wie in Kapitel 5.2 und 5.3 beschrieben entweder mittels *MeshLab* oder *CloudCompare* über den *Poisson Reconstruction*-Algorithmus erstellt.

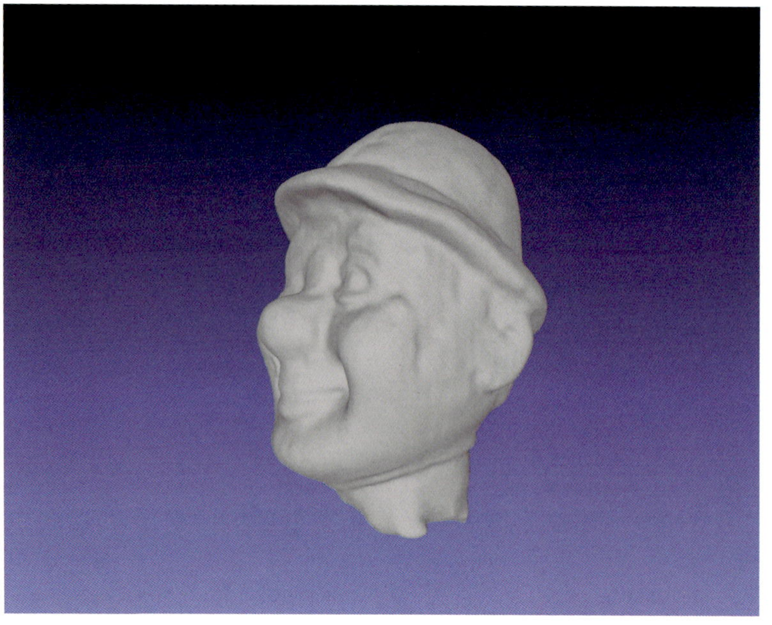

Charly – Mesh des Kopfs

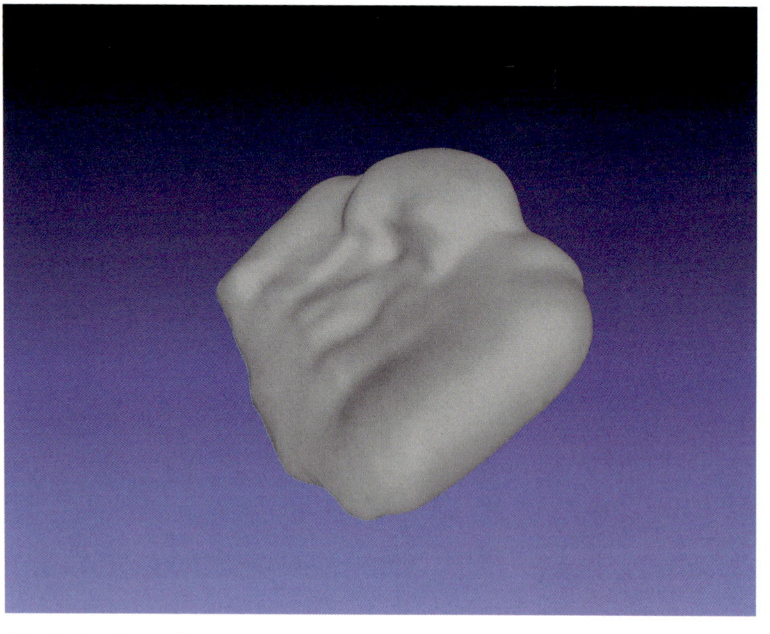

Charly – Mesh des Rumpfs

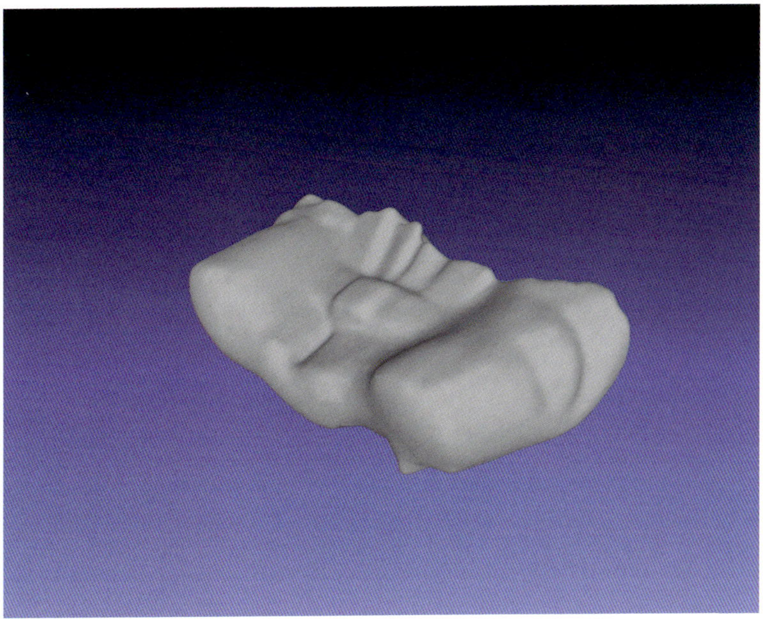

Charly – Mesh der Unterarme

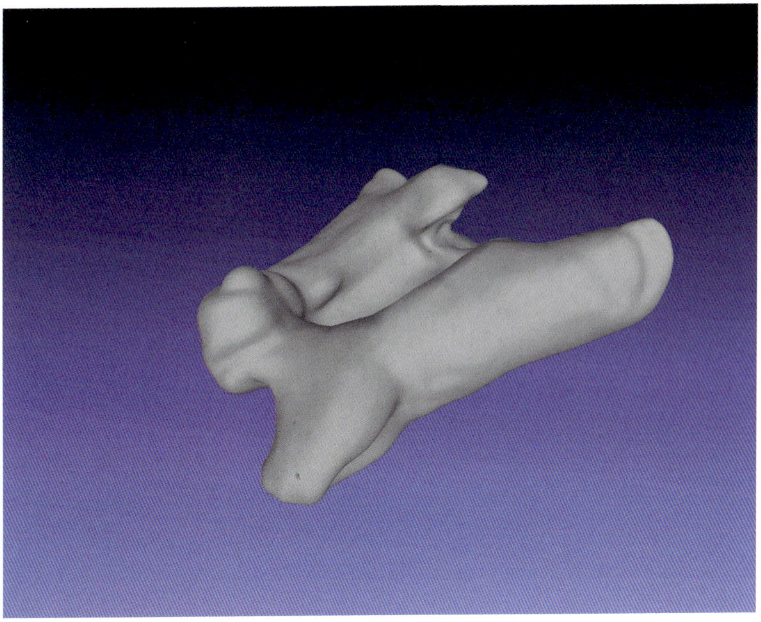

Charly – Mesh der Unterarme mit Händen

Die Abbildungen zeigen die Meshes der einzelnen Teile. Dabei wurde der Bereich der Unterarme noch einmal unterteilt, so dass die Hände mit dem Schaltknüppel der kleinen Pilotenfigur als separates Teil angefügt werden müssen. Da Robert sich bis hier für die zweite Variante entschieden hatte, müssen die einzelnen Teile jetzt zusammengefügt werden. Dies gelingt unter Verwendung von *MeshMixer*. *MeshMixer* wurde in Kapitel 5.4 vorgestellt. Genau wie dort der Sockel zu einer Figur hinzugefügt wurde, so soll hier Charly zusammengefügt werden, mit dem Unterschied, dass keine Teile mehr erzeugt werden müssen, da alle Teile bereits durch den 3D-Scan vorliegen.

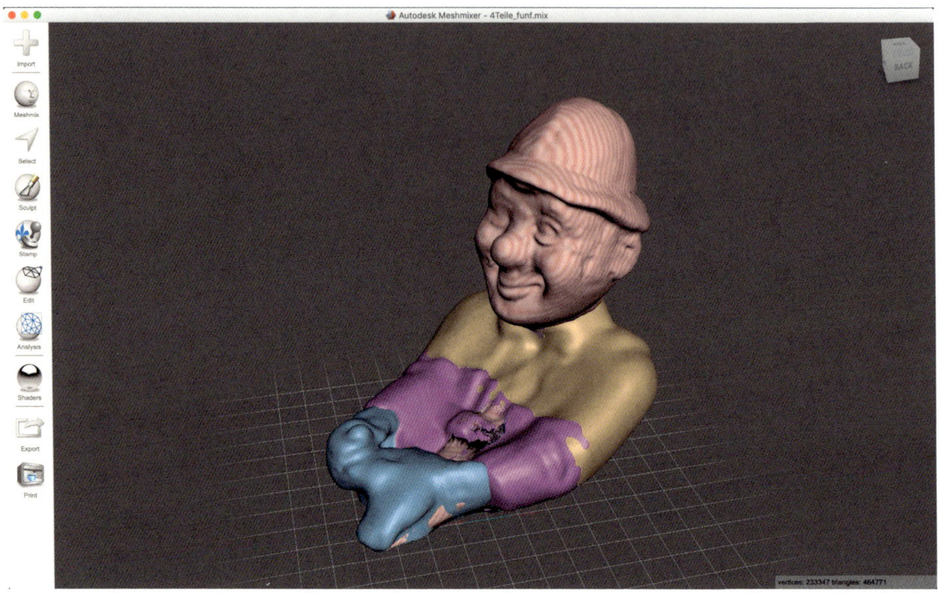

Charly, Einzelteile in MeshMixer zusammengeführt

Mit den *Alignment*-Werkzeugen von *MeshMixer* schiebt man also die Teile so lange hin und her, bis man das gewünschte Endergebnis, nämlich wieder eine vollständige Pilotenfigur, erreicht hat.

Da der FabScan manche Bereiche der Figur nicht hinreichend gut scannen konnte, musste Robert zusätzlich mit *MeshMixer* nachbessern. *MeshMixer* liefert eine ganze Reihe von Modellierungswerkzeugen zum Nachmodellieren. Diese werden in den folgenden Projekten in den Kapiteln 7.3 bis 7.4 detaillierter beschrieben. So konnte Robert zum Beispiel konkave Kanten, die durch den Scan etwas »aufgeweicht« wurden, leicht nachbearbeiten.

Das Modell hat er mittels 3D-Druck aus Kunststoff nachgefertigt. Mithilfe von Spritzspachtel erhielt Charly den letzten Schliff. Robert hat abschließend Acrylfarbe verwendet, um Charly sein natürliches Aussehen zu verleihen. Die Ergebnisse sprechen für sich und können sich sehen lassen.

Links und Mitte: Charly-Kopien in unterschiedlichen Größen

Ein Vorteil des hier beschriebenen Verfahrens für den Flugmodellbau ist, dass Charly nach einem 3D-Scan an jedes beliebige Flugmodell angepasst werden kann. Flugmodelle fliegen meist besser, wenn die Spannweite größer wird, da das Verhältnis von Gewicht zu Auftriebsfläche sinkt. Damalige Modelle waren für heutige Verhältnisse eher sehr klein, da entsprechende Materialien, Klebstoffe und leistungsstarke Antriebe nicht zur Verfügung standen oder der Hersteller eine bestimmte Verpackungsgröße nicht überschreiten wollte. Einige Antik-Modellbauer bauen nun die alten Modelle exakt nach alten Plänen, andere vergrößern die Modelle zwischen 10% und 20%. Durch den Einsatz von 3D-Scanner und 3D-Drucker kann Charly nun einfacher mitwachsen und sogar vielleicht einmal in einem Modell mit 100 cm Spannweite Platz nehmen.

7.2 Die eigene Kickerfigur

Bei diesem Projekt soll gezeigt werden, wie Sie zwei Objekte geschickt miteinander kombinieren können. Am Ende soll eine Figur für einen Kickertisch entstehen. Den Ausgangspunkt bildet einer der aus Kapitel 3.3 mittels Kinect angefertigten Personenscans sowie ein fertiges Modell für den Rumpf des Spielers, welches in einer Online-Datenbank für 3D-Modelle zu finden ist.

Zunächst suchen Sie nach dem Rumpf der Figur in einer Online-Datenbank für 3D-Modelle wie zum Beispiel *Thingiverse*.

TIPP

Die besten Suchergebnisse erhalten Sie, wenn Sie die englischen Begriffe für das gesuchte Modell eingeben, da es sich bei diesen Plattformen meist um eine internationale Benutzer-Community handelt. Auch die Kombination aus unterschiedlichen Begriffen kann hilfreich sein. Die Suchfunktion von Thingiverse ist etwas in die Jahre gekommen und kann durchaus eine nervenaufreibende Erfahrung sein. Hier ist also oft Geduld gefragt.

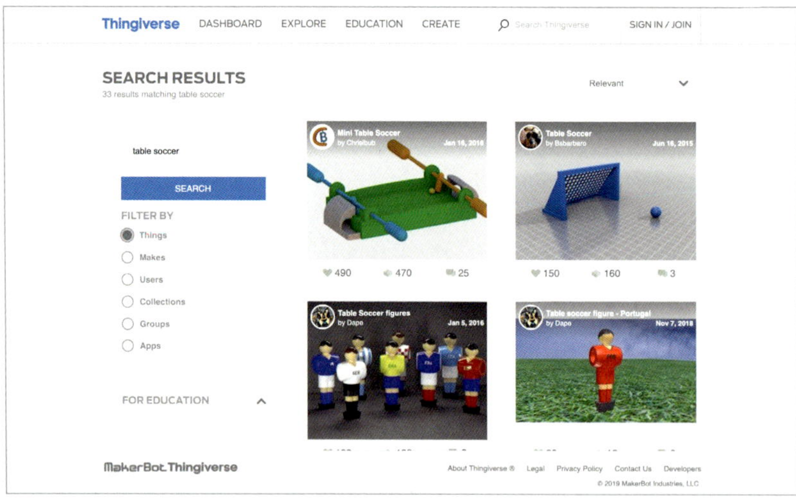

Suche nach Kickerfiguren auf Thingiverse

Mit den Begriffen »table soccer« werden Sie in unserem Fall bei Thingiverse fündig. Das Portal bietet gleich mehrere Modelle, die sich für das Projekt eignen. Im Folgenden soll das Modell mit der Thingiverse-Nummer »2983878« verwendet werden. Diese Figur ist recht einfach gestaltet und eignet sich somit sehr gut zur Modifikation. Ein weiterer Vorteil besteht darin, dass die Figur bereits für unterschiedliche Stangendurchmesser angeboten wird.

Zunächst laden Sie das Modell bei Thingiverse herunter und entpacken die ZIP-Datei.

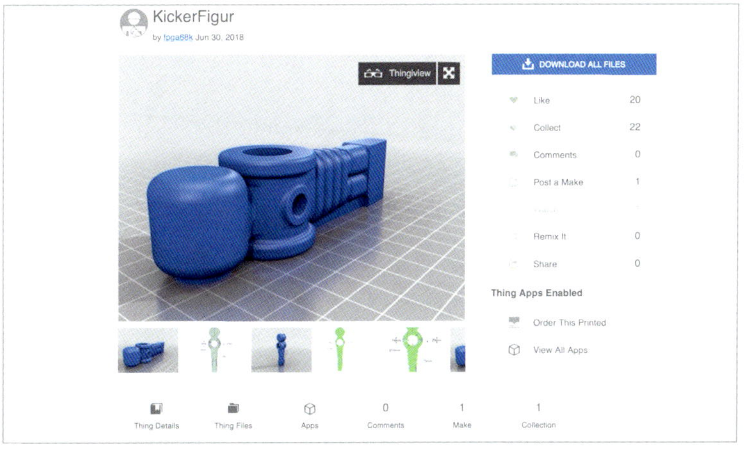

Geeignetes Modell von Thingiverse herunterladen

Außer der Kickerfigur wird noch das Objekt des Personenscans benötigt. Hierzu greifen wir auf einen Scan mit Kinect aus Kapitel 3.3 zurück, welcher bereits in Kapitel 5.4 zur Weiterverarbeitung vorbereitet wurde.

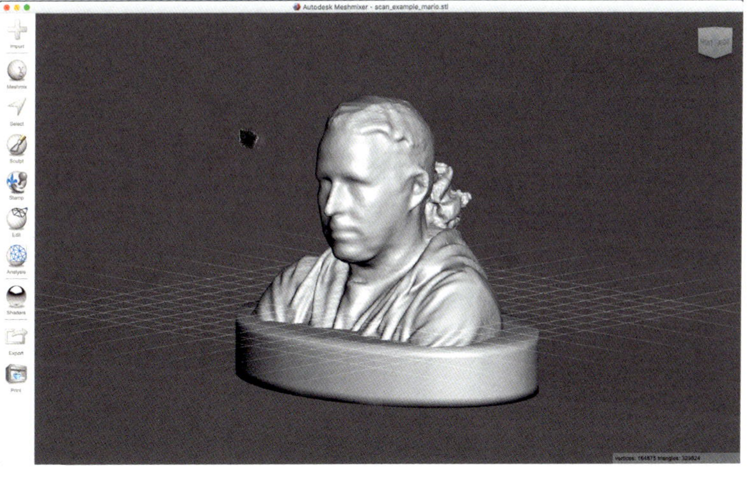

3D-Scan einer Person, importiert in MeshMixer

Mithilfe dieser beiden Modelle soll eine individuelle Tischfussball-Spielfigur gebastelt werden. Als Werkzeug wird *MeshMixer* verwendet. Eine Einführung in die Arbeit mit *MeshMixer* gab es bereits in Kapitel 5.4 – lesen Sie ggf. dort ab Seite 220 nochmal nach.

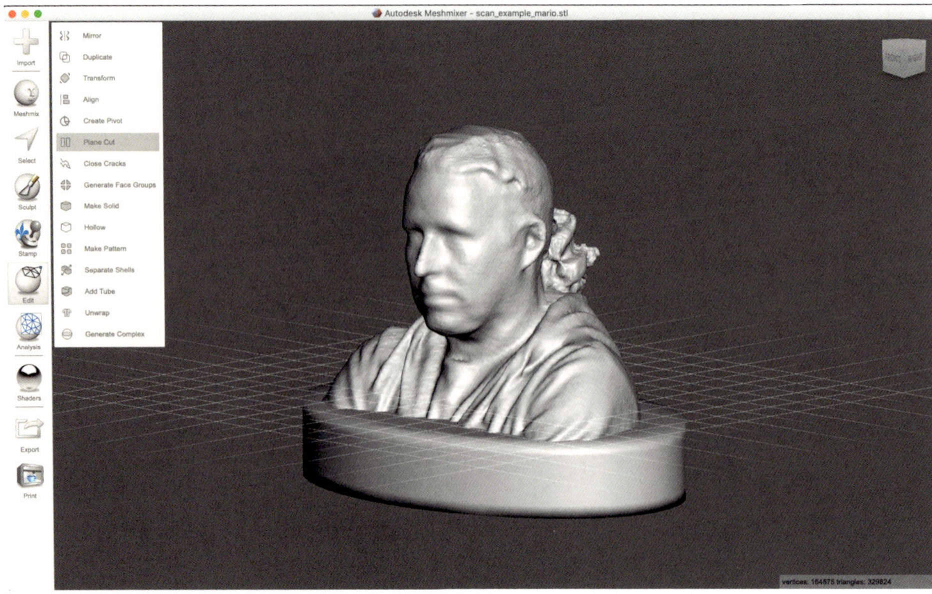

3D-Scan auf den Kof reduzieren

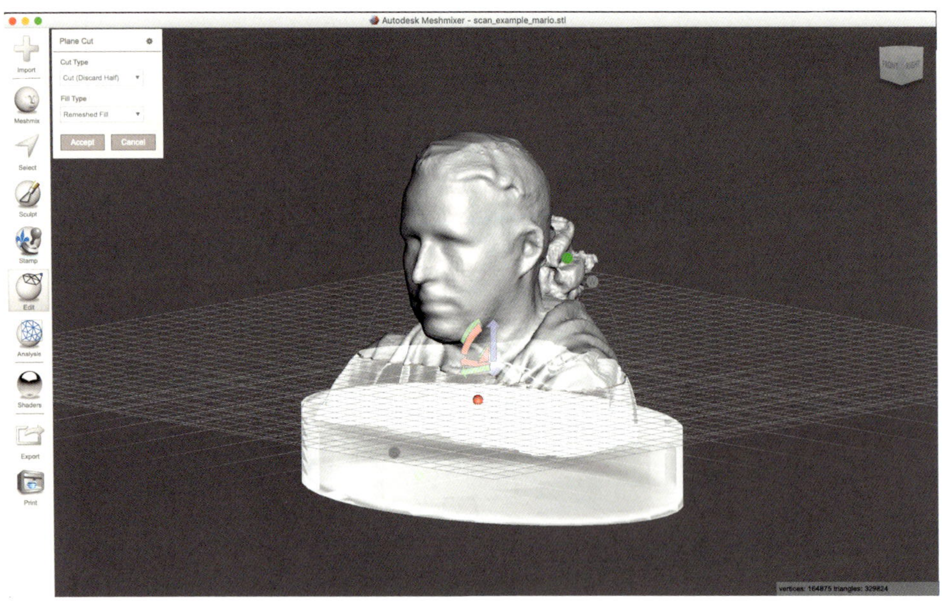

Unteren Bereich des 3D-Scans mit dem Plane Cut-Werkzeug abschneiden

Nach dem Start von *MeshMixer* importieren Sie zunächst das Modell aus Kapitel 5.4, der 3D-Scan einer Person mit Sockel, in die noch leere Szene. Da nur der Kopf ohne Oberkörper und Sockel benötigt wird, muss ein Teil des Objekts entfernt werden. Die grobe Bereinigung erledigen Sie am schnellsten mit dem Ebenenschnitt-Werkzeug *Plane Cut* aus dem *Edit*-Menü. Sobald das Werkzeug ausgewählt ist, wird die Schnittebene angezeigt. Alles, was entfernt werden soll, erscheint leicht transparent. Über die Navigationspfeile lässt sich die Lage der Ebene bestimmen. Die Schnittebene sollten Sie idealerweise so positionieren, dass möglichst viel vom Oberkörper entfernt werden kann. Eine gute Position befindet sich ein Stück unterhalb des Kinns. Mit der Schaltfläche *Accept* bestätigen Sie den Schnitt.

Der unerwünschte Teil des 3D-Objekts wurde nun entfernt und zurück bleibt der obere Teil des Modells. In dieser Form enthält das Objekt aber noch Bereiche der Kleidung, vor allem an den Schultern und im Nacken. Diese Bereiche können Sie über das Selektionswerkzeug markieren und durch Drücken der Taste [X] entfernen. Zurück bleibt nur der gewünschte Ausschnitt des Kopfs.

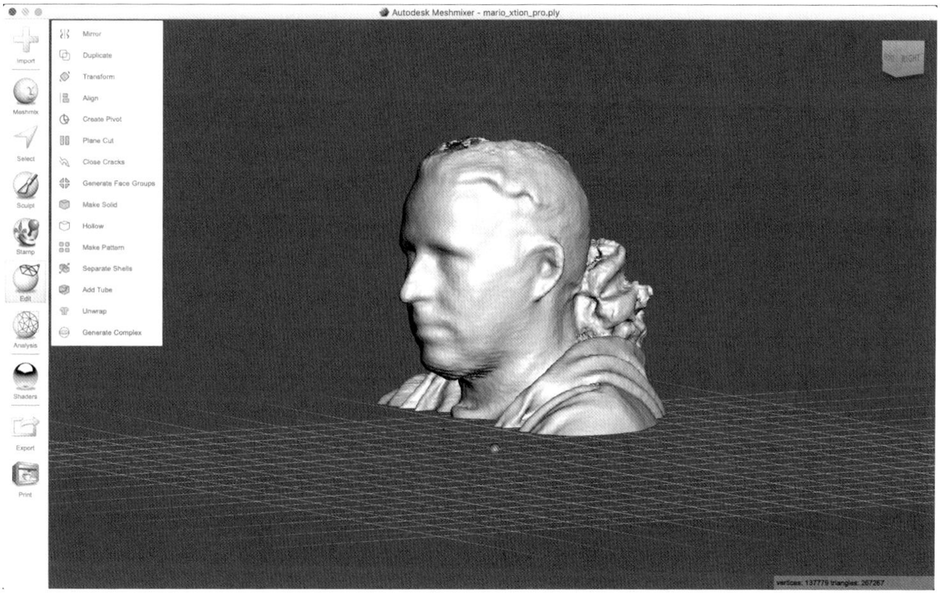

Werkzeug zur feineren Selektion auswählen

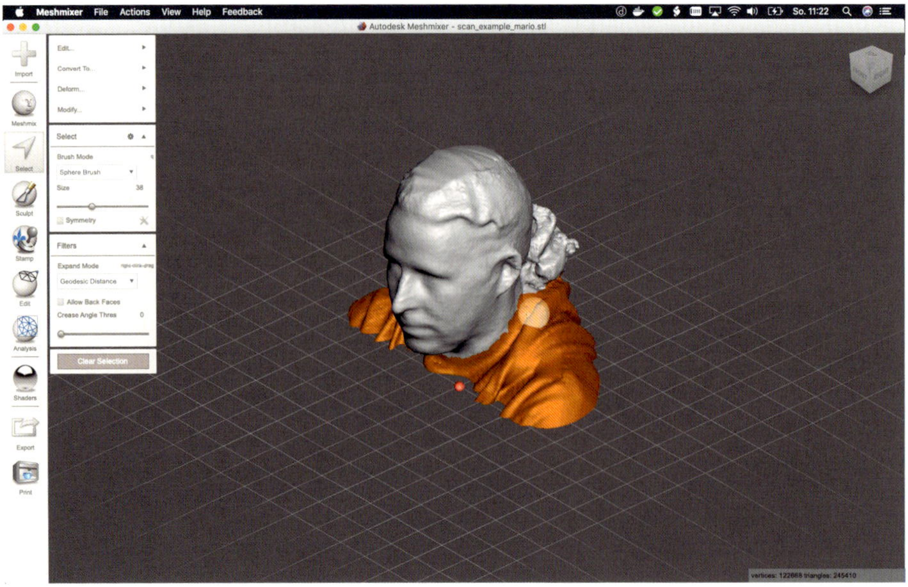

Markieren der restlichen Bereiche, die entfernt werden sollen

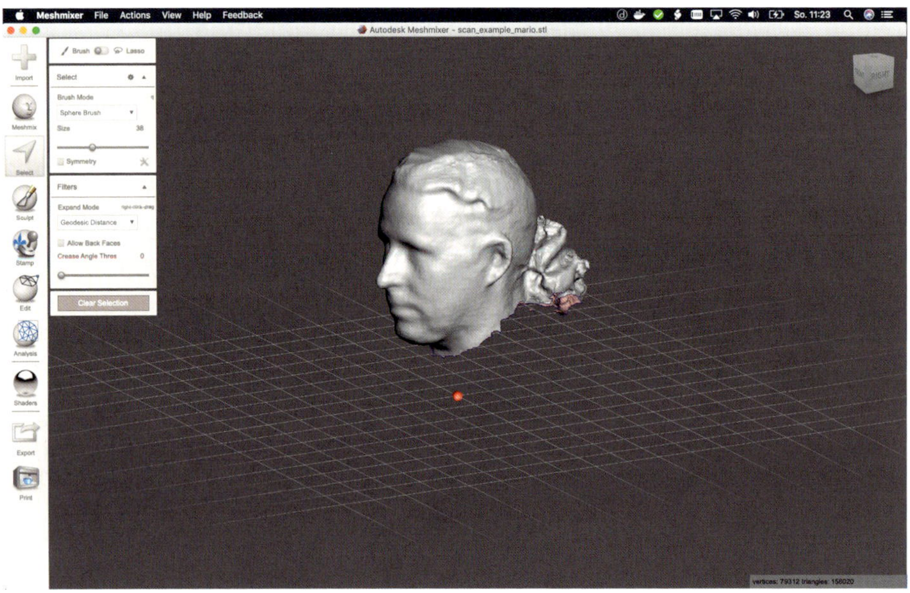

Nur der Kopf bleibt am Ende erhalten.

Bei diesem Teil handelt es sich nun jedoch nicht mehr um ein Objekt mit geschlossener Oberfläche. Drehen Sie den Kopf in eine andere Position, so werden sie feststellen, dass er unten offen ist. Wie bereits in Kapitel 5.4 gezeigt, lässt sich der offene Bereich leicht schließen. Hierbei hilft der *Inspector*, den Sie unter dem

Menüpunkt *Analysis* finden. Er identifiziert diese offenen Bereiche und kann sie automatisch schließen. Dazu klicken Sie im *Inspector*-Dialog auf die Schaltfläche *Auto Repair All*.

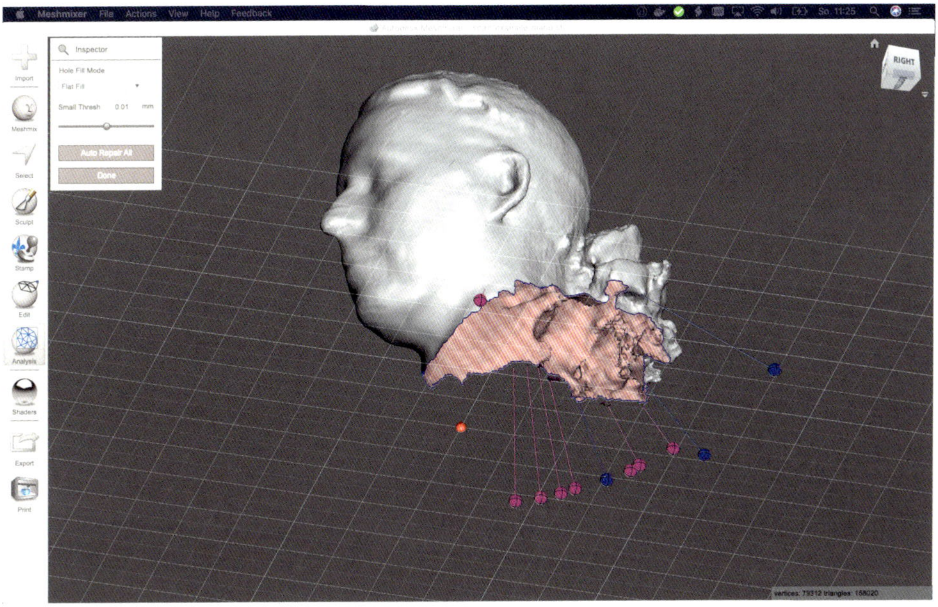

Löcher und Fehler über den MeshLab Inspector ermitteln

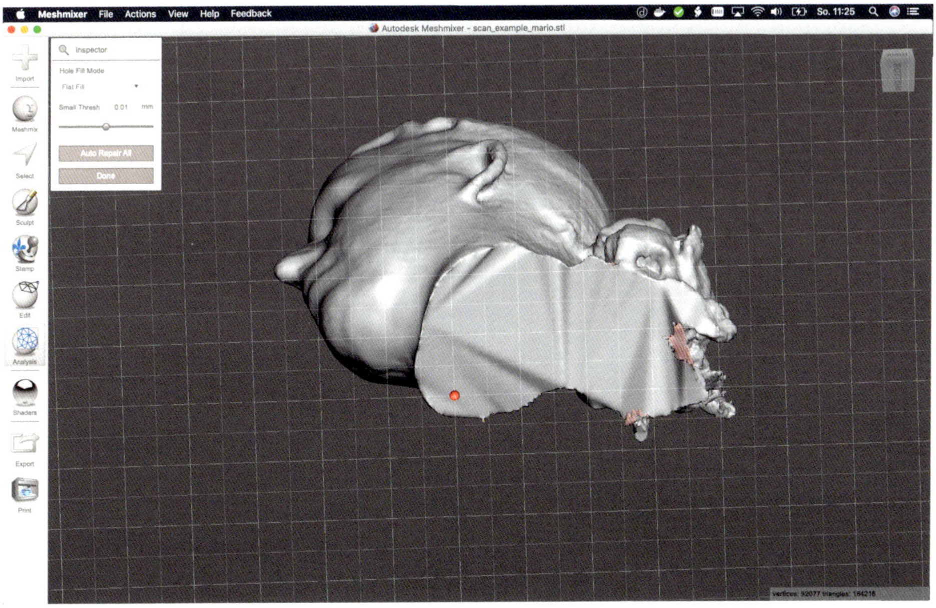

Automatische Reparatur der offenen Stellen im 3D-Modell

Die *Auto-Repair*-Funktion verschließt alle Löcher am Modell automatisch. Dabei können unnatürlich aussehende Flächen entstehen, die sich aber im späteren Verlauf ausbessern lassen.

Es ist nun an der Zeit, das zweite Objekt, die Kicker-Figur von Thingiverse, in die Szene zu importieren. Zum Importieren klicken Sie in der Symbolleiste auf das »+«.

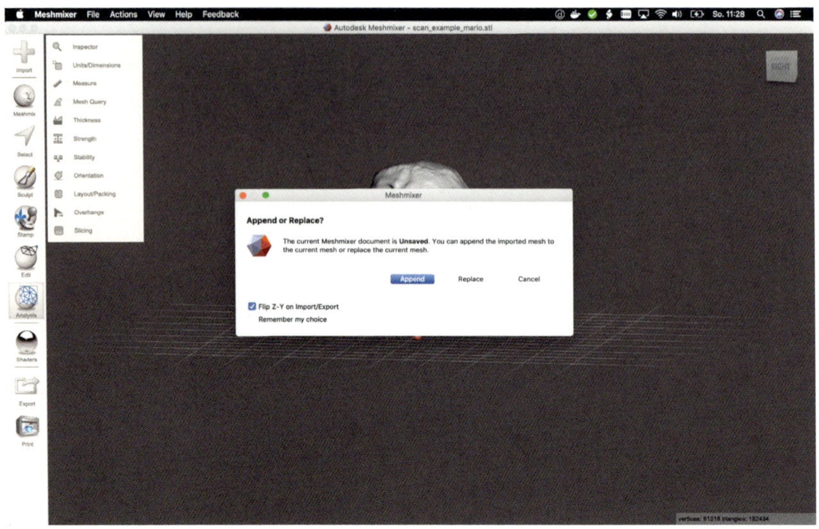

Hinzufügen der Kicker-Figur aus Thingiverse

Im erscheinenden Dialogfenster werden Sie gefragt, ob das zu importierende Objekt der aktuellen Szene hinzugefügt werden oder diese gänzlich ersetzen soll. Da das Objekt hinzugefügt werden soll, bestätigen Sie diesen Dialog mit der Schaltfläche *Append*.

Es *kann* ein weiterer Dialog folgen, der darauf hinweist, dass die beiden Objekte in unterschiedlicher Skalierung vorliegen. *MeshMixer* bietet Ihnen also an, sich automatisch um diesen Sachverhalt zu kümmern. Auch diesen Dialog können Sie mit *Yes* bestätigen.

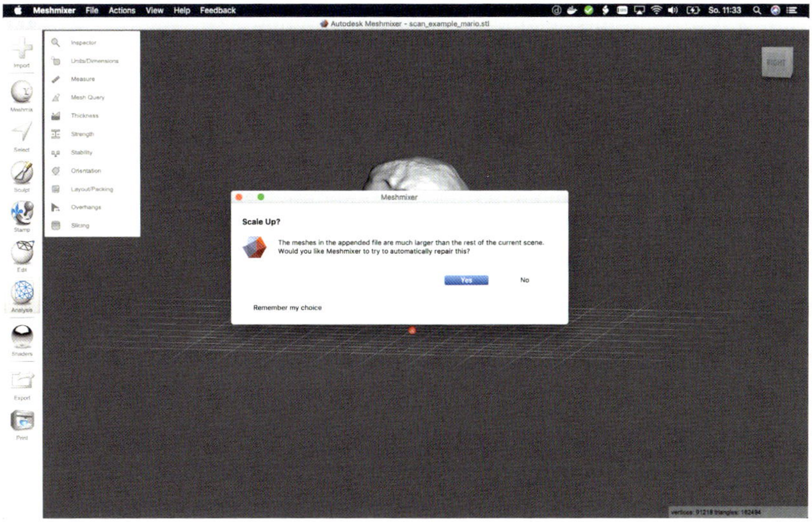

Automatische Größenanpassung der importierten Figur bestätigen

Im Anschluss sind beide Objekte in die Szene importiert. Wie Sie jedoch in der Abbildung erkennen, stimmen die Größenverhältnisse in diesem Fall überhaupt nicht. Der Kopf ist kaum erkennbar und wurde zur Verdeutlichung noch einmal mit einem Pfeil markiert. Es gilt also, die beiden Objekte in ein passendes Größenverhältnis zu setzen. Da die Kickerfigur wohl am ehesten maßstabsgetreu ist, wird diese auch als Referenzobjekt herhalten.

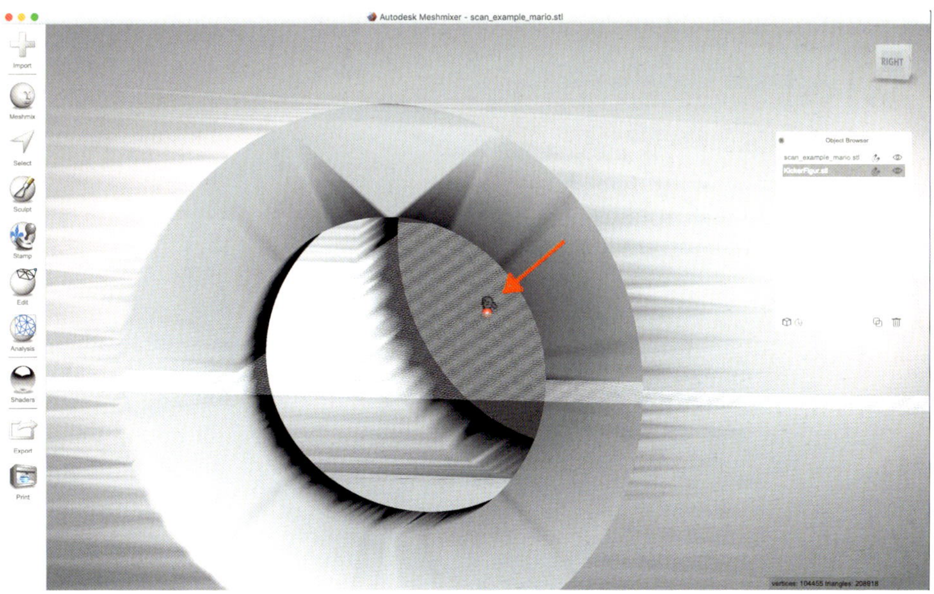

Relationen passen häufig nach dem Import nicht. Die Kicker-Figur ist deutlich größer als der importierte Kopf des 3D-Scans.

Im *Object Browser* von *MeshMixer* wählen Sie also das zu skalierende Objekt aus. Im hier gezeigten Fall muss der gescannte Kopf nach oben skaliert, also vergrößert werden. Das Werkzeug zum Vergrößern verbirgt sich in der Symbolleiste hinter dem *Edit*-Symbol. In der Werkzeugliste wählen Sie *Transform*. Der Dialog mit Transformationseinstellungen öffnet sich, darunter auch die Einstellungen zur Skalierung der einzelnen Achsen. Es genügt, wenn Sie bei einer der Achsen einen Wert zur Skalierung eintragen. Damit jedoch alle Achsen verhältnismäßig gleichmäßig skaliert werden, muss das Häkchen für *Uniform Scaling* gesetzt sein. Da die Maße der Kickerfigur ungefähr bekannt sind, beginnen Sie vorzugsweise mit einer absoluten Wertangabe. Ein guter Startwert wäre eine Höhe des Kopfs von ca. 40 mm. Diesen Wert tragen Sie also für *Size Z* ein. Anschließend bestätigen Sie mit der ↵-Taste.

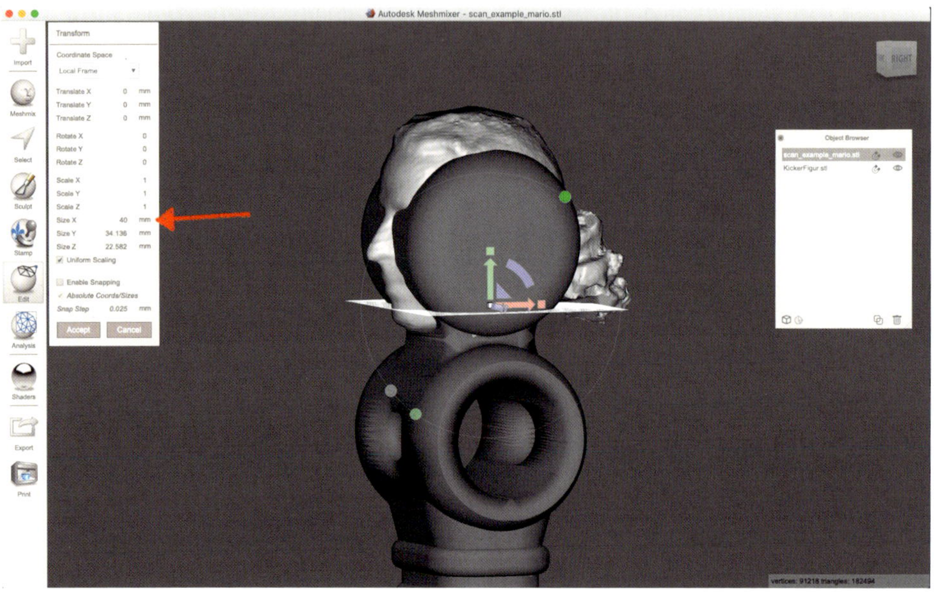

Manuelle Skalierung beider Objekte durch das geeignete Werkzeug. Es reicht aus, die Skalierung für eine Achse anzugeben.

Der Kopf wird vergrößert. Um das Größenverhältnis beider Objekte besser einschätzen zu können, sollten Sie über die Navigation von *MeshMixer* die Ansicht so drehen und verschieben, dass beide Objekte im Fenster gut erkennbar sind. Es kann sein, dass der Kopf nach der Skalierung nicht richtig positioniert ist. Dies können Sie ebenfalls über das *Transform*-Werkzeug durch Verschieben und Drehen korrigieren.

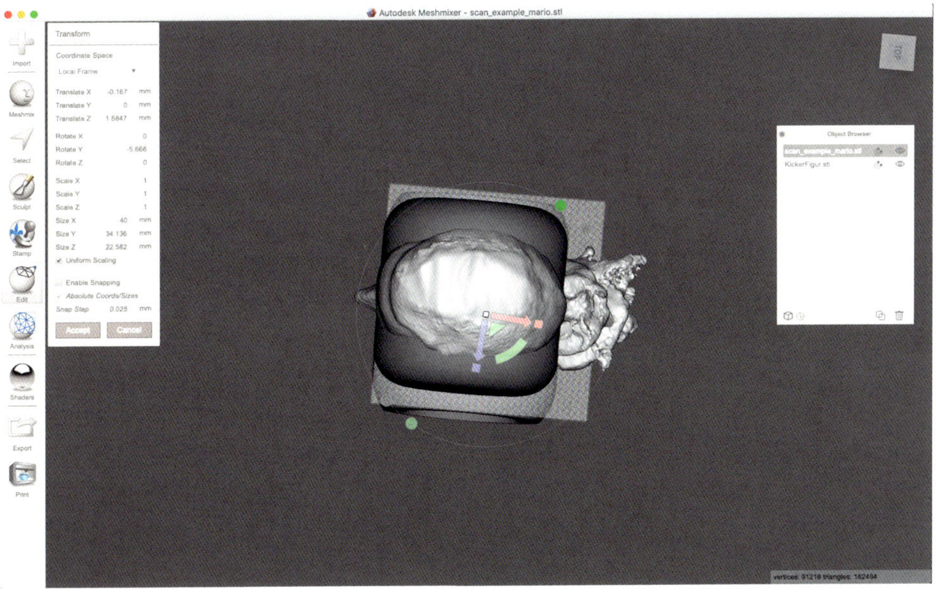

Ermittlung der optimalen Position des 3D Kopfes auf dem Rumpf der Kicker-Figur

Dabei sollten Sie beide Objekte aus verschiedenen Perspektiven betrachten. So können Sie sicherstellen, dass der Kopf mittig auf dem »Rumpf« der von Thingiverse importierten Figur platziert ist. Der Kopf der importierten Kickerfigur stört nun natürlich und muss entfernt werden. Dazu wählen Sie im *Object Browser* die importierte Figur aus und entfernen über das bereits verwendete Ebenenschnittwerkzeug den oberen Teil der Figur.

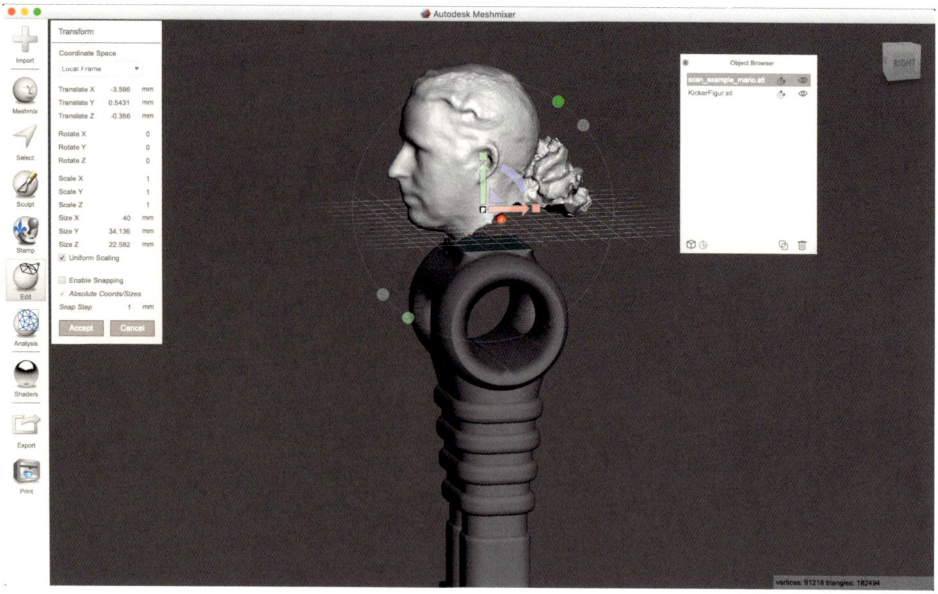

Originalkopf der Kicker-Figur, entfernt mithilfe des Plane Cut-Werkzeugs

Nachdem Sie den Kopf der importierten Figur entfernt haben, betrachten Sie die Position des 3D-gescannten Kopfs noch einmal aus unterschiedlichen Perspektiven. Gegebenenfalls müssen Sie weitere Anpassungen an seiner Positionierung vornehmen. Sind sie mit dem Ergebnis gänzlich zufrieden, können Rumpf und Kopf miteinander verbunden werden.

Zur Verbindung der beiden Teile benötigen Sie einen Hals. Eine der Stärken von *MeshMixer* ist die Möglichkeit des freien Modellierens von Flächen. Hierzu bietet *MeshMixer* eine ganze Fülle von Werkzeugen mit unterschiedlichsten Einstellungen an, die sich in ihrer Anwendung jedoch ähnlich verhalten. Sie können sich die Werkzeuge wie die Pinsel in einem 2D-Zeichenprogramm vorstellen, jedoch mit dem Unterschied, dass in *MeshMixer* nicht nur in einer Ebene gezeichnet wird, sondern eben auch in der Tiefe. Oder denken Sie an die Werkzeuge eines Bildhauers.

TIPP

Manche der Modellierungswerkzeuge funktionieren ab einer bestimmten Skalierung nicht mehr wirklich gut, da die Pinselgröße nicht mehr ausreichend angepasst werden kann. Deshalb sollten Sie beide Objekte nach Anpassung der Verhältnismäßigkeit wieder herunterskalieren, am besten mit dem Faktor 0.1. Im späteren Verlauf können Sie die Originalskalierung der Figur wiederherstellen, indem Sie sich zum Beispiel an der Durchführung für die Stange orientieren.

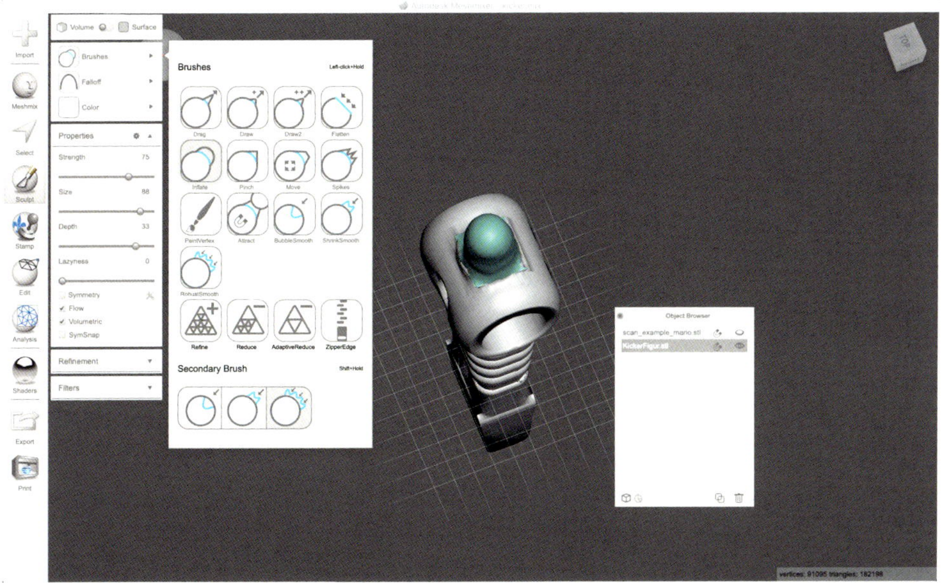

Modellieren eines neuen Hals-Verbindungsstücks zwischen Kicker-Figur und 3D-Scan-Kopf. Es stehen verschiedene Werkzeuge zum Modellieren zur Auswahl.

In einem ersten Schritt soll auf dem Rumpf ein Hals entstehen, so dass die Lücke zwischen Kopf und Rumpf geschlossen wird. Für den Anfang ist es ausreichend, wenn Sie eine grobe Verbindung herstellen.

Im *Object Browser* selektieren Sie also wieder den Rumpf. Um sich einen besseren Überblick zu verschaffen, sollten Sie das nicht zu bearbeitende Objekt – im hier gezeigten Fall der Kopf – über den *Object Browser* ausblenden. Dies gelingt über das kleine Augen-Symbol rechts neben dem Objektnamen. Anschließend können Sie mit der Modellierung beginnen, indem Sie in der Symbolleiste diesmal das *Sculpting*-Symbol wählen. Im sich öffnenden Dialog werden die Einstellungsmöglichkeiten für das Modellierungswerkzeug angezeigt. Unter der Einstellung *Brushes* wählen Sie einen geeigneten Pinsel. Da Material in ziemlich breiter Form aufgetragen werden soll, bietet sich das Werkzeug *Inflate* (»aufblasen«) an.

In der Einstellung *Falloff* können Sie die Form des Werkzeugs bestimmen – hier eine große weitläufige Rundung. Sie können jedoch auch mit anderen Formen experimentieren. Im ersten Schritt der Halskonstruktion geht es darum, möglichst viel Masse aufzubauen, da spielt die gegebene Form zunächst eine untergeordnete Rolle.

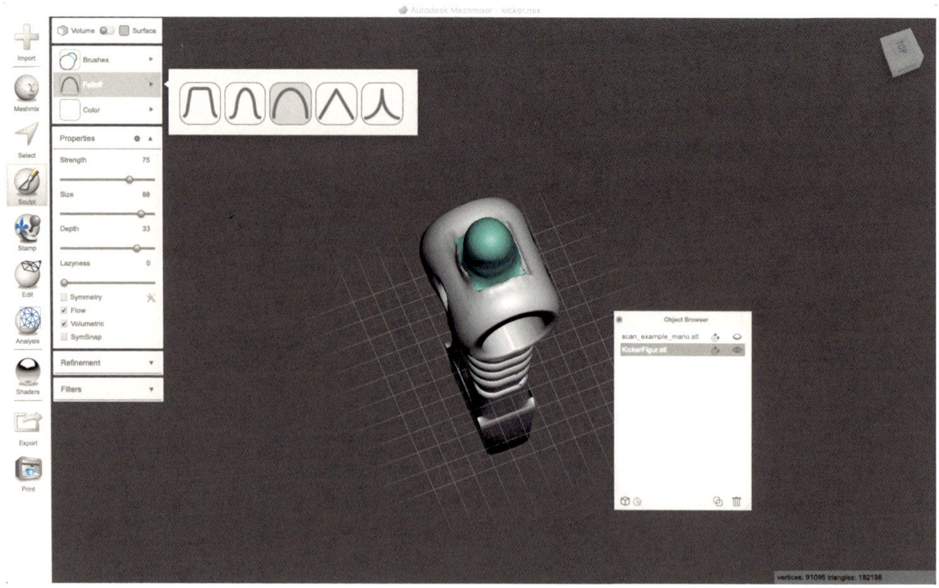

Nach Modellierung des Hals-Verbindungsstücks mit unterschiedlichen Werkzeugen

Nun nehmen Sie weitere Einstellungen wie zur Intensität und Größe des ausgewählten Werkzeugs vor. Eine geeignete Größeneinstellung haben Sie dann gefunden, wenn der Werkzeugdurchmesser den Übergang des Halses am Rumpf ungefähr abdeckt.

Mit der Maus fahren Sie nun an die Stelle, wo der Hals modelliert werden soll. Eine geeignete Perspektive, ähnlich der in der folgenden Abbildung, hilft dabei, exakter zu modellieren. Wenn Sie die richtige Position gefunden haben, können Sie mit gedrückter linker Maustaste beginnen, den Hals aufzubauen. Beim Drücken der Maustaste wächst aus dem Rumpf ein »Hügel«. Mit dieser Technik schaffen Sie zunächst einen kleinen zylinderförmigen Hals.

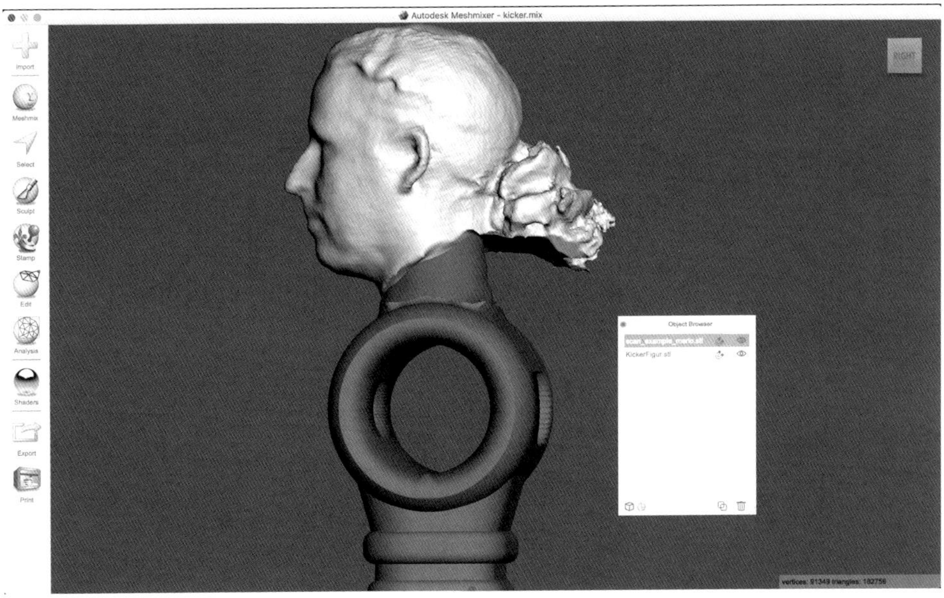

Ständiges Prüfen aus unterschiedlichen Positionen. Der »Hals« ist noch nicht dick genug.

Zwischendurch können Sie das ausgeblendete Objekt immer wieder einblenden. Dadurch erhalten Sie einen besseren Überblick und können abwägen, wann der Halsaufbau in der Höhe passt. Ist der vertikale Aufbau des Halses abgeschlossen, so können Sie damit beginnen, den Hals in horizontaler Ausrichtung auszubessern. Bei genauem Betrachten werden Sie feststellen, dass der Kopf noch nicht nahtlos auf den modellierten Unterbau passt – es existieren noch unschöne Überstände. Diese gilt es in einem weiteren Bearbeitungschritt zu eliminieren.

Hierzu wählen Sie wiederum das Modellierungswerkzeug aus der Symbolleiste. Diesmal tragen Sie jedoch seitlich Masse auf. Alle ausgeblendeten Objekte sollten dabei eingeblendet sein, so können Sie besser abschätzen, wann genügend Material aufgetragen wurde.

TIPP

Genau wie zum Auftragen existieren auch unterschiedliche Werkzeuge zum Glätten oder Abtragen von Masse. Dies kann vor allem dann hilfreich sein, wenn Sie merken, dass Sie zu viel Masse aufgetragen haben.

Auch die Größe und Intensität der Werkzeuge sollten Sie ggf. variieren. Es kann passieren, dass bei einem zu großen Pinselradius versehentlich ungewollt auch Teile der ursprünglichen Objekte verändert werden.

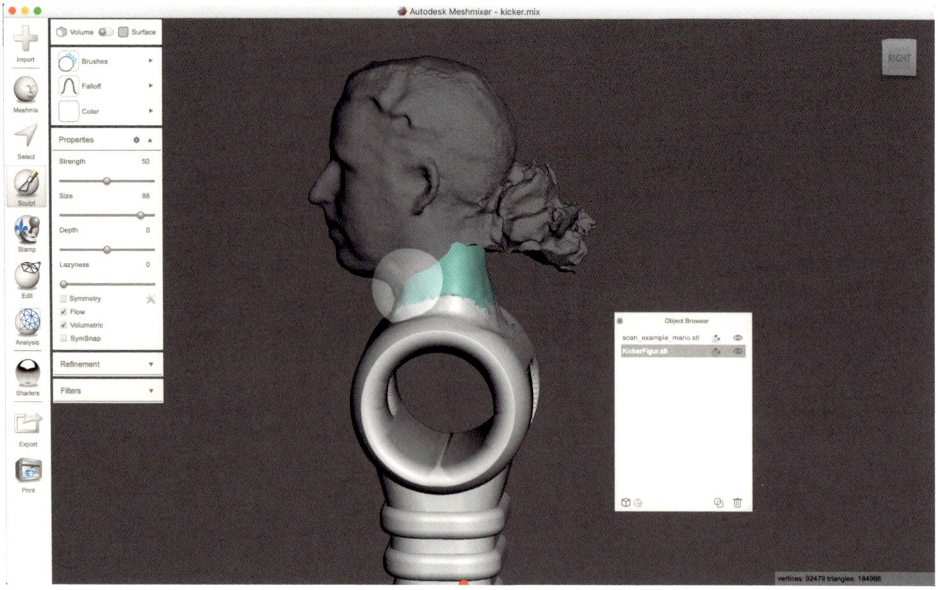

Gezieltes Nachmodellieren am Hals, vor allem an den Übergangsbereichen

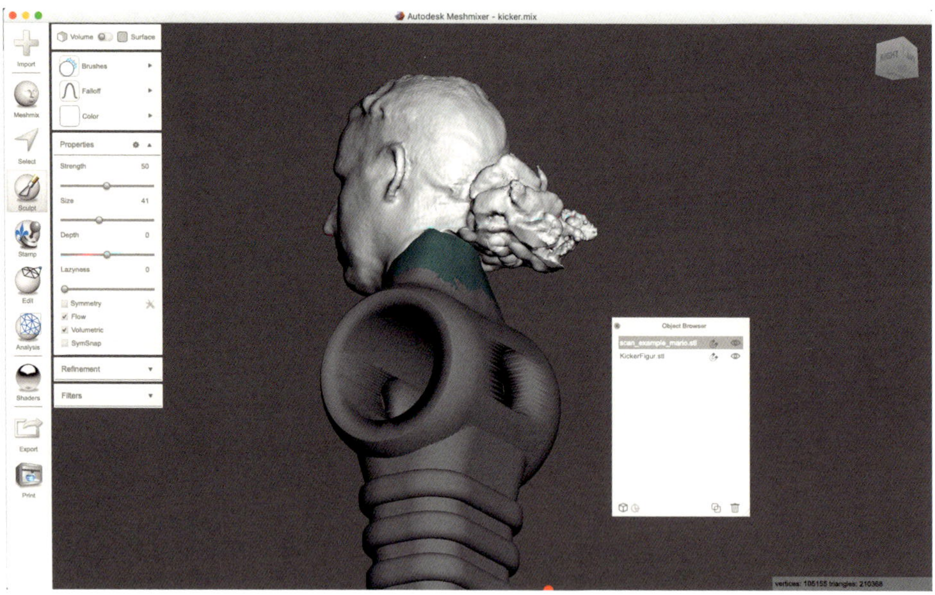

Nach- und Feinmodellierung an den Übergängen

Auch bei diesem Arbeitsschritt sollten Sie das Objekt immer wieder drehen und wenden, so dass Sie rundum eine saubere und nahtlose Verbindung der beiden Teile herstellen können.

Wenn der Aufbau fertiggestellt ist, liegen immer noch zwei unterschiedliche Objekte vor. Diese müssen nun in einem letzten Bearbeitungsschritt miteinander vereint werden. Hierzu bietet *MeshMixer* unterschiedliche boolesche Operationen auf Objekten an. Zunächst selektieren Sie mit gedrückter [⇧]-Taste beide Objekte im *Object Browser*.

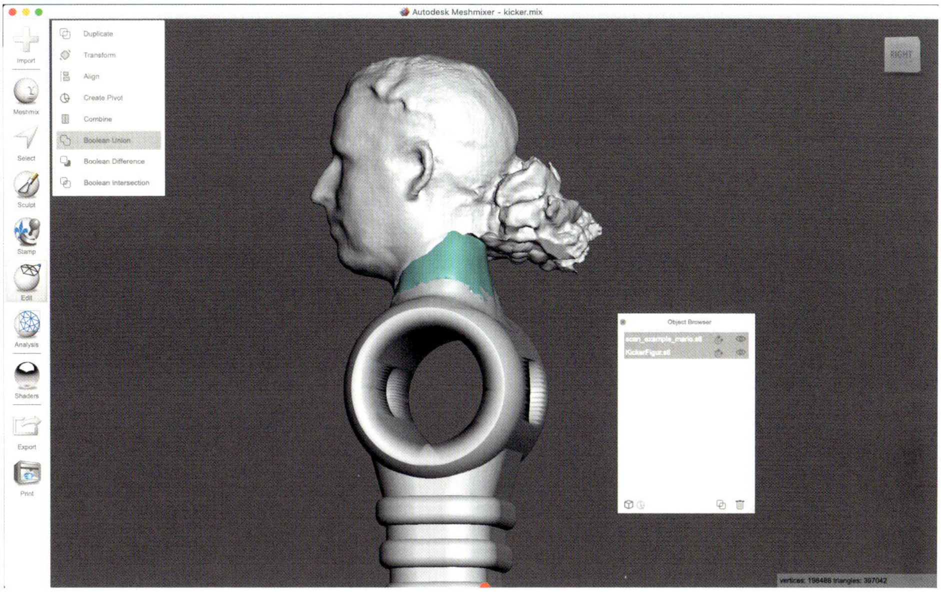

Verschmelzen der Einzelobjekte

Es erscheint ein kleines Auswahlmenü mit unterschiedlichen booleschen Operationen. Dort wählen Sie *Combine*, um aus beiden Objekten eins zu machen. Nach einer kurzen Berechnungszeit sind beide Objekte vereint. Im Anschluss können Sie noch einmal die Übergänge mit den Modellierungswerkzeugen nacharbeiten oder glätten.

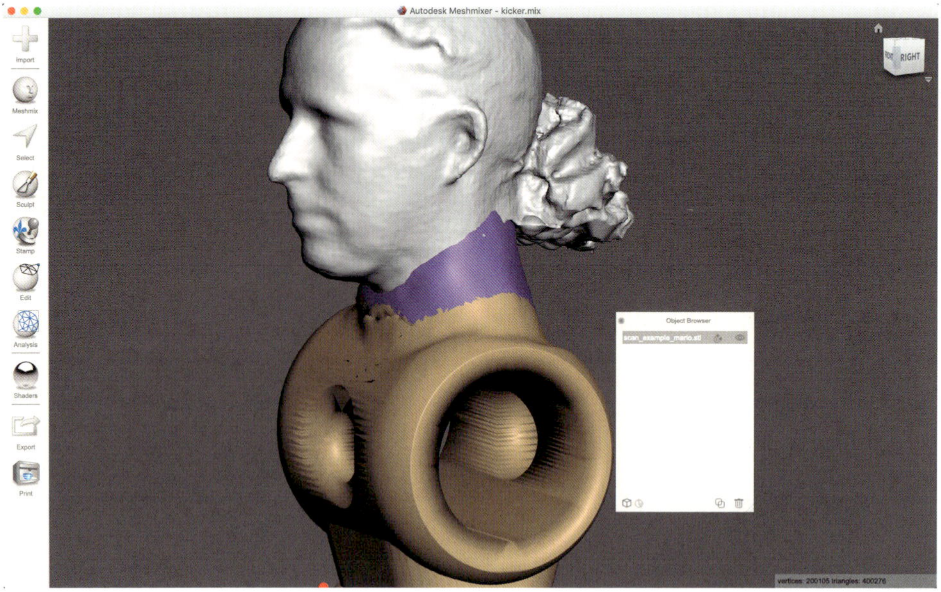

Fertig vereintes Modell aus drei einzelnen Teilen

Die Figur ist nun fertig und kann in einem Format zur Weiterverarbeitung exportiert werden. Zum 3D-Drucken bietet sich der Export im STL-Format an.

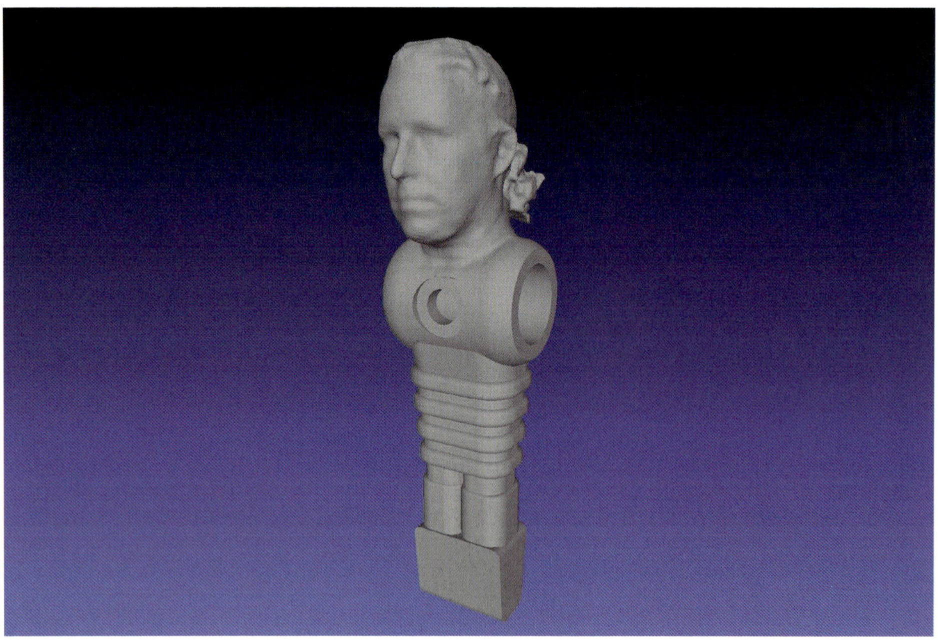

Fertige Kickerfigur in MeshLab geladen

STL kann von nahezu jedem 3D-Drucker im Heimanwenderbereich verarbeitet werden. Im Folgenden wurde die Figur in den Prusa-Slicer geladen. Spätestens hier zeigt sich auch, ob die Skalierung passt. Ist die Figur etwa zu groß oder zu klein, so können Sie sie entweder direkt über den Slicer oder wieder über *Mesh-Mixer* auf die passende Größe bringen.

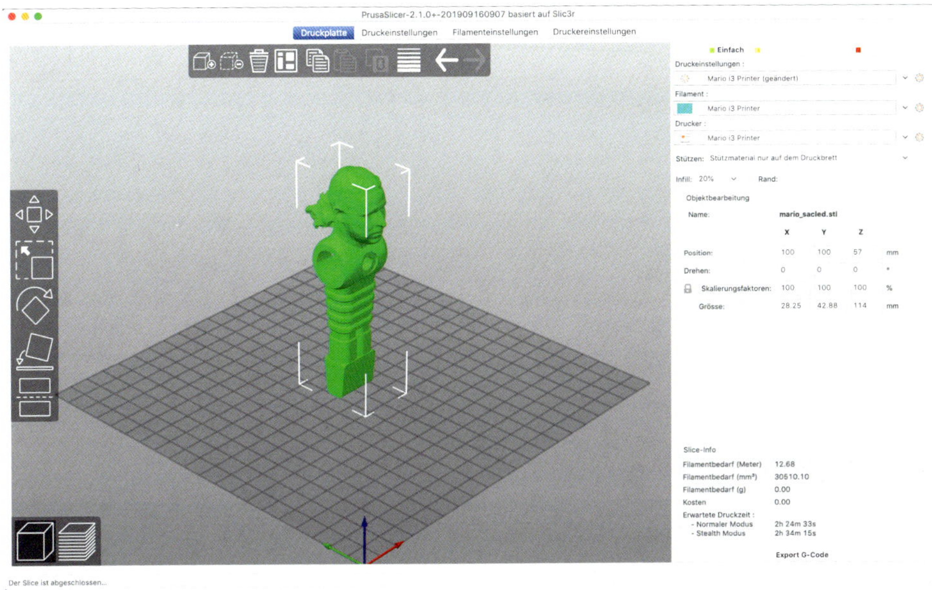

Kicker-Figur mit Slicer für den 3D-Druck vorbereiten

Die Figur wird am besten stehend gedruckt, da man so die besten Ergebnisse erzielt. Da die Figur Überhänge aufweist, zum Beispiel am Kopf, sollte die Supporteinstellung des Druckers aktiviert werden. Dies hat zugleich auch den Vorteil, dass die Standfläche des Objekts auf der Bauplattform vergrößert wird. Möchten Sie ganz sicher gehen, dass sich während des Druckvorgangs nichts löst, sollten Sie noch die *Brim*-Funktion des Slicers aktivieren.

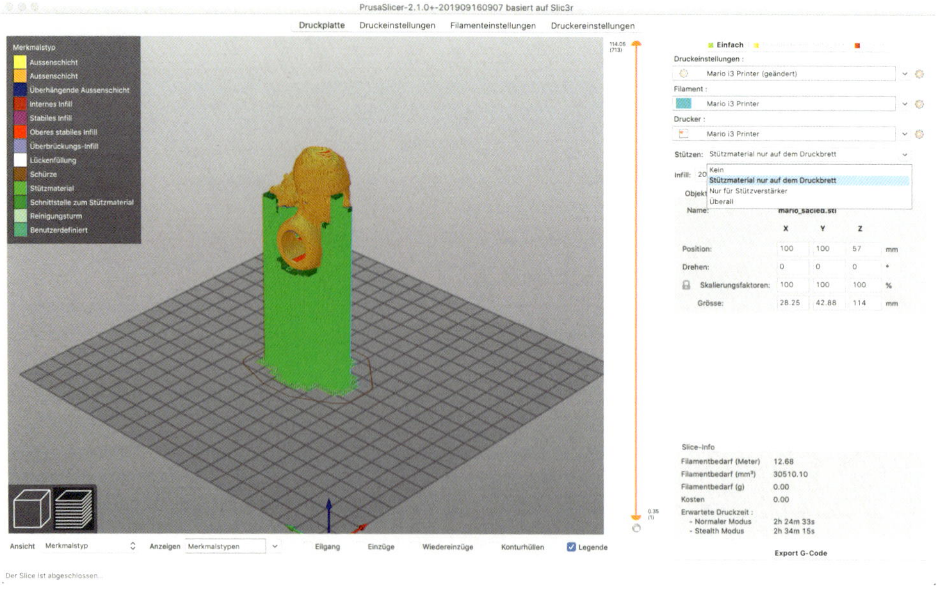

Kicker-Figur wird stehend mit Stützmaterial gedruckt

Nach einem erfolgreichen Druckvorgang muss die Figur nur noch vorsichtig vom Support befreit werden und Sie halten eine mithilfe von 3D-Scan-Verfahren individuell gefertigte Kickerfigur in den Händen.

Herstellung der Kicker-Figur mit dem 3D-Drucker

Die fertige Kickerfigur

7.3 Nussschale für die Nuss in der Schale

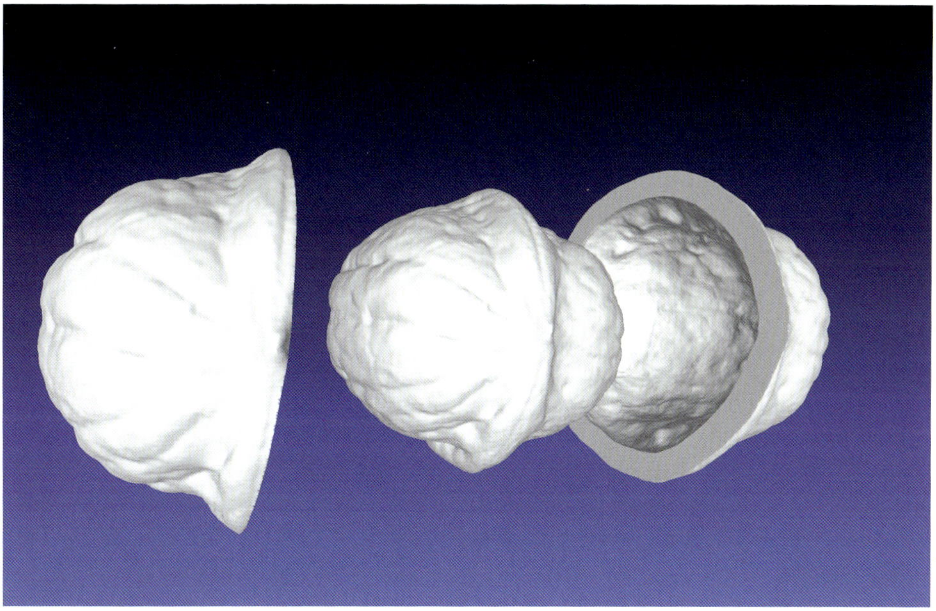

Nussschale für die Nuss in der Schale

Dieses Projekt erscheint auf den ersten Blick nicht sinnvoll. Wer braucht schon eine Nussschale für eine Nuss, die sich bereits in ihrer natürlichen Schale befindet? Die Antwort ist einfach: niemand.

Aber bei diesem Projekt geht es vielmehr um die Idee als um den praktischen Nutzen des konkreten Anwendungsfalls, denn ich möchte damit zeigen, wie Sie mithilfe eines 3D-Scans ein passgenaues Gehäuse für ein Objekt herstellen. Die Nuss stellt hier ein geeignetes Objekt dar, da die Schale eine stark strukturierte Oberfläche besitzt. Gerade solche organischen Strukturen erweisen sich beim Modellieren von passgenauen Teilen in CAD-Software eher als sehr schwierig.

Aber nicht nur Gehäuse, sondern auch Anbauteile lassen sich mit dieser Technik passgenau modellieren. So könnten Sie beispielsweise eine Mobiltelefonhalterung für das Armaturenbrett im Auto herstellen, welche sich passgenau an diesem befestigen lässt. Im nächsten Projekt greife ich das Thema ein weiteres Mal für einen anderen Anwendungsfall auf.

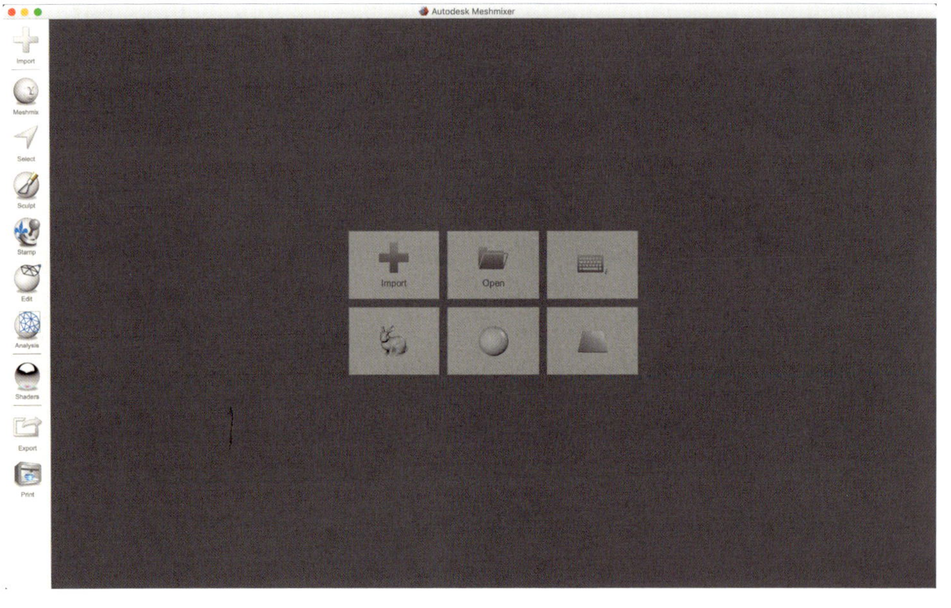

Importieren in MeshMixer erfolgt am schnellsten über den Startbildschirm.

Sie beginnen mit dem bereits aus Kapitel 5 bekannten 3D-Objekt der Walnuss. In Kapitel 5 habe ich gezeigt, wie Sie aus der Punktwolke der Walnuss ein geschlossenes 3D-Objekt erzeugen. Genau dieses Objekt soll im Folgenden als Vorlage genutzt werden. Das Modell steht bei GitHub zum Download bereit (*https://github.com/mariolukas/Das-3D-Scanner-Praxisbuch/*).

Zunächst öffnen Sie *MeshMixer* und importieren das 3D-Modell der Nuss.

Das zu importierende Objekt im Datei-Dialog auswählen

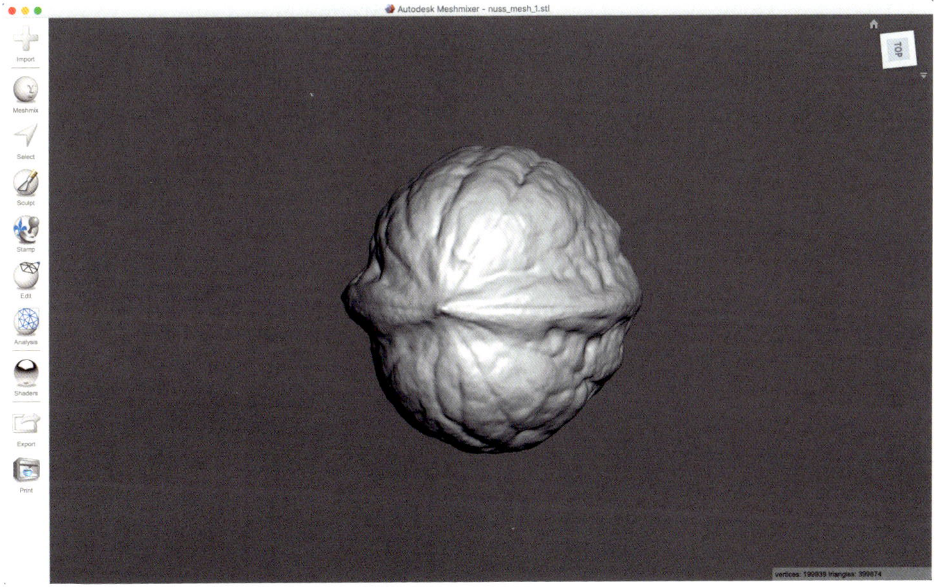

Die importierte Walnuss erscheint im Hauptfenster.

Nachdem Sie die Walnuss importiert haben, müssen Sie diese in eine geeignete Position drehen, denn im späteren Verlauf soll die Nuss in zwei Hälften geschnitten werden. Dies geschieht am besten an der Stelle, wo sich die natürliche Trennlinie der beiden Schalenhälften befindet.

Zuvor benötigen Sie aber weitere Kopien der Walnuss. Diese Kopien lassen sich am einfachsten über den *Object Browser* erzeugen, den Sie über das Menü *View* und dort über den Eintrag *Hide Objects Browser* aufrufen.

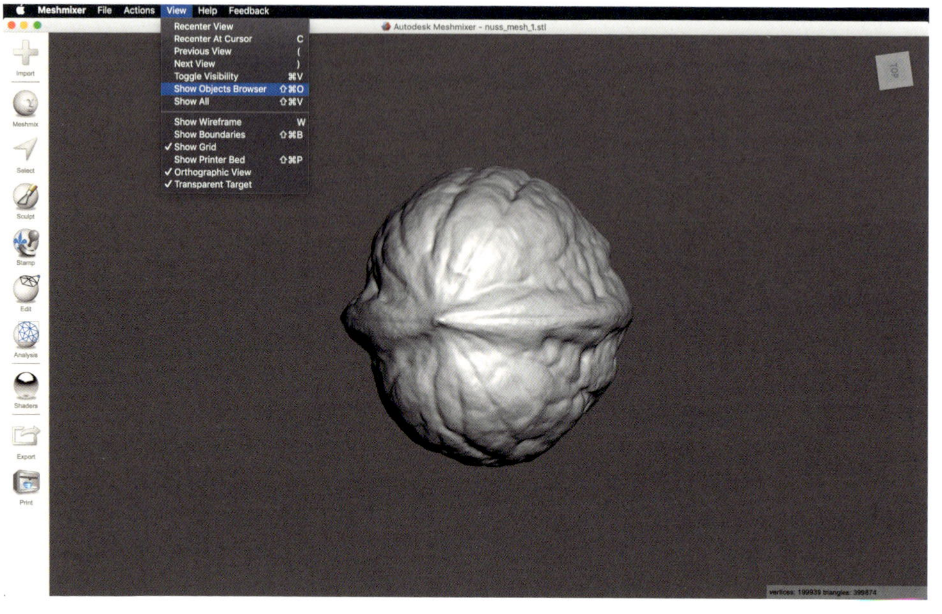

Object Browser über das View-Menü einblenden

Den *Object Browser* schieben Sie anschließend an eine Bildschirmposition, wo er das importierte Objekt nicht verdeckt. Die Kopien des Objekts können Sie nun ganz einfach über das Symbol zum Duplizieren am unteren Rand des *Object Browsers* erstellen.

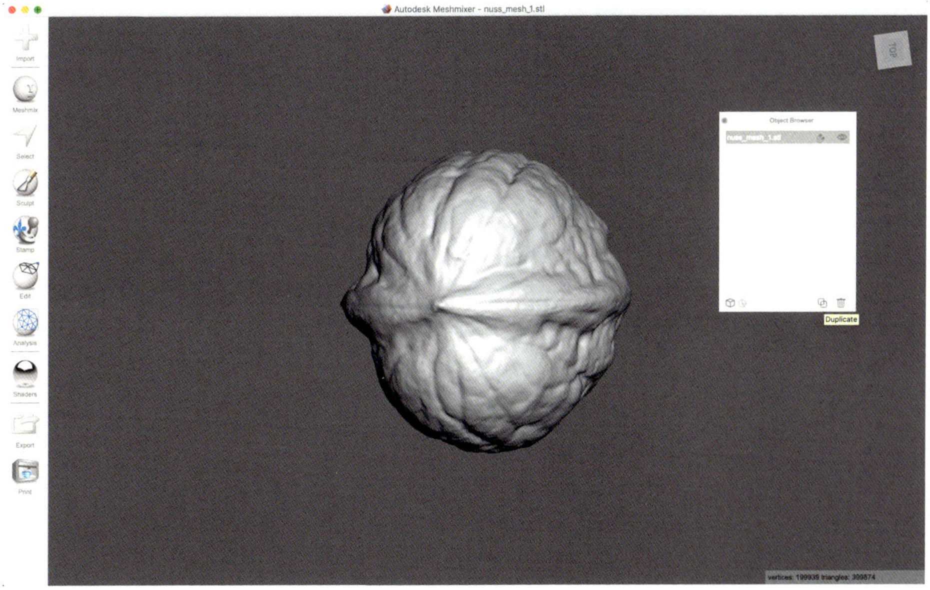

Symbol zum Duplizieren von Objekten im Object Browser

Mit jedem Klick auf das Symbol erzeugen Sie eine Kopie des Objekts, die auch in der Liste des *Object Browsers* angezeigt wird. Insgesamt werden zunächst drei Kopien benötigt.

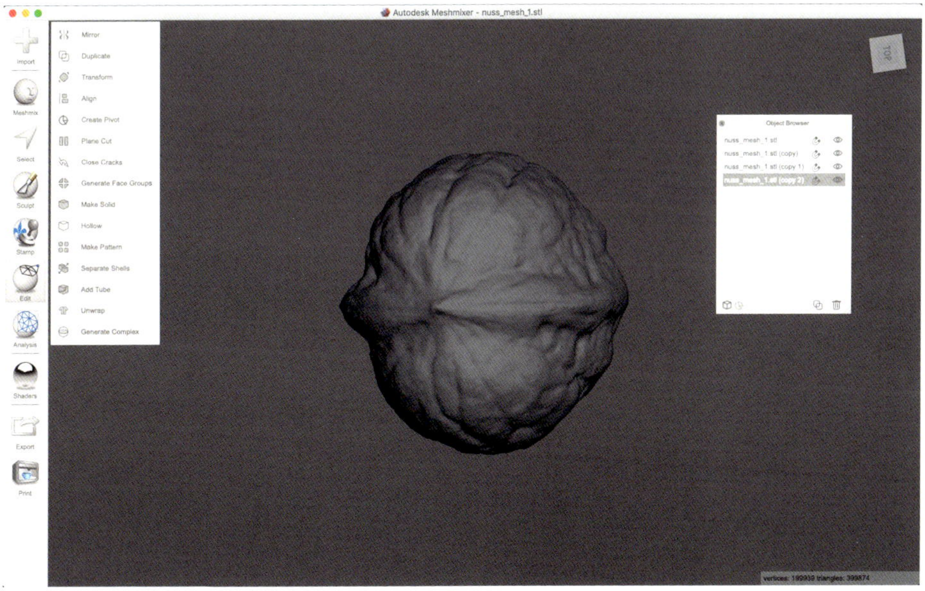

Object Browser mit drei Kopien und Originalobjekt

Eine der Kopien soll die Außenhülle der »neuen« Nussschale bilden. Dazu muss diese Kopie der Nuss natürlich größer sein als die ursprüngliche Nuss. Um die Kopie zu vergrößern, öffnen Sie die *Edit*-Werkzeugpalette und wählen dort das *Transform*-Werkzeug.

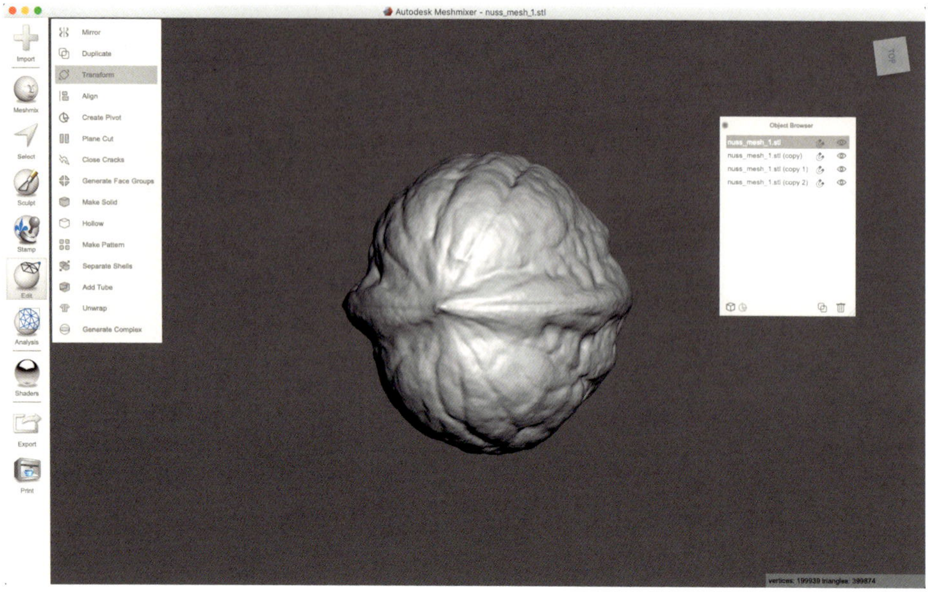

Eine Kopie des Objekts skalieren

Dort setzen Sie die neue Größe der zu vergrößernden Nuss. Ein Wert von 1,2 scheint hier geeignet. Diesen Wert tragen Sie in einem der Eingabefelder für die Achsenskalierung ein, hier für *Scale X*. Damit die Skalierung verhältnismäßig geschieht, muss unbedingt das Häkchen für *Uniform Scaling* gesetzt sein. Nach der Bestätigung dieser Wertveränderung wird die Nuss um den Faktor 1,2 vergrößert.

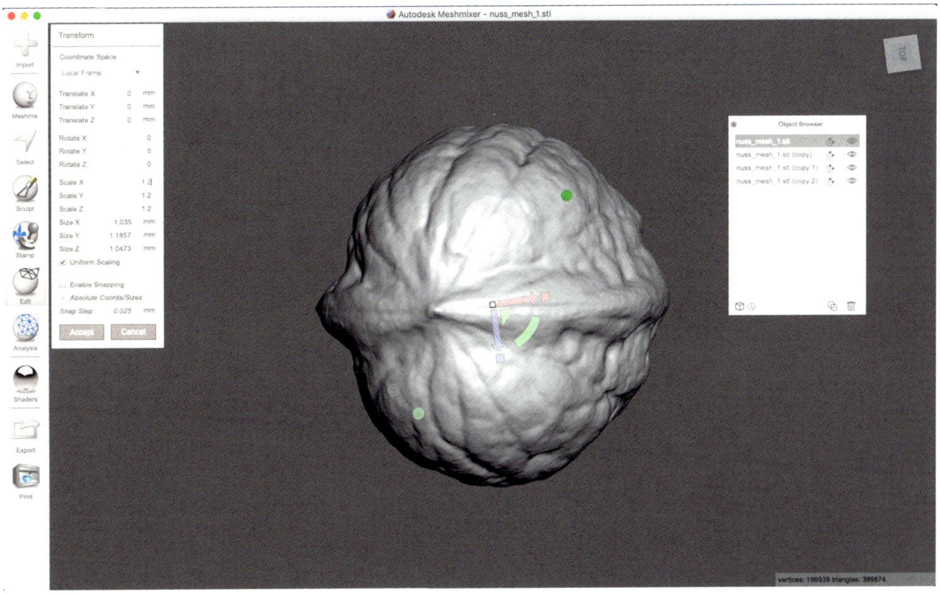

Eingabe der Skalierung (1,2-fach)

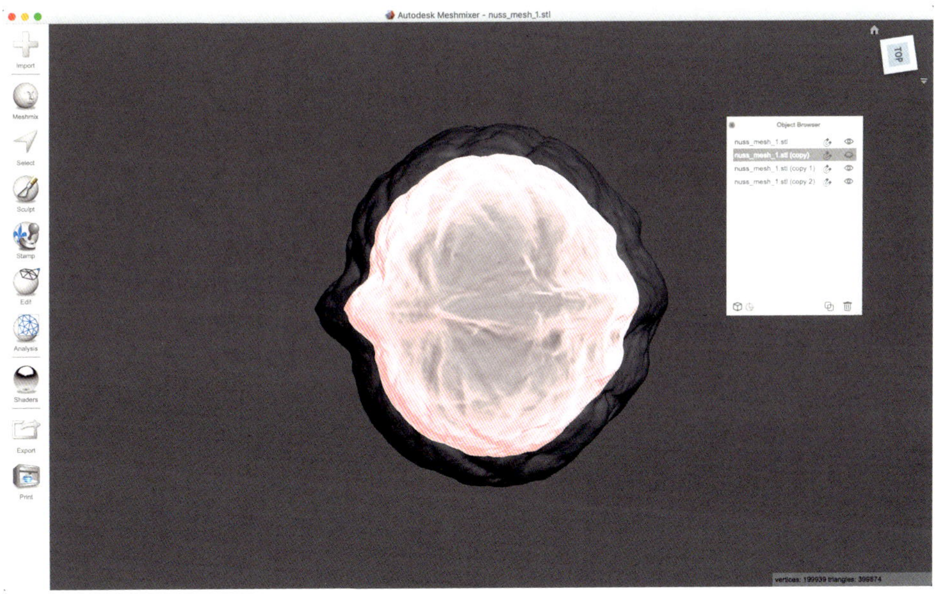

Skalierung visuell überprüfen

Zur Überprüfung, ob die Skalierung funktioniert hat, können Sie einfach im *Object Browser* die Sichtbarkeit verändern. In der Ansicht werden die versteckte innere Nuss dann halbtransparent und die äußere, größere Nuss als schattierte Silhouette angezeigt. Die Breite der Schattierung lässt die spätere Schalenstärke der neuen Nussschale erahnen. Sollte diese mit einem Faktor von 1,2 noch nicht ausreichend sein, so können Sie den Arbeitsschritt wiederholen, bis die gewünschte Stärke erreicht ist.

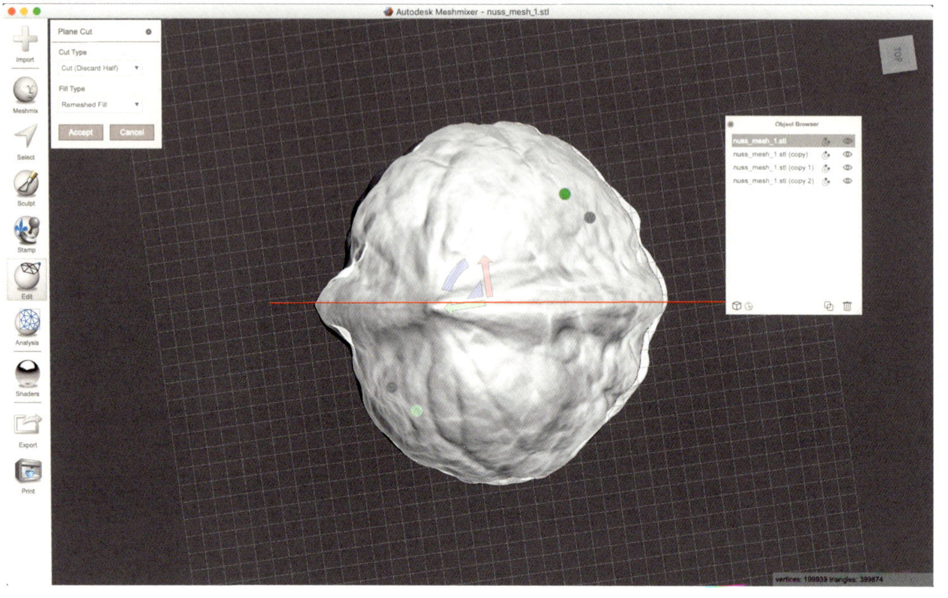

Ebene manuell schneiden

Als Nächstes muss die neue Außenschale in zwei Hälften geteilt werden. Zum Teilen der skalierten Nuss in zwei Hälften verwenden Sie wieder das *Plane Cut*-Werkzeug, welches bereits in Abschnitt 5.4.3 mehrfach zum Einsatz kam. Diesmal wird jedoch keine Ebene abgeschnitten, sondern das Objekt entlang der Ebene geteilt. Um die Schnittebene zu bestimmen, ziehen Sie nach der Auswahl des Schnittwerkzeugs mit gedrückter Maustaste eine Schnittlinie mittig zwischen den beiden Schalenhälften. Damit das Objekt geteilt und nicht abgeschnitten wird, müssen Sie im Eigenschaften-Dialog des Schnittwerkzeugs noch den Schnitttyp bestimmen. In der Auswahlbox *Cut Type* wird deshalb *Slice (Keep Both)* eingestellt. Abschließend vollziehen Sie den Schnitt, indem Sie den Dialog mit *Accept* bestätigen.

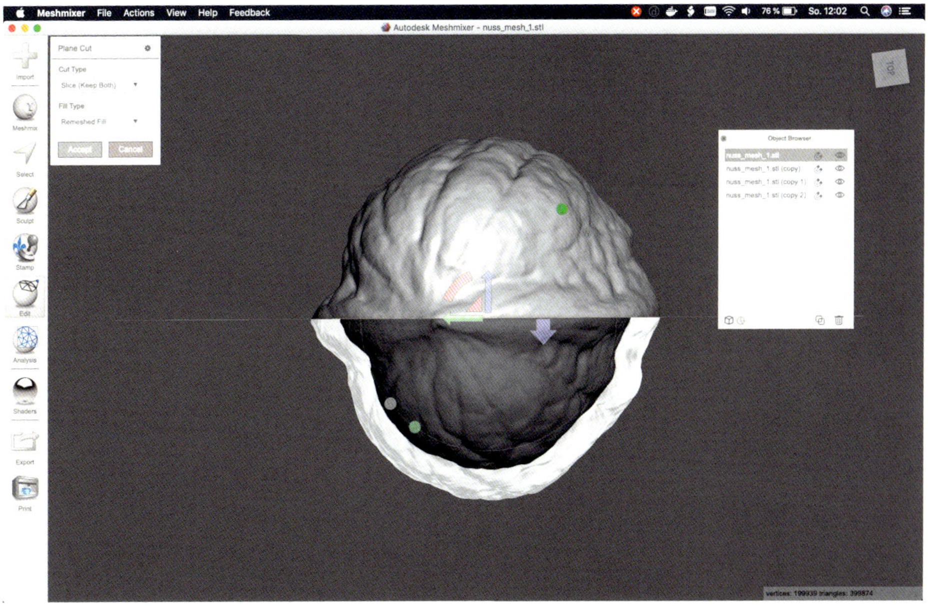

Entlang der Ebene nicht abschneiden, sondern durchschneiden (»slice«)

Die Nuss wird im *Object Browser* jedoch immer noch als *ein* Objekt angezeigt. Um dies zu ändern, müssen Sie das geteilte Objekt noch in einzelne Shells zerlegen. Auch für diese Operation steht ein geeignetes Werkzeug in *MeshMixer* zur Verfügung – in der *Edit*-Werkzeugpalette unter dem Namen *Separate Shells*. Vor seinem Einsatz müssen Sie das zu teilende Objekt im *Object Browser* anwählen.

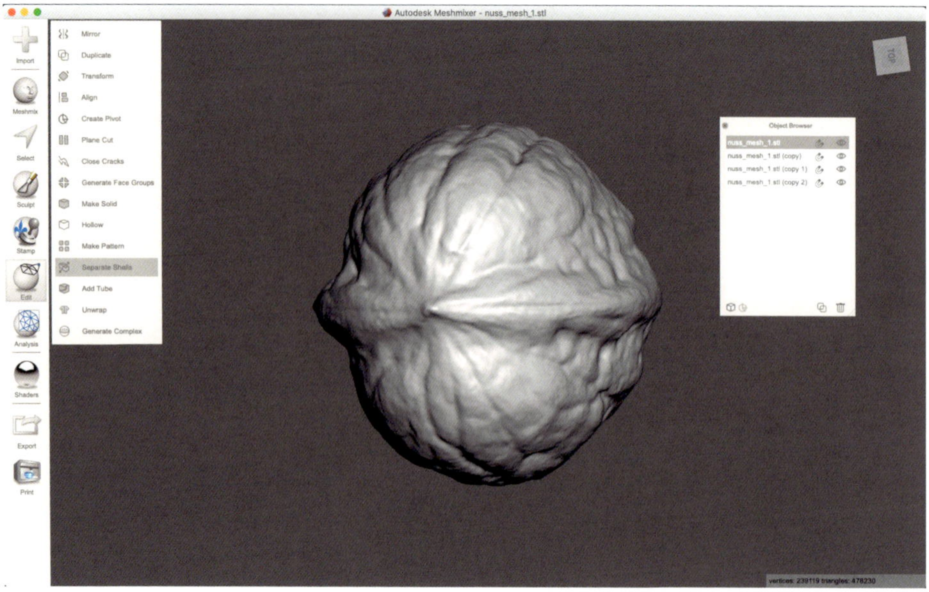

Erzeugte Hüllen teilen

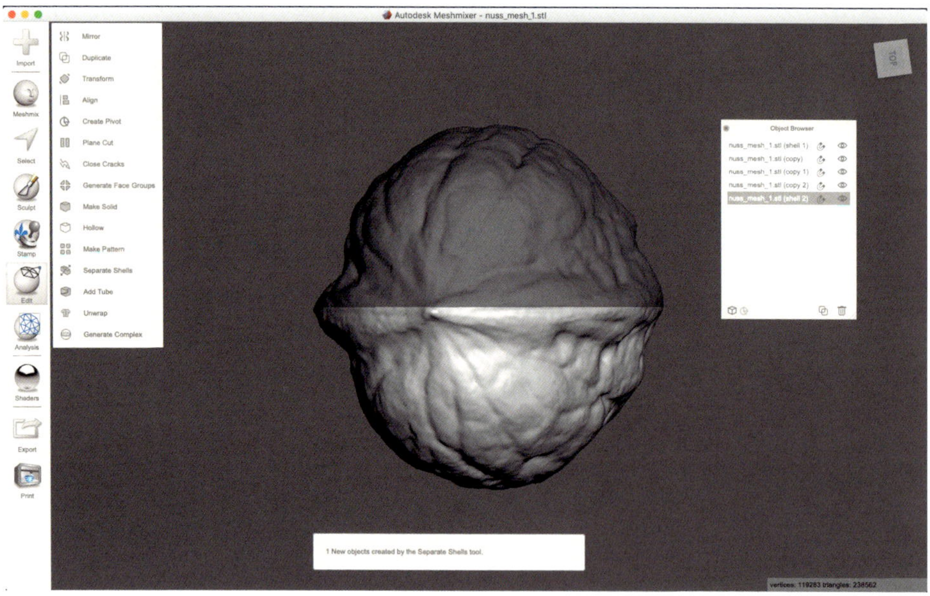

Neue Hüllen erscheinen im Object Browser.

Nach Anwendung des *Separate Shells*-Werkzeug erscheinen im *Object Browser* also zwei neue Objekte, jeweils eins für die Ober- und die Unterschale der Nuss. Zu diesem Zeitpunkt sind die beiden Hälften allerdings noch gefüllt und schließen mit einer glatten Oberfläche ab. Im nächsten Bearbeitungsschritt schaffen Sie daher die Aushöhlung in Form der ursprünglichen Nuss. Wichtig: wählen Sie zunächst eine der beiden Schalenhälften im *Object Browser*. Anschließend wählen Sie das zu subtrahierende Objekt, also eine der eingangs angelegten Kopien der Nuss.

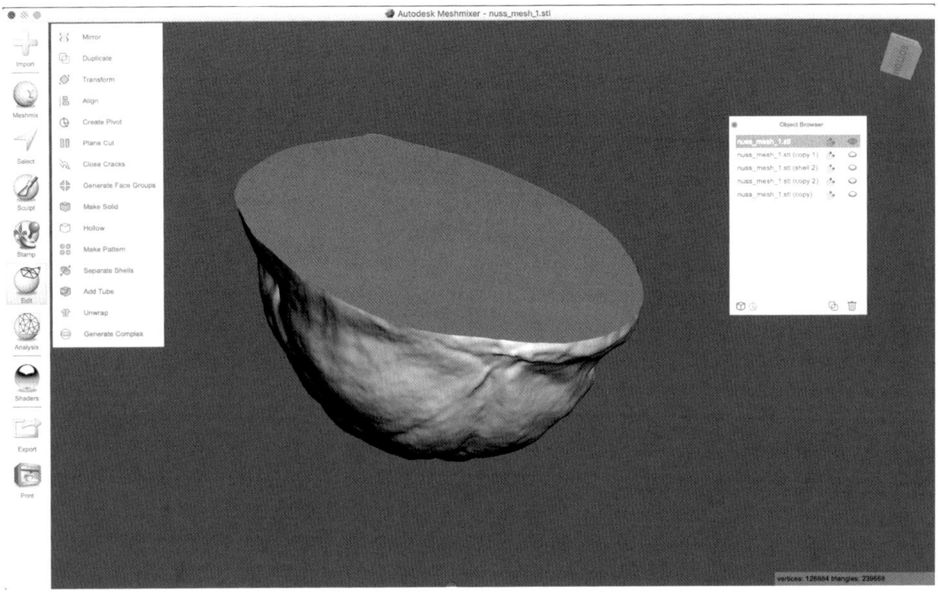

Objekt noch gefüllt

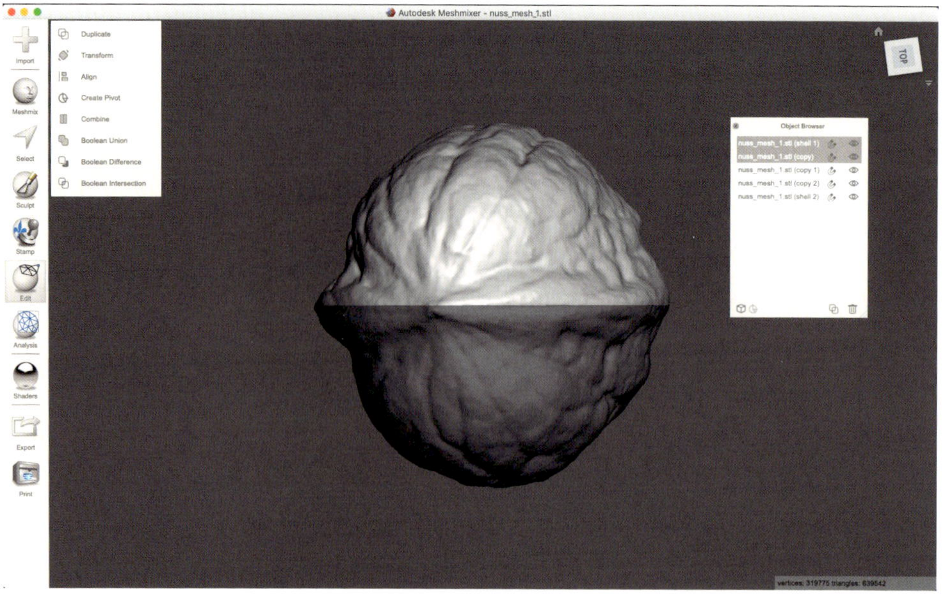

Objekte der Reihe nach im Object Browser selektieren

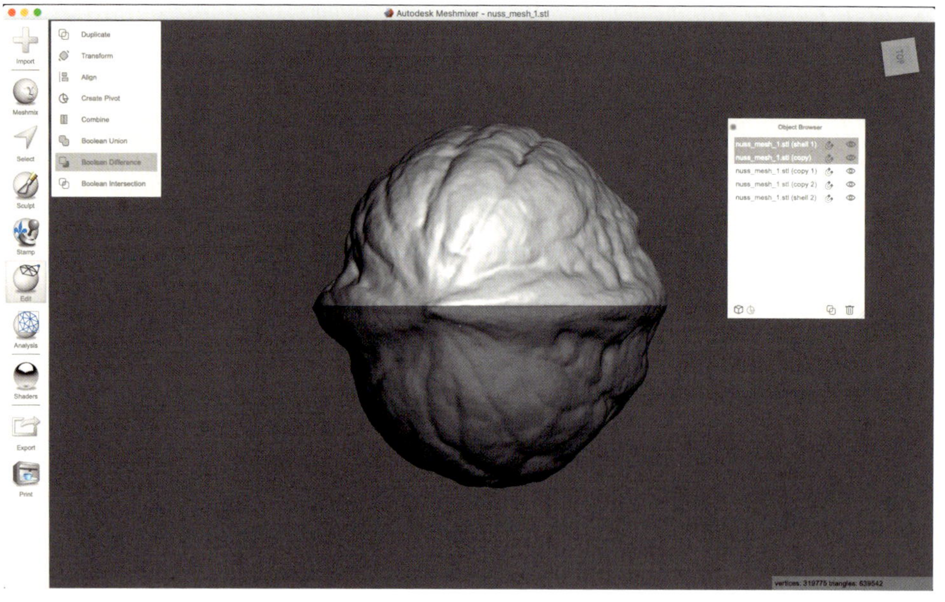

Objekte voneinander anziehen

Sobald Sie zwei oder mehrere Objekte im *Object Browser* ausgewählt haben, erscheint ein neuer Dialog mit Bearbeitungswerkzeugen. Unter diesen Werkzeugen findet sich auch eines zum Bilden von Objektdifferenzen mit der Bezeichnung *Boolean Difference*. Dieses Werkzeug wenden Sie nun durch Anklicken auf die vorher ausgewählten Objekte an. Den darauf erscheinenden Dialog mit weiteren Einstellungen zur Differenzbildung können Sie direkt per Klick auf *Accept* bestätigen. *MeshMixer* vollzieht nun einige Berechnungen. Anschließend können Sie im *Object Browser* beobachten, wie aus den beiden vorher ausgewählten Objekten eins wird. Den gleichen Bearbeitungsschritt vollziehen Sie dann für die verbleibende untere Hälfte der Nuss. Auch hier ist es wieder wichtig, dass Sie die Auswahlreihenfolge beachten, denn diese legt auch die Reihenfolge fest, in welcher die Objekte voneinander abgezogen werden. Ziehen Sie immer das kleinere vom jeweils größeren Objekt ab.

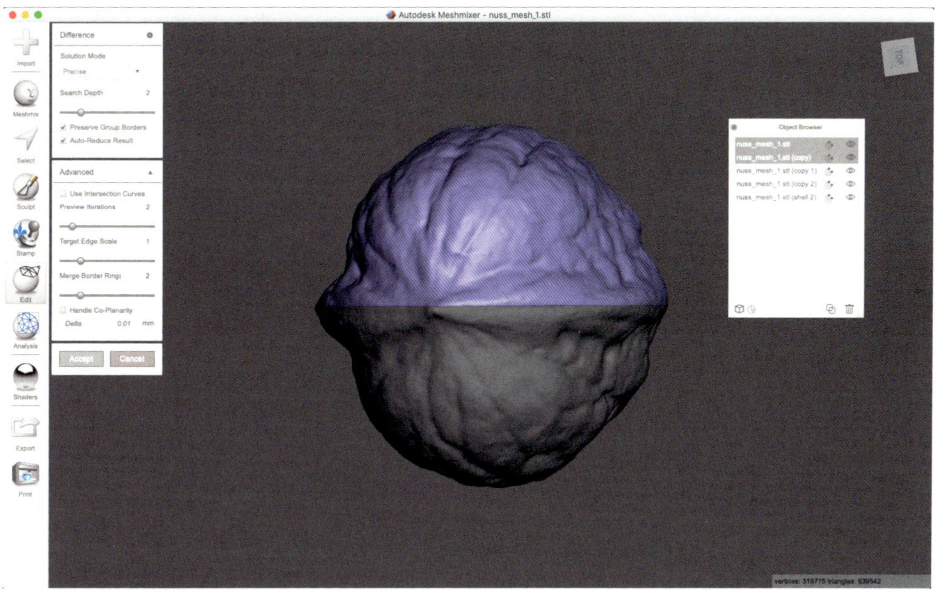

Abziehen bestätigen

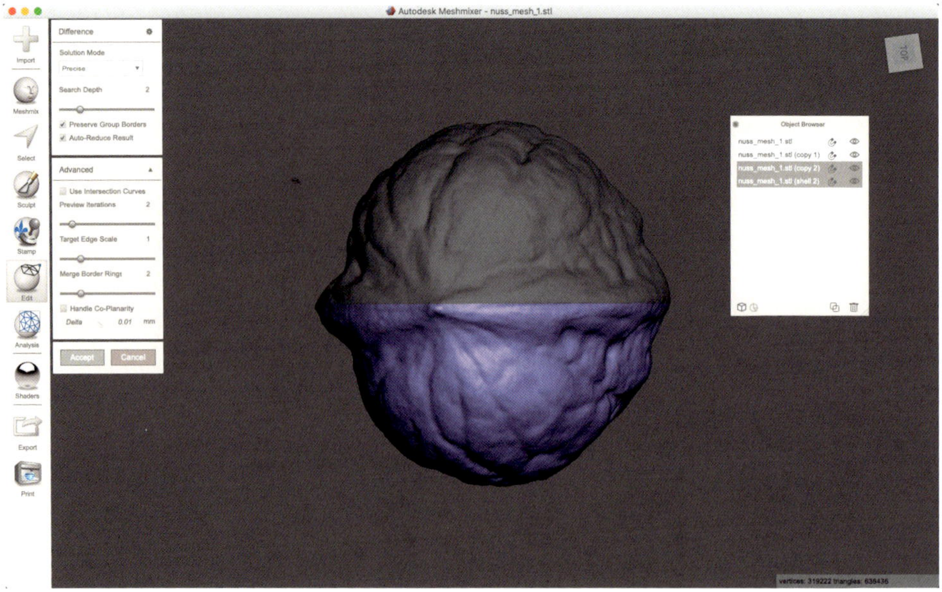

Gleiches Vorgehen für die zweite Hülle

Haben Sie bis hierher alle Schritte erfolgreich durchgeführt, verbleiben im *Object Browser* lediglich drei Objekte: die Ober- und Unterhälfte sowie die ursprüngliche Nuss. Im Hauptfenster ist bisher nur die äußere und somit größte Nussschale zu sehen. Um sich Klarheit zu verschaffen, ob alle Bearbeitungsschritte auch wirklich zum Wunschergebnis geführt haben, haben Sie zwei Möglichkeiten, wovon hier nur die spektakulärere erklärt werden soll. Der einfachste und schnellste Weg besteht darin, einfach die Sichtbarkeit der einzelnen Objekte über das kleine Augen-Symbol im *Object Browser* zu verändern, um somit einzelne Objekte ein- bzw. auszublenden.

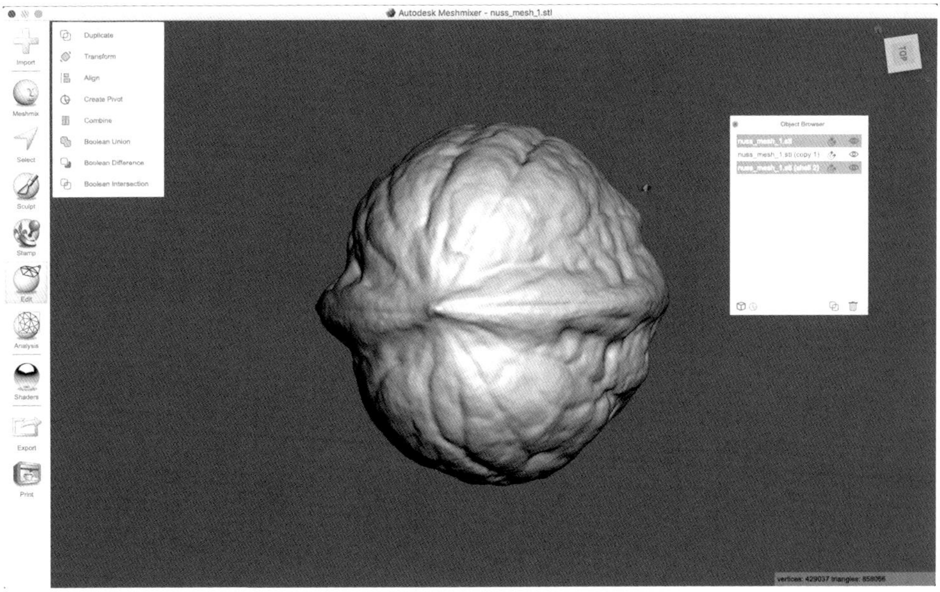

Zwei neue Objekte im Object Browser

Interessanter wirkt es jedoch, wenn Sie die Position der einzelnen Objekte so verschieben, dass eine Art Explosionsdarstellung entsteht. Dies erreichen Sie wieder durch die Anwendung des *Transform*-Werkzeugs, das Sie in der Werkzeugpalette unter dem Punkt *Edit* finden. Wenden Sie dieses Werkzeug auf die einzelnen Objekte an, so können Sie die Objekte ganz bequem mittels gedrückter linker Maustaste über das Navigationskreuz entlang einer beliebigen Achse verschieben – wie bereits in den vorherigen Kapiteln im Detail erklärt.

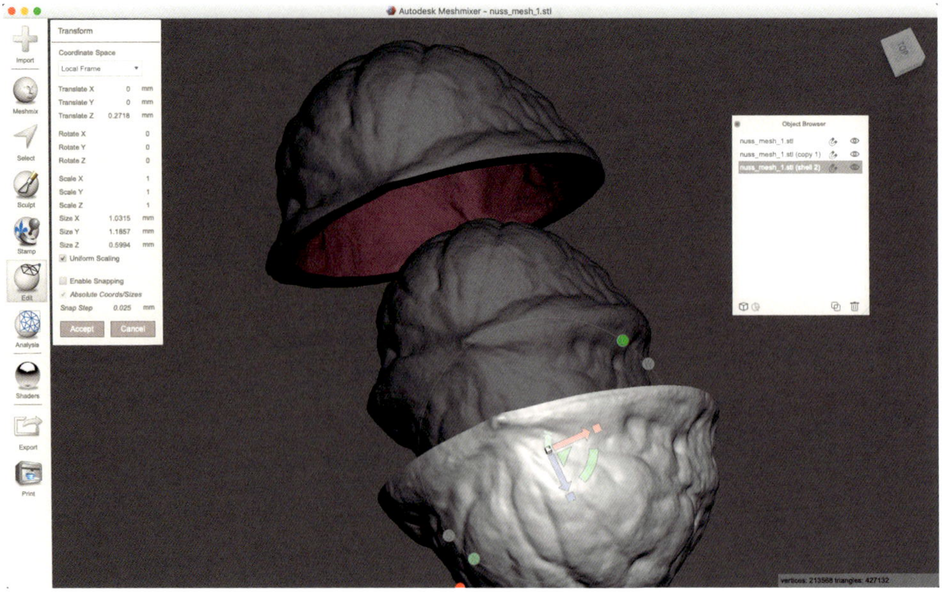

Objekte durch Verschieben überprüfen

Haben Sie dies für alle drei Objekte gemacht, erhalten Sie eine schöne Übersicht der neu geschaffenen Nussschalen. Diese können Sie dann abschließend aus *MeshMixer* exportieren. Günstigerweise achten Sie beim Export darauf, dass Sie nur die beiden Außenschalen einzeln auswählen, also für jede Schale jeweils ein Export erzeugt wird. Das beste Format für den Export ist *STL Binary*, da es direkt für den 3D-Druck weiterverwendet werden kann und im Binärformat Speicherplatz einspart.

TIPP

Das STL-Binär-Format hat nicht nur den Vorteil, dass es etwas Platz spart. Die Modelle können auch wesentlich schneller mit den unterschiedlichen Programmen zur Nachbearbeitung geladen werden.

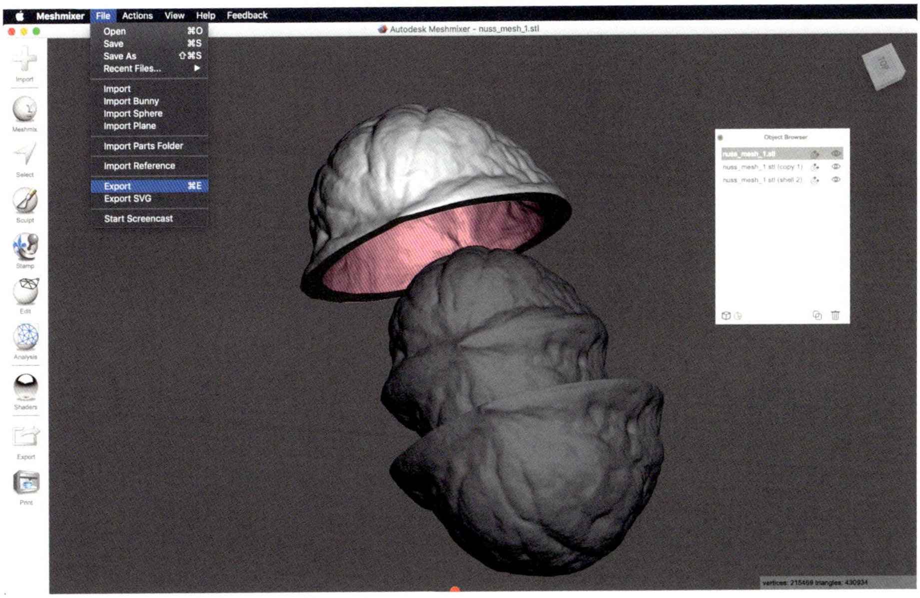

Nussschale exportieren

Um die beiden Nussschalen auszudrucken, laden Sie diese in eine Slicer-Software für den 3D-Drucker. Die Schalen sollten sich mit der Außenseite zum Druckbett befinden, so dass im Inneren der Nussschalen kein Support generiert wird. Dieser würde sich nur sehr schwer entfernen lassen und die Passgenauigkeit des späteren »Gehäuses« negativ beeinflussen. *Support* sollten Sie dennoch aktivierten. Die Nussschale könnte Überhänge aufweisen, welche das Druckergebnis bei einem Druck ohne Support-Material in der Qualität mindern könnten.

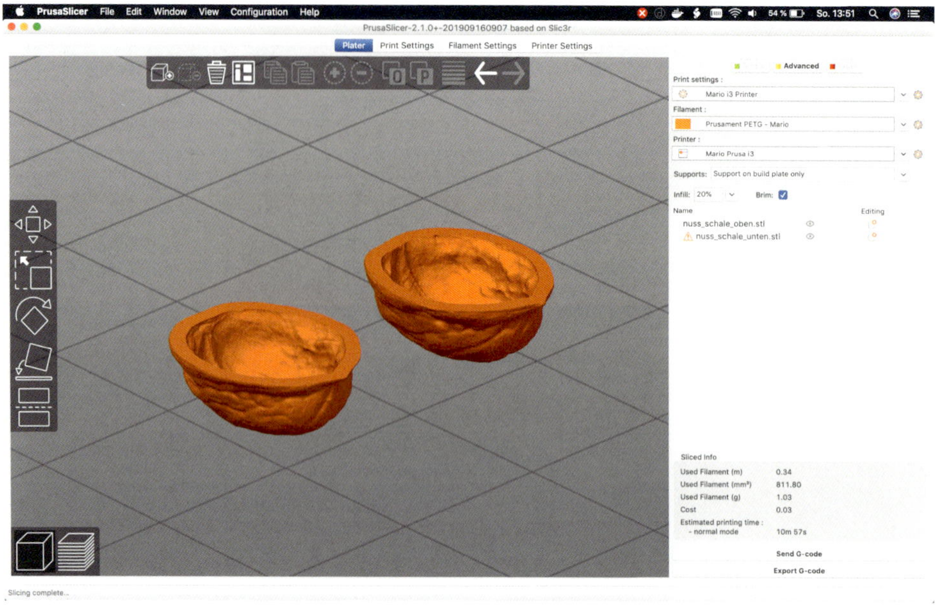

Die beiden Nuss-Schalen, nebeneinander im Slicer angeordnet. Dabei zeigen die Außenseiten der Schalen nach unten.

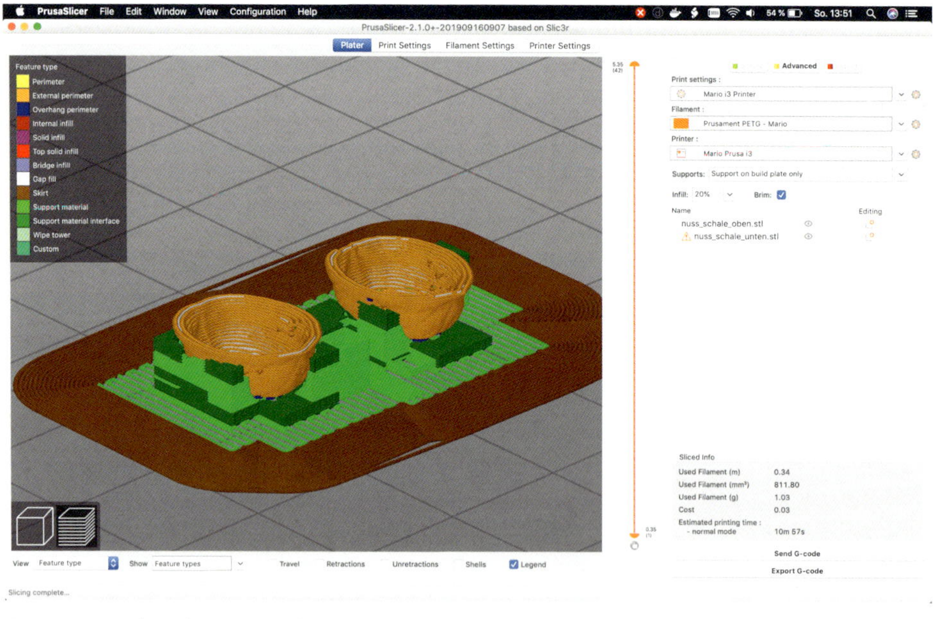

Stützmaterial und Brim im Slicer erleichtern das 3D-Drucken.

Am Ende können Sie testen, ob die gescannte Nuss in die neue Verpackung passt. Statt einer Vergrößerung der Nuss als neue Nussschale hätten Sie natürlich auch einfach einen Quader nehmen können, um die Nuss abzuziehen. Das Ergebnis wäre einem klassischen Gehäuse näher gekommen.

Nachdem dieses Projekt vielleicht etwas theoretischer Natur war und keinen direkt sinnvollen Nutzen mit sich brachte, wird es im nächsten Kapitel wieder etwas konkreter. Dort geht es um ein Projekt mit praktischem Bezug zum Alltag.

7.4 Fahrradlenkergriff nach Maß

Organisch geformte Flächen lassen sich in CAD-Software nur sehr schwierig abbilden, vor allem wenn man in CAD-Software eher unerfahren ist. Oft möchte man jedoch solche Flächen in einem 3D-Modell nutzen, um passgenaue Formen zu erhalten. Das folgende Projekt befasst sich mit genau diesem Problem. Für einen Fahrradlenker sollen Griffe hergestellt werden, die genau an die eigene Handfläche angepasst sind.

Als Erstes entsteht mit wenigen Hilfsmitteln ein Abdruck. Dieser wird dann mithilfe eines 3D-Scanners digitalisiert. Der digitalisierte Abdruck wird abschließend mit der Software *MeshMixer* so bearbeitet, dass daraus ein neuer Lenkergriff entsteht. Grundlegende Bearbeitungsschritte von *MeshMixer* habe ich bereits in Kapitel 5.4 erläutert.

Der so entstandene Griff kann dann natürlich über ein digitales Fertigungsverfahren wie zum Beispiel 3D-Druck oder CNC-Fräsen hergestellt werden.

7.4.1 Benötigte Materialien

Für dieses Projekt werden nur wenige Dinge benötigt. Die Hilfsmittel auf der folgenden Liste sollten Sie griffbereit haben.

- Backpapier
- Klebeband
- Abdruckmasse

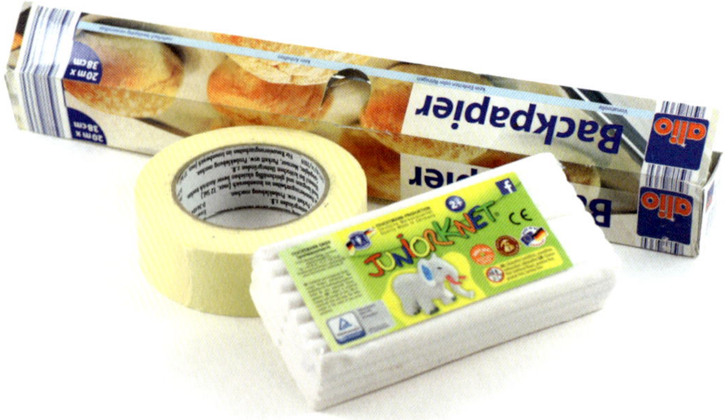

Materialien für den Abdruck

Das Backpapier dient als Trennmittel zwischen Abdruckmasse und Fahrradlenker. Es kann alternativ auch anderes Material oder ähnliches Papier verwendet werden. Das Klebeband wird im späteren Verlauf zum Fixieren des Trennmittels benötigt. Als Abdruckmasse eignet sich Kinderspielknete besonders gut. Diese ist sehr günstig und bietet eine gute Konsistenz. Kinderspielknete gibt es in allen erdenklichen Farben. Da der Abdruck im Folgenden mit dem *FabScanPi*-Laserscanner gescannt wird, wurde für dieses Projekt Weiß als Farbe gewählt. Weiß bietet den idealen farblichen Untergrund für die rote Laserlinie.

7.4.2 Vorbereitungen für den Abdruck

Zunächst müssen Sie den alten Griff vom Lenker des Fahrrads entfernen. Das Abmontieren des Griffs kann sich dabei je nach Griff unterschiedlich gestalten. Es gibt Griffe, die sind verschraubt, andere wiederum können einfach seitlich abgezogen werden.

TIPP

Bei Gummigriffen hilft mit etwas Spülmittel versetztes Wasser, welches mittels einer Sprühflasche seitlich zwischen Lenker und Griff aufgesprüht wird. Dabei können Sie den Griff mit einem flachen Schraubendreher an den Rändern vorsichtig leicht anheben. Sie sollten jedoch sehr vorsichtig vorgehen, damit der Griff nicht beschädigt wird.

Lenker vorher, Griff muss entfernt werden

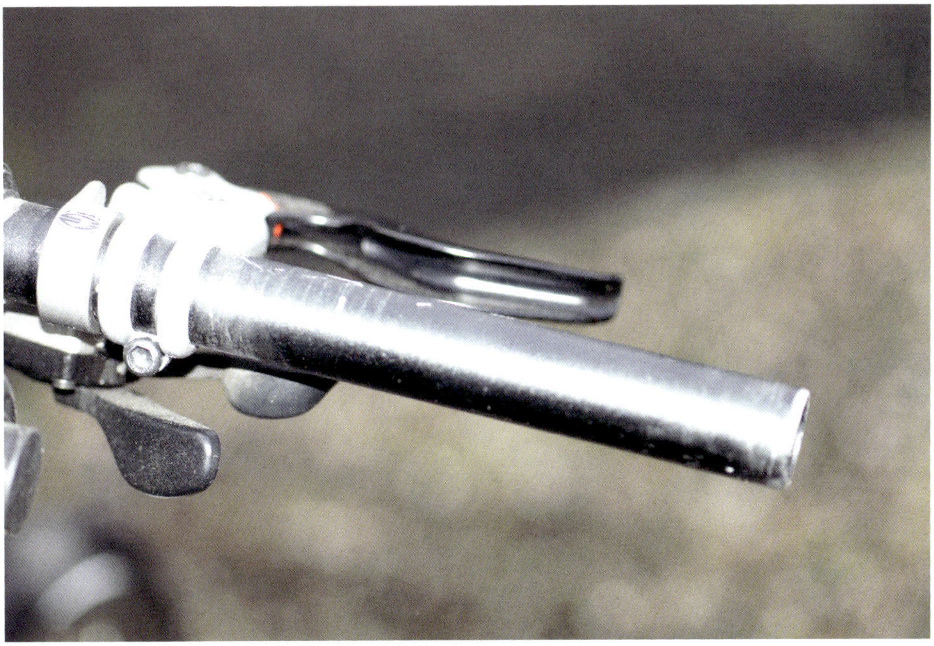

Lenker ohne Griff

Nach dem Entfernen des Griffs liegt das Metall des Lenkers frei. Bei Bedarf können Sie die Oberfläche noch reinigen, bevor Sie weitermachen. Die Lenkerstange sollte jedoch nach der Reinigung trocken sein.

Für die spätere Nachbearbeitung müssen Sie den Durchmesser der Lenkerstange kennen, messen Sie also kurz mit einem Messschieber nach. Die Abbildung zeigt für das Beispiel einen Durchmesser von 22,07 mm. Im weiteren Verlauf kann also von 22 mm ausgegangen werden, da es sich bei 0,07 mm um einen Messfehler handelt.

Durchmesser der Lenkerstange messen

Bevor Sie die Abdruckmasse auf den Lenker drücken, müssen Sie das Trennmaterial – Backpapier – anbringen. Sicher lässt sich der Kneteabdruck mit sehr viel Fingerspitzengefühl auch ohne Trennmaterial wieder abziehen, es ist jedoch weniger frustrierend, wenn alles gleich beim ersten Versuch gelingt.

Lenker für den Abdruck vorbereiten

Es wird also ein Streifen Backpapier in der Breite des späteren Griffs benötigt. Die Länge kann dabei variieren. Das Stück sollte jedoch so lang sein, dass Sie es mindestens einmal um die Lenkerstange wickeln können. Sollte das Stück etwas länger sein, so ist das nicht weiter tragisch, da die Aussparung für die Lenkerstange im späteren Verlauf ohnehin nachmodelliert werden muss.

Das so ausgeschnittene Stück Backpapier wickeln Sie nun um den Lenker – möglichst ohne Spiel, so dass beide Enden überlappen und der Lenker dort, wo ursprünglich der Griff war, einmal rundum mit Backpapier bedeckt ist. Damit das Papier sich nicht mehr löst oder gar verrutscht, wird es mit einem Stück Klebeband fixiert.

7.4.3 Abdruck anfertigen

Zur Anfertigung des Abdrucks wird ein rechteckiges Stück Knete benötigt. Ähnlich wie beim Backpapier sollte das Stück bereits ungefähr die Dimensionen des späteren Fahrradgriffs haben. Die Vorgehensweise ist deshalb ähnlich wie bei der Lenkervorbereitung im vorherigen Schritt.

Zunächst nehmen Sie ein Stück Knete zur Hand und rollen es wie Backteig auf einer glatten Oberfläche aus (ein Nudelholz oder eine Glasflasche leisten hier gute Dienste). Auch hier können Sie wieder ein Stück Backpapier als Unterlage verwenden, um zu verhindern, dass die Knete am Untergrund festklebt. Wie dick die Knete ausgerollt werden soll, hängt davon ab, wie dick der spätere Griff werden soll. Um die geeignete Stärke zu erreichen, können unter Umständen mehrere Abdruckversuche notwendig sein. Man sollte die Knete jedoch nicht zu dünn ausrollen, da noch Spielraum für die Vertiefungen der Fingerabdrücke bleiben soll. Als Richtwert kann mit einer halben Fingerdicke gestartet werden.

Knete ausrollen

Mit einem Messer kann die so ausgerollte Knete dann wie bereits das Backpapier in eine rechteckige Form gebracht werden. Das rechteckige Stück Knete wird anschließend um die Lenkerstange gelegt. Dabei sollen die Enden, im Gegensatz zum Backpapier, genau aneinanderstoßen. Dazu wird wiederum mit einem Messer oder einer Schere der überstehende Rest abgetrennt. Die passgenauen Enden lassen sich dann mit leichtem Druck miteinander verbinden. Die dabei entstandene Naht kann vorsichtig mit den Fingern glatt gestrichen werden.

Kneterohling am Lenker anbringen und anpassen

Als Nächstes nehmen Sie den eigentlichen Abdruck durch Auflegen der ganzen Hand. Die Haltung der Hand und speziell die der Finger sollte dabei der Haltung beim späteren Fahren entsprechen. Die Hand sollte leicht zugedrückt werden, damit ein genauer Abdruck der Hand und Fingerflächen auf der Knete zurückbleibt. Den so entstandenen Griff können Sie jetzt leicht seitlich vom Lenker abziehen. Achtung: Drücken Sie beim Abziehen zu fest, kann der Abdruck kaputtgehen und Sie müssen von vorne beginnen.

Handabdruck am Lenker machen

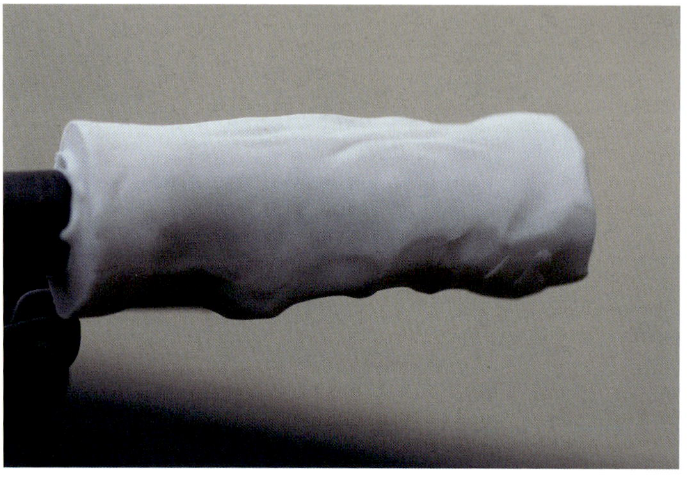

Der fertige Abdruck am Lenker

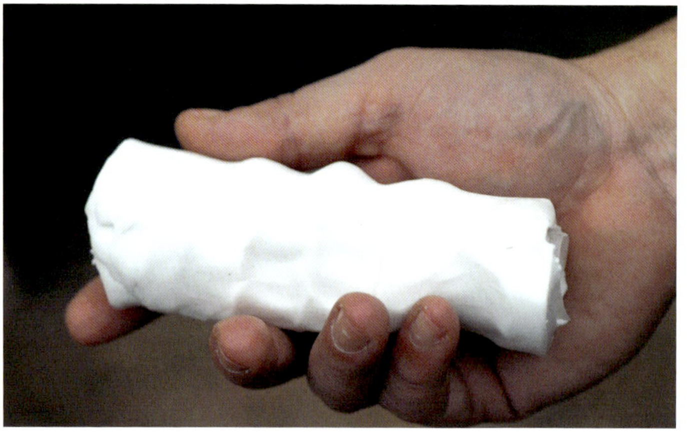

Abdruck nach Abziehen von der Lenkerstange

7.4.4 Abdruck digitalisieren

Der fertige Abdruck kann nun zur Weiterverarbeitung digitalisiert werden. Zu diesem Zweck verwende ich hier den *FabScanPi*-Laserscanner aus Kapitel 3.1. Sie können natürlich auch eines der anderen 3D-Scan-Verfahren aus Kapitel 3 einsetzen.

Der Einsatz des FabScan bietet sich hier besonders an, da das zu scannende Objekt die ideale Größe für diesen Scanner aufweist. Außerdem reicht bei einem derart einfachen Objekt ein Scan-Durchgang in einer mittleren Auflösung, um das Objekt zu erfassen. Die obere und untere Fläche des Kneteabdrucks müssen nicht erfasst werden, da diese später mithilfe von Software leicht rekonstruiert werden können.

HINWEIS

Der FabScan muss vor dem Scan-Vorgang unbedingt kalibriert werden. Weitere Informationen zur Kalibrierung finden Sie in der offiziellen Projektdokumentation unter: *http://fabscan.org/*.

Zum Scannen positioniere ich den Knetzylinder mittig auf dem Drehteller des *FabScanPi*.

Der Handabdruck im FabScan

In der FabScan-Software öffne ich über einen Klick auf das Enten-Symbol am unteren Bildschirmrand den Einstellungsdialog zum Scannen. Der Regler für die Auflösung schiebe ich in das untere Drittel, da hier eine mittlere bis geringe Auflösung ausreicht. Die Farberfassung wird bei diesem Projekt nicht benötigt, ich lasse sie also abgeschaltet. Zum Abschalten der Farbe entferne ich einfach das Häkchen bei *Scan with Color* (ein angenehmer Nebeneffekt beim Scannen ohne Farbe ist, dass die Scanzeit um ein Drittel reduziert wird). Nachdem alle Einstellungen getätigt sind, starte ich den Scanvorgang über die Schaltfläche *Start Scan*.

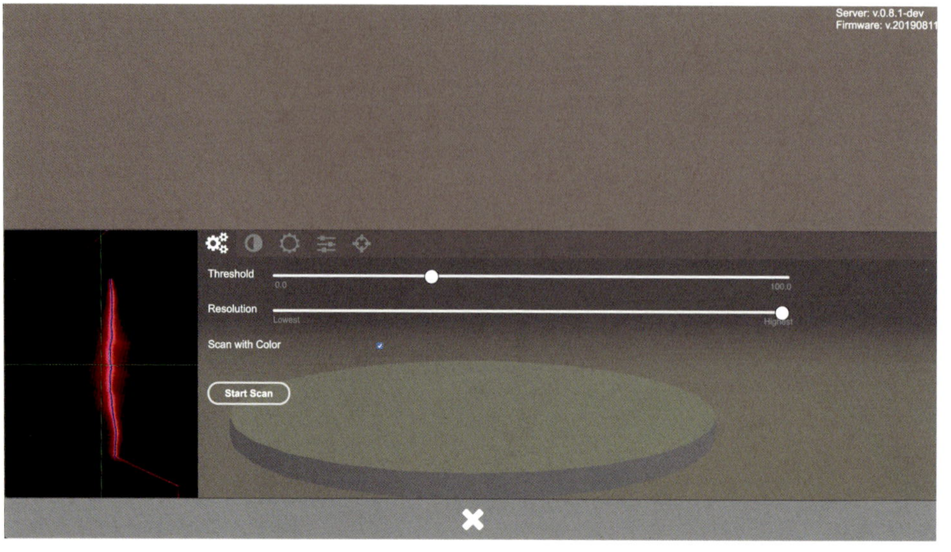

Abdruck mithilfe von FabScan scannen

Der Scanvorgang im FabScan ist abgeschlossen.

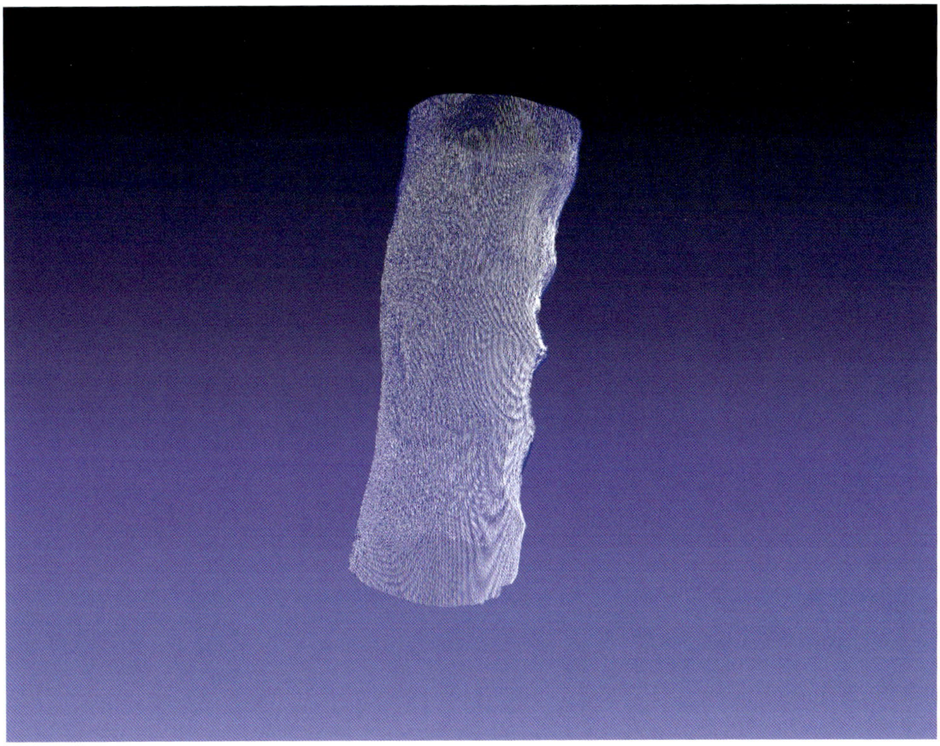

Fertiger Rohscan des Griffs in Form einer Punktwolke

Der Vorgang dauert je nach gewählter Auflösung zwischen 30 und 60 Minuten. Das fertige Ergebnis kann nach Abschluss des Scanvorgangs bequem über den Browser heruntergeladen werden. Die heruntergeladene Datei liegt im PLY-Format als Punktwolke vor. Zur weiteren Verarbeitung mit *MeshMixer* muss ich zunächst ein Mesh aus der Punktwolke erzeugen. Das Erzeugen des Mesh möchte ich an dieser Stelle nicht mehr im Detail beschreiben, da ich die Vorgehensweise bereits in den Kapiteln 5.2 und 5.3 genauer behandelt habe. Es empfiehlt sich zur Erzeugung von Meshs aus *FabScanPi*-Punktwolken *MeshLab* (Kapitel 5.2) zu verwenden.

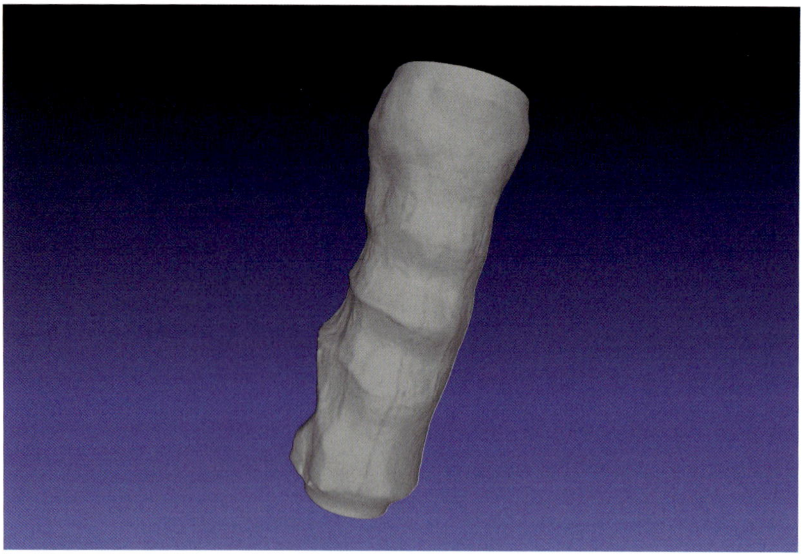

Fertiges Mesh der Punktwolke

Das so erzeugte Mesh kann ich dann problemlos in *MeshMixer* importieren. Hierzu öffne ich *MeshMixer* und importiere die mittels *MeshLab* erzeugte STL-Datei durch einen Klick auf das Import-Symbol. Anschließend liegt der gescannte Kneteabdruck zur weiteren Verarbeitung in *MeshMixer* vor.

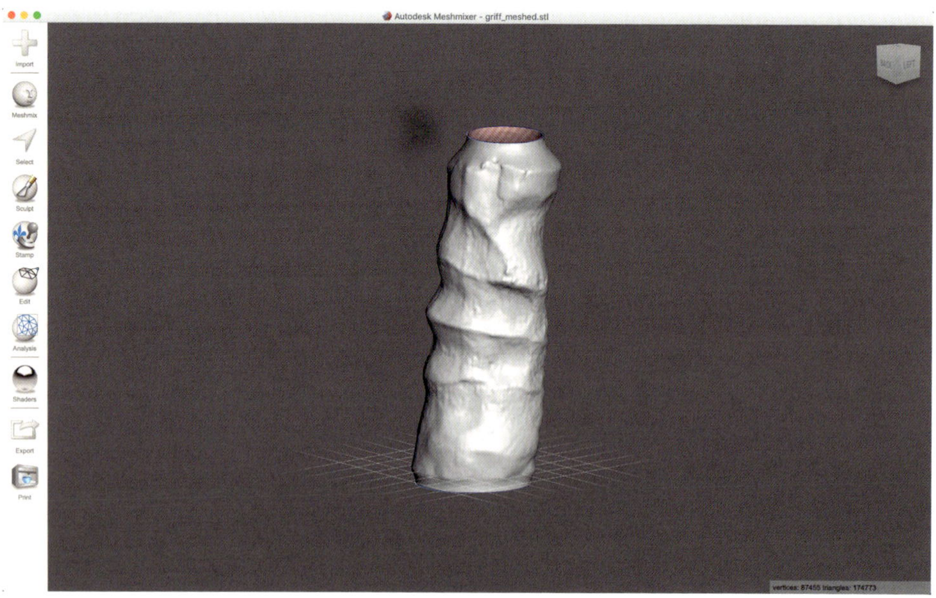

Importieren des Objekts in MeshMixer

Im Hauptfenster erscheint der gescannte Griff, der bisher nur aus einer dünnen Außenhülle besteht. Aus diesem noch hohlen Körper muss zunächst ein sogenanntes Solid-Modell erzeugt werden. Ein Solid-Modell ist, wie der Name bereits vermuten lässt, ein massives ausgefülltes Objekt. Die bisher leere Hülle wird also mit Material gefüllt, so dass der Körper nicht mehr hohl, sondern massiv ist.

Hierzu bietet *MeshMixer* natürlich ein geeignetes Werkzeug. Man muss nicht einmal lange suchen, um es zu finden. Es verbirgt sich hinter dem *Edit*-Symbol in der Werkzeugleiste. Dort findet man das *Make Solid*-Werkzeug, repräsentiert durch das Symbol des dunkel ausgefüllten Quaders. Mit einem Klick auf das Werkzeug erscheint der Einstellungsdialog mit den Werkzeugoptionen. Die Voreinstellungen bestätige ich über die Schaltfläche *Accept*. Nach kurzer Berechnungszeit wird aus dem hohlen ein massiver Körper. Man erkennt es sehr schnell daran, dass das obere und das untere Ende des Griffs nun durch glatte Flächen abschließen.

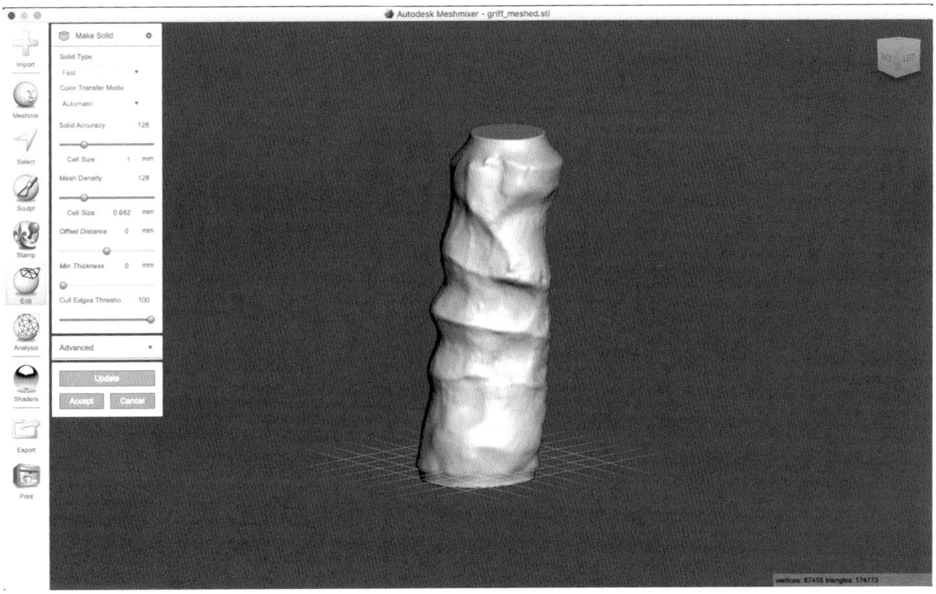

Löcher in der Oberfläche schließen

Im aktuellen Zustand besteht noch keine Möglichkeit, das Objekt am Lenker des Fahrrads zu montieren – sämtliche Öffnungen sind verschlossen. Aus diesem Grund muss ich an einem der beiden Enden eine neue Öffnung für den Lenkergriff erzeugen. Vor der Anfertigung des Abdrucks hatte ich den Durchmesser des

Lenkers gemessen – an dieser Stelle wird das Maß benötigt, um die Öffnung für den Lenker zu schaffen.

Erforderlich ist ein Zylinder, der genau den gleichen Durchmesser hat wie die Lenkerstange. Über das *Meshmix*-Symbol in der Werkzeugleiste lasse ich mir eine Auflistung der von *MeshMixer* zur Verfügung gestellten Körper anzeigen. Dort findet sich recht weit oben auch ein Zylinder. Diesen schiebe ich einfach mittels gedrückter Maustaste in die Szene.

Der neue Zylinder erscheint neben dem gescannten Objekt. Zusätzlich öffnet sich der *Transform*-Dialog. Neu erzeugte Zylinder verfügen über voreingestellte Größen, die ich über diesen Dialog direkt anpassen kann. Ich gebe also den gemessenen Wert ein. Da sich der Durchmesser nicht als solcher angeben lässt, muss er über die Größen *X* und *Y* angepasst werden. Ich trage also im konkreten Fall für *Size X* und *Size Y* den Wert »22 mm« ein. Für die Anpassung der Zylinderlänge ist es wichtig, dass die Option *Uniform Scaling* deaktiviert ist. Ansonsten werden die Werte *X* und *Y* mit dem neuen *Z*-Wert gleichgesetzt. Für *Size Z* trage ich also die gewünschte Länge ein. Als Richtwert wähle ich die Breite des Abdrucks, füge aber sinnvollerweise noch einige Millimeter hinzu. Der Zylinder kann an der Seite des Abdrucks, an der später der Lenker eingeführt wird, ein Stück herausragen. Der Sinn dieses Überstands wird in den nächsten Schritten deutlicher.

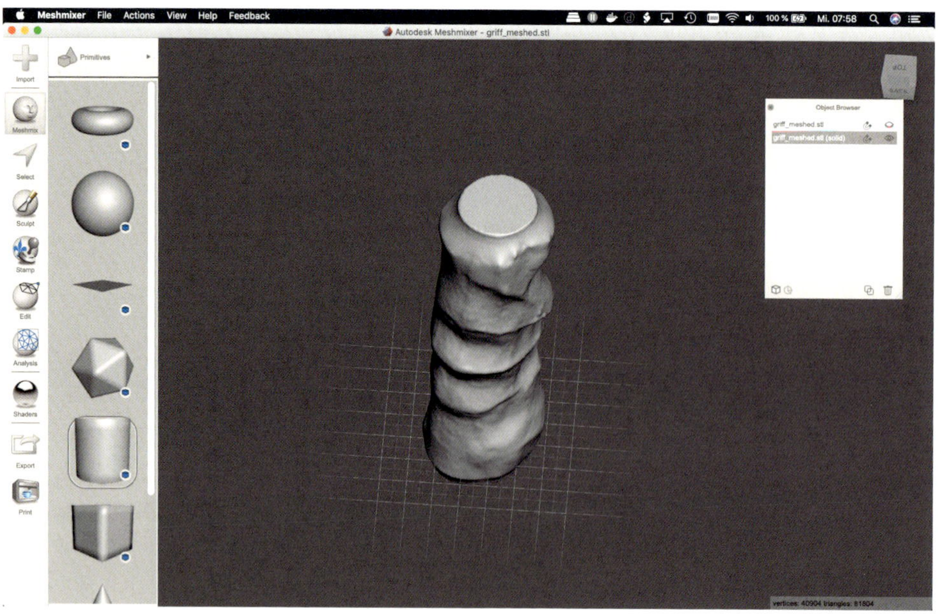

Zylinder-Objekt hinzufügen

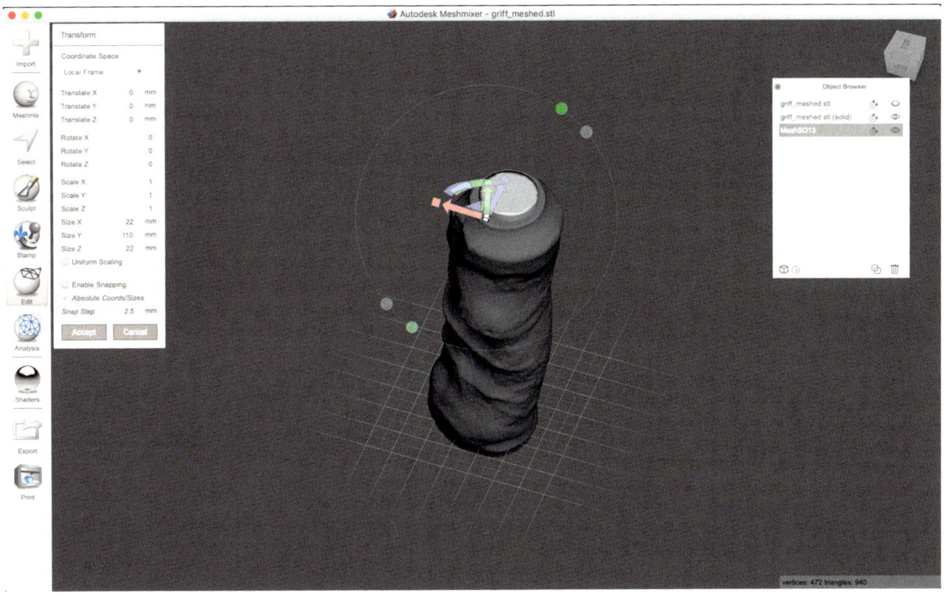

Zylinder-Objekt positionieren

Der so angepasste Zylinder befindet sich noch nicht an der richtigen Position, er muss über das *Transform*-Werkzeug so über dem gescannten Objekt positioniert werden, dass er sich ziemlich genau in der Mitte befindet. Die halbtransparente Abbildung zeigt, dass der Zylinder sogar ein wenig geneigt werden muss, um genau in der Mitte des Griffs zu verlaufen. Zum Verändern der Position müssen nicht zwingend alle Werte händisch im Dialogfenster des *Transform*-Werkzeugs eingetragen werden – einfacher geht das Navigieren des Zylinders mit der Maus. Lediglich beim Feinjustieren der Werte kann es sinnvoll sein, die genauen Maße dort einzutragen.

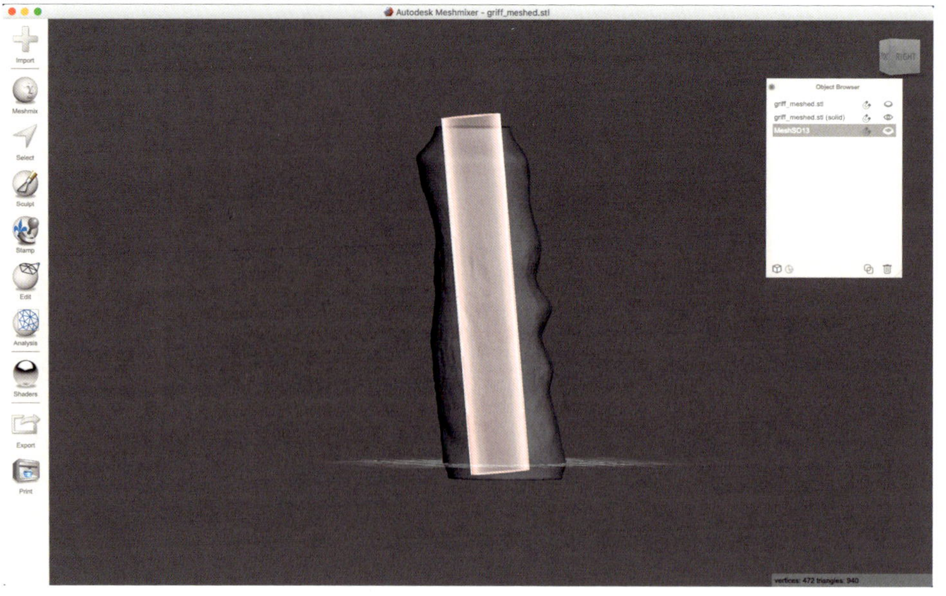

Seitliche Ansicht, wobei der Griff halbtransparent dargestellt wird.

Befindet sich der Zylinder, wie in der Abbildung zu sehen ist, an der richtigen Position, so kann ich ihn vom gescannten und mittlerweile soliden Objekt abziehen. Dabei soll genau die notwendige zylinderförmige Aussparung für die Lenkerstange entstehen. Zum Abziehen des neu erzeugten Zylinders vom gescannten Objekt müssen die beiden Objekte in der Reihenfolge ausgewählt werden, in der sie auch voneinander abgezogen werden sollen. Hier muss ich also zunächst das gescannte Objekt und dann den neuen Zylinder wählen. Die Selektion muss bei gedrückter ⇧-Taste erfolgen, so dass am Ende beide Objekte gewählt sind. Mit der Selektion der Objekte erscheint ein Dialog mit Möglichkeiten zur Objektkombination. So können zum Beispiel Vereinigung, Differenz und Schnitt der Objekte erzeugt werden. Da der Zylinder vom gescannten Objekt abgezogen werden soll, klicker ich hier *Boolean Difference* an.

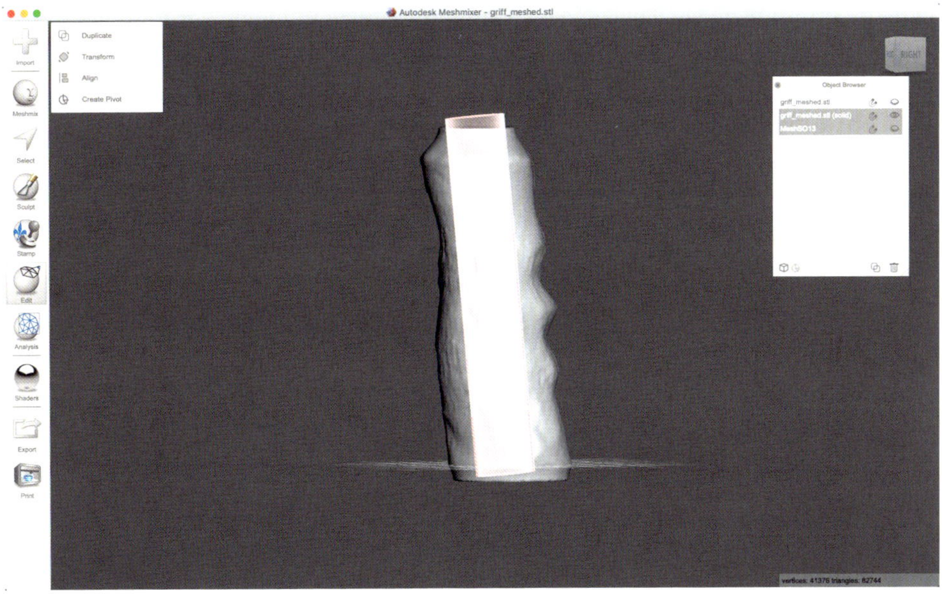

Zylinder vom Mesh abziehen

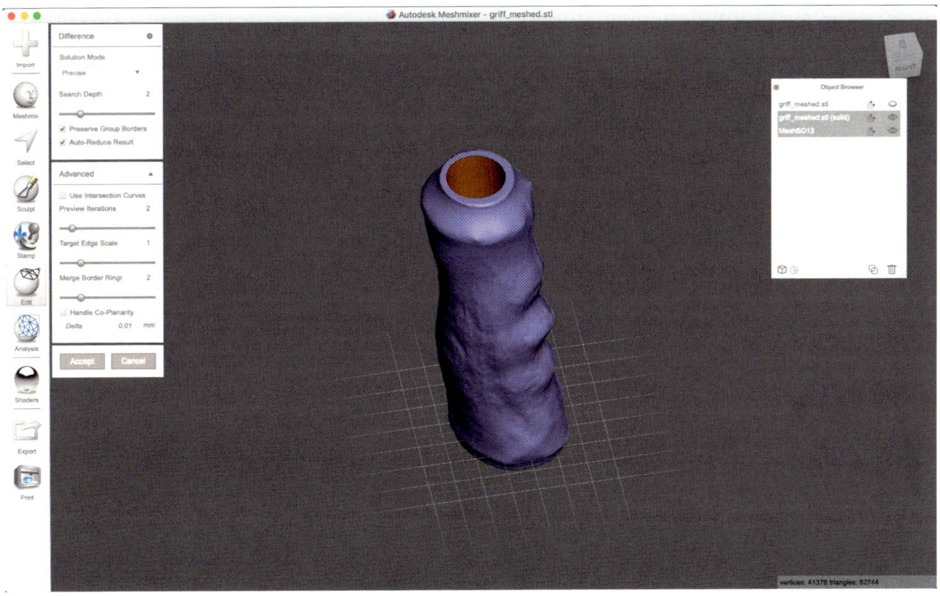

Nach dem Abziehen entsteht eine zylinderförmige Öffnung im 3D-Scan, in welche die Lenkerstange hineinpasst.

Ein weiterer Dialog bietet die Möglichkeit, genauere Einstellungen für die Differenzbildung der beiden Objekte vorzunehmen. Dies ist hier jedoch nicht nötig, da die Voreinstellungen passen. Ich kann den Dialog also mit *Accept* bestätigen.

Danach ist der neue Griff fertig. Wem die Oberfläche noch zu uneben ist, der kann die Oberfläche über geeignete Werkzeuge glätten. In Kapitel 7.2 habe ich einige dieser Werkzeuge bereits vorgestellt.

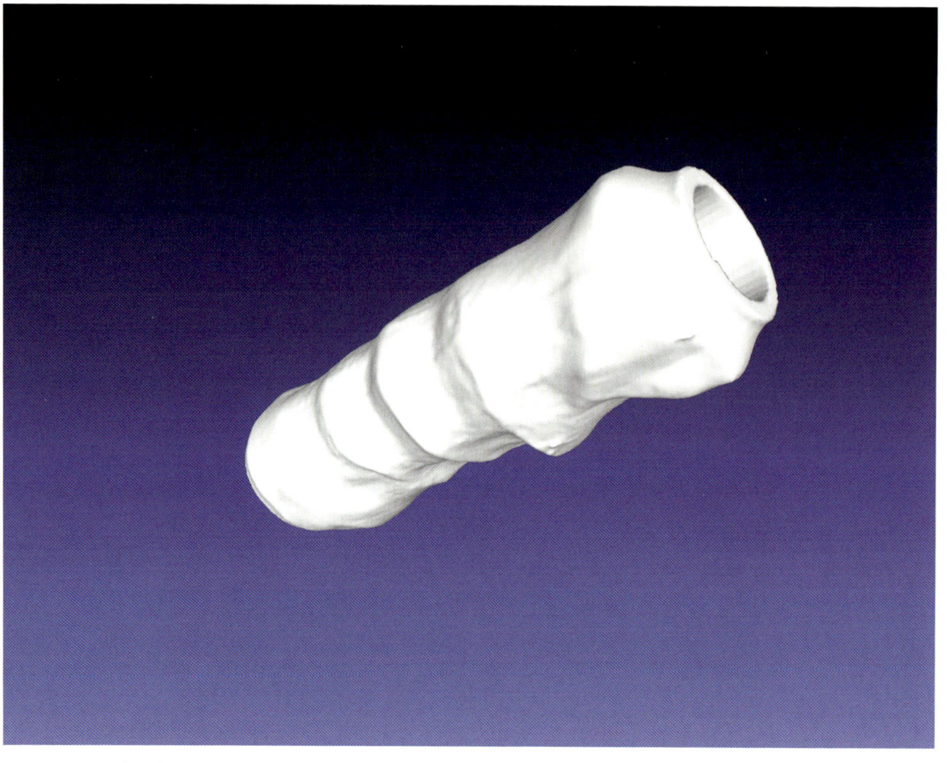

Fertiger individuell gefertigter Griff für den Fahrrad-Lenker

Der neue Griff kann nun mittels 3D-Drucker ausgedruckt werden. Besonders geeignet ist dazu ein elastisches Filament. Zum Schluss kann der neue Griff auf den Lenker geschoben werden.

Sollte der Griff zu viel Spiel haben und auf der Lenkerstange hin- und herrutschen, so muss der Zylinderdurchmesser um wenige Zehntelmillimeter verringert werden. Deshalb ist es sinnvoll, wenn Sie den Zustand in *MeshMixer vor* Abzug des Zylinders zwischenspeichern.

Der ganze Vorgang kann nun für den zweiten Griff und die andere Hand wiederholt werden.

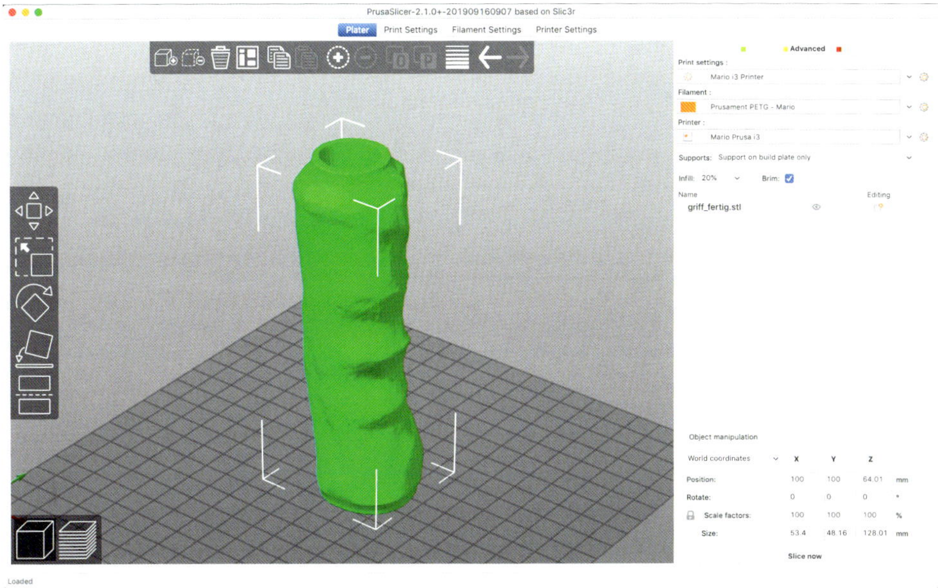

Der Griff im Prusa-Slicer

Zusammenfassung

In diesem Kapitel habe ich Ihnen nur einige praktische Anwendungsfälle für die unterschiedlichen 3D-Scan-Verfahren gezeigt. Alleine mit Variationen dieser Projekte könnte man bereits ganze Bastelbücher füllen. Die Projekte sollen einfach eine Idee liefern, wie und wo man 3D-Scanner einsetzen kann. Dies beginnt schon beim einfachen Kopieren oder über die Replikation und Restauration von beschädigten sowie alten Teilen bis hin zur kompletten Eigenkreation anhand einer selbst erzeugten Vorlage, wie beim Griff fürs Fahrrad oder bei der personifizierten Kicker-Figur. Der Kreativität und den Einsatzgebieten sind hier nahezu keine Grenzen gesetzt.

8 Projekte und Communities

Viele der im Buch beschriebenen Projekte existieren nur, weil Enthusiasten einen Großteil ihrer Freizeit in diese Projekte investieren. Dies kann in Form von Software, Hardware, Dokumentation oder durch Forenbeiträge erfolgen. Allen Leuten, die an einem dieser großartigen Projekte mitwirken, sei gesagt: Danke. Macht weiter so! An dieser Stelle sei noch erwähnt, dass so manche Spende an die Projektbetreiber die Motivation zum Weitermachen doch erheblich erhöhen kann. Sollte also ein Spenden-Button zu PayPal oder Ähnlichem angeboten werden, so sollte man nicht zögern, auch kleinere Beträge von wenigen Euros an das jeweilige Projekt fließen zu lassen, vor allem dann, wenn es für die eigene Sache sehr hilfreich ist.

8.1 Dateien und Material zu diesem Buch

In vielen Kapiteln dieses Buchs habe ich Ihnen praktische Projekte gezeigt. Damit Sie diese Projekte einfacher nachvollziehen können, stelle ich Ihnen die benötigten Bild- und 3D-Daten zu den Projekten in einem GitHub-Repository zur Verfügung. Alle zu den Kapiteln relevanten Dateien finden Sie online unter *https://github.com/mariolukas/Das-3D-Scanner-Praxisbuch/*.

8.2 3D-Scanner

8.2.1 FabScanPi – Open-Source-3D-Scanner

Das *FabScanPi*-3D-Laserscanner-Projekt habe ich in Kapitel 3.1 ausführlich behandelt. Neben den zum Projekt benötigten Dateien gibt es noch ein umfangreiches Benutzerforum sowie eine ausführliche Dokumentation.

Projektseite: *https://fabscan.org*

GitHub:

- *https://github.com/mariolukas/FabScanPi-Server (Server/Backend)*
- *https://github.com/mariolukas/FabScanPi-Build-Raspbian (Raspbian-Image)*
- *https://github.com/mariolukas/FabScan-Case (Gehäuse)*
- *https://github.com/mariolukas/FabScanPi-Frontend (Benutzer Interface)*
- *https://github.com/mariolukas/FabScanPi-Firmware (Arduino-Firmware)*

Forum: *https://fabscan.org/community*

Dokumentation: *https://fabscanpi-server.readthedocs.io/en/latest/*

Bausatz: https://shop.watterott.com/FabScan-Pi-Bausatz-mit-Raspberry-Pi-3

8.2.2 Ciclop-3D-Scanner

Der *Ciclop*-3D-Scanner ist ähnlich wie der FabScan ein Open-Source-3D-Scanner. Ursprünglich wurde das Projekt von der Firma BQ ins Leben gerufen. Seit immer mehr günstige Clone aus China auf dem Markt zu finden sind, ist das Projekt recht weit verbreitet. Die zugehörige Originalsoftware ist Open Source und nennt sich Horus.

Projektseite: *http://diwo.bq.com/de/einfuhrung-ciclop-und-horus/*

GitHub: *https://github.com/librescanner*

Facebook: *https://www.facebook.com/groups/1557006594604924/*

Anmerkung: Das Gerät kann seit 2019 um einen Raspberry Pi erweitert werden und wird von der FabScan-Software unterstützt. Weitere Informationen hierzu finden sich im FabScan-Benutzerforum.

8.2.3 OpenScan – Fotogrammetrie-Scanner-Projekt

Das OpenScan-Projekt bietet einen einfachen Einstieg in die vollautomatische Fotogrammetrie. Es gibt eine umfangreiche Projekt-dokumentation sowie hilfreiche YouTube-Videos.

Projektseite: *https://openscan.eu/*

Dokumentation: *https://www.openscan.eu/doku*

Bausatz: *https://www.openscan.eu/shop*
Anmerkung: Zum Zeitpunkt der Entstehung dieses Buchs wurde eine weitere Version ebenfalls auf Basis des Raspberry Pi vorgestellt.

8.2.4 Streifenlicht-Scanner (Brown University)

Der Scanner wurde in Kapitel 3.4 ausführlich beschrieben. Das Projekt basiert auf einer studentischen Arbeit und wurde leider seit 2015 nicht mehr wesentlich weiterentwickelt. Es lohnt sich, dennoch einen Blick auf die Seite zu wagen und mit der Software ein wenig rumzuspielen. Es ist eines der wenigen Projekte zu diesem Thema, was dazu noch einen recht einfachen Zugang bietet.

Projektseite: *http://mesh.brown.edu/calibration/software.html*

8.2.5 Kinect und Co.

Die Kinect und ihre artverwandten Sensoren erfreuen sich trotz der Einstellung des offiziellen Projekts durch Microsoft immer noch großer Beliebtheit.

Kinect-2.0-Anforderungen: *https://beta.support.xbox.com/help/hardware-network/kinect/kinect-for-windows-v2-setup-with-adapter*

Asus Xtion: *https://www.asus.com/de/3D-Sensor/Xtion/*

8.3 Software

8.3.1 Fotogrammetrie

MVE

MVE ist eine an der Uni Darmstadt entwickelte Fotogrammetrie-Software. *MVE* arbeitet im Gegensatz zu anderer Fotogrammetrie-Software ausschließlich auf CPU-Ebene.

Projektseite: *https://www.gcc.tu-darmstadt.de/home/proj/mve/*

Visual SFM

Visual SFM ist eine Fotogrammetrie-Software, die vor allem in vielen Beschreibungen im OpenScan-Projekt Anklang findet. Mit *Visual SFM* kann man sehr schnell sehr gute Ergebnisse erzielen. Allerdings kann der Weg zu einem lauffähigen *Visual SFM* ein wenig abenteuerlich sein. Unter macOS ist es zudem sogar eher sehr schwierig, *VisualSFM* ans Laufen zu bekommen.

Projektseite: *http://ccwu.me/vsfm/*

YouTube Tutorial: *https://www.youtube.com/watch?v=tgyFl9YzerQ*
Anmerkung: Einen Workaround zum Betrieb unter macOS finden Sie unter: *https://www.mariolukas.de/2019/04/visualsfm-on-macos-with-docker/*.

Regard3D

Regard3D ist eine Open-Source-Lösung, welche auf allen gängigen Betriebssystemen lauffähig ist. Die einfache Gestaltung der Benutzeroberfläche ermöglicht einen schnellen Zugang zu allen nötigen Funktionen.

Projektseite: *https://www.Regard3D.org/*

MicMac

MicMac ist ein ganzer Werkzeugkasten an Fotogrammetrie-Software. Jedes dieser Werkzeuge ermöglicht das Lösen von ganz speziellen Aufgaben. Durch damit entstehende Freiheitsgrade ist die Software gerade für Einsteiger eher weniger geeignet. Wer sich dennoch damit versuchen möchte, dem stehen auf der Projektseite einige Tutorials zur Verfügung.

Projektseite: *https://MicMac.ensg.eu/*

8.3.2 Nachbearbeitung

MeshLab

MeshLab ist das wohl mächtigste Software-Paket zum Bearbeiten von Punktwolken. Es bietet für fast alle Anwendungsfälle gleich mehrere Lösungen. Einsteiger könnten gerade am Anfang mit der Vielfalt von *MeshLab* überfordert sein. Hier zahlt sich Hartnäckigkeit am Ende jedoch aus.

Projektseite: *http://www.MeshLab.net/*

YouTube-Kanal mit Tutorials:
https://www.youtube.com/user/MrPMeshLabTutorials (meine Empfehlung)

CloudCompare

CloudCompare ist ebenfalls eine sehr mächtige Software zum Bereinigen und Nachbearbeiten von Punktwolken. Manche Aufgaben, wie zum Beispiel das Zusammenfügen mehrerer Punktwolken, lassen sich mit *CloudCompare* einfacher umsetzen als mit *MeshLab*.

Projektseite: *https://www.danielgm.net/cc/*

MeshMixer

MeshMixer wurde ebenfalls in den bisherigen Kapiteln behandelt. Es ist eine sehr vielseitige Software zum Bearbeiten und Aufbessern von 3D-Modellen. Bisher wird *MeshMixer* von Autodesk kostenlos angeboten.

Download: *http://www.MeshMixer.com/*

8.3.3 Sonstige Software

Skanect 3D ist eine Software zum Betrieb der in Abschnitt 3.3.2 beschriebenen 3D-Tiefensensoren. Die ist zwar für den Produktiveinsatz erst ab der kostenpflichtigen Version sinnvoll einsetzbar, aber gerade für größere Objekte und schnelle Personenscans kann sich die geringe Investition lohnen.

Projektseite: *https://Skanect.occipital.com/*

8.4 Communities und Foren

Die folgende Liste mit Community-Seiten und Foren zum 3D-Scannen soll Ihnen dabei helfen, sich tiefer in die Materie einzuarbeiten:

- *https://reprap.org/forum/list.php?278* (RepRap-Forum zu 3D-Scannern)
- *https://www.laserscanning-europe.com/de/forum* (europäisches Laserscanner-Forum)
- *https://www.3dscanforum.org/* (allgemeines 3D-Scanner-Forum)
- *https://www.openscan.eu/forum* (Open-Scan-Fotogrammetrie-Forum)
- *https://sketchfab.com/* (Plattform zum Uploaden von 3D-Daten, auch 3D-Scans)
- *https://www.thingiverse.com/* (Plattform zum Uploaden von 3D-Design-Dateien)
- *https://www.instructables.com/* (allgemeine Seite mit vielen Anleitungen auch zu 3D-Scannern)

8.5 Sonstiges

8.5.1 Arduino

Arduino ist eine quelloffene Plattform bestehend aus Soft- und Hardware für sogenanntes »Physical Computing«. Sie ist vor allem bei kleineren bis mittleren Elektronik-Bastelprojekten sehr beliebt. Bei den meisten in Kapitel 3 vorgestellten Projekten kommt ein Arduino zum Einsatz. Im Internet finden Sie zahlreiche Informationen. Den besten Einstieg bietet jedoch die Hauptseite des Projekts.

Projektseite: *https://arduino.cc/*

8.5.2 Octoprint

Octoprint ist eine für 3D-Drucker entwickelte Open-Source-Print-Server-Software. Mit *Octoprint* kann der Druckvorgang eines 3D-Druckers überwacht und gesteuert werden. Unzählige Plug-ins machen diese Software zu einem wahren Alleskönner im Bereich 3D-Druck. *Octoprint* eignet sich vor allem in Kombination mit einem 3D-Scanner zum Umsetzen einer 3D-Kopierstation.

Projektseite: *https://octoprint.org/*

8.5.3 Mr. Beam Laser Cutter

Mr. Beam war eine der erfolgreichsten deutschen Kickstarter-Kampagnen. *Mr. Beam* ist ein verhältnismäßig günstiger Laser-Cutter, der auch für Heimanwender und die Hobby-Werkstatt geeignet ist. *Mr. Beam* ist in vielen Teilen OpenSource und erfreut sich wachsender Beliebtheit.

Projektseite: *https://www.mr-beam.org/*

Index

3D-Kopierer 248
3D-Punkte 161
3D-Scanner bauen und einsetzen 29
3D-Scanner-Software
  Regard3D 96
3D-Scan-Sprays 146

A

Abdruck
  anfertigen 309
  digitalisieren 313
  vorbereiten 306
Accell Stepper Library 84
Advanced IP Scanner 51
Agisoft Metashape 26
Anaglyphenverfahren 19
Anode 81
ApplePi-Backer 48
Arduino IDE 83
Arduino Nano 83
ASC 163
Asus Xtion
  mit Kinect 360, Skanect und 108
  Vorschau bei 112
Auslöser für Smartphones 78
Autodesk 220

B

Backpapier 309
Bacon der Ältere, John 6
Banzi, Massimo 83
Begrenzungsrahmen. *Siehe* Bounding Box
Beleuchtung 91
Belichtungszeit 91
Bild in 3D-Objekt 95
Blende 91
Bluetooth-Auslöser bauen 78
Bounding Box 110
Breakout-Platine 81
Brennweite 91
Bürostuhl 106

C

Charly 260
Ciclop 326
CloudCompare 139, 189, 329
  Aufbau 189
  vs. MeshLab 246
CNC-Fräsen 251
Coded-Light-Scannen. *Siehe* Streifenlicht-Scannen
Codiertes Licht 16
Communities 330
Computer Generated Imagery (CGI) 2
Console output 101
Cuartielles, David 83
CUDA
  für Kinect 2.0 113
  Unterstützung 20

D

Dateiformate 160
David SLS Scanner 17
David Vision Systems GmbH 17
dd 49
Dense Pointcloud 102. *Siehe* Punktwolke, dichte
Disk Dump. *Siehe* dd
Disparity Maps 19
Distanz 91
Docker 26
Drehteller 107

E

E57 163
Elektronik
  Aufbau 74
  einbauen 37
Engelmann, Francis 30
Euklid 18

F

FabScanPi 30, 326
Gehäuseaufbau 31
HAT 45
FabScan-Projekt 30
Facebook-Gruppe »Low-Budget-3D-Scanner« 62
Face ID 16
Faces. *Siehe* Flächenangaben
Fahrradlenkergriff 305
Feature-Punkte 21, 100
Firmware 83
Flächenangaben 161
Foren 330
Fotogrammetrie 18, 20
häufigste Probleme 24
mit wenig Merkmalen 145
m. Spiegelungen u. Transparenzen 146
Scanner 61
Software 25
Tipps zum Fotografieren 90
Voraussetzungen für Scan 21
Fräsen. *Siehe* CNC-Fräsen
Fusion 360 249, 254

G

Gatteaux, Nicolas-Marie 6
Gehäuseaufbau FabScanPi 31
Girardeau-Montaut, Daniel 189
Glanz vermeiden mit Polfilter 148
GotMesh-Scanner 27
Grey-Code 17

H

Haftpaste 158
Haptisches CNC-Messsystem 8
Hintergrund mit vielen Merkmalen 62
Hüllen. *Siehe* Shells

I

Infrarotauslöser bauen 80
Infrarotprojektor 14
ISO-Wert 91
Iterative-Closest-Point-Algorithmus (ICP) 175

K

Kalibrierung 53
starten 57
Kamera
ausrichten 55
bewegt sich, nicht Hintergrund 62
scharfstellen 55
u. Projektor kalibrieren (Streifenlicht-Scanner) 131
Kathode 81
Keypoints per Image 100
Kickerfigur 268
Kinect 105, 108
Kinect 1. *Siehe* Kinect 360
Kinect 2. *Siehe* Kinect One
Kinect 360 14
Asus Xtion mit Skanect und 108
Auflösung 15
Sensor 15
Kinect One 13, 113
auf USB 3.0/12 V umrüsten 114
Hardwarevoraussetzungen 113
mit Microsoft Builder 113
Klebeband 154
Kleidung beim Personenscan 123
Knete. *Siehe* Spielknete
Knetmasse 154
Kontaktbasierte 3D-Scan-Verfahren 6, 8, 9
Nachteile 9
Koordinatenmessgerät 8
Kränzlein, Robert 260
Kreidespray. *Siehe* Sprühkreide
Kreuzpolfilter 152

L

LanScan 51
Laser-Cutter 253
Laserscan mit Reflexion u. Transparenzen 144
Laserscanner 9, 10, 30
Lasertrennschärfe. *Siehe* Threshold
Layer 165
Lazy Susan. *Siehe* Schwerlastlager

Licht
codiertes 124
strukturiertes 9, 16
LIDAR-Systeme 13
Liquid Crystal Display Library 84
Löcher
im Mesh füllen 228
in Scan-Daten 123
Low-Budget-3D-Scanner (FB-Gruppe) 62

M

M8-Gewindeschraube 107
Makerspace 247
Malerflies 62
Matching-Prozess 100
Material Template Library. *Siehe* MTL
Mengel, Thomas 61
Mesh 3
exportieren 187
glätten 240
kombinieren. *Siehe* Mesh, mixen
mixen 241
nachbearbeiten 235
reparieren (automatisch) 232
reparieren (von Hand) 228
Solid 213
Meshing 263
MeshLab 139, 164, 329
Punktwolke bereinigen u. aufbereiten 169
Punktwolke importieren in 166
vs. CloudCompare 246
MeshMixer 220, 329
MicMac 26
Microsoft Builder mit Kinect One 113
Microsoft Xbox One 13
Milch 27. *Siehe* GotMesh-Scanner
Modellbaupilot. *Siehe* Charly
Molkenstruck, Sven 17
Mr. Beam 331
MTL (Material Template Library) 163
MultiCamera IR Library 84
Multi-View-Environment (MVE) 26, 103

N

Nichtkontaktbasierte 3D-Scan-Verfahren
aktive 9
passive 18
Non-Manifold-Bereiche 233
Normale 179, 213
Nussschale 287

O

OBJ 162
und Farbe 163
Octoprint 249, 330
OpenSCAD 249
OpenScan 327
Aufbau 64
Elektronikkomponenten von 75
-Projekt 61
Projektwebsite 64
Raspberry-Pi-Version 86
OPTO-Eingang 81
Optokoppler 74

P

Pappelsperrholz 31
Patch-Kabel 50
Photoscan. *Siehe* Agisoft Metashape
Physical Computing 330
PLY. *Siehe* Polygon File Format (PLY)
in Meshlab importieren 166
Point Based Glueing 176
Point Cloud Date (PCD) 163
Point Cloud Library (PCL) 163
Poisson-Algorithmus 184
Polarisationsfilter 148–158
Polfilter. *Siehe* Polarisationsfilter
Polfilterfolie 151
Polygon File Format (PLY) 160
PrimeSense 16
Projektor für Streiflichtscanner 128
Prusa-Slicer 285
Punktiergeräte 6
Punktierkreuz 8

Punktwolke 3
bearbeiten mit CloudCompare 189
bereinigen u. aufbereiten m. MeshLab 169
dichte 102
farbige 59, 161
in Meshlab importieren 166
kombinieren 174
Punktanzahl erhöhen 186
Punktanzahl reduzieren 179
Punkte reduzieren 213
Registrierung der 206

R

Reflexionen
Laserscan mit Transparenzen und 144
vermeiden mit Polfilter 148
Regard3D 26, 96
Installation 97
Registrierung der Punktwolken 206
Replicating Rapid-prototyper. *Siehe* RepRap
RepRap 1
reprojection error 134
Rohscan 3

S

Scan-Auflösung 52
Scanner, tiefensensor-basiert 105
Schachbrettmuster zur Kalibrierung 54
Schalen. *Siehe* Shells
Schärfentiefe 91
Schmidt, Ryan 220
Schrumpfschlauch 81
Schwerlastlager 107
Segmentation Tool 195
Shells 225
SiFT-Algorithmen 25
Sir Wheatstone, Charles 18
Skanect
mit Kinect 360, Asus Xtion und 108
starten 110
Skanect 3D 329
Slicer for Fusion 360 254
Software
für Fotogrammetrie 25
installieren 47
zur Nachbearbeitung 159
Spiegelungen
Fotogrammetrie m. Transparenzen u. 146
vermeiden mit Polfilter 148
Spielknete 156
Sprühkreide 142
Stanford Triangle Format. *Siehe* Polygon File Format (PLY)
Statistical Outlier Removal (S.O.R.) 201
Step-Up-Ring 151
Stereolithgraphy (Format). *Siehe* STL
Stereoskopie 18, 151
STL 161
Streifenlicht-Scanner 9, 16, 125
Kamera u. Projektor kalibrieren 131
Strukturiertes Licht 9

T

T6-Torx 115
Thingiverse 268
Threshold 52
Tiefenbild 15
bei Stereoskopie 18
Tiefensensoren
als 3D-Scanner 12
-basierte Scanner 105
Umgang mit 123
Tiefziehen. *Siehe* Vakuumformen
Time-of-Flight 9, 12
Sensoren 12
TR10-Torx 115
Transparenzen
Fotogrammetrie m. Spiegelungen u. 146
Laserscan mit Reflexion und 144
Triangulation 10
bei Regard3D 101

U

USB-3.0-Chipsätze für Kinect 2.0 114
UVC Camera Control 129

V

Vakuumformen 256
VCGlib 164
Vertices. *Siehe* 3D-Punkte
Visual SFM 25, 96

W

Walnuss, Bilderserie 21
WIN32Disk Imager 47
Winkelbach, Simon 17
Wu, Changchang 25

X

Xbox One 113
XYZ 163
XYZprinting da Vinci 1.0 AiO All-in-One 248

Z

Zeus 248